互联网+

电力营销服务新型业务知识

及案例解析

刘铜锁 主编

中国电力出版社
CHINA ELECTRIC POWER PRESS

内 容 提 要

为了充实完善新形势下电力营销专业人才的业务技能，着力打造"懂营销、精数据、会技术"，具有"互联网＋"意识的营销队伍，提高电力营销服务人员的服务理念和专业技能，特编写此书。

本书采取单选题、多选题、简答题、实践案例题的形式，内容包括国家"互联网＋"建设背景、政策及要求，"互联网"基础知识，国家电网公司"互联网＋"建设工作重点及要求，国家电网公司"互联网＋"相关平台及产品功能应用，相关法律法规及制度规范，需求侧管理，智能用电等相关知识点及相应的业务技能。

本书结构清晰、内容完整、实用易懂，是广大电力营销服务人员日常工作的有益助手，同时还可作为广大电力客户了解新兴业务平台操作流程及注意事项的技术指南。

图书在版编目（CIP）数据

互联网+电力营销服务新型业务知识及案例解析/刘铜锁主编. —北京：中国电力出版社，2018.3
（2021.1 重印）
ISBN 978-7-5198-1748-0

Ⅰ. ①互… Ⅱ. ①刘… Ⅲ. ①电力工业－网络营销 Ⅳ. ①F407.615-39

中国版本图书馆 CIP 数据核字（2018）第 030730 号

出版发行：中国电力出版社
地　　址：北京市东城区北京站西街 19 号（邮政编码 100005）
网　　址：http://www.cepp.sgcc.com.cn
责任编辑：宋红梅（010-63412383）　孙晨
责任校对：太兴华
装帧设计：张俊霞　赵姗姗
责任印制：蔺义舟

印　　刷：北京雁林吉兆印刷有限公司
版　　次：2018 年 3 月第一版
印　　次：2021 年 1 月北京第二次印刷
开　　本：787 毫米×1092 毫米　16 开本
印　　张：23.25
字　　数：523 千字
印　　数：6001—7000 册
定　　价：69.00 元

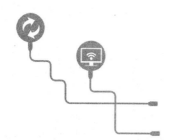

编 委 会

前　言

随着互联网的快速发展，在经济、社会和人们生活中的广泛应用，"互联网＋"的时代已全面到来，它是以互联网为主的一整套信息技术（包括移动互联网、云计算、大数据技术等）应用，是传统产业的在线化、数据化，已成为百姓追求便捷高效的生活服务品质中的重要一环。国家电网公司结合公司信息通信新技术，创新发展行动计划，利用"互联网＋"思维和技术，改造传统营销服务手段和方式，促进营销服务更加优质便捷、精益高效，提升公司新形势下的市场竞争力。为了建立健全新形势下的营销专业人才培养机制，着力打造"懂营销、精数据、会技术"，具有"互联网＋"意识的营销队伍，我们编写了本书。

本书依据国家有关推进互联网产业发展的政策文件及规章制度、国家电网公司相关服务指南、技术规程编写。主要涵盖了国家"互联网＋"建设背景、政策及要求，"互联网"基础知识，国家电网公司"互联网＋"相关平台及产品功能应用，相关法律法规及制度规范，需求侧管理，智能用电等内容。全书以"互联网＋"为主线，结合公司各类新兴业务平台的应用（"掌上电力""电 e 宝"、95598 智能互动服务网站、营销移动作业终端等），以实现营销服务线上化、互动化、数字化为目标。在编写过程中，紧扣国家有关战略纲要，坚持以市场和客户为中心，秉承智能化、标准化、互动化、数字化于一体，突出线上线下一体化服务流程，重点培养各级管理人员和基层员工以客户体验为导向的"互联网＋"服务创新意识。本书具有理论表达完整、经验实例浅显易懂、操作程序可循的特点，对各级服务人员掌握业务要点，减少服务漏洞，提高服务质量具有很强的指导作用。

由于涉及的专业多、范围广、政策性强，虽然编写人员认真查阅了大量的制度和规范，但是仍可能存在疏漏，恳请读者提出宝贵意见，以利于今后改进和完善。

编　者
2017.12.10

目 录

互联网＋电力营销

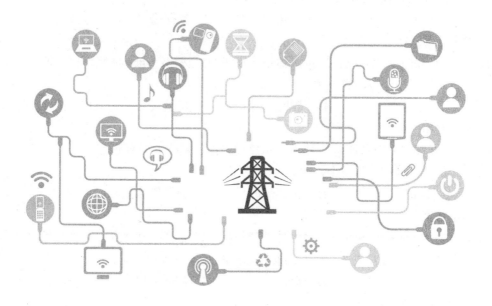

第一部分

单　选　题

一、国家"互联网＋"建设背景、政策及要求

1.《"互联网＋政务服务"技术体系建设指南》提出：电子证照应该具有统一的（　　）管理，明确各类证照的类别。

    A　流程　　　　　　B　数据　　　　　C　数据接口　　　D　目录

参考答案：D

2.《"互联网＋政务服务"技术体系建设指南》提出：电子证照库提供的（　　）应与具体的证照和证照内容无关。

    A　文件　　　　　　B　数据　　　　　C　目录　　　　　D　请求访问接口

参考答案：D

3.《"互联网＋政务服务"技术体系建设指南》提出：为保证电子证照在其生成、入库、应用全过程的信息安全，建议在全过程使用（　　）。

    A　认证　　　　　　B　加密保护　　　C　电子签名　　　D　密钥

参考答案：C

4.《"互联网＋政务服务"技术体系建设指南》提出：重视数据交换和信息共享存在的安全风险，完善开放（　　）的安全防护能力。

    A　接口　　　　　　B　端口　　　　　C　数据接口　　　D　数据

参考答案：A

5.《"互联网＋政务服务"技术体系建设指南》提出：对数据交换和信息共享环节给予（　　）的全过程监控，及时发现和解决问题隐患，以确保关键业务正常运行。

    A　点到端　　　　　B　点到点　　　　C　端到端　　　　D　端到点

参考答案：C

6. 运用（　　）技术，实现政务信息资源有效利用。

    A　数据清洗　　　B　数据分析　　　C　大数据　　　　D　数据比对

参考答案：C

7.《"互联网＋政务服务"技术体系建设指南》提出：对各类数据的开发提供安全可靠的调用手段，实现数据加密、脱敏、（　　），向用户提供数据、接口、应用等不同层次的开放方式。

    A　共享　　　　　　B　比对　　　　　C　分析　　　　　D　分级授权

参考答案：D

8.《"互联网＋政务服务"技术体系建设指南》提出：统一数据交换平台由平台前置层、共享交换层、平台支撑层、（　　）组成。

    A　网络层　　　　　B　基础资源层　　C　数据层　　　　D　应用层

参考答案：B

9.《"互联网＋政务服务"技术体系建设指南》提出：（　　）充分利用各地区统一电子政务网络建设（原则上依托国家电子政务外网），提供地市级、县级、乡级政务服务事项受理、办理和反馈，有条件的地区可将代办点延伸至村级。

A 国家级平台　　　B 地市级平台　　　C 省级平台　　　D 县级平台

参考答案：B

10.《"互联网＋政务服务"技术体系建设指南》提出：（　　）是互联网政务服务门户网站向"我"提供的查阅、搜索静态信息和过程信息的服务，应具备模糊检索、目录检索、全文检索等功能。

　　A 信息检索　　　B 服务引导　　　C 咨询问答　　　D 信息资讯

参考答案：A

11.《"互联网＋政务服务"技术体系建设指南》提出：（　　）是编制、法制等有关职能部门牵头编制的政务服务事项基本清单。

　　A 档案目录清单　　B 实施清单　　　C 目录清单　　　D 信用目录清单

参考答案：C

12.《"互联网＋政务服务"技术体系建设指南》提出：政务服务事项清单应统一制定发布。对列入清单的政务服务事项，按照统一标准（　　）予以规范。

　　A 横向　　　　　B 纵向　　　　　C 自下而上　　　D 自上而下

参考答案：D

13.《"互联网＋政务服务"技术体系建设指南》提出：互联网政务服务门户中，网上预约同一政务服务事项一个身份证能预约（　　）次。

　　A 1　　　　　　B 2　　　　　　C 3　　　　　　D 无限制

参考答案：A

14.完善制造强国建设政策体系，要以多种方式支持技术改造，促进（　　）焕发新的蓬勃生机。

　　A 传统产业　　　B 新兴产业　　　C 重工业　　　D 数字技术

参考答案：A

15.中央政府工作报告2017年重点工作任务中指出：2017年，我国要深入实施《中国制造2025》，把发展（　　）作为主攻方向，推进国家智能制造示范区、制造业创新中心建设，深入实施工业强基、重大装备专项工程，大力发展先进制造业，推动中国制造向中高端迈进。

　　A 手工制作　　　B 新能源　　　C 互联网经济　　　D 智能制造

参考答案：D

16.《国务院关于积极推进"互联网＋"行动的指导意见》提出：在全球新一轮科技革命和产业变革中，互联网已成为不可阻挡的时代潮流，正对各国经济社会发展产生着（　　）的影响。

　　A 宏观性和调控性　　　　　　　B 广阔性和局域性
　　C 战略性和全局性　　　　　　　D 调控性和战略性

参考答案：C

17.《国务院关于积极推进"互联网＋"行动的指导意见》提出：完善互联网融合标准规范和法律法规，增强安全意识，强化安全管理和防护，保障（　　）安全。

A 网络   B 信息   C 资源   D 数据

参考答案：A

18. 《国务院关于积极推进"互联网＋"行动的指导意见》提出：鼓励互联网企业与社会教育机构根据市场需求开发数字教育资源，提供（   ）教育服务。

A 信息化   B 网络化   C 协同化   D 智能化

参考答案：B

19. 《国务院关于积极推进"互联网＋"行动的指导意见》提出：基于互联网的新兴业态不断涌现，电子商务、（   ）快速发展，对经济提质增效的促进作用更加凸显。

A 企业和个人   B 互联网金融

C 信息与经济   D 生产和销售

参考答案：B

20. 《国务院关于积极推进"互联网＋"行动的指导意见》提出：鼓励互联网企业依法合规提供创新金融产品和服务，将更好满足中小微企业、创新型（   ）的投融资需求。

A 生产和销售   B 信息技术与经济社会

C 数据和资源   D 企业和个人

参考答案：D

21. 在（   ）年的中央政府工作报告中提出：支持发展移动互联网。

A 2014   B 2015   C 2016   D 2017

参考答案：B

22. 中央政府工作报告在（   ）年的工作部署中提出：制定"互联网＋"行动计划，推动移动互联网、云计算、大数据、物联网等与现代制造业结合，促进电子商务、工业互联网和互联网金融健康发展，引导互联网企业拓展国际市场。

A 2014   B 2015   C 2016   D 2017

参考答案：B

23. 中央政府工作报告2015年工作总体部署中提出：多管齐下改革投融资体制。大幅缩减政府核准投资项目范围，下放核准权限。大幅减少投资项目前置审批，实行项目核准（   ）。

A 网上并联办理   B 网上办理

C 网上串联办理   D 网上审批

参考答案：A

24. （   ）年的中央政府工作报告首次提出"互联网＋"。

A 2014   B 2015   C 2016   D 2017

参考答案：B

25. 在2015年的中央政府工作报告中对"互联网＋"行动的描述是（   ）。

A 制定"互联网＋"行动计划   B 广泛开展"互联网＋"行动

C 深入推进"互联网＋"行动   D 落实"互联网＋"行动计划

参考答案：A

26．2016 年政府工作报告提出，大力推行（   ），实现部门间数据共享，让居民和企业少跑腿、好办事、不添堵。简除烦苛，禁察非法，使人民群众有更平等的机会和更大的创造空间。

    A 普惠创新服务　　　　　　　　B 微政务服务

    C 基层便民服务　　　　　　　　D "互联网＋政务服务"

参考答案：D

27．2016 年政府工作报告指出，从根本上说，发展的不竭力量蕴藏在（   ）之中。

    A 历史规律　　　B 创新驱动　　　C 大众创业　　　D 人民群众

参考答案：D

28．"发展新动能加快成长。创新驱动发展战略持续推进，互联网与各行业加速融合，新兴产业快速增长"是在中央政府工作报告（   ）年的工作回顾中。

    A 2014　　　　　B 2015　　　　　C 2016　　　　　D 2017

参考答案：B

29．2016 年中央政府工作报告在 2015 年的工作回顾总结中提出：大众创业、万众创新（   ），全年新登记注册企业增长 21.6%，平均每天新增 1.2 万户。

    A 大力推广　　　B 广泛开展　　　C 支持发展　　　D 蓬勃发展

参考答案：D

30．在 2016 年的中央政府工作报告中对"互联网＋"行动的描述是（   ）。

    A 制定"互联网＋"行动计划　　　B 广泛开展"互联网＋"行动

    C 深入推进"互联网＋"行动　　　D 落实"互联网＋"行动计划

参考答案：D

31．中央政府工作报告在 2015 年工作回顾中提到：城乡宽带网络全覆盖在（   ）年实现。

    A 2017　　　　　B 2018　　　　　C 2019　　　　　D 2020

参考答案：D

32．在（   ）年的中央政府工作报告中提出：深入推进"互联网＋"行动和国家大数据战略。

    A 2014　　　　　B 2015　　　　　C 2016　　　　　D 2017

参考答案：D

33．2017 年中央政府工作报告在 2016 年的工作回顾总结中提出：大众创业、万众创新（   ），全年新登记企业增长 24.5%，平均每天新增 1.5 万户，加上个体工商户等，各类市场主体每天新增 4.5 万户。

    A 大力推广　　　B 广泛开展　　　C 支持发展　　　D 蓬勃发展

参考答案：B

34．在 2017 年的中央政府工作报告中对"互联网＋"行动的描述是（   ）。

    A 制定"互联网＋"行动计划　　　B 广泛开展"互联网＋"行动

C 深入推进"互联网＋"行动 　　D 落实"互联网＋"行动计划

参考答案：C

35. 中央政府工作报告 2017 年重点工作任务提到：当前（　　）总体可控，但对不良资产、债券违约、影子银行、互联网金融等累积风险要高度警惕。

A 系统性风险　　B 累积风险　　C 风险　　D 结构性风险

参考答案：A

36.《关于促进智慧城市健康发展的指导意见》提出：建立环境信息智能分析系统、预警应急系统和（　　），对重点地区、重点企业和污染源实施智能化远程监测。

A 环境预警系统　　　　　　　　B 环境质量管理公共服务系统

C 社区公共服务系统　　　　　　D 环境质量服务系统

参考答案：B

37.《关于促进智慧城市健康发展的指导意见》提出：建设完善（　　），促进电子商务向旅游、餐饮、文化娱乐、家庭服务、养老服务、社区服务以及工业设计、文化创意等领域发展。

A 电子商务基础设施，积极培育电子商务服务业

B 电子商务基础设施

C 电子商务服务业

D 电子商务基础设施，积极培育信息商务服务业

参考答案：A

38.《关于促进智慧城市健康发展的指导意见》提出：智慧城市是运用物联网、云计算、大数据、（　　）等新一代信息技术，促进城市规划、建设、管理和服务智慧化的新理念和新模式。

A "互联网＋"　　　　　　　　B 移动互联网

C 空间地理信息集成　　　　　　D 云存储

参考答案：C

39.《关于促进智慧城市健康发展的指导意见》提出：建设智慧城市，对加快工业化、信息化、城镇化、农业现代化融合，提升城市（　　）能力具有重要意义。

A 可持续发展　　B 城镇化转型　　C 工业化建设　　D 智能化生产

参考答案：A

40.《关于促进智慧城市健康发展的指导意见》提出：智慧城市建设要突出为民、便民、惠民，推动创新城市管理和公共服务方式，向城市居民提供（　　）、多层次、差异化、高质量的公共服务，避免重建设、轻实效，使公众分享智慧城市建设成果。

A 多元化　　B 广覆盖　　C 高品质　　D 有特色

参考答案：B

41.《关于促进智慧城市健康发展的指导意见》提出：以（　　）为导向，根据城市地理区位、历史文化、资源禀赋、产业特色、信息化基础等，应用先进适用技术科学推进智慧城市建设。

A 区域发展需求 B 国家经济发展需求

C 人民生活需求 D 城市发展需求

参考答案：D

42.《关于促进智慧城市健康发展的指导意见》提出：到 2020 年，建成一批（ ）的智慧城市，聚集和辐射带动作用大幅增强，综合竞争优势明显提高，在保障和改善民生服务、创新社会管理、维护网络安全等方面取得显著成效。

A 特色鲜明 B 世界领先 C 设施完善 D 亚洲领先

参考答案：A

43.《关于促进智慧城市健康发展的指导意见》提出：城市（ ）要从城市发展的战略全局出发研究制定智慧城市建设方案。

A 住建局 B 人民政府 C 规划局 D 科技局

参考答案：B

44.《关于促进智慧城市健康发展的指导意见》提出：智慧城市建设方案要突出（ ），深化重点领域智慧化应用，提供更加便捷、高效、低成本的社会服务。

A 为人服务 B 为经济发展服务

C 为工业发展服务 D 为城市现代化服务

参考答案：A

45.《关于促进智慧城市健康发展的指导意见》提出：城市人民政府在推进智慧城市建设中要同步（ ）。

A 加强信息安全保障工作 B 移动互联网的保障工作

C 建设社区公共服务系统 D 加强网络安全保障工作

参考答案：D

46.《国务院办公厅关于印发"互联网＋政务服务"技术体系建设指南》提出："互联网＋政务服务"平台技术架构的（ ）层包括用户注册、事项发布、事项申请、办理互动、办件查询、服务评价等，自然人和法人可通过 PC 电脑、移动终端、实体大厅、自助服务终端、呼叫热线等多种渠道访问。

A 数据资源 B 应用支撑 C 业务应用 D 用户及服务

参考答案：D

47.《关于促进移动互联网健康有序发展的意见》提出：在确保安全的前提下，（ ），推动形成多种资本成分和各类市场主体优势互补、相互竞争、共同发展的市场新格局。

A 引导多元化投融资市场发展

B 引导多元化投融资市场发展，积极稳妥推进移动互联网市场开放

C 引导多元化投融资市场发展，积极稳妥推进电信市场开放

D 积极稳妥推进电信市场开放

参考答案：C

48.《关于促进移动互联网健康有序发展的意见》提出：建立完善与移动互联网

演进发展相适应的市场准入制度，健全电信业务分级分类管理制度，健全移动互联网（　　）等制度。

  A 新业务备案管理、综合评估

  B 业务备案管理、信息评估

  C 新业务备案管理、信息安全评估

  D 业务备案管控、综合评估

参考答案：A

49.《关于促进移动互联网健康有序发展的意见》提出：落实企业研发费用加计扣除政策，创新核心技术研发投入机制，探索关键核心技术市场化揭榜攻关，着力提升我国骨干企业、科研机构在全球核心技术开源社区中的贡献和话语权，积极推动（　　）。

  A 关键技术开源中国社区建设   B 重点技术开源中国社区建设

  C 核心技术开源中国社区建设   D 核心技术开源中国区域建设

参考答案：C

50.《关于促进移动互联网健康有序发展的意见》提出：加快布局下一代互联网技术标准、产业生态和安全保障体系，全面向互联网协议（　　）演进升级。

  A 第七版（IPv7）   B 第六版（IPv6）

  C 第五版（IPv5）   D 第四版（IPv4）

参考答案：B

51.《关于促进移动互联网健康有序发展的意见》提出：推进（　　），加快推进专利信息资源开放共享，鼓励大型移动互联网企业共同组建专利池，建立资源共享和利益分配机制。

  A 服务平台建设

  B 知识产权战略布局和服务平台建设

  C 知识产权战略布局

  D 知识产权运营交易和服务平台建设

参考答案：D

52.《关于促进移动互联网健康有序发展的意见》提出：加快实施"互联网＋"行动计划、国家大数据战略，大力推动（　　）深度融合发展，以信息流带动技术流、资金流、人才流、物资流，促进资源优化配置，促进全要素生产率提升。

  A 移动互联网和农业、工业、服务业

  B 移动互联网和工业、服务业

  C 移动互联网和农业、服务业

  D 移动互联网和农业、工业、科技

参考答案：A

53.《关于促进移动互联网健康有序发展的意见》提出：充分发挥基础电信企业、大型互联网企业龙头带动作用，通过（　　）等方式，积极支持上下游中小微企业发展。遏制企业滥用市场支配地位破坏竞争秩序，营造公平有序的市场竞争环境。

A　生产协作、共享资源

B　生产协作、开放平台、共享资源

C　生产创新、开放平台、共享资源

D　开放平台、共享资源

参考答案：B

54.《关于促进移动互联网健康有序发展的意见》提出：繁荣发展网络文化。把握（　　），实施社会主义核心价值观、中华优秀文化网上传播等内容建设工程，培育积极健康、向上向善的网络文化。

A　移动互联网安全传播途径　　　B　移动互联网传播速度

C　移动互联网传播规律　　　　　D　网络安全传播途径

参考答案：C

55.《关于促进移动互联网健康有序发展的意见》提出：牢固树立正确的网络安全观和动态、综合防护理念，坚持以安全保发展、以发展促安全，全方位、全天候感知移动互联网安全态势，不断强化移动互联网基础信息网络安全保障能力，大力推广具有（　　）安全技术和标准应用。

A　自主知识产权的网络空间　　　B　知识产权的网络空间

C　自主工业产权的网络空间　　　D　自主知识所有权的网络空间

参考答案：A

56.《关于促进移动互联网健康有序发展的意见》提出：围绕"（　　）"国家战略，推进网上丝绸之路国际合作，促进移动互联网基础设施互联互通，大力发展跨境移动电子商务。

A　长江经济带　　　　　　　　　B　京津冀协同发展

C　一带一路　　　　　　　　　　D　十三五

参考答案：C

57.《国务院关于积极推进"互联网＋"行动的指导意见》提出：到（　　）年，网络化、智能化、服务化、协同化的"互联网＋"产业生态体系基本完善，"互联网＋"新经济形态初步形成，"互联网＋"成为经济社会创新发展的重要驱动力量。

A　2020　　　B　2022　　　C　2021　　　D　2025

参考答案：D

58.《国务院关于积极推进"互联网＋"行动的指导意见》提出：要规范用好农村土地流转公共服务平台，提升土地（　　）度，保障农民权益。

A　流转透明　　　B　转让透明　　　C　公开透明　　　D　流转规范

参考答案：A

59.《国务院关于积极推进"互联网＋"行动的指导意见》提出：要强化上下游追溯体系对接和信息互通共享，不断扩大追溯体系覆盖面，实现农副产品"（　　）"全过程可追溯，保障"舌尖上的安全"。

A　从餐桌到农田　　　　　　　　B　从基地到餐桌

  C 从农田到餐桌   D 从餐桌到基地

参考答案：C

60.《国务院关于积极推进"互联网＋"行动的指导意见》提出：要突破分布式发电、储能、智能微网、主动配电网等关键技术，构建智能化电力运行监测、管理技术平台，使电力设备和用电终端基于互联网进行双向通信和智能调控，实现（ ）的及时有效接入，逐步建成开放共享的能源网络。

  A 储能   B 微网   C 光纤   D 分布式电源

参考答案：D

61.《国务院关于积极推进"互联网＋"行动的指导意见》提出：要进一步加强能源生产和消费协调匹配，推进电动汽车、港口岸电等电能替代技术的应用，推广（ ），提高能源利用效率。

  A 电力需求侧管理   B 电力市场营销管理

  C 电力安全管理   D 电力品牌管理

参考答案：A

62.《国务院关于积极推进"互联网＋"行动的指导意见》提出：要统筹部署电网和通信网深度融合的网络基础设施，实现（ ）、共建共享，避免重复建设。

  A 同缆传输 B 网络传输 C 信号调制 D 漏缆传输

参考答案：A

63.《国务院关于积极推进"互联网＋"行动的指导意见》提出：要大力发展以（ ）为载体、线上线下互动的新兴消费，加快发展基于互联网的医疗、健康、养老、教育、旅游、社会保障等新兴服务，创新政府服务模式，提升政府科学决策能力和管理水平。

  A 优势资源 B 科技创新 C 互联网 D 合作组织

参考答案：C

64.《国务院关于积极推进"互联网＋"行动的指导意见》提出：由（ ）牵头建立"互联网＋"行动实施部际联席会议制度，统筹协调解决重大问题，切实推动行动的贯彻落实。

  A 能源局   B 发展改革委

  C 工业和信息化部   D 科技部

参考答案：B

65.《国务院关于积极推进"互联网＋"行动的指导意见》提出：要完善智能物流配送调配体系。加快推进货运车联网与物流园区、仓储设施、配送网点等信息互联，促进人员、货源、车源等信息高效匹配，有效降低货车（ ），提高配送效率。

  A 出车率 B 事故率 C 空驶率 D 以上都不是

参考答案：C

66.《国务院关于积极推进"互联网＋"行动的指导意见》提出：要巩固和增强我国电子商务发展领先优势，大力发展（ ），进一步扩大电子商务发展空间。

  A 农村电商 B 行业电商 C 跨境电商 D 以上都是

参考答案：D

67.《国务院关于积极推进"互联网＋"行动的指导意见》提出：要充分发挥互联网在逆向物流回收体系中的平台作用，促进再生资源交易利用便捷化、互动化、透明化，促进生产生活方式（　　　）。

  A 绿色化   B 智能化   C 网络化   D 简单化

参考答案：A

68.《国务院关于积极推进"互联网＋"行动的指导意见》提出：要利用智能监测设备和移动互联网，完善污染物排放在线监测系统，增加监测污染物种类，扩大监测范围，形成（　　　）的智能多源感知体系。

  A 全天候、宽领域   B 全天候、多层次

  C 全天候、全方位   D 多层次、全过程

参考答案：B

69.《国务院关于积极推进"互联网＋"行动的指导意见》提出：支持安防企业与互联网企业开展合作，发展和推广图像精准识别等大数据分析技术，提升安防产品的（　　　）服务水平。

  A 智能化   B 个性化   C 多样化   D 网络化

参考答案：A

70.《国务院关于积极推进"互联网＋"行动的指导意见》提出：要实施云计算工程，大力提升（　　　）服务能力，引导行业信息化应用向云计算平台迁移，加快内容分发网络建设，优化数据中心布局。

  A 基层   B 公共云   C 自助创新   D 小微企业金融

参考答案：B

71.《国务院关于积极推进"互联网＋"行动的指导意见》提出：鼓励传统产业树立（　　　）思维，积极与"互联网＋"相结合。推动互联网向经济社会各领域加速渗透，以融合促创新，最大程度汇聚各类市场要素的创新力量，推动融合性新兴产业成为经济发展新动力和新支柱。

  A 互联网   B 科学   C 开放   D 创新

参考答案：A

72.《国务院关于积极推进"互联网＋"行动的指导意见》中，明确了（　　　）项重点行动，其中的"互联网＋"协同制造行动，明确提出要"积极发展智能制造和大规模个性化定制，提升网络化协同制造水平，加速制造业服务化转型"。

  A 8   B 9   C 10   D 11

参考答案：D

73.《国务院关于积极推进"互联网＋"行动的指导意见》提出：要由（　　　）牵头负责强化知识产权战略。

  A 知识产权局 B 能源局   C 质检总局   D 发展改革委

参考答案：A

74.《国务院关于积极推进"互联网＋"行动的指导意见》提出：要加速制造业（　　）转型。

　　A　服务化　　　　B　网络化　　　　C　个性化　　　　D　信息化

参考答案：A

75.《国务院关于加快推进"互联网＋政务服务"工作的指导意见》提出：要鼓励先行先试，运用互联网思维，创新服务模式，拓展服务渠道，开放服务资源，分级分类推进新型智慧城市建设，构建政府、（　　）、企业共同参与、优势互补的政务服务新格局。

　　A　公众　　　　　B　民众　　　　　C　群众　　　　　D　大众

参考答案：A

76.《国务院关于加快推进"互联网＋政务服务"工作的指导意见》提出：创新应用互联网、物联网、云计算和大数据等技术，加强统筹，注重实效，分级分类推进新型智慧城市建设，打造（　　）的服务型政府。

　　A　透明高效　　　B　高效廉洁　　　C　高效协同　　　D　人民满意

参考答案：A

77.《国务院关于推进物联网有序健康发展的指导意见》提出：物联网发展要营造良好发展环境。建立健全有利于物联网应用推广、创新激励、有序竞争的政策体系，抓紧推动制定完善（　　）与隐私保护等方面的法律法规。

　　A　信息安全　　　　　　　　　　B　网络安全
　　C　知识产权保护　　　　　　　　D　风险防护

参考答案：A

78.《国务院关于推进物联网有序健康发展的指导意见》提出：物联网发展要加强财税政策扶持。支持符合现行软件和集成电路税收优惠政策条件的物联网企业按规定享受相关税收优惠政策，经认定为（　　）的物联网企业按规定享受相关所得税优惠政策。

　　A　高技术企业　　　　　　　　　B　高新技术企业
　　C　新技术企业　　　　　　　　　D　高科技企业

参考答案：B

79.《国务院关于印发促进大数据发展行动纲要的通知》提出：目前，我国（　　）规模居全球第一，拥有丰富的数据资源和应用市场优势，大数据部分关键技术研发取得突破，涌现出一批互联网创新企业和创新应用，一些地方政府已启动大数据相关工作。

　　A　移动互联网用户　　　　　　　B　互联网、移动互联网用户
　　C　物联网用户　　　　　　　　　D　互联网、物联网用户

参考答案：B

80.《国务院关于印发促进大数据发展行动纲要的通知》提出：大力推动政府部门数据共享。结合（　　）建设，推动中央部门与地方政府条块结合、联合试点，实现公共服务的多方数据共享、制度对接和协同配合。

　　A　信息惠民工程实施　　　　　　B　信息惠民工程实施和智慧城市

C 智慧城市   D 信息安全工程实施和智慧城市

参考答案：B

81.《国务院关于印发促进大数据发展行动纲要的通知》提出：稳步推动公共数据资源开放。在依法加强安全保障和隐私保护的前提下，稳步推动（   ）。

A 公共数据资源开放   B 公共数据资源推广

C 信息数据资源开放   D 公共数据资源共享

参考答案：A

82.《国务院关于印发促进大数据发展行动纲要的通知》提出：推进商事服务便捷化。加快建立公民、法人和其他组织统一社会信用代码制度，依托全国统一的信用信息共享交换平台，建设企业信用信息公示系统和（   ）网站，共享整合各地区、各领域信用信息，为社会公众提供查询注册登记、行政许可、行政处罚等各类信用信息的一站式服务。

A "和谐中国"   B "法制中国"   C "诚信中国"   D "信用中国"

参考答案：D

83.《国务院关于印发促进大数据发展行动纲要的通知》提出：整合构建（   ），推进各地区、各行业、各领域涉农数据资源的共享开放，加强数据资源发掘运用。

A 国家涉农大数据库   B 农村综合信息中心

C 国家涉农大数据中心   D 各地市涉农大数据中心

参考答案：C

84.《国务院关于印发促进大数据发展行动纲要的通知》提出：建设国家（   ），促进网络安全相关数据融合和资源合理分配，提升重大网络安全事件应急处理能力。

A 网络安全信息汇聚共享平台

B 网络安全信息汇聚共享和关联分析平台

C 网络安全信息汇聚共享和数据分析平台

D 网络安全信息共享平台

参考答案：B

85.《国务院关于印发促进大数据发展行动纲要的通知》提出：完善组织实施机制。设立（   ），为大数据发展应用及相关工程实施提供决策咨询。

A 大数据专家咨询委员会   B 大数据安全咨询委员会

C 互联网专家咨询委员会   D 大数据专家咨询服务中心

参考答案：A

86.《国务院关于印发促进大数据发展行动纲要的通知》提出：加快建立（   ）。开展标准验证和应用试点示范，建立标准符合性评估体系，充分发挥标准在培育服务市场、提升服务能力、支撑行业管理等方面的作用。积极参与相关国际标准制定工作。

A 大数据市场安全交易体系   B 大数据市场信息共享体系

C 大数据市场交易标准体系   D 大数据市场数据分析体系

参考答案：C

87.《国务院关于印发促进大数据发展行动纲要的通知》提出：大数据持续激发商业模式创新，不断催生新业态，已成为互联网等新兴领域（　　）提升企业核心价值的重要驱动力。

A　影响社会分工协作　　　　　　　B　促进业务创新增值

C　促进生产组织方式　　　　　　　D　促进协同创新

参考答案：B

88. 在《国务院关于印发促进大数据发展行动纲要的通知》提出：在依法加强安全保障和隐私保护的前提下，稳步推动公共数据资源开放。推动建立政府部门和事业单位等公共机构数据资源清单，按照"（　　）"的方式，加强对政府部门数据的国家统筹管理。

A　联合发展　　B　一带一路　　C　增量先行　　D　互联网＋

参考答案：C

89. 政府工作报告 2015 年工作总体部署中指出：发展智慧城市，保护和传承历史、地域文化。加强城市（　　）、公交和防洪防涝设施等建设。坚决治理污染、拥堵等城市病，让出行更方便、环境更宜居。

A　城镇规划建设管理　　　　　　　B　基础设施管理

C　供水供气供电　　　　　　　　　D　污染、拥堵治理

参考答案：C

90. 政府工作报告 2015 年工作总体部署中指出：加强事中事后监管，健全为企业和社会服务一张网，推进社会信用体系建设，建立全国统一的（　　），依法保护企业和个人信息安全。

A　信息安全制度

B　社会信用代码制度

C　社会信用代码制度和信用信息共享交换平台

D　信用信息共享交换平台。

参考答案：C

91. 政府工作报告 2016 年重点工作提出：抓紧新一轮农村电网改造升级，两年内（　　）。实施饮水安全巩固提升工程。推动电子商务进农村。建设美丽宜居乡村。

A　实现农村稳定可靠供电服务

B　平原地区机井通电全覆盖

C　实现农村稳定可靠供电服务和平原地区机井通电全覆盖

D　物联网全覆盖

参考答案：C

92. 关于促进移动互联网健康有序发展的意见提出：鼓励基础电信企业针对贫困地区推出优惠资费套餐，探索推出"（　　）"绑定业务，精准减免贫困户网络通信资费。

A　人、机、卡、号　　　　　　　　B　人、证、号

C　人、机、卡　　　　　　　　　　D　人、卡、证、号

参考答案：A

93.《国务院办公厅关于印发"互联网＋政务服务"技术体系建设指南》提出："互联网＋政务服务"的关键保障技术含：（　　）、平台保障技术、深化新技术应用。

    A　服务驱动技术   B　平台支撑技术

    C　互联网应用技术   D　移动终端技术

参考答案：B

94.《国务院办公厅关于印发"互联网＋政务服务"技术体系建设指南》提出：通过"（　　）"等政务服务热线集中接受社会公众的咨询、求助、意见、建议和投诉，通过信息化手段逐步整合各部门现有的政民互动渠道。

    A　96177   B　12365   C　12345   D　95598

参考答案：C

95.《国务院关于推进物联网有序健康发展的指导意见》提出：推进物联网的应用和发展，有利于促进生产生活和社会管理方式向（　　）、精细化、网络化方向转变。

    A　智能化   B　多元化   C　多层次   D　创新化

参考答案：A

二、"互联网"基础知识

1.大数据把（　　）采集的数据作为流计算系统的输入，进行实时处理分析。

    A　实时   B　自动   C　定时   D　远程

参考答案：A

2.物联网的网络层起到信息（　　）的作用。

    A　采集   B　传输   C　收集   D　管理

参考答案：B

3.物联网是物与物相连的网络，通过为物体加装二维码、RFID标签、传感器等，就可以实现物体身份（　　）标识和各种信息采集，再结合各种类型网络连接，就可以实现人和物、物和物之间的信息交换。

    A　个性   B　唯一   C　普遍   D　密钥

参考答案：B

4.下列关于TCP和UDP的说法正确的是（　　）。

    A　两者都是面向无连接的

    B　两者都是面向连接的

    C　TCP是面向连接而UDP是面向无连接的

    D　TCP是面向无连接而UDP是面向连接的

参考答案：C

5.云计算使用户只需在具备（　　）条件的地方，就可以随时随地获得所需的各种IT资源。

    A　网络覆盖   B　网络畅通   C　无线网络   D　网络接入

参考答案：D

6．云计算的分布式数据管理系统 BigTable，是一个稀疏、分布、持续多度的排序映射数组，适合于非结构化数据存储的数据库，具有（　　）等特点。

    A　高可靠性，持续性，高性能   B　高可靠性，持续性，可伸缩

    C　高可靠性，高性能，可伸缩   D　持续性，可伸缩，高性能

参考答案：C

7．云计算中的分布式计算编程模型 MapReduce 允许开发者在不具备（　　）开发经验的前提下能开发出分布式并行程序，让其同时运行在数百台机器上，在短时间内完成还来数据计算。

    A　上行   B　下行   C　串行   D　并行

参考答案：D

8．云计算平台是数据储存、（　　）与服务平台。

    A　分析   B　判断   C　识别   D　引导

参考答案：A

9．在企业云服务，整个客户系统分为（　　）几个子平台。

    A　管理员   B　业务员   C　客服   D　以上都是

参考答案：D

10．物联网核心的"三层网络"是指感知层、传输层、（　　）。

    A　管理层   B　反馈层   C　应用层   D　接收层

参考答案：C

11．大数据的特点不包括以下（　　）项。

    A　数据量大   B　数据类型繁多 C　处理速度快   D　价值密度高

参考答案：D

12．大数据时代具有"（　　）"的特征？

    A　快速响应   B　秒级响应   C　价值响应   D　联网响应

参考答案：B

13．云计算不包括（　　）种典型的服务模式。

    A　基础设施即服务（Iaas）   B　平台即服务（Paas）

    C　软件即服务（Saas）   D　机会即服务（Ossa）

参考答案：D

14．Hbase 与传统的关系数据库的区别主要体现在（　　）、数据操作、存储模式、数据索引、数据维护、可伸缩性。

    A　数据类型   B　数据模式   C　数据流动   D　数据存储

参考答案：A

15．Hbase 系统架构包括（　　）、Zookeeper 服务器、Master 主服务器、Region 服务器。

    A　用户端   B　客户端   C　电源端   D　服务器

参考答案：B

16．NoSQL 数据库明显优势在于可以支持超大规模数据存储，支持（ ）应用，具有强大的横向扩展能力。

    A　Web2.0　　　　B　Web3.1　　　　C　Web1.0　　　　D　Web3.0

参考答案：A

17．键值数据库会使用一个哈希表，这个表中有一个特定的 Key 和一个指针指向特定的（ ）。

    A　Key　　　　　B　Word　　　　　C　Value　　　　D　Number

参考答案：C

18．键值数据库有自身的局限性，（ ）就是键值数据库的弱项。

    A　条件查询　　B　密码查询　　　C　数据查询　　　D　解锁查询

参考答案：A

19．1GB＝（ ）MB。

    A　2048　　　　　B　1024　　　　　C　100　　　　　D　1

参考答案：B

20．大数据包括 3 种典型的服务模式，即 Iaas、Paas 和（ ）。

    A　基础设施即服务　　　　　　　　B　平台即服务

    C　Saas　　　　　　　　　　　　　D　私有云

参考答案：C

21．云计算包括公有云、（ ）、混合云三种类型。

    A　私有云　　　　B　用户云　　　　C　信息云　　　　D　Paas

参考答案：A

22．完整的物联网产业链主要包括核心感应器件提供商、感知层末端（ ）、网络供应商等环节。

    A　设备提供商　　　　　　　　　　B　系统运营商

    C　产品质量保障商　　　　　　　　D　资源供应商

参考答案：A

23．云数据库具有动态可扩展、高可用性、低成本、（ ）、大规模并行处理等突出优点。

    A　廉价性　　　　B　易用性　　　　C　可操作性　　　D　易改性

参考答案：B

24．MapReduce 是一种平行编程模型，用于大规模数据集［大于（ ）TB］的并行运算。

    A　2　　　　　　B　0.5　　　　　C　3　　　　　　D　1

参考答案：D

25．Map 端的 Shuffle 过程包括 4 个步骤，分别是输入数据和执行 Map 任务；（ ）；溢写；文档归并。

A　排序合并　　　B　写入缓存　　　C　读出缓存　　　D　分区

参考答案： B

26. Reduce 端的 Shuffle 过程包括 3 个步骤，分别为（　　）；归并数据；把数据输入 Reduce 文件。

A　溢写文件　　　　　　　　　B　归档数据

C　"领取"数据　　　　　　　　D　读取数据

参考答案： C

27. 流计算秉承一个基本理念，数据的价值随着时间的流逝而（　　）。

A　降低　　　B　升高　　　C　延迟　　　D　提升

参考答案： A

28. 流计算处理过程包括数据实时采集、数据实时计算和（　　）。

A　及时查询　　　　　　　　　B　及时采集

C　实时查询服务　　　　　　　D　实时处理

参考答案： C

29. 云计算的典型的服务模式不包括（　　）。

A　基础设施即服务（Iaas）　　　　B　平台即服务（Paas）

C　软件即服务（Saas）　　　　　　D　数据即服务（Daas）

参考答案： D

30. 物联网是物物相连的互联网，是互联网的延伸，它利用局部网络或互联网等通信技术把传感器、控制器、机器、人员和物等通过新的方式连在一起，形成（　　）、物与物相连，实现信息化和远程管理控制。

A　人与机　　　B　机与机　　　C　人与物　　　D　机与物

参考答案： C

31. 下列关于云计算、物联网、大数据之间的关系说法错误的是（　　）。

A　三者是截然不同的三类技术

B　云计算为大数据提供技术基础，大数据为云计算提供用武之地

C　物联网是大数据的重要来源，大数据技术为物联网数据分析提供支撑

D　云计算为物联网提供海量数据存储能力，物联网为云计算技术提供了广阔的应用空间

参考答案： A

32. 数据可视化是指大型数据集中的数据以（　　）形式表示，并利用数据分析和开发工具发现其中未知信息的处理过程。

A　文字　　　B　图形图像　　　C　视频　　　D　符号

参考答案： B

33. 分布式文件系统 HDFS 采用抽象的块概念，在 HDFS 中的文件会被拆分成多个块，每个块作为独立的单元进行存储。HDFS 采用抽象的块概念的好处不包括（　　）。

A　支持大规模文件存储　　　　　B　简化系统设计

C　适合数据备份　　　　　　　　　　D　便于拆分文件

参考答案：D

34．Pregel 的计算过程是由一系列被称为"（　　　）"的迭代组成的。

　　A　超越　　　　　　B　超步　　　　　　C　超群　　　　　D　超前

参考答案：B

35．设备控制管理是实现设备智能控制等功能，包含（　　　）和本地控制。

　　A　网络控制　　　　　　　　　　　　B　技术控制

　　C　远程控制　　　　　　　　　　　　D　线上控制

参考答案：C

36．智能插座定义：用于连接（　　　）与用电设备、能够采集接入用电设备的用电信息，并能将数据传输给家用智能网关，可实现电源远程通断等智能化功能的电源插座及转换器。

　　A　电池　　　　　　B　电源　　　　　　C　分布式电源　　D　电网

参考答案：B

37．智能小区的通信网络包括（　　　）。

　　A　远程接入网　　　　　　　　　　　B　本地接入网

　　C　家庭局域网　　　　　　　　　　　D　以上三个都是

参考答案：D

38．我国目前已经建成三纵四横的主干通信网络，形成了以（　　　）为主，多种通信方式并存的电力通信网络格局。

　　A　光纤通信　　　　B　无线通信　　　　C　载波通信　　　D　微波通信

参考答案：A

39．（　　　）是实现自动检测和自动控制的首要环节。

　　A　处理器　　　　　B　传感器　　　　　C　RFID　　　　　D　ISO

参考答案：B

40．云计算的核心理念是（　　　）。

　　A　存储服务器　　　　　　　　　　　B　资源池

　　C　虚拟计算　　　　　　　　　　　　D　自动管理

参考答案：B

41．（　　　）是指利用虚拟化技术将用户桌面的镜像文件存放到数据中心。

　　A　技术虚拟化　　　　　　　　　　　B　文件虚拟化

　　C　桌面虚拟化　　　　　　　　　　　D　用户虚拟化

参考答案：C

42．（　　　）是阿里云对外提供的海量、安全和高可靠的云存储服务。

　　A　开放存储服务　　　　　　　　　　B　封闭式存储

　　C　一般式存储　　　　　　　　　　　D　安全存储

参考答案：A

43．智慧城市的建设模式主要有三种：以物联网产业为驱动的建设模式、以信息基础设施建设为先导的建设模式和（　　　）。

  A　以社会应用为突破口的建设模式

  B　以最终用户为突破口的建设模式

  C　以效率效益为突破口的建设模式

  D　以生态环保为突破口的建设模式

  参考答案：A

44．从各城市的智慧城市建设内容来看，一方面是加强（　　　），提高通信网络带宽及覆盖率。

  A　城市基础通信网络建设   B　城市轨道交通建设

  C　智慧小区的投资规模   D　手机终端的推广力度

  参考答案：A

45．进一步推进城镇化迫切需要提高（　　　）的科学水平。

  A　城市建设和管理   B　通信网络建设和管理

  C　轨道交通建设和管理   D　生态环境改善和管理

  参考答案：A

46．大数据分析往往从（　　　）开始，然后收拾采集原始数据，统计分析，验证分析结果等。

  A　确定目标   B　搜索数据   C　海量存储   D　快读读取

  参考答案：A

47．云平台首先提供了服务开发工具和（　　　），从而帮助云服务的开发者开发服务。

  A　基础软件   B　基础硬件   C　网络通道   D　存储平台

  参考答案：A

48．云数据中心就是管理（　　　），并提供访问接口，从而服务中心的智慧应用可以访问和管理数据中心上的数据。

  A　逻辑模型   B　网络模型   C　云端数据   D　数据模型

  参考答案：D

49．物联网可以实现（　　　）功能。

  A　物联反控   B　存储数据   C　智能分析   D　人工智能

  参考答案：A

50．在面向服务的设计中，服务请求者通过定义的（　　　）调用服务。

  A　通信协议   B　控制协议   C　计划协议   D　安全协议

  参考答案：A

51．远程接入网以采用（　　　）为主，无线技术和电力线通信技术作为补充。

  A　宽带载波   B　光纤通信技术

  C　窄带载波   D　GPRS

参考答案：B

52. 智慧园区用电信息采集系统建设宜采用（   ）加密方式。

    A　硬件　　　　　　　　　　　　B　软件

    C　硬件与软件相结合　　　　　　D　密钥

参考答案：A

53. 用电信息管理实现设备（   ）控制等功能。

    A　智能　　　　B　远程　　　　C　本地　　　　D　自动

参考答案：A

54. 智慧园区通过地理信息管理利用园区能源消耗、能效分析等相关数据，基于（   ）建立时间、空间尺度的能效模型，并以可视化方式展示。

    A　大数据　　　　B　云计算　　　　C　GIS 信息　　　　D　互联网

参考答案：C

55. 智能插座用于连接电源与用电设备、能够采集接入用电设备的用电信息，并能将数据传输给家用智能网关，可实现电源（   ）通断等智能化功能的电源插座及转换器。

    A　无线　　　　B　远程　　　　C　自动　　　　D　遥控

参考答案：B

56. 智能插座应支持本地（   ）供电方式。

    A　单相交流　　　　B　三相交流　　　　C　交流　　　　D　直流

参考答案：A

57. 智能小区分布式电源应接入（   ）电压等级的小型电源。

    A　10kV 及以下　　　　　　　　　B　20kV 及以下

    C　380kV 及以下　　　　　　　　D　35kV 及以下

参考答案：D

58. 配电网自动化系统主站与子站及终端的通信方式原则上以（   ）为主，对不具备电力光纤通信条件的末梢配电终端，采用无线通信方式。

    A　电力光纤通信　　　　　　　　B　无线公网

    C　通信光纤　　　　　　　　　　D　GPRS

参考答案：A

59. 智能小区可利用采集到的小区用户实时用能数据，结合（   ），分析用能结构及用户需求。

    A　小区电能质量　　　　　　　　B　供电可靠性

    C　实时负荷曲线　　　　　　　　D　电网运行状态

参考答案：D

60. 依据智能小区（   ）等实际情况，对电动汽车充电过程进行有序控制。

    A　配用电　　　　　　　　　　　B　负荷特点

    C　电网运行情况　　　　　　　　D　供电可靠性

参考答案：A

三、国家电网公司"互联网＋"建设工作重点及要求

1. 建立公共服务 APP 联盟，包括（　　　）。

    A　出租汽车　　　　B　公路客运　　　　C　金融机构　　　　D　高铁

参考答案：C

2. 全面深化"互联网＋营销服务"应用，打造前端触角敏锐、后端高度协同的（　　　）线上线下闭环服务链。

    A　C2C　　　　　　B　B2C　　　　　　C　P2P　　　　　　D　O2O

参考答案：D

3. 深化业扩全流程信息公开与实时管控平台实用化应用，不包括（　　　）。

    A　企业门户　　　　　　　　　　　B　ERP

    C　PMS　　　　　　　　　　　　D　营销稽查监控系统

参考答案：D

4. 深入开展营销稽查应用，在线监控不包括（　　　）。

    A　核心业务　　　　B　数据监控　　　　C　关键指标　　　　D　重要数据

参考答案：B

5. 实现服务信息精准推送，不包括（　　　）。

    A　业务办理　　　　B　量价费查询　　　C　费控余额　　　　D　电量预测

参考答案：D

6. 通过电子化服务渠道主动推送用电服务信息。建立主动服务的互联网渠道，降低 95598 服务热线的（　　　）话务量。

    A　投诉　　　　　　B　举报　　　　　　C　查询　　　　　　D　咨询

参考答案：D

7. 建设"互联网＋"营销服务应用工作体系，试点验证阶段强化统一服务平台和服务渠道（　　　）。

    A　制度设计　　　　B　规划设计　　　　C　顶层设计　　　　D　筹备建设

参考答案：C

8. 全面建成"互联网＋"营销服务应用工作体系，分试点验证、应用建设和（　　　）三个阶段。

    A　综合完善　　　　B　全面建设　　　　C　体系完善　　　　D　应用建设

参考答案：C

9. 全面推进抄核收智能化，构建采集、发行、（　　　）、账务一体化全自动作业模式。

    A　核算、通知、催费　　　　　　　B　核算、通知、收费

    C　核算、催费、收费　　　　　　　D　通知、催费、收费

参考答案：B

10.（　　　）负责配合 PMS 系统与营销相关信息系统集成，实现客户用电需求信息、电网接入预警信息、配电网规划建设等信息共享？

　　　A　国网发展部　　B　国网运检部　　C　国网基建部　　D　国网科技部

参考答案：B

11.（　　）负责故障抢修研判、停送电计划管理与营销业务末端协同，并负责配合调度相关系统与营销相关信息系统集成？

　　　A　国网营销部　　　　　　　　B　国调中心

　　　C　国网客服中心　　　　　　D　国网信通部

参考答案：B

12.（　　）负责全业务统一数据中心、一体化"国网云"平台和"互联网＋"相关平台、系统建设？

　　　A　国网信通部　　B　国网运检部　　C　国网基建部　　D　国网科技部

参考答案：A

13.应用物联网技术提升计量资产全寿命周期管理水平，研发（　　）技术应用。

　　　A　GPRS　　　　B　RFID　　　　C　GPS　　　　D　RIFD

参考答案：B

14.优化整合电子渠道，建设（　　）级部署的电子渠道协同管理应用平台。

　　　A　一　　　　　　B　两　　　　　C　三　　　　　D　四

参考答案：B

15.设立电子坐席，负责线上受理、业务咨询、跟踪协调，实现各类工单（　　）和档案信息（　　）线上流转，有效减少客户往返，快速响应客户需求。

　　　A　信息化、无纸化　　　　　　B　电子化、无纸化

　　　C　无纸化、电子化　　　　　　D　信息化、电子化

参考答案：C

16.优化线下服务模式，低压业扩实行（　　）"一岗制"，高压业扩客户经理利用移动作业终端，现场开展电子收资及系统业务操作，线上线下客户互动有机结合，有效减少客户往返，快速响应客户需求。

　　　A　查勘、装表　　B　查勘、验收　　C　装表、接电　　D　装表、验收

参考答案：A

17.适应售电市场开放下电费结算和信息互动需求，构建采集、核算、发行、通知、收费、账务一体化全自动作业模式，实现抄表数据自动推送，（　　）。

　　　A　电费核算系统自动完成　　　　B　电费核算系统自动推送

　　　C　电费核算系统智能完成　　　　D　电费核算系统自动推送

参考答案：A

18.现场补抄由（　　）在线支撑，停复电操作准确传达、自动下发，与市场化主体量价费的信息交互，全面提升抄核收工作质量和效率。

　　　A　移动平台　　B　智能平台　　C　互动平台　　D　终端平台

参考答案：A

19.现场补抄由移动平台在线支撑，（　　）准确传达、自动下发，与市场化主体

量价费的信息交互，全面提升抄核收工作质量和效率。

    A 停复电操作   B 停复电计划   C 停电信息   D 停电计划

参考答案：A

20. 现场补抄由移动平台在线支撑，停复电操作（   ），与市场化主体量价费的信息交互，全面提升抄核收工作质量和效率。

    A 准确下发、自动传达   B 准确传达、自动下发

    C 实时传达、自动下发   D 实时下发、自动传达

参考答案：B

21. 加快电费电子化账单和电子发票推广，全面实现在线异地购电交费、电量电费定制查询、账单发票（   ），有效节约纸质账单发票成本、提高劳动生产率。

    A 实时获取   B 实时打印   C 实时下发   D 实时推送

参考答案：A

22. 优化整合电子渠道，建设总部、省（市）公司两级部署的电子渠道协同管理应用平台，统一电子渠道服务标准，实现"掌上电力"手机 APP、95598 网站、"电 e 宝"、车联网、"e 充电"、国网商城、（   ）等线上线下渠道统一接入、统一认证、统一服务、统一监控、统一分析。

    A 移动设备、自助作业终端   B 移动设备、智能作业终端

    C 自助设备、智能作业终端   D 自助设备、移动作业终端

参考答案：D

23. 开展营业厅（   ）建设，积极推进实体营业厅功能转型，强化电能替代、"多表合一"信息采集等新业务推广。

    A 互动化   B 自主化   C 全面化   D 信息化

参考答案：A

24. 推行营业厅 WIFI 全覆盖，建立营业厅专项知识库，实现营业厅服务设备和服务内容的（   ）和电子服务信息精准推送。

    A 统一管理、一键发布   B 统一发布、一键管理

    C 统一管理、一键报送   D 统一发布、一键报送

参考答案：A

25. 强化数据共享和信息支撑，建设（   ），构建分析模型，从服务优化、降本增效、市场拓展、数据增值四个方面开展大数据分析，为电网规划、安全生产提供数据支持，深挖数据价值，持续提升运营效益。

    A 电力客户信息库   B 电力客户档案库

    C 电力客户标签库   D 电力客户知识库

参考答案：C

26. 开展"量价费损"预测分析，构建预测分析模型，实现"量价费"精准预测和（   ）。

    A 台区线损异常在线诊断   B 台区线损异常智能诊断

C 台区线损异常自主诊断　　　　D 台区线损异常人工诊断

参考答案：B

27．深化业扩报装方案辅助制定应用，利用电网（　　）资源，在线共享电网可开放容量，实现电源点搜索自动化、接入点判断智能化、供电方案编制自动化，提升业扩报装效率。

A GIS　　　　B GPS　　　　C RS　　　　D DEM

参考答案：A

28．做好公司"互联网＋"营销服务应用工作的成果宣传工作，以（　　）的"互联网＋"思维，创新理念，统一思想，提高新型业务理念的认同感和参与度，引导员工转变观念。

A 绿色、开放、共享、共赢　　　　B 开放、共享、共赢、跨界
C 绿色、开放、创新、共享　　　　D 开放、共享、共赢、创新

参考答案：B

29．利用电网 GIS 资源，在线共享电网可开放容量，实现电源点搜索（　　）、接入点判断（　　）、供电方案编制（　　），提升业扩报装效率。

A 自动化、智能化、主动化　　　　B 主动化、智能化、自动化
C 自动化、标准化、自动化　　　　D 自动化、智能化、自动化

参考答案：D

30．开展公司"国网云"和（　　）统一数据中心建设，构建统一对外的公共服务云和一级部署的客户基础档案系统，完善云检索和云知识库应用，实施全业务数据整合，实现海量、多源、异构营销基础数据和主数据实时集成共享。

A 全业务　　　　B 全过程　　　　C 全环节　　　　D 全流程

参考答案：A

31．围绕"互联网＋"营销服务需求，完善客户联络信息、标准地址信息等基础资料，提升营销业务应用、用电信息采集系统功能，在业扩全过程信息公开和实时监控、营配调贯通、营财一体化、（　　）等方面全面深化跨专业协同应用。

A 95598 业务应用　　　　B 95598 在线客服
C 电子渠道　　　　D 电网 GIS 资源

参考答案：A

32．全面开展线上服务渠道应用、现场移动作业应用、营销大数据分析应用和（　　）应用，实现高压业扩全过程智能互动服务上线。

A 跨界公共服务　　　　B 跨界服务 APP
C 公共基础服务　　　　D 跨界联合 APP

参考答案：A

33．坚持统一架构设计，（　　），强化跨专业数据信息共享、系统集成和流程衔接，以提高效益效率为目标，严格落实"互联网＋"营销服务应用工作方案，逐步完善、分步实施。

| A 统一平台支撑 | B 统一业务支撑 |
| C 统一业务管理 | D 统一安全管理 |

参考答案：A

34. 积极推进"多表合一"信息采集建设，推动制定相关国家、行业标准，推进配套政策出台和协议签订，全面排查智能水气热表使用情况，将"多表合一"信息采集建设要求与（　　）业扩流程紧密衔接，积极探索代抄、代收商业运营模式，不断扩大"多表合一"信息采集建设应用范围。

　　A 高压客户　　　B 低压客户　　　C 新建居住区　　　D 企业用户

参考答案：C

35. 实施业扩报装全流程管控。设立电子坐席，负责线上受理、（　　）、跟踪协调。

　　A 自助缴费　　　B 进度查询　　　C 业务咨询　　　D 监督评价

参考答案：C

36. 适应售电市场开放下电费结算和信息互动需求，构建采集、核算、发行、通知、收费、账务一体化全自动作业模式，实现（　　）自动推送，电费核算系统自动完成。

　　A 采集信息　　　B 抄表数据　　　C 停电信息　　　D 电子账单

参考答案：B

37. 按照2017年"互联网＋"营销服务工作任务安排计划表要求，要优化高压（　　）类常用业务和低压全业务，并实现线上办理。

　　A 6　　　　　　B 7　　　　　　C 8　　　　　　D 9

参考答案：C

38. 对核心业务、关键指标、重要数据进行（　　），重点针对业扩报装、电费销账、计量数据质量、同期线损管理等方面开展稽查监控分析。

　　A 在线监控　　　B 实时监控　　　C 线下监控　　　D 远程监控

参考答案：A

39. 加强省营销业务管理平台业扩协同管理环节视图、部门视图、客户经理等功能模块的优化和应用，完善（　　）。

　　A 线上评价、资源储备

　　B 线下服务、项目储备库管理功能

　　C 线上评价、项目储备库管理功能

　　D 线下服务、资源储备

参考答案：C

40. 开展供电服务指挥平台试点建设，依托营销系统，通过数据中心、企业服务总线等共享机制，建立与（　　）的信息共享。

　　A 生产管理系统、配电网自动化系统、营销业务应用系统

　　B 生产管理系统、配电网自动化系统、用电信息采集系统

　　C 生产管理系统、营销业务应用系统、用电信息采集系统

　　D 配电网自动化系统、营销业务应用系统、用电信息采集系统

参考答案：B

41．开展营配调贯通工作成效"回头看"，推行（　　）。

  A　数据采集、监察、治理一体化作业

  B　数据采集、核查、治理一体化作业

  C　数据分析、监察、治理一体化作业

  D　数据分析、核查、治理一体化作业

参考答案：B

42．国家电网公司《加快推进"互联网＋"营销服务应用工作实施方案》指出，要强化"三全"（全业务、全过程、全员）质量管控，提升（　　）质量，提高市场响应速度。

  A　现场服务 B　工作过程 C　优质服务 D　业务办理

参考答案：A

43．国家电网公司《加快推进"互联网＋"营销服务应用工作实施方案》指出，要强化"三全"（全业务、全过程、全员）质量管控，提升现场服务质量，提高（　　）速度。

  A　应急响应 B　市场响应 C　服务响应 D　人员响应

参考答案：B

44．国家电网公司《加快推进"互联网＋"营销服务应用工作实施方案》指出，要进一步推进（　　）信息化、自动化，（　　）线上化、标准化，（　　）互动化、跨界化，为公司发展做出积极贡献。

  A　营销管理、客户服务、现场作业

  B　营销管理、现场作业、客户服务

  C　客户服务、营销管理、现场作业

  D　客户服务、现场作业、营销管理

参考答案：B

45．国家电网公司《加快推进"互联网＋"营销服务应用工作实施方案》的工作目标中要建设业扩报装全流程管控平台，实现全业务线上办理、（　　）、全过程精益管控。

  A　全环节公开透明   B　全环节开放互联

  C　全环节开放互动   D　全环节互联互动

参考答案：D

46．国家电网公司《加快推进"互联网＋"营销服务应用工作实施方案》的工作目标中要推进电费抄核收智能化，实现自动抄表、智能核算、电子账单、（　　）。

  A　自动发行 B　主动通知 C　在线交费 D　智能报送

参考答案：C

47．国家电网公司《加快推进"互联网＋"营销服务应用工作实施方案》的工作目标中要推进电费抄核收（　　），实现自动抄表、智能核算、电子账单、在线交费。

  A　智能化 B　自动化 C　线上化 D　主动化

参考答案：A

48．国家电网公司《加快推进"互联网＋"营销服务应用工作实施方案》的工作目标中要深化移动作业应用，实现现场业务移动应用全覆盖和（　　）融合。

  A　跨专业　 B　跨部门　 C　跨层级　 D　跨单位

  参考答案：A

49. 国家电网公司《加快推进"互联网＋"营销服务应用工作实施方案》的工作目标中要全面支撑售电侧放开改革，实现市场化售电业务（　　），满足交易公开公平、信息透明、服务便捷要求。

  A　标准化服务　 B　互动服务　 C　线下服务　 D　线上服务

  参考答案：D

50. 国家电网公司《加快推进"互联网＋"营销服务应用工作实施方案》的工作目标中要深化大数据应用，实现（　　）、台区线损异常智能诊断、电费风险主动防范、电能替代潜力用户精准筛选、优质客户评级以及精准化、差异化服务。

  A　"量价费"自动预测　 B　"量价费"实时分析

  C　"量价费"精准预测　 D　"量价费"精准分析

  参考答案：C

51. 国家电网公司《加快推进"互联网＋"营销服务应用工作实施方案》的工作目标中要深化大数据应用，实现"量价费"精准预测、台区线损异常智能诊断、电费风险（　　）、电能替代潜力用户精准筛选、优质客户评级以及精准化、差异化服务。

  A　主动防范　 B　主动规避　 C　自动防范　 D　自动规避

  参考答案：A

52. 国家电网公司《加快推进"互联网＋"营销服务应用工作实施方案》的工作目标中要深化大数据应用，实现"量价费"精准预测、台区线损异常智能诊断、电费风险主动防范、电能替代潜力用户精准筛选、优质客户评级以及（　　）服务。

  A　标准化、差异化　 B　标准化、个性化

  C　精准化、个性化　 D　精准化、差异化

  参考答案：D

53. 按照国家电网公司《加快推进"互联网＋"营销服务应用工作实施方案》要求，2017—2018 年居民用户电费电子化交费比率达（　　）以上，其中"电 e 宝"交费比率达（　　）以上；电费发票实现电子化；抄核收全自动作业覆盖率（　　）。

  A　80%、20%、90%　 B　80%、30%、100%

  C　70%、30%、90%　 D　70%、30%、100%

  参考答案：D

54. 按照国家电网公司《加快推进"互联网＋"营销服务应用工作实施方案》要求，2017—2018 年现场作业表单电子化率（　　）。

  A　0.8　 B　0.85　 C　0.7　 D　0.75

  参考答案：A

55. 按照国家电网公司《加快推进"互联网＋"营销服务应用工作实施方案》要求，2019—2020 年居民用户电费电子化交费比率达（　　）以上，其中"电 e 宝"交费

比率达（　　）以上。

　　A　85%、50%　　　B　90%、50%　　　C　85%、60%　　　D　90%、60%

参考答案：D

56．按照国家电网公司《加快推进"互联网＋"营销服务应用工作实施方案》要求，2017—2018 年"掌上电力"手机 APP 居民注册用户数（　　）户。

　　A　8000 万　　　　B　8500 万　　　　C　9000 万　　　　D　9500 万

参考答案：A

57．按照国家电网公司《加快推进"互联网＋"营销服务应用工作实施方案》要求，2019—2020 年"掌上电力"手机 APP 居民注册用户数（　　）户。

　　A　1.3 亿　　　　　B　1.4 亿　　　　　C　1.5 亿　　　　　D　1.6 亿

参考答案：C

58．按照国家电网公司《加快推进"互联网＋"营销服务应用工作实施方案》要求，2017—2018 年车联网平台（含"e 充电"）注册用户数（　　）户。

　　A　100 万　　　　　B　150 万　　　　　C　200 万　　　　　D　220 万

参考答案：A

59．按照国家电网公司《加快推进"互联网＋"营销服务应用工作实施方案》要求，2019—2020 年"多表合一"信息采集接入用户数（　　）户。

　　A　2000 万　　　　B　3000 万　　　　C　3500 万　　　　D　4000 万

参考答案：B

60．搭建渠道协同管理应用平台，实现完善"掌上电力"手机 APP、95598 网站、"电 e 宝"、车联网、"e 充电"、国网商城、移动作业终端、自助设备、营业厅综合服务平台等线上线下渠道（　　）、统一认证、统一服务、统一监控、统一分析。

　　A　统一数据　　　B　统一接入　　　C　统一注册　　　D　统一账号

参考答案：B

61．加快营销档案电子化应用，以（　　）为基准，制定营销档案电子化的收集、管理及应用等标准和规范。

　　A　营销系统　　　　　　　　　　　B　电能采集系统

　　C　门户页面　　　　　　　　　　　D　用电客户的交互界面

参考答案：D

62．建立电能替代潜力客户分析模型，梳理电能替代典型案例形成（　　），支撑大客户经理营销工作开展。

　　A　标签库　　　　B　模型库　　　　C　案例库　　　　D　知识库

参考答案：D

63．开展"量价费损"预测分析，构建（　　），实现"量价费"精准预测和台区线损异常智能诊断。

　　A　电费风险评估模型　　　　　　　B　预测分析模型

　　C　台区异常模型　　　　　　　　　D　"量价费"预测模型

参考答案：B

64．利用"互联网＋"思维和技术改造传统营销服务手段和方式，进一步推进营销管理信息化、自动化，现场作业线上化、标准化，客户服务互动化、（　　）。

    A　专业化　　　　B　系统化　　　　C　跨界化　　　　D　标准化

参考答案：C

65．全面深化（　　）建设应用，实现所有客户电费自动计算、线上即时提醒、快速交纳、实时到账和账单推送。

    A　一体化抄核收　　　　　　　　B　远程费控系统

    C　掌上电力　　　　　　　　　　D　"电 e 宝"

参考答案：B

66．全面推广计量装置在线监测与智能诊断应用，实现计量装置运行工况的（　　）分析和运行状态的准确评价。

    A　分时　　　　B　实时　　　　C　在线　　　　D　线下

参考答案：B

67．全面推进抄核收智能化，（　　）用户全量实现智能化核算。

    A　高压　　　　B　低压　　　　C　居民　　　　D　商业

参考答案：B

68．深化大数据应用，实现"量价费"精准预测、台区线损异常智能诊断电费风险主动防范、电能替代潜力用户精准筛选、优质客户评级以及精准化、（　　）服务。

    A　系统化　　　　B　个性化　　　　C　标准化　　　　D　差异化

参考答案：D

69．深化业扩报装方案辅助制定应用，利用（　　），在线共享电网可开放容量，实现电源点搜索自动化、接入点判断智能化、供电方案编制自动化，提升业扩报装效率。

    A　营销系统资源　　　　　　　　B　ERP 系统资源

    C　收集 APP 资源　　　　　　　　D　电网 GIS 资源

参考答案：D

70．深化移动作业应用，实现现场业务移动应用全覆盖和（　　）。

    A　跨专业融合　　B　跨地区融合　　C　跨行业融合　　D　跨系统融合

参考答案：A

71．推行"线上全天候受理，线下一站式服务"业扩报装服务模式，完善营销线上线下服务模式的（　　）、跟踪督办、智能互动等快速响应服务功能。

    A　预约咨询　　B　预约派单　　C　个性定制　　D　差异化服务

参考答案：B

72．围绕"互联网＋"营销服务需求，完善客户联络信息、（　　）等基础资料，提升营销业务应用、用电信息采集系统功能。

    A　用电容量　　B　身份证信息　　C　用电地址　　D　标准地址信息

参考答案：D

73. 常态化推进营配调数据治理及业务深化应用，以（   ）为抓手，部署营配调业务协同管控模块，建立营配调数据质量常态分析评价机制。

    A 报修抢修管理   B 同期线损管理

    C 一分双无管理   D 报装接电管理

参考答案：B

74. 常态化推进营配调数据治理及业务深化应用，以（   ）为抓手，推进基础信息校核、客户信息核证、业务问题处理等营配调协同业务全面转入线上流转。

    A 业扩交互流程   B 台区管理流程

    C 营配调贯通管理机制   D 客户服务管理流程

参考答案：A

75. 推动建立（   ），推动与各航空公司、电信运营商、金融机构等公共服务行业，捆绑推出"公共服务装机必备官方APP"。

    A 服务行业联盟   B 国企 APP 联盟

    C 便民 APP 联盟   D 公共服务 APP 联盟

参考答案：D

76. 完成（   ）主题推广应用，基于客户标签库和营销业务系统客户交费信息，健全高压客户"一户一策"、低压用户"一类一策"策略库风险预测模型，推进高、低压客户欠费差异化催收应用。

    A 售电量预测分析   B 供电量预测分析

    C 线损预测分析   D 电费风险防控分析

参考答案：D

77. 《国家电网公司关于2017年推进"互联网＋营销服务"工作的意见》指出：开展"多表合一"信息采集建设应用，积极拓展（   ）业务规模，构建支撑电水气热用能费用代收业务的服务平台。

    A 代抄代收   B 代扣代收   C 代算代收   D 在线缴费

参考答案：A

78. 按照《国家电网公司关于2017年推进"互联网＋营销服务"工作的意见》的工作任务要求，要加快实现（   ）系统应用，为客户提供方便、灵活的用能费用交付结算服务。

    A 增值服务管理和联合抄表功能   B 增值服务管理和信息采集

    C 档案管理和联合抄表功能   D 档案管理和信息采集

参考答案：C

79. 按照《国家电网公司关于 2017 年推进"互联网＋营销服务"工作的意见》的工作任务要求，要拓展（   ）分析、（   ）分析、客户行为分析、客户信用分析等增值服务。

    A 耗费、用能   B 损耗、用能   C 耗费、用电   D 损耗、用电

参考答案：B

80. 按照《国家电网公司关于 2017 年推进"互联网＋营销服务"工作的意见》的工作任务要求，针对户用分布式光伏用户，打造特色化的线上分布式光伏（   ）四位一体的服务，结合"电e宝"开展补贴电费的资金结算。

    A 租、贷、售、收   B 售、险、贷、租

    C 险、贷、售、收   D 险、贷、租、费

参考答案：B

81. 按照《国家电网公司关于 2017 年推进"互联网＋营销服务"工作的意见》的工作任务要求，拓展（   ）业扩代办服务，开发业扩信息公开专区，吸引电力设计、施工、制造、运维、监理企业入驻商城。

    A 国网商城   B "电e宝"

    C "掌上电力"手机 APP   D 95598 网站

参考答案：A

82. 按照《国家电网公司关于 2017 年推进"互联网＋营销服务"工作的意见》的工作任务要求，拓展国网商城业扩代办服务，开发业扩信息公开专区，吸引电力设计、施工、（   ）、监理企业入驻商城。

    A 设备、运维   B 设备、管理   C 制造、运维   D 制造、管理

参考答案：C

83. 按照《国家电网公司关于 2017 年推进"互联网＋营销服务"工作的意见》的工作任务要求，推进（   ）运营监控中心及可视化系统和社会运营商互联互通支撑平台建设。

    A 营销移动作业平台   B 车联网平台

    C 营配调一体化平台   D 易充电管理平台

参考答案：B

84. 《国家电网公司关于 2017 年推进"互联网＋营销服务"工作的意见》的工作任务中要加快市场化商业运作，推进社会充电桩接入，实现财务收费、客户管理、设施监控、运维检修、充电服务、电动汽车租赁服务等（   ）上线运行。

    A 全体系   B 全流程   C 全过程   D 全业务

参考答案：D

85. 按照《国家电网公司关于 2017 年推进"互联网＋营销服务"工作的意见》的工作任务要求，依托（   ），构建线上节能服务生态圈，实现节能政策资讯实时发布、设备服务线上交易、运营监测规范有效，满足用户足不出户开展节能服务需求。

    A "电e宝"   B 国网商城

    C "掌上电力"手机 APP   D 95598 网站

参考答案：B

86. 按照《国家电网公司关于 2017 年推进"互联网＋营销服务"工作的意见》的工作任务要求，以（   ）为驱动，构建"互联网＋"运营模式。

    A 服务能力   B 拓展能力   C 创新能力   D 创造能力

参考答案：C

87. 按照《国家电网公司关于 2017 年推进"互联网＋营销服务"工作的意见》的工作任务要求，利用 APP 注册、实名制认证等推广活动，引导客户主动完善联系信息、身份证件、联系地址等信息，提升客户基础信息的（ ）。

    A 完整性、精准性　　　　　　　B 完整性、准确性
    C 完备性、精准性　　　　　　　D 完备性、准确性

参考答案：B

88. 按照《国家电网公司关于 2017 年推进"互联网＋营销服务"工作的意见》的工作任务要求，完善客户（ ）地址库，实现用电地址、报修地点等在 GIS 地图的精准定位。

    A 个性化　　　　B 标准化　　　　C 精准化　　　　D 结构化

参考答案：D

89. 按照《国家电网公司关于 2017 年推进"互联网＋营销服务"工作的意见》的工作任务要求，统一规划业务功能融合，统一策划形象设计及宣传推广文案，支撑（ ）集中运营、运维工作。

    A 线上业务　　　　B 电子渠道　　　　C 线上渠道　　　　D 电子业务

参考答案：B

90. 按照《国家电网公司关于 2017 年推进"互联网＋营销服务"工作的意见》的工作任务要求，建立（ ）服务资源调度机制。

    A 全业务　　　　B 全流程　　　　C 全过程　　　　D 全环节

参考答案：B

91. 按照《国家电网公司关于 2017 年推进"互联网＋营销服务"工作的意见》的工作任务要求，将各种线上电子化服务渠道整合成一个后台平台，构建（ ）服务组织模式。

    A 小前端、小后台　　　　　　　B 大前端、大后台
    C 小前端、大后台　　　　　　　D 大前端、小后台

参考答案：C

92.《国家电网公司关于 2017 年推进"互联网＋营销服务"工作的意见》的工作任务要实现集"服务接入、主动预约、研判分流、（ ）、跟踪督办、审核反馈、数据校核、信息发布、流程管控、客户回访"为一体的快速响应和服务质量管控机制，提升 O2O 营销服务效率。

    A 协调指挥　　　　B 统一指挥　　　　C 专业指挥　　　　D 部门指挥

参考答案：A

93.《国家电网公司关于 2017 年推进"互联网＋营销服务"工作的意见》的工作任务要实现集"服务接入、主动预约、研判分流、协调指挥、跟踪督办、审核反馈、（ ）、信息发布、流程管控、客户回访"为一体的快速响应和服务质量管控机制，提升 O2O 营销服务效率。

    A   数据校验   B   安全校验   C   安全校核   D   数据校核

参考答案：D

94．按照《国家电网公司关于 2017 年推进"互联网＋营销服务"工作的意见》的工作要求，各单位要结合实际进一步加强组织领导，建立完善工作推动、（   ）、成果固化等工作机制。

    A   流程管理   B   定期审核   C   定期评价   D   流程管控

参考答案：C

95．按照《国家电网公司关于 2017 年推进"互联网＋营销服务"工作的意见》的工作要求，要发挥"互联网＋"营销服务牵头部门作用，做好（   ）组织协调，统筹相关项目任务，重点做好创新业务试点和应用推广。

    A   跨专业、跨部门   B   跨专业、跨单位

    C   跨部门、跨层级   D   跨层级、跨单位

参考答案：B

96．按照《国家电网公司关于 2017 年推进"互联网＋营销服务"工作的意见》的工作要求，要做到目标（   ），措施具体明确，责任落实到位。

    A   逐个分解   B   逐级分解   C   逐层分解   D   逐步分解

参考答案：C

97．按照《国家电网公司关于 2017 年推进"互联网＋营销服务"工作的意见》的工作要求，按照总部统一部署，组织营销系统员工，认真学习国家网络安全法等法律法规，加大（   ），强化各专业安全管理与监测，严防发生失泄密事件。

    A   信息管控   B   网络管控   C   信息校验   D   网络管理

参考答案：A

98．按照《国家电网公司关于 2017 年推进"互联网＋营销服务"工作的意见》的工作要求，积极应用网络安全防护新技术，打通各渠道壁垒，统一运维管理，组织实施数据库级别的数据信息脱敏工作，细化各业务岗位数据访问（   ）。

    A   权限和职责   B   职责和范围   C   管理和职责   D   权限和范围

参考答案：D

99．按照《国家电网公司关于 2017 年推进"互联网＋营销服务"工作的意见》的工作要求，各单位在方案制定、工作推进过程中，要强化（   ）。

    A   创新意识和竞争意识   B   服务意识和竞争意识

    C   安全意识和创新意识   D   服务意识和市场化意识

参考答案：B

100．物联网技术提升计量资产全寿命周期管理水平，研发 RFID 技术应用，实施（   ）个环节的资产全寿命周期的可视化管理。

    A 5   B 6   C 7   D 8

参考答案：D

101．开展公司"（   ）"和全业务统一数据中心建设，构建统一对外的公共服务

云和一级部署的客户基础档案系统。

  A 互联网＋ B 大数据 C 国网云 D 车联网

参考答案：C

102．全面构建"互联网＋"营销，开展客户信用评价和电费风险防范分析，构建电费风险评估模型，实现大客户欠费风险"（ ）"。

  A 一户一策 B 一类一策 C 多户一策 D 一户多策

参考答案：A

103．全面构建"互联网＋"营销，全面推广"（ ）"信息采集建设并实现代抄代收商业化运营。

  A 数据共享 B 多表合一 C 无人抄表 D 营配贯通

参考答案：B

四、国家电网公司"互联网＋"相关平台及产品功能应用

1．客户在"掌上电力"企业版上查看用电趋势信息时，可以查看（ ）内的用电趋势情况。

  A 1年 B 2年 C 3年 D 6个月

参考答案：C

2．某客户的接户线是400V低压线路，请问该客户想要进行线上业务办理时，应下载（ ）APP。

  A "掌上电力"企业版   B 智电生活

  C "掌上电力"官方版   D "电e宝"

参考答案：C

3．"掌上电力"官方版和企业版在用电界面均可以进行（ ）操作。

  A 客户经理的相关信息查询   B 支付购电

  C 电源信息查询   D 电量电费查询

参考答案：D

4．一个掌上电力官方版的账号最多可以绑定（ ）个户号。

  A 3个 B 5个 C 10个 D 7个

参考答案：B

5．客户在"掌上电力"官方版 APP、电力营业厅、银行、自助缴费终端等渠道交费完成后，均可通过购电记录功能查询已绑定客户编号的购电记录以及历史购电记录信息，方便客户对交费情况进行核查。某客户为双月结算电费客户，于2017年2月结算首笔电费，客户于3月注册"掌上电力"并绑定户号，当月通过"掌上电力"进行了两次线上支付购电操作，此后从4月份开始客户改为银行卡扣，请问该客户在9月份进行查询时，可以看到（ ）条记录。

  A 4条 B 5条 C 6条 D 3条

参考答案：B

6. 为方便客户了解自己的用电情况，"掌上电力"官方版开通了日用电量查询服务，客户可以通过该功能查看自己的每日电量及分时用电情况，请问该功能支持（　　）的电量查询。

    A　5天   B　6天   C　7天   D　10天

参考答案：C

7. "掌上电力"官方版中可以允许客户对户号进行共享，共享后其他客户将拥有对该户号的查询和操作权限，请客户在进行户号共享时，一个户号至多能被共享（　　）次。

    A　5   B　3   C　2   D　1

参考答案：B

8. 客户在"掌上电力"官方版进行办电申请时，客户进行个人办电的流程是（　　）。

    A　用电申请—现场服务—装表接电

    B　用电申请—申请确认—现场服务—装表接电

    C　用电申请—方案确认—现场服务—工程验收—装表接电

    D　用电申请—现场服务—工程验收—装表接电

参考答案：B

9. "掌上电力"中"我有话说"功能可提供（　　）类型表单申请功能。

    A　投诉、举报   B　意见、建议、举报

    C　意见、建议、表扬   D　投诉、举报、意见、建议

参考答案：C

10. "掌上电力"官方版为客户提供了多渠道的问题反映方式，包括投诉举报、建议意见、表扬咨询等，以下（　　）类服务申请表单可以提供匿名选项。

    A　意见和建议   B　投诉和举报   C　表扬和举报   D　以上都可以

参考答案：B

11. 客户可通过以下（　　）方式进行户号解绑。

    A　在"我的"页面中"户号绑定"功能删除已绑定户号后，自行解绑

    B　拨打95598热线电话由统一账户平台解绑

    C　通过各省公司客服中心及营业厅进行解绑

    D　以上都可以

参考答案：D

12. 某客户注册了"掌上电力"，先后通过"掌上电力"、电力营业厅、自助缴费终端、银行进行了电费缴纳，请问客户在"掌上电力"进行购电记录查询时，可以看到（　　）缴费记录。

    A　"掌上电力"、电力营业厅

    B　"掌上电力"

    C　"掌上电力"、自助缴费终端、电力营业厅、银行

    D　"掌上电力"、银行

参考答案：C

13. 用在"掌上电力"官方版上可以通过进度查询查看（ ）业务的办理情况。

    A 新装

    B 增容、新装、更名过户

    C 更名过户、分时电价调整

    D 新装、增容、更名过户、分时电价调整

参考答案：A

14. 充电设施工程建设执行国家及公司现行有关规范、标准及政策，工程建设周期根据各环节管控实际存在差异，最长工期不应超过（ ）。

    A 5个月   B 6个月   C 8个月   D 1年

参考答案：C

15. 对未能及时发现严重故障告警的，车联网平台应在监测到故障信号15min后的（ ）分钟内自动发起抢修工单。

    A 2   B 5   C 10   D 15

参考答案：B

16. 国网电动汽车公司应于年初制定车联网平台版本升级和检修计划并报国网营销部批准，每次升级或检修前（ ）日发布公告。

    A 2   B 5   C 7   D 10

参考答案：B

17. 充电设施建设工程中，完备的（ ）是顺利开展工程实施的必备条件。

    A 施工方案   B 施工图设计

    C 进场许可手续   D 许可文件

参考答案：C

18. 充电设备供货前，委托具有相关经验或资质的检测机构开展抽样检测，检测率不低于（ ）。

    A 0.02   B 0.03   C 0.04   D 0.05

参考答案：D

19. 充电桩注册码有效期为（ ）天。

    A 5   B 7   C 9   D 11

参考答案：B

20. 充电设施建设工程中为节省充电设施施工周期，可在（ ）即刻组织监理、设计、施工、设备供应商等单位开展设计交底，并形成书面交底记录。

    A 施工方案编写前   B 施工方案编写后

    C 施工方案确定前   D 施工方案确定后

参考答案：D

21. 对充电设备设施的安装工艺与防护措施，可根据地域和功能差异采取（ ）设计。

A 一般 　　　　B 特殊 　　　　C 重点 　　　　D 特别

参考答案：B

22. 在"掌上电力"和"电 e 宝"互联互通工作中，国家电网公司分析列出了工作中存在的几个风险，下列（　　）不属于分析罗列的结果。

A 检修过程影响客户使用 　　　　B 未如期完成部署实施工作

C 业务验证未通过 　　　　D 停止服务前未备份

参考答案：D

23. "掌上电力"和"电 e 宝"互联互通工作在掌上电力部署阶段分为以下几个步骤：①停机备份；②部署升级；③部署验证；④部署内容下发。请问这些步骤正确的顺序应该是（　　）。

A ④①②③ 　　　B ①②③④ 　　　C ②①④③ 　　　D ①④②③

参考答案：A

24. "掌上电力"和"电 e 宝"互联互通工作中的一个环节是部署内容下发，请问以下（　　）不是需要下发的内容。

A 修改功能明细 　　　　B 数据库变动明细

C 修改服务明细 　　　　D 新增服务明细

参考答案：A

25. "电 e 宝"中的主界面指的是（　　）界面。

A 我的 　　　　B 服务 　　　　C 钱包 　　　　D 生活

参考答案：D

26. "电 e 宝"中的"供电窗"模块属于（　　）功能区。

A 广告推广区 　　B 个人功能区 　　C 综合应用区 　　D 活动推广区

参考答案：B

27. 用户通过"电 e 宝"获取的电费小红包应该在 APP 的（　　）模块下查看。

A 电费小红包 　　B 我的卡包 　　　C 钱包 　　　　D 生活缴费

参考答案：B

28. 单笔"电 e 宝"交电费使用小红包，最多使用（　　）。

A 10 个 　　　　B 3 个 　　　　C 2 个 　　　　D 5 个

参考答案：A

29. 在没有绑定银行卡的状态下，"电 e 宝"可以使用（　　）支付方式缴纳电费。

A 支付宝支付 　　B 微信支付 　　C 银行快付 　　D 信用卡支付

参考答案：C

30. "电 e 宝"用户登录口令和密码输入错误的限制次数是（　　）。

A 6 次 　　　　B 4 次 　　　　C 5 次 　　　　D 10 次

参考答案：C

31. "电 e 宝"交费时用电费小红包全额抵扣电费，如支付失败，电费小红包（　　）退回。

A 60min   B 40min   C 30min   D 50min

参考答案：C

32．用户登录"电 e 宝"，选择供电窗功能键进入，要想查看自己的用电信息，应进行以下（   ）操作。

A 实名认证   B 户号认证   C 户号绑定   D 户号交费

参考答案：C

33．某用户在"电 e 宝"的"交费盈"模块开通了自动缴费功能，请问他将在（   ）收到扣款信息。

A 每月 15 日   B 每月 8 日   C 每月 1 日   D 每月 20 日

参考答案：B

34．在国网商城进行网银支付时直接跳转至（   ）界面。

A 国网商城界面   B "电 e 宝"界面

C 银行支付界面   D "掌上电力"界面

参考答案：C

35．"电 e 宝"单笔交费最多可以使用电费下红包抵扣（   ）元电费。

A 100   B 50   C 200   D 300

参考答案：C

36．按照国家发展改革委文件《关于电动汽车用电价格政策有关问题的通知》（发改价格〔2014〕1668 号）规定，充电设施经营企业可向电动汽车用户收取（   ）费用。

A 电费、充电服务费   B 停车费、电费

C 充电服务费、停车费   D 电费、停车费、充电服务费

参考答案：A

37．用户在自助充电过程中遇到问题，可拨打 95598-7 电话报修，检修人员会在（   ）min 内到达现场处理。

A 30   B 45   C 60   D 90

参考答案：B

38．开卡的方式有（   ）。

A 实名制、非实名制   B 实名制、个人用户

C 集团用户、非实名制   D 个人用户、集团用户

参考答案：A

39．车联网平台客户账户采用（   ）模式。

A 买断   B 后付费   C 增值服务   D 预付费

参考答案：D

40．每张充电卡首次充值应不少于（   ）元。

A 200   B 100   C 50   D 无限制

参考答案：B

41．营业网点应于每周（   ）完成本周所收现金解款，累计现金超过 1000 元的

应提前解款，现金解款同一工作人员应做到日清日结。

    A　一　　　　　　B　五　　　　　　C　六　　　　　　D　日

参考答案：B

42．充电卡不可读取的，换卡申请受理后，客户需在（　　）日后携带与原卡相一致的有效证件到业务受理营业厅领卡，营业网点将清算后的原卡余额存入新卡。

    A　5　　　　　　　B　10　　　　　　C　20　　　　　　D　30

参考答案：B

43．国网电动汽车公司自受理之日起（　　）日内，通过网银转账方式将清算后的卡内余额存入客户银行借记卡账户中。

    A　15　　　　　　　B　30　　　　　　C　60　　　　　　D　90

参考答案：A

44．车联网平台收费与结算以（　　）所计电量为准。

    A　充电站关口表　　　　　　　　　B　充电卡

    C　电子账户　　　　　　　　　　　D　充电桩交易结算表

参考答案：D

45．个人客户充值时不开具发票，实际充电后（　　）个月内可申请开具增值税普通发票或增值税专用发票。

    A　1　　　　　　　　B　3　　　　　　C　6　　　　　　D　9

参考答案：B

46．"e充电"电子账户可通过（　　）申请开具发票。

    A　95598网站　　　　　　　　　B　营业网点

    C　"e充电"网站　　　　　　　　D　微信公众号

参考答案：C

47．95598智能互动网站注册完成后，无法登录账号应如何处理？以下描述错误的是（　　）。

    A　尝试使用手机号码登录

    B　尝试使用电子邮箱登录

    C　尝试使用用户编号登录

    D　通过登录页面的"忘记密码"进行密码找回

参考答案：C

48．用户登录95598智能互动网站后，想要查询某营业厅电话，应点击（　　）模块。

    A　常见问题　　　　　　　　　　B　服务要闻

    C　营业网点查询　　　　　　　　D　客户服务

参考答案：C

49．下列说法正确的是（　　）。

    A　用户通过95598智能互动网站缴纳电费时，如有多笔欠款，不能合并付款

    B　用户通过95598智能互动网站缴纳电费时，不需要支付手续费用

C 用户通过 95598 智能互动网站缴纳电费时，不能为其他省（市）的户号缴纳电费

D 用户通过 95598 智能互动网站缴纳电费后，可直接在网上下载并打印电费发票

参考答案：B

50．在 95598 网站上，客户询问付款记录或缴费记录最多能查询（   ）内的信息。

A 3 个月　　　　B 6 个月　　　　C 12 个月　　　　D 24 个月

参考答案：C

51．"95598 网站"个人与家庭账户只能绑定（   ）省（市）的（   ）用电客户编号。

A 同一、五个　　B 不同、五个　　C 同一、十个　　D 不同、十个

参考答案：A

52．95598 网站（   ）是关于用电服务方面的最新动态信息，国家电网公司客户可以通过点击最新公告查询相关用电通知，包括停限电公告、站内公告、服务动态等相关信息。

A 信息公告　　　B 业务办理　　　C 账户管理　　　D 用电查询

参考答案：A

53．车联网网络服务平台提供多种用户服务，主要包括查找服务、充电服务、社区、我的四大功能模块。其中，充电桩查询，提供充电桩的数量、类型、距离、（   ）及开放服务时间。

A 我的账单　　　B 费率　　　　C 我的钱包　　　D 我的充电卡

参考答案：B

54．营销移动作业应用系统（   ）能够监控其他各类用户的操作轨迹，并用于系统巡检，同时管理、监控系统日志等运行维护操作。

A 系统审计员　　B 系统管理员　　C 业务配置员　　D 普通账号

参考答案：A

55．营销移动作业应用系统采用（   ）部署，部署在各省公司信息内网，供省、地市、县公司工作人员访问。

A 一级　　　　　B 二级　　　　　C 三级　　　　　D 四级

参考答案：B

56．营销移动作业应用系统服务端系统部署在公司信息内网，现场作业人员移动智能终端通过（   ）接入，终端及其接入控制面临较高安全风险。

A 电力有线虚拟专网　　　　　　　B 电力无线虚拟专网

C 电力有线虚拟公网　　　　　　　D 电力无线虚拟公网

参考答案：B

57．营销移动作业应用系统基于公司统一的（   ）进行用户身份管理和认证。

A 门户目录权限平台　　　　　　　B 营销辅助决策系统平台

C 营配贯通接口平台　　　　　　　D 用电采集系统平台

参考答案：A

58. 营销移动作业应用系统运行所需服务器操作系统、数据库系统部署在各省（市）公司的信通机房，由各省（市）的（　　）负责安全管理，应满足等级保护二级的防护要求。

    A 营销（农电）部　　　　　　　B 信通公司
    C 运维检修部　　　　　　　　　D 发展策划部

参考答案：B

59. 使用移动终端开展现场抄催工作不包括（　　）工作。

    A 现场催费　　　　　　　　　　B 自动化抄表
    C 欠费停复电　　　　　　　　　D 零度户现场核查

参考答案：B

60. 使用移动终端开展现场催费工作包括（　　）等功能。

    A 现场装拆表

    B 短信订阅

    C 违约用电、窃电检查

    D 通过移动终端下载客户"欠费信息"

参考答案：D

61. 使用移动终端开展现场客服工作不包括（　　）。

    A 现场装拆表　　　　　　　　　B 高压增容受理
    C 减容恢复受理　　　　　　　　D 装表临时用电受理

参考答案：A

62. 使用移动终端开展现场业扩工作送电管理工作必须录入（　　）等内容。

    A 送电时间　　　B 现场照片　　　C 勘查意见　　　D 是否可供电

参考答案：A

63. 使用移动终端开展现场用检工作不包括（　　）等工作。

    A 周期检查　　　　　　　　　　B 专项检查
    C 现场装拆表　　　　　　　　　D 违约用电、窃电检查

参考答案：C

64. 移动作业终端设备功能要求不包括（　　）。

    A 移动服务　　　　　　　　　　B 运行管理
    C 系统支撑功能　　　　　　　　D 接入安全调试

参考答案：D

65. 营销移动业务应用在（　　）公司集中、统一部署。

    A 国网总公司　　　　　　　　　B 各省（直辖市）
    C 区公司　　　　　　　　　　　D 县公司

参考答案：B

66．营销移动业务应用异地容灾的设计结合国网整体容灾建设方案来考虑，在容灾需求方面主要从（　　）来考虑容灾级别。

    A　业务特征　　　　B　业务受理　　　　C　业务类型　　　　D　业务类别

参考答案：A

67．以下哪一个不是移动终端在移动作业中使用的设备（　　）。

    A　PDA　　　　B　手机　　　　C　无线 POS　　　　D　便携式笔记本

参考答案：C

68．流程结构及功能列表，运营展示，具体功能工作量负荷，非功能需求为（　　）类。

    A　普通响应　　　　B　中级响应　　　　C　高级响应　　　　D　特级响应

参考答案：A

69．移动终端应用的客户层，包含移动终端、用户界面、（　　）及移动数据库。

    A　安全基础设施　　　　　　　　B　笔记本

    C　业务逻辑　　　　　　　　　　D　存储设备

参考答案：C

70．移动终端应用中现场业扩共分为现场勘查、（　　）、竣工验收及停送电管理。

    A　设备检查　　　　B　中间检查　　　　C　专项检查　　　　D　现场核查

参考答案：B

71．营销移动业务终端应用功能市场管理模块中包含市场调查、（　　）2 个功能子项。

    A　市场分析　　　　B　用户反馈　　　　C　市场数据　　　　D　市场跟踪

参考答案：D

72．营销移动作业平台通过身份认证、访问控制、数据加密、抗抵赖、安全审计进行（　　）防护。

    A　数据安全　　　　B　信息安全　　　　C　主机安全　　　　D　应用安全

参考答案：D

73．根据（　　）的原则确定终端归口管理部门。

    A　谁领取谁负责　　　　　　　　B　谁使用谁负责

    C　谁保管谁负责　　　　　　　　D　谁维护谁负责

参考答案：B

74．移动终端应通过内置数字证书的（　　）进行终端的准入身份认证。

    A　加密插件　　　　　　　　　　B　APP 程序

    C　专网 SIM 卡　　　　　　　　D　安全 TF 加密卡

参考答案：D

75．营销移动作业平台应记录客户信息变更的处理人员、处理时间，日志保存时间不低于（　　）个月。

    A　12　　　　　　　　B　6　　　　　　　　C　3　　　　　　　　D　1

参考答案：B

76. 移动终端发放到员工手上之前，先要经过移动平台设备管理办理领用，非领用状态的终端在程序启动时（ ）操作。

  A　暂停　 B　恢复　 C　中断　 D　继续

参考答案：C

77. 移动终端发生丢失时，在移动终端遗失管理中办理遗失，被遗失的终端如在线访问终端程序时，程序上报 GPS 信息及（ ）用户操作。

  A　连接　 B　继续　 C　中断　 D　暂停

参考答案：C

78. 营销移动业务应用等级保护初定为（ ），其安全防护依据《国家电网公司智能电网信息安全防护总体方案》（国家电网信息〔2011〕1727 号）要求，遵循"分区分域、安全接入、动态感知、全面防护"的安全策略。

  A　一级　 B　二级　 C　三级　 D　四级

参考答案：B

79. 公司（ ）是公司移动作业平台归口管理部门。

  A　科信部　 B　营销部（农电工作部）

  C　运检部　 D　调控中心

参考答案：B

80. 现场催费及停复电业务不适用于（ ）工作。

  A　现场催费　 B　停电通知　 C　现场收费　 D　欠费停复电

参考答案：C

81. 现场执行欠费复电时，可通过移动作业终端核实复电信息和欠费信息，并（ ）完成现场复电工作。

  A　按时　 B　次日　 C　两个工作日　 D　三个工作日

参考答案：A

82. 通过移动作业终端现场开展中间检查、竣工验收业务，现场录入中间检查、竣工验收信息生成中间检查、竣工验收意见单，经检查人员和（ ）电子签字确认后拍照上传。

  A　施工单位　 B　客户　 C　设计单位　 D　设备厂家

参考答案：B

83. 营销移动作业终端使用人应定期更改注册账号密码，密码强度符合数字与字母组合且不小于（ ）位。

  A　4　 B　6　 C　8　 D　10

参考答案：C

84. 制定营销移动作业应用管理规范，构建了各种移动互联服务体系，（ ）特点不属于移动互联服务体系。

  A　实时性　 B　移动性　 C　交互性　 D　公共性

参考答案：D

85．（ ）通过智能终端实时接收装拆环节工单。通过导航功能，对该装表用户的用电地址进行导航。

    A 勘查人员   B 装表人员   C 验收人员   D 受理人员

参考答案：B

86．为了规范营销移动业务应用业务，实现营销移动业务应用信息化，达到现场作业与（ ）间无缝连接。

    A 用电采集系统   B GIS 系统

    C 营销业务系统   D 用电检查

参考答案：C

87．营销移动作业应用实现技术架构统一、（ ）统一，实现业务的标准化、组织管理的标准化。

    A 移动应用   B 软硬件平台   C 管理功能   D 现场作业

参考答案：B

88．国家电网公司（ ）定期对营销移动作业平台应用开展情况、业务运作质量进行统计分析，对各省公司进行监督、考核。

    A 运检部   B 物资部   C 营销部   D 财务部

参考答案：C

89．移动终端应用提供用户注册、账号绑定和密码修改重置三个功能，其中一个注册账号只允许与（ ）个营销账号进行绑定。

    A 一   B 二   C 三   D 四

参考答案：A

90．移动作业终端用户账号注册时，选择供电服务区域，并填写姓名、（ ），移动作业平台通过发送短信验证码的方式进行手机号码校验。

    A 家庭住址   B 工作单位   C 固定号码   D 手机号码

参考答案：D

91．移动作业终端只能连接（ ），禁止连接外网。

    A 电力内网   B 互联网   C 局域网   D 外网

参考答案：A

五、相关法律法规及制度规范

1．依据《国家电网公司保密工作管理办法》，专（兼）职保密干部须经保密培训，并向驻地（ ）保密（ ）部门备案。

    A 上级、人资   B 上级、直接管理

    C 同级、工作管理   D 同级、行政管理

参考答案：D

2．依据《国家电网公司保密工作管理办法》，公司各级保密工作机构应当对承办的

（　　）会议（活动）制定保密工作方案，落实保密管理措施。

    A　一般涉密　　　　B　重要涉密　　　　C　重大涉密　　　　D　所有涉密

参考答案：B

3. 依据《国家电网公司保密工作管理办法》，机密级国家秘密是（　　）国家秘密，泄露会使国家安全和利益遭受严重损害。

    A　最重要的　　　　B　重要的　　　　C　次要的　　　　D　一般的

参考答案：B

4. 依据《国家电网公司保密工作管理办法》，秘密级国家秘密是（　　）国家秘密，泄露会使国家安全和利益遭受损害。

    A　最重要的　　　　B　重要的　　　　C　次要的　　　　D　一般的

参考答案：D

5. 依据《国家电网公司保密工作管理办法》，公司工作中涉及的国家秘密事项由公司（　　）确定，未经授权，任何单位和部门不得擅自决定。

    A　主要负责人　　　B　保密委员会　　　C　办公会议　　　D　职代会

参考答案：B

6. 依据《国家电网公司保密工作管理办法》，各分部、公司各级单位保密要害部门、部位的确认由本单位保密委员会确定，经所属（　　）确认。

    A　地方保密委员会　　　　　　　　B　国家保密局

    C　地方保密行政管理部门　　　　　D　公司保密行政管理部门

参考答案：C

7. 依据《国家电网公司保密工作管理办法》，产生、经管或经常接触、知悉机密级国家秘密事项和公司核心商业秘密的人员是指（　　）。

    A　一般涉密人员　　　　　　　　　B　重要涉密人员

    C　核心涉密人员　　　　　　　　　D　关键涉密人员

参考答案：B

8. 依据《国家电网公司保密工作管理办法》，公司各级保密工作机构要（　　）至少组织（　　）保密培训，以增强其保密意识和保密技能。

    A　每年，1次　　　　　　　　　　B　每年，2次

    C　每半年，1次　　　　　　　　　D　每季度，1次

参考答案：B

9. 依据《国家电网公司保密工作管理办法》，涉密人员离岗（退休、调离、辞职、辞退）前，与本单位保密委员会签订（　　）。

    A　《涉密人员保密承诺书》　　　　B　《涉密人员保密协议》

    C　《涉密人员离岗保密承诺书》　　D　《涉密人员离岗保密协议》

参考答案：C

10. 依据《国家电网公司保密工作管理办法》，涉密人员脱密期限由涉密人员所在部门和单位根据其涉密程度确定，一般涉密人员为（　　）。

A 4年至6年   B 3年至5年   C 2年至3年   D 1年至2年

参考答案：D

11．依据《国家电网公司保密工作管理办法》，涉密载体在收发和传递时，须履行（ ）手续。

A 签收   B 机要登记   C 登记   D 记录

参考答案：B

12．依据《国家电网公司保密工作管理办法》，向公司驻外机构或港澳地区传递国家秘密载体，应当按照有关规定履行审批手续，并通过（ ）传递。

A 国家保密局信使   B 地方保密行政管理部门信使

C 外交部外交信使   D 地方保密委员会信使

参考答案：C

13．依据《国家电网公司保密工作管理办法》，携带绝密级载体外出由单位主管保密工作领导批准，并有（ ）以上同行。

A 一人   B 二人   C 三人   D 四人

参考答案：B

14．依据《国家电网公司保密工作管理办法》，复制机密级载体，应当经（ ）批准。

A 本单位分管领导   B 本部门领导

C 本单位主管保密工作领导   D 密级确定单位或者上级单位

参考答案：C

15．依据《国家电网公司保密工作管理办法》，绝密级载体应当存放在（ ）中，由专人管理。

A 密码保险柜   B 密码文件柜

C 文件柜   D 抽屉

参考答案：A

16．依据《国家电网公司保密工作管理办法》，计算机信息系统使用的安全保密防范（ ）或（ ），应当符合国家相关要求并经认证许可的产品。

A 制度、设施   B 措施、设备

C 方法、载体   D 设施、设备

参考答案：B

17．依据《国家电网公司保密工作管理办法》，公司信息（ ）不得传输国家秘密事项。

A 外网   B 内网   C 互联网   D 局域网

参考答案：B

18．依据《国家电网公司保密工作管理办法》，涉密计算机更换或维修，应当在（ ）进行，并有专人监督。

A 维修中心   B 生产厂家   C 本单位   D 专业单位

参考答案：C

19．依据《国家电网公司保密工作管理办法》，对需（   ）的涉密办公设备或配件，应当登记造册。

    A 作废   B 报废   C 使用   D 销毁

参考答案：B

20．依据《国家电网公司保密工作管理办法》，公司员工不得在手机（   ）中涉及国家秘密。

    A 应用   B 信息   C 通话   D 对话

参考答案：C

21．依据《国家电网公司保密工作管理办法》，不得携带（   ）参加涉及国家秘密事项的会议。

    A 电脑   B 笔记本   C 手机   D 电子产品

参考答案：C

22．依据《国家电网公司保密工作管理办法》，公司所有对外宣传报道、展览、展示均不得涉及（   ）。

    A 国家秘密和企业秘密   B 国家秘密

    C 企业秘密   D 部门秘密

参考答案：A

23．依据《国家电网公司保密工作管理办法》，公司公开发布信息和对外宣传提供资料，应遵循（   ）原则。

    A 公开审查   B 谁公开、谁审查

    C 谁公开、不审查   D 谁公开、上级审查

参考答案：B

24．依据《国家电网公司保密工作管理办法》，各级单位（   ）部门应指定人员负责对拟公开发布的信息进行保密审查。

    A 党建   B 对外宣传   C 业务   D 后勤

参考答案：B

25．依据《国家电网公司保密工作管理办法》，公司员工通过刊物、新闻媒体、国际互联网、学术交流等形式（   ）发表稿件时，凡涉及公司业务工作必须经（   ）机构审查。

    A 对内、涉密工作   B 对外、保密工作

    C 公开、保密工作   D 秘密、涉密工作

参考答案：C

26．依据《国家电网公司保密工作管理办法》，公司对外提供资料不能确定是否涉及国家秘密时，应当报（   ）确定。

    A 公司领导

    B 部门领导

C　同级业务主管部门或者上级保密行政管理部门

D　上级业务主管部门或者同级保密行政管理部门

参考答案：D

27. 依据《国家电网公司保密工作管理办法》，严禁对外提供（　　）国家秘密。

A　绝密级　　　　B　一级　　　　C　重量级　　　　D　普通

参考答案：A

28. 依据《国家电网公司保密工作管理办法》，涉及（　　）事项的会议应采取必要的保密技术保障措施。

A　单位秘密　　　B　部门秘密　　　C　行业秘密　　　D　国家秘密

参考答案：D

29. 依据《国家电网公司保密工作管理办法》，涉及国家秘密事项的会议，（　　）载体不得随身携带。

A　绝密级　　　　B　机密集　　　　C　一级　　　　D　二级

参考答案：A

30. 依据《国家电网公司保密工作管理办法》，涉及国家秘密事项的会议，会议结束后应对会议驻地进行（　　）。

A　全面封锁　　　B　全面检查　　　C　全面消毒　　　D　全面清洁

参考答案：B

31. 依据《国家电网公司保密工作管理办法》，（　　）人员未经允许不得使用公司办公计算机、复印机、传真机等设备。

A　工作　　　　B　境外　　　　C　境内　　　　D　后勤

参考答案：B

32. 依据《国家电网公司保密工作管理办法》，在对外交流、合作、咨询、谈判等活动中，确需对外提供企业秘密的信息，应进行保密审查并做必要的（　　）。

A　技术处理　　　B　保密处理　　　C　水印处理　　　D　报废处理

参考答案：A

33. 依据《国家电网公司保密工作管理办法》，要以保密基本知识和信息安全知识为重点，对（　　）开展（　　）的保密教育工作，提高全体员工的保密意识。

A　领导干部、突击性　　　　　　　B　全体员工、经常性

C　领导干部、周期性　　　　　　　D　全体员工、封闭性

参考答案：B

34. 依据《国家电网公司保密工作管理办法》，各级保密工作机构要加强对保密要害部门、部位的保密安全检查，每（　　）对落实保密责任制、保密规章制度等情况进行一次全面检查。

A　季度　　　　B　半年　　　　C　年度　　　　D　星期

参考答案：B

35. 依据《国家电网公司保密工作管理办法》，（　　）人员对保管的国家秘密载体

要加强日常清理检查。

    A 档案管理   B 机要保密   C 技术研究   D 新闻工作

参考答案：B

36. 依据《国家电网公司保密工作管理办法》，公司员工发现国家秘密和企业秘密已经泄露或者可能泄露时，应填写（　　）。

    A 泄密事件报告表

    B 涉密人员审批表

    C 对外提供涉密载体审批表

    D 信息公开及对外交流保密审查审批表

参考答案：A

37. 公司商业秘密是指为公司所有且不为公众所知悉、能为公司带来经济利益、具有（　　）并经公司采取保密措施的经营信息和技术信息。

    A 经济性   B 可靠性   C 实用性   D 安全性

参考答案：C

38. 各级保密工作机构要加强对保密要害部门、部位的保密安全检查，每（　　）年对落实保密责任制、保密规章制度等情况进行一次全面检查，发现问题，及时督促整改。

    A 1个月   B 半年   C 两年   D 2个月

参考答案：B

39. 禁止在普通传真机上发送涉密文件。绝密级文件只能通过（　　）传递。

    A 单位保密传真机   B 国家专用密码设备

    C 部门保密传真机   D 国家专用保密传真机

参考答案：B

40. 保密要害部门、部位的技术防范装备实行（　　），必须配备密码文件柜或密码保险柜存放国家秘密载体和重要的企业秘密载体。

    A 专用配备   B 高级配备   C 强制配备   D 合理配备

参考答案：C

41. 《国家电网公司网络与信息系统安全管理办法》规定，（　　）级及以上系统应对关键区域实施电磁屏蔽措施。

    A 二   B 三   C 四   D 五

参考答案：C

42. 《国家电网公司网络与信息系统安全管理办法》规定，加强办公区域安全管理，员工离开办公区域要及时（　　）桌面终端计算机屏幕，防止外来人员接触办公区域电子信息。

    A 关闭   B 封锁   C 打开   D 锁定

参考答案：D

43. 《国家电网公司网络与信息系统安全管理办法》规定，电力通信网的数据网划分为（　　　　）、综合数据通信网，分别承载不同类型的业务系统。

  A　电力调度数据网　 B　公共数据通信网

  C　公用数字通信网　 D　公用数据通信网

  参考答案：A

44．《国家电网公司网络与信息系统安全管理办法》规定，对于采用无线专网接入公司内部网络的采集等业务应用，应在网络边界部署公司统一安全接入防护措施，建立（　　　　）通道。

  A　电力传输　 B　加密防护传输

  C　专用加密传输　 D　数字加密传输

  参考答案：C

45．《国家电网公司网络与信息系统安全管理办法》规定，以下（　　　　）不是桌面终端安全域进行安全防护应采取的措施。

  A　IP/MAC 绑定　 B　恶意代码过滤

  C　事件审计　 D　病毒检测

  参考答案：D

46．《国家电网公司网络与信息系统安全管理办法》规定，操作系统和数据库系统特权用户应进行访问权限分离，对访问（　　　　）一致的用户进行分组。

  A　权限　 B　等级　 C　主体　 D　客体

  参考答案：A

47．《国家电网公司网络与信息系统安全管理办法》规定，加强（　　　　）病毒防护，安装防病毒软件，及时更新病毒库。

  A　主机服务器　 B　服务器　 C　数据库　 D　操作系统

  参考答案：A

48．《国家电网公司网络与信息系统安全管理办法》规定，系统应提供用户身份标识唯一和（　　　　）检查功能，禁止口令在系统中以明文形式存储。

  A　甄别信息难易度　 B　甄别信息复杂度

  C　鉴别信息复杂度　 D　鉴别信息难易度

  参考答案：C

49．《国家电网公司网络与信息系统安全管理办法》规定，规范应用系统权限的设计与使用，权限分配应按照（　　　　）原则。

  A　最小权限　 B　互斥设置　 C　合理设置　 D　最大权限

  参考答案：A

50．《国家电网公司网络与信息系统安全管理办法》规定，重要和敏感信息指（　　　　）、公司 OA 公文、电子文件等。

  A　定级文件　 B　商密定级文件

  C　商密文件　 D　公司涉密文件

  参考答案：B

51.《国家电网公司网络与信息系统安全管理办法》规定，要实现对各类网络及（　　）、网站及应用系统、终端以及密钥使用情况等安全监控。

    A　边界　　　　　　B　界限　　　　　　C　界定　　　　　　D　范围

参考答案：A

52.《国家电网公司网络与信息系统安全管理办法》规定，要进一步提高漏洞分析、漏洞发布、（　　）和应急处理能力。

    A　隐患分析　　　B　隐患排查　　　C　漏洞排查　　　D　漏洞防范

参考答案：B

53.《国家电网公司网络与信息系统安全管理办法》中，公司各级单位在执行快报上报时，需在（　　）内完成上报工作。（　　）情况需第一时间通过（　　）等方式立即向国网信通部相关负责人员做口头汇报。

    A　二十四小时、特别紧急、电话　　　B　一个工作日、特别紧急、电话

    C　二十四小时、特别紧急、邮件　　　D　一个工作日、特别紧急、邮件

参考答案：A

54.对涉及的信息安全软硬件产品和密码产品要坚持国产化原则，信息安全核心防护产品以（　　）为主。

    A　国外引进　　　B　自主研发　　　C　技术先进　　　D　科技前沿

参考答案：B

55.加强安全风险监测与预警，建立（　　）、区域协作"的快速响应工作，强化应急处置。

    A　上下齐心　　　B　齐抓共管　　　C　上下联动　　　D　齐心协力

参考答案：C

56.各级单位网站统一使用公司域名，并规范网站功能设置及（　　）。

    A　网站风格设计　　　　　　B　网络连接

    C　网络交换设备　　　　　　D　安全防护体系

参考答案：A

57.（　　）指信息内外网间采用逻辑强隔离设备进行隔离，并分别采用独立的服务器及桌面主机。

    A　双网双机　　　B　分区分域　　　C　安全接入　　　D　全面防护

参考答案：A

58.加大（　　）资金管理力度，强化资金投入的预算、执行及（　　）。

    A　审计管理、信息管理　　　B　工程化、综合管理

    C　资金化、制度管理　　　　D　信息化、审计管理

参考答案：D

59.对于（　　），成立由信息管理部门和业务部门负责人及相关人员组成的项目指导组和工作组，负责项目重大问题的协调和组织实施。

    A　重大信息化项目　　　　　　B　特大信息化项目

C 一般信息化项目　　　　　　　　D 国家信息化项目

参考答案：A

60．依据《国家电网公司信息化管理办法》，"各单位"是指公司的（　　　）、控股企业、直属单位等。

A 合作单位　　　B 全资企业　　　C 外包单位　　　D 非全资企业

参考答案：B

61．依据《国家电网公司信息化管理办法》，公司（　　　）是公司信息化工作归口管理部门。

A 公司总部　　　　　　　　　　　B 数据（灾备）中心

C 国网信通部　　　　　　　　　　D 信息工作办公室

参考答案：D

62．依据《国家电网公司信息化管理办法》，各单位（　　　）是本单位信息化工作第一责任人。

A 主要负责人　　　B 具体负责人　　　C 法人代表　　　D 总经理

参考答案：A

63．依据《国家电网公司信息化管理办法》，（　　　）信息化项目实行后评估制度。

A 重大　　　　　B 一般　　　　　C 所有　　　　　D 个别

参考答案：A

64．依据《国家电网公司信息化管理办法》，加强信息化资金的优化使用，强化项目的整合，集中有限资金办大事，严格控制（　　　），提高经费使用效率。

A 项目支出　　　B 项目用款　　　C 项目成本　　　D 项目投资

参考答案：C

65．依据《国家电网公司信息化管理办法》，加强信息安全基础设施建设，开展反事故斗争，进行风险评估工作，实行（　　　）保护制度。

A 安全级别　　　B 安全等级　　　C 安全分级　　　D 关注等级

参考答案：B

66．加大信息化（　　　）力度，强化资金投入的预算、执行及审计管理。

A 投入力度　　　B 资金管理　　　C 资金力度　　　D 管理能力

参考答案：B

67．各单位运行维护部门负责及时掌握分析其管理范围内（　　　），监测相关管理策略执行情况，确保信息内网桌面终端安全。

A 桌面终端的运行状态　　　　　　B 内网终端运行状态

C 内网终端安全状态　　　　　　　D 桌面终端的安全状态

参考答案：D

68．依据《国家电网公司信息网络运行管理办法》，专用网络是指为满足公司（　　　）应用需要所建立的与信息内网或信息外网有数据交互的网络。

A 专项业务　　　B 对外业务　　　C 对内业务　　　D 核心业务

参考答案：A

69.《国家电网公司信息网络运行管理办法》适用于公司总（分）部、各单位及所属各级单位（含全资、控股单位）的网络运行管理工作，（   ）、代管单位和集体企业参照执行。

    A　合作单位　　　　B　入股单位　　　　C　参股单位　　　　D　外包单位

参考答案：C

70. 依据《国家电网公司信息网络运行管理办法》，（   ）是公司网络运行归口管理部门。

    A　国网信通部　　　　　　　　　B　公司总部

    C　省（市）电力公司　　　　　　D　地市电力公司

参考答案：A

71. 依据《国家电网公司信息网络运行管理办法》，国网信通公司受托作为公司总部网络运维单位，负责公司总部、受托直属单位局域网和（   ）的运维管理工作。

    A　公司局域网　　　B　公司广域网　　　C　地市广域网　　　D　县城域网

参考答案：B

72. 依据《国家电网公司信息网络运行管理办法》，网络运行优先保障上级网络及广域网安全稳定运行，最大限度确保（   ）可用。

    A　对外业务　　　　B　合作单位　　　　C　对内业务　　　　D　核心业务

参考答案：D

73. 依据《国家电网公司信息网络运行管理办法》，网络设备、资源应建立完备的台账，统一命名及标识，变更应及时更新台账信息，同时建立与（   ）、检修记录的关联。

    A　运行记录　　　　B　人员记录　　　　C　缺陷记录　　　　D　安全记录

参考答案：C

74. 依据《国家电网公司信息网络运行管理办法》，业务系统通过功能测评、性能测评和安全测评后，由接入单位（部门）向本单位信息通信职能管理部门提交申请并提供接入方案和（   ）方案，经审批通过后，由本单位运维部门完成接入。

    A　运行维护　　　　B　运行管理　　　　C　安全保障　　　　D　安全防护

参考答案：D

75. 依据《国家电网公司信息网络运行管理办法》，网络设备接入由（   ）按照既定网络互连方案接入。

    A　信息通信运维单位

    B　数据（灾备）中心

    C　安全技术督查执行（单位）部门

    D　国网信通部

参考答案：A

76. 依据《国家电网公司信息网络运行管理办法》，设备、系统或网络出现故障并有可能扩大影响范围时，信息通信运维单位有权强制断开连接，并及时汇报（　　）信息通信职能管理部门，待恢复正常后重新接入。

  A　上级单位   B　管理单位   C　运行单位   D　本单位

参考答案：D

77.　依据《国家电网公司信息网络运行管理办法》，网络安全评估分为自评估和检查评估。自评估工作应（　　）开展一次；检查评估工作由安全技术督查单位依据公司《信息通信安全性评价》，结合公司网络安全实际情况组织开展，信息通信运维单位应对督查中发现的问题及时整改。

  A　两至三年   B　一至两年   C　三至四年   D　一至三年

参考答案：A

78.　依据《国家电网公司信息网络运行管理办法》，（　　）建设方案须经信息通信职能管理部门审查，满足网络稳定和（　　）要求。

  A　自建网络、使用   B　局域网、运行

  C　专用网络、安全   D　广域网、功能

参考答案：C

79.　依据《国家电网公司信息网络运行管理办法》，信息通信职能管理部门负责对专用网络进行（　　）督查，督促业务部门落实网络安全管理要求。

  A　网络运行   B　生产运行   C　运行维护   D　安全技术

参考答案：D

80.　网络接入对象包含业务系统、网络设备、终端设备及（　　）。

  A　网络信息   B　数据网络

  C　各类分支网络   D　监测网络

参考答案：C

81.　（　　）应使用公司总部或各分部、省（自治区、直辖市）电力公司的统一出口，禁止任何单位和个人私自建立外网出口或直接连接互联网。

  A　新增设备入内网   B　外网接入互联网

  C　内网接入互联网   D　新增设备入外网

参考答案：B

82.　专用网络运行中出现影响网络整体稳定及安全的情况，信息通信运维单位有权断开其与（　　）网络的连接。

  A　互联网   B　内网   C　外网   D　公司

参考答案：D

83.　外网与互联网间应（　　）隔离。

  A　逻辑   B　严禁   C　物理   D　接入平台

参考答案：A

84.　公司网络的安全管理须符合国家及公司相关规定，按照"（　　）谁运行，谁负责"的原则落实安全责任，确保公司网络的安全运行。

A 谁使用，谁负责	B 谁主管，谁负责
C 谁领取，谁负责	D 谁签字，谁负责

参考答案：B

85．用户终端设备超过（　　　）闲置不用，信息通信运维单位有权断开连接并回收资源。

　　A 一个月　　　　B 二个月　　　C 三个月　　　D 半年

参考答案：C

86．《国家电网公司网络与信息系统安全管理办法》规定，（　　　）级及以上系统应对关键区域实施电磁屏蔽措施。

　　A 五　　　　　　B 四　　　　　C 三　　　　　D 二

参考答案：B

87．（　　　）访问信息内网时，应接入（　　　）接入平台。

　　A 内网交换机　　　　　　　　B 外网安全防护
　　C 局域网网络隔离　　　　　　D 专网网络安全

参考答案：D

88．网络运行优先保障（　　　）及广域网安全稳定运行，最大限度确保核心业务可用。

　　A 下级网络　　　B 上级网络　　　C 平级网络　　　D 网络

参考答案：B

89．（　　　）部门负责对专用网络进行安全技术督查，督促业务部门落实网络安全管理要求。

　　A 电网管理　　　　　　　　　B 信息通信职能管理
　　C 局域网管理　　　　　　　　D 通信职能管理

参考答案：B

六、需求侧管理

1．《合同能源管理项目财政奖励资金管理暂行办法》规定：申请财政奖励资金的合同能源管理项目须符合：节能服务公司投资（　　　）%以上，并在合同中约定节能效益分享方式。

　　A 50　　　　　　　B 60　　　　　C 30　　　　　D 70

参考答案：D

2．《合同能源管理项目财政奖励资金管理暂行办法》规定：申请财政奖励资金的合同能源管理项目须符合：单个项目年节能量（指节能能力）在 10 000t 标准煤以下、100t 标准煤以上（含），其中工业项目年节能量在（　　　）t 标准煤以上（含）。

　　A 500　　　　　　B 600　　　　　C 300　　　　D 100

参考答案：A

3．《合同能源管理项目财政奖励资金管理暂行办法》规定：申请财政奖励资金的节能服务公司须符合：注册资金（　　）万元以上（含），具有较强的融资能力。

　　A　100　　　　　　　B　1000　　　　　C　500　　　　　　D　600

参考答案：C

4．（　　）属于电力需求侧管理的价格手段。

　　A　举办节能产品展示　　　　　　　B　峰谷分时电价

　　C　节电效益返还　　　　　　　　　D　蓄冷蓄热技术

参考答案：B

5．以实现全社会电力资源优化配置为目标，开展（　　）和服务活动，减少客户用电成本，提高电网用电负荷率。

　　A　节约用电　　　　B　用电管理　　　C　电力需求侧管理

参考答案：C

6．《电力需求侧管理办法》的实施时间（　　）。

　　A　2011-1-1　　　　B　2010-1-1　　　C　2011-5-1　　　D　2011-4-1

参考答案：A

7．《电力需求侧管理办法》规定：（　　）是电力需求侧管理的直接参与者，国家鼓励其实施电力需求侧管理技术和措施。

　　A　电网企业　　　　B　电力用户　　　C　设备供应商　　D　节能服务公司

参考答案：B

8．消费者判断家用电器的节能水平主要依据是（　　）。

　　A　家电品牌　　　　　　　　　　　B　中国能效标识

　　C　产品规格型号　　　　　　　　　D　产品的名气

参考答案：B

9．20 世纪 70 年代，率先开展电力需求侧管理，并取得显著成效的国家是（　　）。

　　A　中国　　　　　　　B　美国　　　　　C　法国　　　　　　D　日本

参考答案：B

10．国家对家用电器等使用面广、耗能量大的用能产品，实行（　　）。

　　A　能源效率标识管理　　　　　　　B　单位产品耗能限额标准

　　C　能源之星认证　　　　　　　　　D　国家 3C 认证

参考答案：A

11．对超过单位产品耗能限额标准的生产单位，由管理节能工作的部门按照国务院规定的权限责令（　　）。

　　A　限期关停　　　　B　限期淘汰　　　C　限期治理　　　D　勒令关停

参考答案：C

12．煮饭时，淘洗的米浸泡（　　）再煮，可以省电。

　　A　1min　　　　　　B　3min　　　　　C　10min　　　　　D　5min

参考答案：C

13．微波炉用（　　）烹饪食物能效最高。

A 微火　　　　　B 小火　　　　　C 中火　　　　　D 大火

参考答案：C

14. 电冰箱节电方法之一是将温控装置调到（　　）。

　　A 最低档　　　　B 中档　　　　C 中高档　　　　D 最高档

参考答案：B

15. 电水壶的电热管积了水垢后要（　　），这样不但能提高热效率，延长使用寿命，同时还能节约电能。

　　A 及时更换　　　B 及时报修　　　C 及时清除　　　D 及时报废

参考答案：C

16. 每年夏季首次使用空调时，要注意（　　）。

　　A 清洗室内机的过滤网　　　　　　B 清洗压缩机

　　C 把空调温度调到最低　　　　　　D 长时间运行

参考答案：A

17. 目前空调、冰箱的中国能效等级分为（　　）个。

　　A 3个　　　　　B 4个　　　　　C 5个　　　　　D 6个

参考答案：C

18. 能效等级达到（　　）级以上的才能称为节能空调器。

　　A 1　　　　　　B 2　　　　　　C 3　　　　　　D 4

参考答案：B

19. 使用洗衣机时，在同样的洗涤周期内，（　　）模式更费电。

　　A 强洗　　　　　B 弱洗　　　　　C 都不省电　　　D 都省电

参考答案：A

20. 空调应选择适宜的出风角度，制冷时出风口（　　），制热时则相反，热效率能够大大提高。

　　A 向上　　　　　B 向下　　　　　C 水平

参考答案：A

21. 达到同样照明效果，一支好的节能灯比普通白炽灯节电约（　　）。

　　A 10%～20%　　　　　　　　　　B 30%～40%

　　C 50%～60%　　　　　　　　　　D 70%～80%

参考答案：D

22. 当电饭锅的红灯熄灭、黄灯亮时，表示米饭已熟，可关闭电源开关，利用电热盘的余热保温（　　）min 左右。

　　A 3　　　　　　B 10　　　　　C 15　　　　　D 20

参考答案：B

23. 家庭安装 2m² 的太阳能热水器，就可以满足（　　）的生活热水需要。

　　A 50%　　　　　B 70%　　　　　C 90%　　　　　D 95%

参考答案：B

24. 电视机应至少离开墙壁（　　）cm 以上，以利散热，也能节电。

    A 5   B 10   C 20   D 25

参考答案：B

25. 据测算，普通电梯启动一次，约耗电（　　）kWh，空载 1h 约耗电（　　）kWh。也就是说，从一层到二层，如果您选择了乘坐电梯的话，那耗电量就相当于家里的普通灯泡亮了（　　）h。

    A 1，8，25   B 1，8，20   C 1，7，25   D 2，8，25

参考答案：A

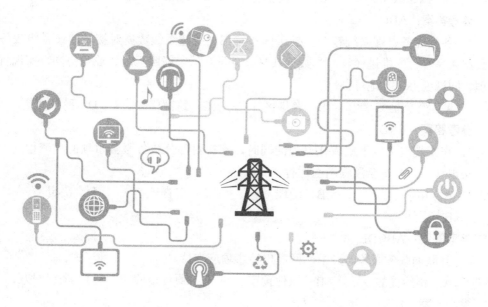

互联网＋电力营销

第二部分

多　选　题

一、国家"互联网＋"建设背景、政策及要求

1．"互联网＋政务服务"平台体系由（　　　）层级组成。

    A　国家级平台　　　　B　省级平台　　　　C　地市级平台　　　D　县级平台

    参考答案：ABC

2．各类业务办理系统整合，推进国务院部门统建系统数据对接，建设各级政务服务数据共享平台，推进（　　　）数据共享、身份互信、证照互用、业务协同，实现就近办理、同城通办、异地可办。

    A　跨专业　　　　　B　跨地区　　　　　C　跨部门　　　　　D　跨层级

    参考答案：BCD

3．在实现线上线下集成化办理的同时，支持对部分政务服务事项的全流程网上办理，实现（　　　）等全流程网上运行。

    A　申请　　　　　　B　受理　　　　　　C　审查　　　　　　D　决定

    E　送达

    参考答案：ABCDE

4．互联网政务服务门户中，网上申请事项应支持（　　　）三种形式。

    A　预约提醒　　　　B　原件预审　　　　C　原件核验　　　　D　全程网办

    参考答案：BCD

5．电子证照是以数字方式（　　　）的（　　　）等审批结果信息，是支撑政务服务运行的重要基础数据。

    A　存储　　　　　　B　传输　　　　　　C　证件　　　　　　D　执照

    E　批文

    参考答案：ABCDE

6．数据交换体系的国家级、省级、地市级节点内部采用（　　　）和（　　　）相组合的形式。

    A　共享交换　　　　B　集中交换　　　　C　共享方式　　　　D　分布交换

    参考答案：BD

7．统一公共支付平台建设主要包括（　　　）和（　　　）三部分。

    A　信息系统开发　　　　　　　　　　B　标准规范制定

    C　系统接入实施　　　　　　　　　　D　系统接口制定

    参考答案：ABC

8．围绕平台架构、数据交换和信息共享等方面，开展各地区各部门一体化政务服务平台建设，实现政务服务事项（　　　），避免线上线下政务服务平台"两张皮"、不同地区和部门现有平台无法交互等突出问题。

    A　统一申请　　　　B　统一受理　　　　C　集中办理　　　　D　统一反馈

    E　全流程监督

    参考答案：ABCDE

9. 针对网上政务服务平台建设运行、安全保障等关键技术环节，制定相关标准规范、管理办法和制度措施，完善"互联网＋政务服务"配套支撑体系。建成网上（　　），促进云计算、大数据、物联网、移动互联网等在政务服务中的应用，不断提升政务服务便捷化、个性化、智慧化、安全化水平。

  A 统一数据平台   B 统一身份认证体系

  C 统一支付体系   D 统一电子证照库

参考答案：BCD

10. 政务服务按服务形式分为（　　）一体化办理的政务服务事项。

  A 网上实体 B 线上办理 C 线下办理 D 线上线下

参考答案：BCD

11. 2020年底前，建成覆盖全国的（　　）的"互联网＋政务服务"技术和服务体系，实现政务服务的标准化、精准化、便捷化、平台化、协同化，政务服务流程显著优化，服务形式更加多元，服务渠道更为畅通，群众办事满意度显著提升。

  A 整体联动 B 部门协同 C 省级统筹 D 一网办理

参考答案：ABCD

12. 统一公共支付平台建设标准规范制定，主要包括（　　）的制定。

  A 执收单位接入标准规范   B 相关征收部门接入标准规范

  C 代收机构接入标准规范   D 收款银行接入标准规范

参考答案：ABCD

13. 统一公共支付平台系统接入实施，主要包括（　　）。

  A 相关征收部门接入实施   B 执收单位接入实施

  C 代收机构接入实施   D 收款银行接入实施

参考答案：ABCD

14. 自助服务终端：可提供办事指南、办事预约、办件查询等服务，支持（　　）等功能。

  A 身份证识别 B 二维码扫描 C 样本打印 D 申请材料扫描

参考答案：ABCD

15. 在《国务院关于促进云计算创新发展培育信息产业新业态的意见》中指出到2017年，云计算在重点领域的应用得到深化，产业链条基本健全，初步形成安全保障有力，（　　）协同推进的云计算发展格局，带动相关产业快速发展。

  A 服务创新 B 技术创新 C 管理创新 D 市场创新

参考答案：ABC

16. 在"互联网＋"创业创新中强化创业创新支撑主要体现在（　　）。

  A 鼓励大型互联网企业和基础电信企业利用技术优势和产业整合能力，向小微企业和创业团队开放平台入口、数据信息、计算能力等资源

  B 提供研发工具、经营管理和市场营销等方面的支持和服务，提高小微企业信息化应用水平，培育和孵化具有良好商业模式的创业企业

  C 实施新兴产业"双创"行动，建立一批新兴产业"双创"示范基地，加快发展"互联网＋"创业网络体系

  D 充分利用互联网基础条件，完善小微企业公共服务平台网络，集聚创业创新资源，为小微企业提供找得着、用得起、有保障的服务

参考答案：ABD

17．在保证技术成熟和业务安全的基础上，支持金融企业与云计算技术提供商合作开展金融公共云服务，提供（ ）的金融产品。

  A 多样化   B 个性化   C 高效化   D 精准化

参考答案：ABD

18．"互联网＋"智慧能源是通过互联网促进能源系统扁平化，推进能源生产与消费模式革命，提高能源利用效率，推动节能减排，主要体现在（ ）。

  A 推进能源生产智能化

  B 建设分布式能源网络

  C 探索能源消费新模式

  D 发展基于电网的通信设施和新型业务

参考答案：ABCD

19．"互联网＋"出现在（ ）年的中央政府工作报告。

  A 2014   B 2015   C 2016   D 2017

参考答案：BCD

20．《关于促进智慧城市健康发展的指导意见》中加强顶层设计。要加强与国民经济和社会发展总体规划（ ）以及有关专项规划的衔接，做好统筹城乡发展布局。

  A 城乡规划   B 主体功能区规划

  C 相关行业发展规划   D 区域规划

参考答案：ABCD

21．《关于促进智慧城市健康发展的指导意见》中推动构建普惠化公共服务体系。加快实施信息惠民工程。推进（ ），促进优质医疗资源纵向流动。

  A 智慧医院   B 远程医疗建设

  C 电子病历   D 健康档案

参考答案：ABCD

22．《关于促进智慧城市健康发展的指导意见》中支撑建立精细化社会管理体系。建立（ ）社会治安防控体系。

  A 全面设防   B 一体运作   C 精确定位   D 有效管控

参考答案：ABCD

23．《关于促进智慧城市健康发展的指导意见》中智慧城市建设要突出为民、便民、惠民，推动创新城市管理和公共服务方式，向城市居民提供（ ）的公共服务，避免重建设、轻实效，使公众分享智慧城市建设成果。

  A 广覆盖   B 多层次   C 差异化   D 高质量

参考答案：ABCD

24．城市人民政府要将提高信息资源开发利用水平作为提升城市综合竞争力的重要手段，大力推动政府部门将企业信用（　　）环境质量等信息资源向社会开放。

　　A　产品质量　　　　　　　　　　B　食品药品安全
　　C　综合交通　　　　　　　　　　D　公用设施

参考答案：ABCD

25．完善网络安全设施，重点提高（　　）。统筹建设容灾备份体系，推行联合灾备和异地灾备。

　　A　网络管理　　　B　态势预警　　　C　应急处理　　　D　信任服务能力

参考答案：ABCD

26．当前，随着（　　）紧密结合，移动互联网新技术快速演进、新应用层出不穷、新业态蓬勃发展，工具属性、媒体属性、社交属性日益凸显，生态系统初步形成、加速拓展，越来越成为人们学习、工作、生活的新空间。

　　A　互联网技术、平台、应用　　　B　信息安全
　　C　商业模式　　　　　　　　　　D　移动通信技术

参考答案：ACD

27．鼓励社会各界广泛参与（　　），加快移动互联网社会组织建设，支持（　　）等各方力量积极开展网络公益活动。

　　A　移动互联网治理　　　　　　　B　中国互联网发展基金会
　　C　中国互联网协会　　　　　　　D　中国互联网金融协会

参考答案：ABC

28．开展移动互联网领域专利导航工作，（　　），充实核心技术专利储备。

　　A　推进知识产权的运营
　　B　制定专利布局方向建议清单
　　C　鼓励企业面向战略前沿
　　D　交叉融合领域开展知识产权战略布局

参考答案：BCD

29．实施网络扶贫行动计划。坚持（　　）并重，在深入开展项目论证基础上，充分发挥中国互联网投资基金作用，大力推动基于移动互联网的教育、医疗、公共文化服务等民生保障项目落地和可持续实施。

　　A　经济效益　　　B　安全效益　　　C　社会效益　　　D　社会利益

参考答案：AC

30．增强网络安全防御能力，落实网络安全责任制，制定完善关键信息基础设施安全、大数据安全等网络安全标准，明确（　　）。

　　A　保护对象　　　B　保护等级　　　C　保护层级　　　D　保护措施

参考答案：ACD

31．完善移动互联网用户信息保护制度，严格规范收集使用（　　）消费记录等个

人信息行为，保障用户知情权、选择权和隐私权。

  A 用户身份 B 地理位置 C 联系方式 D 通信内容

  参考答案：ABCD

32.《国务院关于促进云计算创新发展培育信息产业新业态的意见》中指出，全球云计算处于发展初期，我国面临难得的机遇，但也存在（ ）等问题，重建设轻应用、数据中心无序发展苗头初步显现。

  A 服务能力较薄弱   B 核心技术差距较大

  C 信息资源开放共享不够   D 信息安全挑战突出

  参考答案：ABCD

33.《国务院关于积极推进"互联网＋"行动的指导意见》中提出要在重点领域推进智能制造、（ ），打造一批网络化协同制造公共服务平台，加快形成制造业网络化产业生态体系。

  A 大规模个性化定制   B 网络化协同制造

  C 服务型制造   D 生产型制造

  参考答案：ABC

34.《国务院关于积极推进"互联网＋"行动的指导意见》中提出积极推进"互联网＋"行动的基本原则是（ ）。

  A 坚持开放共享   B 坚持融合创新

  C 坚持变革转型   D 坚持引领跨越

  E 坚持安全有序

  参考答案：ABCDE

35.《国务院关于积极推进"互联网＋"行动的指导意见》中提出要（ ）等关键技术，构建智能化电力运行监测、管理技术平台，使电力设备和用电终端基于互联网进行双向通信和智能调控，实现分布式电源的及时有效接入，逐步建成开放共享的能源网络。

  A 突破分布式发电   B 储能

  C 智能微网   D 主动配电网

  参考答案：ABCD

36.在《国务院办公厅关于印发"互联网＋政务服务"技术体系建设指南的通知》中提出2017年底前，在80个信息惠民国家试点城市间初步实现政务服务"（ ）"，形成可复制可推广的经验，逐步向全国推行。

  A 一号申请 B 一窗受理 C 一网通办 D 一证受理

  参考答案：ABC

37.《国务院关于加快推进"互联网＋政务服务"工作的指导意见》指出，近年来，一些地方和部门初步构建互联网政务服务平台，积极开展网上办事，取得一定成效。但也存在（ ）等问题，同时还有不少地方和部门尚未开展此项工作。

  A 网上服务事项不全   B 信息共享程度低

    C　可办理率不高　　　　　　　　D　企业和群众办事仍然不便

参考答案：ABCD

38．《国务院关于推进物联网有序健康发展的指导意见》根据（　　），突出区域特色，有重点、有步骤地推进物联网持续健康发展。

    A　实际需求　　　　B　产业基础　　　　C　信息化条件　　　　D　城市发展

参考答案：ABC

39．推动大数据与（　　）等新一代信息技术融合发展，探索大数据与传统产业协同发展的新业态、新模式，促进传统产业转型升级和新兴产业发展，培育新的经济增长点。

    A　互联网　　　　　B　云计算　　　　　C　物联网　　　　　D　移动互联网

参考答案：BCD

40．大数据推动社会生产要素的（　　）改变了传统的生产方式和经济运行机制，可显著提升经济运行水平和效率。

    A　网络化共享　　　　　　　　　B　集约化整合

    C　协作化开发　　　　　　　　　D　高效化利用

参考答案：ABCD

41．促进云计算创新发展的基本原则包括（　　）。

    A　市场主导　　　　B　统筹协调　　　　C　创新驱动　　　　D　保障安全

参考答案：ABCD

42．"云"服务影响包括（　　）。

    A　理财服务　　　　　　　　　　B　健康服务

    C　交通导航服务　　　　　　　　D　个人服务

参考答案：ABCD

43．云计算技术体系结构分为（　　）。

    A　物理资源层　　　　　　　　　B　资源池层

    C　管理中间件层　　　　　　　　D　SOA 构建层

参考答案：ABCD

44．云计算成为划时代技术的根本原因是（　　）。

    A　更低的硬件和网络成本　　　　B　更低的管理成本和电力成本

    C　更大的规模　　　　　　　　　D　更高的资源利用率

参考答案：ABD

45．分布式系统架构中通常需要考虑三个因素：（　　）。

    A　可靠性　　　　B　高效性　　　　C　可用性　　　　D　一致性

参考答案：ACD

46．非关系型数据库与传统的关系数据库相比，在（　　）方面有区别。

    A　数据模型　　　　B　数据处理　　　　C　数据更新　　　　D　接口层

参考答案：ABD

47．Hadoop 有以下几个主要应用领域：（　　）。

    A　构建大型分布式集群　　　　　B　数据仓库

    C　数据挖掘　　　　　　　　　　D　数据发散

参考答案：ABC

48．分布式操作系统的基本功能是：（　　）。

    A　管理计算机资源　　　　　　　B　提供用户接口

    C　新建目录　　　　　　　　　　D　储存文件

参考答案：AB

49．智慧园区信息推送应提供电网运行状态、（　　）用电策略等信息的推送功能。

    A　采集数据　　　B　用电数据　　　C　故障信息　　　D　检修计划

参考答案：BD

50．智慧园区配电系统运行监控应实现园区配电系统及公共用电设施的（　　）等，实现运行监控信息的图形化管理和状态自动报警功能。

    A　遥信　　　　　B　遥测　　　　　C　遥控　　　　　D　遥采

参考答案：ABC

51．在关系数据库中，储存的方式一般有（　　）。

    A　表格存储　　　B　文档存储　　　C　行存储　　　D　列存储

参考答案：CD

52．储存虚拟化的方式主要有（　　）。

    A　基于软件的虚拟化储存　　　　B　基于储存设备的虚拟化储存

    C　基于网络的虚拟化储存　　　　D　基于主机的虚拟化储存

参考答案：BCD

53．物联网可分为（　　）。

    A　感知层　　　　B　网络层　　　　C　应用层　　　D　设备层

参考答案：ABC

54．二维码可分为（　　）。

    A　堆叠式/行排式　　　　　　　　B　矩阵式

    C　队列式　　　　　　　　　　　D　序列式

参考答案：AB

55．云服务的接口调用方式有（　　）。

    A　静态调用方式　　　　　　　　B　动态调用方式

    C　外部调用方式　　　　　　　　D　内部调用方式

参考答案：AB

56．智慧城市的建设内容，按照建设目的主要可以分为（　　）。

    A　城市环境　　　　　　　　　　B　社会管理与服务

    C　经济发展　　　　　　　　　　D　智慧政务

参考答案：ABC

57. 中国的智慧城市建设进程可分为（   ）阶段。

A 在城市整体规划中引入"智慧城市"的概念

B 把城市的信息化规划转变为智慧城市的规划

C 把整个城市的发展规划转变为智慧城市的规划

D 把智慧城市的规划纳入国家整体战略布局

参考答案：ABC

58. 智慧园区的建设内容主要包括（   ）智能楼宇、智能家居、可视化展厅和园区综合管控服务平台构成。

A 通信网络   B 配电自动化

C 用电信息采集   D 分布式电源与储能

参考答案：ABCD

59. 智慧园区中宜合理配置分布式电源和储能，包括（   ）地源热泵、储能系统等新能源设备，同时应部署分布式电源监控终端。

A 光伏组件   B 风电发电机组

C 冷热电三联供   D 并网组件

参考答案：ABC

60. 智慧园在园区采用（   ）、故障抢修、配变监测、无功补偿控制、配电室视频监视等技术，实现配电自动化。

A 故障报错   B 配电系统信息采集

C 配电开关状态监控   D 故障自动检测与隔离

参考答案：BCD

61. 智能楼宇通过信息交互接口，将智能楼宇中的空调系统、（   ）、电梯系统、消防及安防等系统与智能楼宇综合管理模块进行集成。

A 动力系统   B 给排水系统   C 安防系统   D 照明系统

参考答案：BD

62. 智能家居应关注客户用电信息（   ）。

A 隐私信息   B 电表结算信息

C 电表精准信息   D 共享信息

参考答案：ABD

63. 大数据的特征有（   ）。

A 数据量大   B 实时性要求高

C 非结构化数据逐渐成为主流   D 处理速度非常快

参考答案：ABC

64. 大数据采集主要面临（   ）等挑战。

A 数据来源广泛   B 数据类型多样

C 数据量大   D 数据结构复杂

参考答案：ABC

65. 完整的物联网产业链主要包括（　　　）系统集成商、运营及服务提供商等环节。

  A 核心感应器件提供商   B 感知层末端设备提供商

  C 网络提供商   D 软件与行业解决方案提供商

参考答案：ABCD

66. 大数据技术主要包括（　　　）。

  A 数据采集   B 数据存储和管理

  C 数据处理与分析   D 数据安全和隐私保护

参考答案：ABCD

67. 智慧园区本地接入网是指（　　　）之间的数据短距离通信网络。

  A 智能终端设备   B 智能采集终端

  C 智能用电设备   D 客户

参考答案：ABCD

68. 智慧园区中宜合理配置分布式电源和储能，包括（　　　）等新能源设备，同时应部署分布式电源监控终端。

  A 光伏组件   B 风电发电机组

  C 冷热电三联供   D 地源热泵

参考答案：ABCD

69. 在智慧园区选择合适用户，通过部署（　　　），实现对家庭用电设备信息采集、监测、分析及控制，进行用电方案设置，实现家电联动。

  A 智能插座   B 智能交互终端

  C 智能线路   D 智能用电设备

参考答案：AB

70. 智慧园区通过信息交互接口，将智能楼宇中的空调系统、（　　　）、消防及安防等系统与智能楼宇综合管理模块进行集成。

  A 照明系统 B 能源系统 C 电梯系统 D 给排水系统

参考答案：ACD

71. 智慧园区综合应用应实现（　　　）、有序用电管理、（　　　）、异常用电分析、电能质量数据统计分析等功能。

  A 用电情况检查   B 智能集抄采集

  C 自动抄表管理   D 用电情况统计分析

参考答案：CD

72. 智能小区可利用（　　　）等互联网技术，实现居民大功率电器用电数据、分布式电源、微网数据的统计和分析。

  A 移动通信 B 大数据 C 云计算 D 物联网

参考答案：ABC

73. 智能家居通过信息采集，实现对家庭（　　　）等信息的快速采集与传递。

  A 能源消耗 B 环境 C 用电信息 D 设备运行状况

参考答案：ABD

74. 智慧园区通信网络包括（　　　　）。

A　远程接入网　　　　　　　　　B　无线接入网

C　通信接入网　　　　　　　　　D　本地接入网

参考答案：AD

75. 智慧园区的通信网络总体是多级分布式结构，通信系统的建设必须兼顾（　　　　）。

A　技术性　　　　B　经济性　　　　C　灵活性　　　　D　可靠性

参考答案：ABCD

76. 智能插座应能通过（　　　　）等技术中的一种或几种与家用智能网关进行双向信息交互。

A　微功率无线　　　　　　　　　B　WPAN

C　WIFI　　　　　　　　　　　　D　电力线通信

参考答案：ABCD

77. 在智慧园区选择合适用户，通过部署（　　　　），实现对家庭用电设备信息采集、监测、分析及控制。

A　智能插座　　　　　　　　　　B　智能交互终端

C　远程控制系统　　　　　　　　D　用电采集新系统

参考答案：AB

78. 智慧园区配电系统运行监控可实现园区配电系统及公共用电设施的（　　　　）等，实现运行监控信息的图形化管理和状态自动报警功能。

A　遥信　　　　B　遥感　　　　C　遥测　　　　D　遥控

参考答案：ACD

79. 智慧城市的投融资模式具体包括政府自建（　　　　）。

A　公私合资　　　　　　　　　　B　政府带头，私人企业参与

C　私人投资　　　　　　　　　　D　引进外资

参考答案：AB

80. 基础环境是指智慧城市运行密切相关的（　　　　）等基础城市环境。

A　政策　　　　B　网络　　　　C　数据　　　　D　安全

参考答案：ABC

81. 智慧城市的公共安全包括城市应急联动、食品药品安全、安全生产、（　　　　）等领域。

A　消防管理　　　　B　防控犯罪　　　　C　交通安全　　　　D　资金安全

参考答案：AB

82. 智慧社区是指依托信息化手段，对社区管理中的（　　　　）等提供便捷。

A　居民管理　　　　B　信息推送　　　　C　养老服务　　　　D　医疗服务

参考答案：ABC

83. 智慧城市不是一个全新的城市理念，它与（　　　　）有着极为密切的关系。

A　无线城市　　　　B　数字城市　　　　C　智能城市　　　　D　网络城市

参考答案：ABC

84. 智慧的金融包括（　　）特点。

A　智能感知　　　B　智能互通　　　C　智能功能化　　　D　智能存储

参考答案：ABC

85. （　　）是支撑智慧金融发展的两大基础。

A　金融物联网　　　　　　　　B　金融云

C　金融安防　　　　　　　　　D　智慧金融

参考答案：AB

86. 智能小区的通信网络包括（　　）。

A　远程接入网　　　　　　　　B　本地接入网

C　家庭局域网　　　　　　　　D　异地接入网

参考答案：ABC

二、"互联网"基础知识

1. 智能用电设备是实现（　　）的基础。

A　居民用户用电设备监测　　　B　用能分析

C　家居在线控制　　　　　　　D　电网实时监测

参考答案：ABC

2. 从数据分析全流程的角度，大数据技术主要包括（　　）等几个层面的内容。

A　数据存储和管理　　　　　　B　数据处理与分析

C　数据安全和隐私保护　　　　D　数据采集

参考答案：ABCD

3. 大数据数据管理层包括数据（　　）等服务的各类企业或产品。如分布式文件系统，ETL 工具，数据库和数据仓库。

A　抽取　　　　　B　转换　　　　　C　存储　　　　　D　管理

参考答案：ABCD

4. （　　）代表了 IT 领域最新的技术发展趋势，他们相辅相成，既有联系又有区别。

A　云计算　　　　B　大数据　　　　C　互联网　　　　D　物联网

参考答案：ABD

5. 云计算的处理相当于人体的大脑，起到存储和处理的作用，包括数据（　　）平台。

A　存储　　　　　B　管理　　　　　C　统计　　　　　D　分析

参考答案：ABD

6. 利用物联网技术提升智能家居（　　），实现环保节能的居住环境，如家里的窗帘和电灯可根据时间和光线变化自动开启和关闭。

A　安全性　　　　B　便利性　　　　C　舒适性　　　　D　艺术性

参考答案：ABCD

7. 以下哪些选项是城市生态系统的构成部分（　　）。

　　A　基础设施　　　　B　资源环境　　　C　社会民生　　　D　经济产业

参考答案：ABCD

8. 业务数据包括（　　）等静态数据。

　　A　污染源　　　　　B　建设项目　　　C　环境监测点　　D　应急流程

参考答案：ABCD

9. 物联网的用途包括（　　）。

　　A　环境保护　　　　B　政府工作　　　C　公共安全　　　D　平安家居

参考答案：ABCD

10. 大数据产业包括（　　）数据平台层和数据应用层。

　　A　IT 基础设施层　　　　　　　　B　数据源层

　　C　数据管理层　　　　　　　　　D　数据分析层

参考答案：ABCD

11. 从研究现状上看，云计算具有以下特点（　　）。

　　A　超大规模　　　　B　虚拟化　　　　C　高可靠性　　　D　通用性

参考答案：ABCD

12. 信息系统需要解决的核心问题的是（　　）。

　　A　信息获取　　　　B　信息传输　　　C　信息处理　　　D　信息存储

参考答案：BCD

13. 云计算、物联网、大数据之间的关系（　　）。

　　A　三者是截然不同的三类技术

　　B　云计算为大数据提供技术基础，大数据为云计算提供用武之地

　　C　物联网是大数据的重要来源，大数据技术为物联网数据分析提供支撑

　　D　云计算为物联网提供海量数据存储能力，物联网为云计算技术提供了广阔的应用空间

参考答案：BCD

14. 可视化管理是综合运用（　　），抽取园区配用电环节的关键数据，实现智慧园区能源全景可视化综合管理。

　　A　数据挖掘分析　　　　　　　　B　信息集成

　　C　三维可视化　　　　　　　　　D　虚拟现实技术

参考答案：ABCD

15. 设备控制管理是实现设备智能控制等功能，包含（　　）。

　　A　网络控制　　　　B　设备控制　　　C　远程控制　　　D　本地控制

参考答案：CD

16. 可视化定义：利用多媒体图形学和图像处理技术，将数据转换成图形或图像在屏幕上显示出来，并进行交互处理的（　　）。

A 理论　　　　　B 方法　　　　　C 方式　　　　　D 技术

参考答案：ABCD

17．智能用电设备定义：利用传感器、微处理器和网络通信等技术，具备（　　）等功能，满足用户远程、智能化控制需求的电气设备。

A 智能网关　　　B 数据采集　　　C 远程通信　　　D 智能检测

参考答案：BC

18．智能插座定义：用于连接电源与用电设备、能够采集接入用电设备的用电信息，并能将数据传输给家用智能网关，可实现电源远程通断等智能化功能的（　　）。

A 电源插座　　　B 控制器　　　C 服务器　　　D 转换器

参考答案：AD

19．智慧物流技术主要包括（　　）。

A 传感器网络技术　　　　　　　　B GPS 定位技术

C 移动通信　　　　　　　　　　　D 云计算技术

参考答案：ABCD

20．根据应用场景不同，感知覆盖包括有（　　）。

A 区域覆盖　　　B 带状覆盖　　　C 线性覆盖　　　D 点式覆盖

参考答案：AB

21．与传统的环境监测网络相比，基于物联网技术的环境监测网络的优点有（　　）。

A 监测更精细　　　　　　　　　　B 监测要求更高

C 监测更可靠　　　　　　　　　　D 监测实时性更好

参考答案：ACD

22．根据情境数据的来源以及感知的难易程度不同，可以将情境数据感知分为（　　）。

A 初级情境感知　　　　　　　　　B 高级情境感知

C 个人情境感知　　　　　　　　　D 社会情境感知

参考答案：AB

23．智能小区能效管理利用移动通信、大数据、云计算等互联网技术，实现（　　）的统计和分析。

A 居民大功率电器用电数据　　　　B 分布式电源

C 充电桩　　　　　　　　　　　　D 微网数据

参考答案：ABD

24．智能小区分布式电源实现（　　）等分布式电源的接入和控制。

A 光伏发电　　　　　　　　　　　B 地热发电

C 小型风力发电　　　　　　　　　D 潮汐发电

参考答案：ABC

25．智能小区对并网的分布式电源分级处理，实现（　　）。

A 低压过电流保护　　　　　　　　B 速断保护

C 漏电保护　　　　　　　　　　　D 逆功率保护

参考答案：ACD

26. 智能小区的拓展功能将实现对电能表之外的（　　　）等居民家用收费表计的周期性自动抄读或手动抄读。

  A　水表   B　燃气表   C　热力表   D　煤气表

参考答案：ABC

27. 智能小区应具备多种缴费途径，如（　　　）等，方便用户查询和缴纳水、热、电、燃气等费用。

  A　云终端   B　自动缴费终端

  C　移动客户端   D　95598 服务平台

参考答案：BCD

28. 无线传感器网络可广泛应用于（　　　）等领域，引起了人们广泛关注。

  A　军事   B　工业   C　交通   D　环保

参考答案：ABCD

29. 无线传感器网络由（　　　）基本要素构成。

  A　无线传感器   B　感知对象

  C　观察者   D　观察对象

参考答案：ABC

30. 目前常见的无线网络包括（　　　）等。

  A　移动通信网   B　无线局域网

  C　蓝牙网络   D　Adhoc 网络

参考答案：ABCD

31. 与网络计算机相比，属于云计算特征的是（　　　）。

  A　资源高度共享   B　适合耦合科学计算

  C　支持虚拟机   D　适用于商业领域

参考答案：ACD

32. 物联网的核心技术是无线网络，包括（　　　）。

  A　路由器   B　无线网络标准

  C　数据库   D　无线 SOC

参考答案：BCD

33. 无线传感器网络应用区域有（　　　）。

  A　军事应用   B　紧急和临时场合

  C　大型设备的监控   D　卫生保健

参考答案：ABCD

34. WIFI 技术突出的优势在于（　　　）。

  A　较广的局域网覆盖区域 B　传输速度快

  C　健康安全   D　需要布线

参考答案：ABC

三、国家电网公司"互联网＋"建设工作重点及要求

1. 开展"互联网＋营销服务"竞赛，引导员工在（　　）、移动作业、（　　）、现场服务等工作中创新创效。

    A　业扩报装　　　　B　大数据　　　　C　云计算　　　　D　物联网

参考答案：AB

2. 全面深化"互联网＋营销服务"应用，主要建设内容是（　　）。

    A　以客户体验为导向，提升智慧服务水平

    B　以大云物移为基础，加快构建电子化渠道

    C　以业务融合为重点，推进内部作业智能化

    D　以跨界合作为手段，推进增值服务

参考答案：ACD

3. 全面推广营销移动作业，构建基于内网移动作业平台的营销"微应用"群，完善客户服务、（　　）、（　　）、用电检查、计量装拆、（　　）等现场移动作业应用。

    A　电费催收　　　　B　电能替代　　　　C　远程费控　　　　D　业扩报装

参考答案：ABD

4. 深入开展营销大数据分析应用，要完成（　　）。

    A　售电量预测分析主题推广应用　　　　B　电费风险防控分析主题推广应用

    C　业扩报装趋势预测应用　　　　　　　D　95598话务量统计分析应用

参考答案：AB

5. 深入开展营销稽查应用，依托（　　）和（　　）对核心业务、关键指标、重要数据进行在线监控。

    A　营销业务管理平台　　　　　　　　B　PMS2.0

    C　线损管理平台　　　　　　　　　　D　基础数据平台

参考答案：AD

6. 深入开展营销稽查应用，重点针对（　　）、计量数据、同期线损等主题开展稽查监控分析。

    A　电价执行　　　　B　业扩报装　　　　C　电费账务　　　　D　档案异常

参考答案：ABC

7. 完善"掌上电力"在线服务功能，不包括（　　）。

    A　停电到户通知　　　　　　　　　　B　故障报修

    C　电量电费查询　　　　　　　　　　D　电子发票

参考答案：BC

8. 以跨界合作为手段，推进增值服务，主要工作内容包括（　　）。

    A　"多表合一"信息采集建设应用

    B　拓展社会电力服务企业网上交易

    C　推进车联网平台建设

D 构建完善新型节能服务体系

参考答案：ABCD

9."掌上电力"目前不具备的功能包括（　　）。

A 费控客户在线签约　　　　B 电子发票

C 故障报修　　　　　　　　D 停电到户通知

参考答案：ABD

10."互联网＋"营销服务建设工作任务包括（　　）。

A 建成业扩全流程信息公开和实时管控平台

B 推行"线上全天候受理，线下一站式服务"业扩报装服务模式

C 推广"电 e 宝"支付购电、电子化账单和电费发票

D 推广电费抄核收一体化作业和远程费控系统建设应用

参考答案：ABCD

11."互联网＋"营销服务应用工作的开展按照（　　）主线，开展 26 项重点任务建设，分三个阶段实施"互联网＋"营销服务应用工作。

A 服务创新　　B 数据整合　　C 运营机制　　D 支撑保障

参考答案：ABCD

12."互联网＋"营销服务应用工作中，以下哪些职责由国网客服中心负责（　　）。

A 负责配合财务与营销相关信息系统集成，实现电价电费实时管控

B 负责 95598 网站、"掌上电力"手机 APP 等渠道 95598 相关业务的电子坐席建设和工单处理

C 负责故障抢修研判、停送电计划管理与营销业务末端协同

D 负责协助营销部开展电子渠道专业管理、日常运营和技术支撑，协同省公司开展营销领域大数据分析应用

参考答案：BD

13.搭建客户标签库，开展客户画像管理，包括（　　）。

A 建成电力客户标签库

B 建立电费风险、客户信用、渠道偏好、用电行为分析模型

C 采用打标签的方式形成客户画像

D 建立违约窃电客户黑名单制度

参考答案：ABC

14.国家电网公司将全面构建"互联网＋"营销服务渠道，统一建设开放、互动的线上智能服务平台，深化（　　）和（　　）。

A 大数据应用　　　　　　　B 跨界公共服务应用

C 移动作业应用　　　　　　D 成果落地应用

参考答案：AC

15.加快营销档案电子化应用，以用电客户的交互界面为基准，制定营销档案电子化的收集、管理及应用等标准和规范，完成营销电子化档案配套功能开发，完善（　　）

等互动服务功能。

    A 业扩现场申请   B 远程申请电子化填单

    C 自助查询交费   D 信息通信

参考答案：ABC

16. 加强数据安全管理主要包括（   ）。

    A 落实公司网络与信息安全和保密要求，加强互联网业务和第三方数据合作涉及的数据安全管理

    B 优化公司信息内网安全接入平台和信息外网安全交互平台功能和性能

    C 实施数据安全分级控制策略，保障业务安全和用户隐私

    D 实现以客户全生命周期为核心的数据资产化管理，并建立与市场和营销服务相关的企业运营数据资产关联库

参考答案：ABC

17. 建立市场预测模型支撑经营决策及需求侧管理，主要有（   ）。

    A 电力市场多维度细分模型   B 售电量预测模型

    C 区域负荷预测模型   D 表计月度需求动态预测模型

参考答案：ABCD

18. 全面建成"互联网＋"营销服务应用工作体系，分（   ）三个阶段。

    A 试点验证   B 应用建设   C 深化应用   D 体系完善

参考答案：ABD

19. 全面推广计量装置在线监测与智能诊断应用，实现计量装置运行工况的实时分析和运行状态的准确评价，构建计量装置的多维度评价体系，指导各单位实现（   ），提升业务运营质量和效率。

    A 计量装置的状态检测   B 采集系统的智能、精准运维

    C 费控系统的高效停复电   D 核算系统的准确核算

参考答案：AB

20. 全面推广计量装置在线监测与智能诊断应用，主要包括（   ）。

    A 实现计量装置运行工况的实时分析和运行状态的准确评价

    B 研发 RFID 技术应用

    C 构建计量装置的多维度评价体系

    D 实施计量设备的资产全寿命周期的可视化管理

参考答案：AC

21. 全面推进抄核收智能化，构建采集、核算、（   ）、账务一体化全自动作业模式。

    A 发行   B 通知   C 催费   D 收费

参考答案：ABD

22. 深化大数据分析应用，强化数据共享和信息支撑，建设电力客户标签库，构建分析模型，从（   ）、（   ）、市场拓展、（   ）四个方面开展大数据分析。

A 服务优化　　　　B 简化手续　　　　C 降本增效　　　　D 数据增值

参考答案：ACD

23．深化大数据分析应用包括（　　）。

A 开展"量价费损"预测分析

B 开展客户信用评价和电费风险防范分析

C 开展电能替代大数据分析

D 开展支撑售电侧放开的大数据分析

参考答案：ABCD

24．实现现场移动作业应用全覆盖，将现场服务环节植入相关业务流程，实现前端与后台一体化，满足（　　）全程在线管控目标，提高现场服务能力和效率。

A 客户业务处理智能电子派单　　　B 现场标准化作业

C 工作质量　　　　　　　　　　　D 客户评价

参考答案：ABCD

25．推行"线上全天候受理，线下一站式服务"业扩报装服务模式，将设立电子坐席，负责（　　）。

A 线上受理　　　B 业务咨询　　　C 跟踪协调　　　D 业务回访

参考答案：ABC

26．（　　）负责按照公司"互联网＋"营销服务整体工作部署开展项目建设和应用、创新落地，负责服务渠道和产品的推广、运营和改进完善。

A 国网电动汽车公司　　　　　　　B 国网信通产业集团

C 国网电商公司　　　　　　　　　D 国网客服中心

参考答案：AC

27．协同运营机制建设，要完善（　　）类运营监控主题库。

A 市场　　　B 营销　　　C 服务　　　D 业扩

参考答案：ABC

28．优化整合电子渠道，建设（　　）两级部署的电子渠道协同管理应用平台。

A 公司总部　　　B 省（市）　　　C 省　　　D 分部

参考答案：AB

29．在应用物联网技术提升计量资产全寿命周期管理水平工作中，配合营销部工作的单位有（　　）。

A 信通部　　　　　　　　　　　B 国网计量中心

C 国网客服中心　　　　　　　　D 物资部

参考答案：AB

30．《国家电网公司关于2017年推进"互联网＋营销服务"工作的意见》中指出，优化推广可视化报修服务，要求2017年4月份完成北京公司深化试点，7月，完成抢修人员（　　）工作。

A 实名注册　　　B 权限分配　　　C 信息导入　　　D APP 使用培训

参考答案：ABCD

31．畅通市场化售电信息互动服务，通过营业厅、95598 电话、在线渠道及时向市场主体提供（　　）。

    A　统一化管理信息服务   B　常态化信息服务

    C　标准化信息服务   D　个性化订制信息服务

参考答案：BD

32．构建营配调数据同源管理和业务协同保障体系，进一步厘清营配调工作界面，优化基层班组功能定位，梳理（　　），将营配调贯通标准量化到专业管理和业务流程中，确保公司营配调贯通相关职责、流程、制度、标准、考核得到有效的组织落实。

    A　服务方法   B　业务流程   C　制度标准   D　岗位职责

参考答案：BCD

33．加快建立移动作业平台推广应用，健全使用规范，编制（　　）等制度标准。

    A　移动作业指导书   B　平台操作手册

    C　应用管理   D　技术规范

参考答案：ABC

34．建立覆盖营销服务电子渠道的安全评估和监控体系，健全营销网络安全风险评估和应急工作机制，常态开展（　　）工作，不发生客户信息大规模泄漏事件。

    A　监测预警   B　安全分析   C　性能评价   D　分级运营

参考答案：ABC

35．开展"多表合一"信息采集建设应用。积极拓展代抄代收业务规模，依托国网电商构建支撑电水气热用能费用代收业务的服务平台，加快实现档案管理和联合抄表功能系统应用，为客户提供方便、灵活的用能费用交付结算服务，拓展（　　）等增值服务。

    A　损耗分析   B　用能分析

    C　客户行为分析   D　客户信用分析

参考答案：ABCD

36．全面推进抄核收智能化，实现抄表数据（　　），电费核算系统（　　），现场补抄由移动平台在线支撑，停复电操作准确传达、（　　）。

    A　自动推送   B　自动完成   C　自动下发   D　自动收集

参考答案：ABC

37．全面支撑售电侧放开改革，实现市场化售电业务线上服务，满足交易（　　）、（　　）、（　　）要求。

    A　公开公平   B　信息透明   C　诚信奉献   D　服务便捷

参考答案：ABD

38．推行"线上全天候受理，线下一站式服务"业扩报装服务模式，支撑线上全天候受理，线下一站式服务，实现客户线上自助办理（　　）、（　　）、（　　）。

    A　高低压业扩申请   B　工程进度查询

    C　工程质量监督   D　催办和满意度评价

参考答案：ABD

39.《国家电网公司关于 2017 年推进"互联网＋营销服务"工作的意见》中指出，拓展社会电力服务企业网上交易，吸引电力设计、施工、（　　）、（　　）、监理企业入驻商城。

A 制造　　　　　B 运维　　　　　C 改造　　　　　D 检修

参考答案：AB

40.《国家电网公司关于 2017 年推进"互联网＋营销服务"工作的意见》中指出，加强营销服务基础管理，依托客户基础档案、用电信息、（　　）、（　　）等数据，不断建立和完善客户标签库。

A 用电行为　　　B 用电习惯　　　C 服务渠道　　　D 服务轨迹

参考答案：BD

41.《国家电网公司关于 2017 年推进"互联网＋营销服务"工作的意见》中指出，促进"互联网＋"与（　　）营销服务在经营理念、（　　）、管理方法、技术手段的深度融合。

A 传统　　　　　B 新型　　　　　C 经济模式　　　D 商业模式

参考答案：AD

42.《国家电网公司关于 2017 年推进"互联网＋营销服务"工作的意见》中指出，打造（　　）的 O2O 线上线下闭环服务链，全面提升供电服务智慧化水平。

A 前端端角敏锐　B 前端高度协同　C 后端端角敏锐　D 后端高度协同

参考答案：AD

43.《国家电网公司关于 2017 年推进"互联网＋营销服务"工作的意见》中指出，实现营销服务（　　）。

A 线上化　　　　B 智能化　　　　C 互动化　　　　D 数字化

E 自动化

参考答案：ACD

44.《国家电网公司关于 2017 年推进"互联网＋营销服务"工作的意见》中指出，深化营销网络与信息安全管控，常态开展（　　）工作，不发生客户信息大规模泄露事件。

A 监测预警　　　B 监控分析　　　C 安全分析　　　D 性能测试

E 性能评价

参考答案：ACE

45.《国家电网公司关于 2017 年推进"互联网＋营销服务"工作的意见》中指出，以客户体验为导向，提升智慧服务水平，全面推广在线办理新装、（　　）和（　　）、（　　）应用等业务。

A 增容　　　　　B 减容　　　　　C 用电变更　　　D 计量装拆

E 可视化报修

参考答案：ACE

46.《国家电网公司关于 2017 年推进"互联网＋营销服务"工作的意见》中指出，

确保营销服务网络与信息安全，加强对运维操作（　　）的可追溯审计，加强责任追究力度。

  A 账号   B 密码   C 控制指令   D 网络安全事件

  E 应急事件处理

参考答案：ABCD

47.《国家电网公司加快推进"互联网＋"营销服务应用工作实施方案》中指出，保障"互联网＋"营销服务应用（　　）和（　　），推进隐私保护条件下的大数据分析应用建设，确保信息通信安全与可靠运行。

  A 工作安全   B 工作保障   C 用户体验   D 用户感知

参考答案：AC

48.《国家电网公司加快推进"互联网＋"营销服务应用工作实施方案》中指出，围绕"互联网＋"营销服务需求，完善客户（　　）、（　　）等基础资料，提升营销业务应用、用电信息采集系统功能。

  A 身份信息   B 联络信息

  C 标准地址信息   D 标准电表信息

参考答案：BC

49.《国家电网公司加快推进"互联网＋"营销服务应用工作实施方案》中指出，在试点验证阶段，重点开展"互联网＋"营销服务渠道、规范业扩报装全流程等支撑售电侧放开改革以及（　　）和（　　）信息采集建设。

  A 车联网   B 国网云   C 电能替代   D 多表合一

参考答案：AD

50.《国家电网公司加快推进"互联网＋"营销服务应用工作实施方案》在工作要求中指出，大力拓展"互联网＋"营销服务应用工作的（　　）和（　　）。

  A 广度   B 深度   C 参与度   D 认同度

参考答案：AB

51.《国家电网公司加快推进"互联网＋"营销服务应用工作实施方案》在工作要求中指出，提高新型业务理念的（　　）和（　　），引导员工转变理念。

  A 广度   B 深度   C 参与度   D 认同感

参考答案：CD

52.《国家电网公司加快推进"互联网＋"营销服务应用工作实施方案》在工作要求中指出，展示公司良好形象，不断提升客户对公司服务品牌的（　　）和（　　），积极营造市场竞争和服务创新的良好外部环境。

  A 黏性   B 传播   C 认知度   D 认同感

参考答案：CD

53.《国家电网公司加快推进"互联网＋"营销服务应用工作实施方案》指出，要进一步推进营销管理信息化、（　　），现场作业线上化、（　　），客户服务互动化、（　　），为公司发展做出积极贡献。

A　跨界化　　　　B　自动化　　　　C　精准化　　　　D　标准化
E　智能化

参考答案： BDA

54.《国家电网公司加快推进"互联网＋"营销服务应用工作实施方案》工作思路中指出，结合公司信息通信新技术创新发展行动计划，利用"互联网"思维和技术改造传统营销服务手段和方式，健全（　　）、再造（　　）、创新（　　）、拓展新业务应用，更加注重贴近现场和成果应用，解决实际问题。

A　服务流程　　　B　业务体系　　　C　服务理念　　　D　服务渠道

参考答案： DAB（答案顺序应一致）

55.《国家电网公司加快推进"互联网＋"营销服务应用工作实施方案》中指出，建设业扩报装全流程管控平台，实现全业务（　　）、全环节（　　）、全过程（　　）。

A　精益管控　　　B　线上办理　　　C　时限监控　　　D　互联互动

参考答案： BDA（答案顺序应一致）

56.《国家电网公司加快推进"互联网＋"营销服务应用工作实施方案》中指出，深化大数据应用，实现"量价费"（　　）、台区线损异常（　　）、电费风险（　　）、电能替代潜力用户（　　）、优质客户评级以及精准化、差异化服务。

A　智能诊断　　　B　精准预测　　　C　精准筛选　　　D　主动防范

参考答案： BADC（答案顺序应一致）

57.《国家电网公司加快推进"互联网＋"营销服务应用工作实施方案》中"互联网"营销服务建设工作任务表的建设主线分为（　　）。

A　服务创新　　　B　数据整合　　　C　运营机制　　　D　支撑保障

参考答案： ABCD

58."互联网"营销服务建设工作任务表指出，实现 ERP 项目储备、物资招投标、园区配套建设、小区居配工程建设等跨专业、跨部门全流程、全环节实时管控，从（　　）等方面设置指标评价，各级运监中心开展穿透分析。

A　总体规模　　　B　流程效率　　　C　业务规范　　　D　服务质量

参考答案： ABCD

59.《国家电网公司加快推进"互联网＋"营销服务应用工作实施方案》中"互联网"营销服务建设工作任务表指出，完善营业厅综合服务平台，强化营业厅（　　）功能。

A　产品展示　　　B　产品体验　　　C　服务管理　　　D　服务体验

参考答案： AD

60.《国家电网公司加快推进"互联网＋"营销服务应用工作实施方案》中提到，搭建客户标签库，开展客户画像管理，依托大数据分析，建立电费风险、（　　）、用电行为分析模型。采用打标签的方式形成客户画像，支撑营销策划及个性化服务开展。

A　服务优化　　　B　安全生产　　　C　客户信用　　　D　渠道偏好

参考答案： CD

61.《国家电网公司加快推进"互联网＋"营销服务应用工作实施方案》工作任务

表中提到，建立电能替代潜力客户模型，支撑市场拓展全过程服务，开展支撑（　　），为优质客户提供差异化、精准化服务支撑市场拓展全过程服务。

A　售电侧放开的电能替代分析　　　B　售电侧放开的大数据分析

C　建设优质客户服务数据库　　　　D　建设优质客户服务策略库

参考答案：BD

62.《国家电网公司加快推进"互联网＋"营销服务应用工作实施方案》工作任务表中提到，构建基于行业、区域群体用电特性的电力市场多维度细分模型，确定细分市场，支撑个性化服务产品的灵活定制；（　　），通过细分行业，结合行业驱动因数，预测短中期行业用电量，为市场分析及销售提供决策支撑；（　　），结合区域新增容量、现有电网设备容量、历史用电信息、天气预测、节假日等数据，利用大数据分析技术实现区域负荷预测，支撑网格化的需求侧响应；（　　），实施精细化的表计按需检定与配送。

A　建立售电量预测模型

B　建立区域负荷预测模型

C　建立表计月度需求动态预测模型

D　建立供电量预测模型

参考答案：ABC

63.《国家电网公司加快推进"互联网＋"营销服务应用工作实施方案》工作任务表中提到，建立运营监测数据管理标准与应用功能，实现以客户全生命周期为核心的数据资产化管理，并建立与（　　）相关的企业运营数据资产关联库。

A　市场　　　　　B　产品　　　　　C　营销管理　　　D　营销服务

参考答案：AD

64.《国家电网公司加快推进"互联网＋"营销服务应用工作实施方案》工作任务表中提到，完善客户基础信息定义、规则、应用规范，开展数据质量核查；细化触点管理，落实客户数据"（　　）"，实施客户数据（　　）管理。

A　一岗维护机制　　　　　　　　　B　多岗维护机制

C　同源　　　　　　　　　　　　　D　异源

参考答案：BC

65.《国家电网公司加快推进"互联网＋"营销服务应用工作实施方案》工作任务表中提到，完善（　　）类运营监控主题库，运用大数据运算方法，以企业价值和客户价值为导向，关注公司价值链，对营销服务产品全周期进行监测，提出管理改进或者资源配置优化建议。

A　市场　　　　　B　管理　　　　　C　营销　　　　　D　服务

参考答案：ACD

66.《国家电网公司加快推进"互联网＋"营销服务应用工作实施方案》工作任务表中提到，建设全业务统一数据中心，支撑横向源端业务融合，实施后台数据整合，满足"互联网＋"营销服务对（　　）应用的需求。

A　环节互通　　　B　业务协同　　　C　流程贯通　　　D　大数据创新

参考答案：BCD

67.《国家电网公司加快推进"互联网＋"营销服务应用工作实施方案》工作任务表中提到，开展营销运维全过程互动服务应用建设，实现运维评价，建立统一的（　　）等应用，提升一线员工使用体验和工作效率。

  A　知识库   B　知识储备管理

  C　知识平台   D　知识发布管理

参考答案：CD

68.《国家电网公司加快推进"互联网＋"营销服务应用工作实施方案》工作任务表中提到，加强人才队伍建设，组织开展适应市场竞争环境及"互联网＋"发展趋势，满足（　　）工作。

  A　业务模式转型   B　组织架构调整

  C　人才队伍建设   D　人才队伍培养

参考答案：ABCD

69. 推进电费抄核收智能化，实现（　　）。

  A　自动抄表 B　智能核算 C　电子账单 D　在线交费

  E　在线办电

参考答案：ABCD

70. 深化大数据应用，实现"（　　）"精准预测、台区线损异常智能诊断、电费风险主动防范、电能替代潜力用户精准筛选、优质客户评级以及精准化、（　　）。

  A　集成营销 B　量价费 C　一岗制 D　差异化服务

  E　电网资源信息公开

参考答案：BD

71. 国网营销部负责"互联网＋"营销服务应用工作整体规划、（　　）。

  A　需求分析 B　模式创新 C　功能设计 D　项目推广

  E　实施成效考核

参考答案：ABCDE

72. 国网信通部负责"互联网＋"营销服务应用工作相关信息系统（　　）的制定、（　　）。

  A　技术路线   B　安全防护方案

  C　评审   D　考核

  E　监控

参考答案：ABCD

73. 按照方案要求和统一部署，系统推进"互联网＋"营销服务应用工作和成果落地，确保工作（　　）。

  A　具体实施 B　有序开展 C　取得实效 D　可控在控

  E　实施有效

参考答案：BC

74．完善客户基础信息（　　）规范，开展数据质量核查；细化触点管理，落实客户数据"多岗维护机制"，实施客户数据同源管理。

    A　建档　　　　　B　定义　　　　　C　规则　　　　　D　应用

    E　查询

参考答案：BCD

75．充分发挥公司科研、产业与运行单位在（　　）等方面的整体优势，打造公司骨干建设运营团队。

    A　技术研发　　　B　信息发布　　　C　设备研制　　　D　信息运维

    E　程序推进

参考答案：ACD

76．2016 年，公司积极开展"互联网＋营销服务"建设，拓展电子渠道在线服务功能，推进营销现场移动作业、大数据分析应用，强化业扩全流程管控，促进"互联网＋"与传统营销服务在（　　）的深度融合，取得了阶段性成果。

    A　经营理念　　　B　商业模式　　　C　管理方法　　　D　技术手段

    E　业务创新

参考答案：ABCD

77．实现营销服务线上化、数字化、互动化，树立国家电网公司"（　　）"的服务形象。

    A　你用电　　　　B　办电更简捷　　C　用电更智能　　D　服务更贴心

    E　我用心

参考答案：BCD

78．全面构建"互联网＋"营销，推进电费抄核收智能化，实现（　　）。

    A　自动抄表　　　B　智能核算　　　C　电子账单　　　D　在线交费

参考答案：ABCD

四、国家电网公司"互联网＋"相关平台及产品功能应用

1．加快车联网平台建设主要包括（　　）。

    A　建设车联网运营监控中心及可视化系统和社会运营商互联互通支撑平台

    B　快速迭代完善"e 充电"功能、界面

    C　主动与政府和相关方汇报、沟通，推动政府出台配套政策

    D　加强互联网业务和第三方数据合作涉及的数据安全管理

参考答案：AB

2．可以缴纳电费的公司线上渠道包括（　　）。

    A　"掌上电力"　　B　电 e 宝　　　　C　95598 网站　　D　国网商城

参考答案：ABC

3．拓展跨界公共服务应用包括（　　）。

    A　加快车联网平台建设

B 进一步推进营配调贯通末端融合

C 积极推进"多表合一"信息采集建设

D 对接主流商业银行和第三方支付渠道

参考答案：ACD

4．完善营业厅综合服务平台，工作内容包括（　　）。

A 实现营业厅业务的系统全覆盖、营业厅服务设备资产全生命周期管理

B 推动供电营业厅业务管理规范落地，与线上营业厅形成互补

C 完善标准化营业厅监督考核体系

D 强化营业厅产品展示、服务体验功能

参考答案：ABD

5．开展电子渠道统一消息管理，通过"掌上电力"手机 APP、"电 e 宝"、95598 网站等电子渠道，实现业务办理、（　　）、市场化交易等营销服务信息的点对点精准推送，降低信息公开服务成本，减少 95598 服务热线的咨询话务量。

A 量价费查询　　B 费控余额　　C 费控预警　　D 电网计划停电

参考答案：ABCD

6．全面实施业务流程优化和在线办理。完善（　　）等在线服务功能。

A 电费电子账单　　　　　　　　B 电子发票

C 用能分析　　　　　　　　　　D 停电到户通知

参考答案：ABCD

7．推动与各（　　）等公共服务行业成立公共服务 APP 联盟，捆绑推出"公共服务装机必备官方 APP"，以实现互兑互通。

A 航空公司　　B 电信运营商　　C 金融机构　　D 政府机构

参考答案：ABC

8．依托国网商城，构建线上节能服务生态圈，实现节能市场需求实时发布、（　　），满足用户足不出户开展节能服务需求。

A 政策技术资讯共享　　　　　　B 服务产品线上交易

C 服务商在线评价　　　　　　　D 售后服务跟踪

参考答案：ABCD

9．以业扩交互流程为抓手，推进（　　）等营配调协同业务全面转入线上流转。

A 基础信息校核　　　　　　　　B 电费电子账单

C 客户信息核证　　　　　　　　D 业务问题处理

参考答案：ACD

10．建成业扩全流程信息公开和实时管控平台，线上完成（　　）、（　　）、（　　）以及获取预警清单、配套工程建设、停（送）电计划报送等协同任务，实现业扩全流程网上流转。

A 跨专业工单流转　　　　　　　B 方案审查

C 会签通知　　　　　　　　　　D 客户资质审查

参考答案：ABC

11．完善"掌上电力"手机 APP、95598 网站、"电 e 宝"、车联网、"e 充电"等电子渠道，实现在线业务受理、（　　）、（　　）、（　　）、交费、电子客服等应用。

    A　电量查询　　　　B　电量预警　　　　C　电费查询　　　　D　电费充值

参考答案：ACD

12．建立服务资源统一调度和快速响应机制，实现集"服务接入、主动预约、研判分流、协调指挥、（　　）、审核反馈、数据校核、（　　）、流程管控、（　　）"为一体的快速响应和服务质量管控机制。

    A　跟踪督办　　　　B　信息发布　　　　C　考核公布　　　　D　客户回访

参考答案：ABD

13．开发完善费控客户（　　）、（　　）和远程电量下发、（　　）、费控租客管理等功能，支撑多渠道与费控客户实时互动。

    A　在线签约　　　　　　　　　　　B　在线购电充值

    C　实时电量查询　　　　　　　　　D　自助复电申请

参考答案：ABD

14．开展电子渠道统一消息管理，通过"掌上电力"手机 APP、"电 e 宝"、95598 网站等电子渠道，实现（　　）、量价费查询、费控余额、（　　）、（　　）、市场化交易等营销服务信息的点对点精准推送。

    A　业务办理　　　　　　　　　　　B　费控预警

    C　电网计划停电　　　　　　　　　D　电网临时停电

参考答案：ABC

15．利用 APP 注册、实名制认证等推广活动，引导客户主动完善（　　）、（　　）、（　　）等信息，提升客户基础信息的完整性、准确性。

    A　联系信息　　　B　房产证件　　　C　身份证件　　　D　联系地址

参考答案：ACD

16．全面提升供电服务智慧化水平，实现营销服务（　　），树立国家电网公司"办电更简捷、用电更智能、服务更贴心"的服务形象。

    A　线上化　　　　B　数字化　　　　C　互动化　　　　D　典型化

参考答案：ABC

17．深化业扩全流程信息公开与实时管控平台实用化应用，实现（　　）、（　　）、（　　）、电网配套工程建设、停（送）电计划等协同业务环节由线下传递转为线上流转，促进业扩报装对外信息公开、透明，对内工作效率与服务质量提升。

    A　电网资源信息公开　　　　　　　B　供电方案备案会签

    C　设计图纸公开审批　　　　　　　D　接入电网受限整改

参考答案：ABD

18．深化营配调信息系统（　　）和信息数据（　　），推进公司线上渠道互联互通，建立公共服务 APP 联盟，深化电力积分应用，全面提升智慧化服务水平。

A 贯通 　　　 B 独立 　　　 C 共享 　　　 D 保密

参考答案：AC

19．深入开展营销稽查应用，依托营销业务管理平台和基础数据平台，对（　　）、（　　）、（　　）进行在线监控。

A 基本信息 　　 B 核心业务 　　 C 关键指标 　　 D 重要数据

参考答案：BCD

20．统一规划业务功能融合，统一策划形象设计及宣传推广文案，支撑电子渠道集中（　　）、（　　）工作。

A 运营 　　　 B 运维 　　　 C 支撑 　　　 D 融合

参考答案：AB

21．优化业扩办电线上服务流程，拓展完善电子渠道在线服务功能，全面推广在线办理（　　）等业务，实现服务信息精准推送。

A 新装 　　　　　　　　 B 增容

C 用电变更 　　　　　　 D 可视化报修服务应用

参考答案：ABCD

22．整合（　　）及在线客服资源，优化线上线下一体化流程，深化营配调信息系统贯通和数据共享。

A "掌上电力"手机 APP 　　　 B "电 e 宝"

C 营销 SG186 系统 　　　　　 D 95598 网站

参考答案：ABD

23．《国家电网公司关于 2017 年推进"互联网＋营销服务"工作的意见》中指出，全面实施业务流程优化和在线办理，大力推广线上办理新装、（　　）和（　　）等业务。

A 增容 　　 B 减容 　　 C 用电变更 　　 D 更名过户

参考答案：AC

24．《国家电网公司关于 2017 年推进"互联网＋营销服务"工作的意见》中指出，全面实施业务流程优化和在线办理，开发完善费控客户（　　）、在线购电充值和远程电量下发、（　　）、费控租客管理等功能。

A 在线申请 　　　　　　 B 在线签约

C 自助复电申请 　　　　 D 计量装置报修

参考答案：BC

25．《国家电网公司关于 2017 年推进"互联网＋营销服务"工作的意见》中指出，全面实施业务流程优化和在线办理，拓展"电 e 宝"扫码支付、（　　）、（　　）用户"电 e 宝"线上交费功能。

A 代扣代充 　　 B 代收代扣 　　 C 企业 　　 D 居民

参考答案：AC

26．《国家电网公司关于 2017 年推进"互联网＋营销服务"工作的意见》中指出，推进公司线上渠道互联互通，开展"电 e 宝"（　　）认证服务，加快推动（　　）、（　　）、电商购物"一卡通"应用。

  A 身份证   B 实名   C 电费充值   D 电费代扣

  E 充电支付

参考答案：BCE

27.《国家电网公司关于 2017 年推进"互联网＋营销服务"工作的意见》中指出，推进公司线上渠道互联互通，推进公司"掌上电力"手机 APP、（ ）等线上渠道的账户统一。

  A "电 e 宝"   B "e 充电" C 95598 网站 D 车联网

  E 国网商城

参考答案：ACDE

28.《国家电网公司关于 2017 年推进"互联网＋营销服务"工作的意见》中指出，开展可视化报修服务应用，开展抢修人员实名注册、（ ）、（ ）和 APP 使用培训等工作。

  A 职责分配   B 权限分配   C 信息导入   D 信息查询

参考答案：BC

29.《国家电网关于 2017 年推进"互联网＋营销服务"工作的意见》中指出，开展可视化报修服务应用，实现抢修人员（ ），抢修路径（ ），抢修进度（ ），加强可视化报修数据分析，基本实现"五个一"抢修服务。

  A 实时定位   B 实时分析   C 实时查询   D 实时互动

  E 实时监控

参考答案：ACD

30.《国家电网公司关于 2017 年推进"互联网＋营销服务"工作的意见》中指出，实现服务信息精准推送，主要通过（ ）渠道开展电子渠道统一消息管理。

  A "掌上电力"手机 APP   B 95598 网站

  C 电 e 宝   D 国网商城

  E 车联网

参考答案：ABC

31.《国家电网公司关于 2017 年推进"互联网＋营销服务"工作的意见》中指出，推动建立公共服务 APP 联盟，将（ ）积分平台与其他公共服务单位的积分系统实现（ ）。

  A 国网金融   B 国网电商   C 互联互通   D 互兑互通

参考答案：BD

32.《国家电网公司关于 2017 年推进"互联网＋营销服务"工作的意见》中指出，推广营销移动作业实用化，构建基于（ ）移动作业平台的营销"微应用"群，完善客户服务、电费催收、业扩报装、用电检查、计量装拆、（ ）等现场移动作业应用。

  A 内网   B 外网   C 现场抢修   D 电能替代

参考答案：AD

33.《国家电网公司关于 2017 年推进"互联网＋营销服务"工作的意见》中指出，深化业扩全流程信息公开与实时管控平台实用化应用，全面打通营销系统与企业门户、ERP、（   ）、规划设计平台、（   ）、公司级项目管理平台、基建管理系统的集成。

A 调控
B PMS2.0
C 规划管理平台
D 规划计划平台

参考答案：BD

34.《国家电网公司关于 2017 年推进"互联网＋营销服务"工作的意见》中指出，深入开展营销大数据分析应用，完成（   ）预测分析主题推广应用，统筹（   ）、业扩净增容量、GDP 增速等经济指标。

A 发电量　　　B 售电量　　　C PMI　　　D PMS

参考答案：BC

35.《国家电网公司关于 2017 年推进"互联网＋营销服务"工作的意见》中指出，优化市场化售电应用，通过营业厅、95598 电话、在线渠道及时向市场主体提供（   ）信息服务和（   ）订制信息服务。

A 智能化　　　B 常态化　　　C 个性化　　　D 特色化

参考答案：BC

36.《国家电网公司加快推进"互联网＋"营销服务应用工作实施方案》中指出，实施业扩报装全流程管控，适应售电市场放开，加快客户接电，基于"掌上电力"手机 APP、95598 网站开通客户线上办理业扩申请、（   ）、（   ）、监督评价等服务。

A 业务咨询　　　B 进度查询　　　C 在线缴费　　　D 自助交费

参考答案：BD

37.《国家电网公司加快推进"互联网＋"营销服务应用工作实施方案》中指出，实施业扩报装全流程管控，设立电子坐席，负责（   ）、业务咨询、（   ）。

A 业扩申请　　　B 跟踪督办　　　C 线上申请　　　D 跟踪协调

参考答案：CD

38.《国家电网公司加快推进"互联网＋"营销服务应用工作实施方案》中指出，实施业扩报装全流程管控，强化"五位一体"建设，其中"五位一体"指的是职责、（   ）、制度、（   ）、考核。

A 流程　　　B 监管　　　C 协调　　　D 标准

参考答案：AD

39.《国家电网公司加快推进"互联网＋"营销服务应用工作实施方案》中指出，加快构建电子化渠道，优化整合电子渠道，实现线上线下渠道统一接入、统一（   ）、统一（   ）、统一（   ）、统一（   ）。

A 管理　　　B 认证　　　C 服务　　　D 监控
E 分析

参考答案：BCDE

40.《国家电网公司加快推进"互联网＋"营销服务应用工作实施方案》中指出，应用物联网技术提升计量资产全寿命周期管理水平,实施计量设备在采购到货、(　　)、(　　)、仓储配送、设备安装、(　　)、设备拆除、资产报废 8 个环节的可视化管理。

  A　设备验收 B　设备检测 C　检定检测 D　设备调试

  E　设备运行

  参考答案:ACE

41.《国家电网公司加快推进"互联网＋"营销服务应用工作实施方案》中指出,深化 95598 客户服务报修定位、故障研判指挥等跨专业协同应用,逐步实现重复报修工单合并(　　)、停电区域和报修(　　)、故障研判(　　)、抢修指挥(　　),提升抢修服务效率。

  A　智能化 B　自动化 C　精准化 D　网络化

  E　可视化

  参考答案:ABCE

42.《国家电网公司加快推进"互联网＋"营销服务应用工作实施方案》中指出,加快车联网平台建设,实现财务收费、(　　)、设施监控、(　　)、充电服务、电动汽车租赁服务等全业务线上运行。

  A　客户管理 B　客户服务 C　安全运行 D　运维检修

  参考答案:AD

43."互联网"营销服务建设工作任务表指出,完善营销线上线下服务模式的(　　)等快速响应服务功能,衔接前端与后台,支撑线上全天候受理,线下一站式服务,实现客户线上自助办理高低压业扩申请、工程进度查询、催办和满意度评价。

  A　预约派单 B　跟踪督办 C　智能互动 D　监督评价

  参考答案:ABC

44."互联网"营销服务建设工作任务表指出,推行"线上全天候受理,线下一站式服务"业扩报装服务模式,开展高低压业扩全过程智能互动服务现场各类工单和档案信息电子化线上(　　),实现服务需求的快速响应、服务资源的快速集结。

  A　流转 B　签约 C　归档 D　销户

  参考答案:AC

45."互联网"营销服务建设工作任务表指出,"电 e 宝"支付购电,对接外部主流商业银行和第三方支付渠道,拓展水、煤、(　　)等生活类交费服务,设计"电 e 宝"二维码应用标准,研发电费发票二维码和专用扫码设备,创新电费线上线下互动交纳模式。

  A　通信 B　交通罚款 C　有线电视 D　汽车加油

  参考答案:ABC

46."互联网"营销服务建设工作任务表指出,建立(　　),优化展现方式,实现客户交费成功即可实时获取到账通知和电子发票。

  A　电子化发票   B　电子化账单

  C　电费发票服务策略库   D　电费账单服务策略库

参考答案：BC

47．"互联网"营销服务建设工作任务表指出，实现营销现场业务移动应用全覆盖，将现场服务环节植入营销业务流程，以（　　）的方式，满足客户业务处理智能电子派单、现场标准化作业、工作质量全程在线监控的目标，提高现场综合服务能力和效率。

    A　自动化　　　　　B　智能化　　　　　C　移动化　　　　　D　互动化

参考答案：CD

48．《国家电网公司加快推进"互联网＋"营销服务应用工作实施方案》工作任务表中提到，加快车联网平台建设，建设（　　）及（　　）和（　　）互联互通支撑平台。

    A　车联网运营监控中心　　　　　　　B　可视化系统

    C　社会运营商　　　　　　　　　　　D　电动汽车运营商

参考答案：ABC

49．《国家电网公司加快推进"互联网＋"营销服务应用工作实施方案》工作任务表中提到，加强内部协同机制建设，在业扩报装的（　　）环节明确"多表合一"信息采集相关规定并严格执行，开展代抄、代收商业运营探索实践。

    A　设计　　　　　B　建设　　　　　C　验收　　　　　D　检验

参考答案：ABC

50．《国家电网公司加快推进"互联网＋"营销服务应用工作实施方案》工作任务表中提到，加强数据安全管理，优化公司（　　）功能和性能，实施数据安全分级控制策略，保障业务安全和用户隐私。

    A　信息内网安全交互平台　　　　　　B　信息内网安全接入平台

    C　信息外网安全接入平台　　　　　　D　信息外网安全交互平台

参考答案：BD

51．开展"多表合一"信息采集建设应用，为客户提供（　　）的用能费用交付结算服务和增值服务。

    A　方便　　　　　B　便捷　　　　　C　灵活　　　　　D　互动

    E　智能

参考答案：AC

52．完善电费（　　）等在线服务功能，拓展"电e宝"扫码支付、代扣代充、企业用户"电e宝"线上交费功能。

    A　电子账单　　　B　电子发票　　　C　用能分析　　　D　停电到户通知

    E　电子清单

参考答案：ABCD

53．建设全渠道统一服务平台，整合"掌上电力"手机APP、"电e宝"、95598网站及在线客服资源，实现"互联网＋营销服务"电子渠道数据统一（　　），提高移动服务（　　）。

    A　在线监测　　　B　分析和展示　　　C　便捷性　　　D　可靠性

    E　完整性

参考答案：ABCD

54．开展电子渠道统一消息管理，通过"掌上电力"手机 APP、"电 e 宝"、95598 网站等电子渠道，实现（　　）、市场化交易等营销服务信息的点对点精准推送，降低信息公开服务成本，减少 95598 服务热线的咨询话务量。

A　业务办理　　　　B　量价费查询　　　　C　费控余额　　　　D　费控预警

E　电网计划停电

参考答案：ABCDE

55．完善线上评价、项目储备库管理功能，实现（　　）等协同业务环节由线下传递转为线上流转，促进业扩报装对外信息公开、透明，对内工作效率与服务质量提升。

A　电网资源信息公开　　　　　　　　B　供电方案备案会签

C　接入电网受限整改　　　　　　　　D　电网配套工程建设

E　停（送）电计划

参考答案：ABCDE

56．"掌上电力"企业版"首页"功能模块包括（　　）、财务信息、（　　）、（　　）、停电公告、网点查询等 7 项功能快捷入口。

A　实时用电　　　　B　充值缴费　　　　C　用电负荷　　　　D　电量电费

E　用电申请

参考答案：ACD

57．"掌上电力"企业版"用电"界面包括切换户号、（　　）、账务信息、电量电费、用电趋势、抄表数据、（　　）、客户经理等 8 项功能。

A　密码修改　　　　B　用电档案　　　　C　网点查询　　　　D　业务记录

E　电源信息

参考答案：BE

58．高压用户线上申请暂停业务时，以下说法正确的是（　　）。

A　每次暂停需提前 7 个工作日申请

B　每年暂停时间不得多于六个月，多台变压器同时暂停时，重复的暂停时间累计计算

C　需量用户在暂停后，设备容量仍大于 315kVA 的，可以修改核定需量值，核定需量值应为变更后容量的 40%～100%

D　该核定需量值默认次月生效

参考答案：CD

59．用户在"掌上电力"高压版中点击"用电知识"，可以查看以下（　　）内容。

A　用电常识　　　　　　　　　　　　B　安全用电常识

C　电力法律法规　　　　　　　　　　D　计量电价

参考答案：AC

60．"国网统一账号"实现线上渠道间数据共享和融合应用，为用户带来"一次注册、全渠道应用"的便捷体验。用户通过统一账号可以登录（　　）系统。

A "e充电" APP　　　　　　　B "掌上电力" APP

C 国网商城　　　　　　　　D 智电生活

参考答案：BC

61. "电e宝"账户可以和（　　　）平台实现账户互通。

A 国网商城　　　B "掌上电力"　　　C "e充电"　　　D 支付宝

参考答案：AB

62. "掌上电力"官方版为用户提供客户编号的绑定服务，用户可以通过（　　　）方式进行户号绑定。

A 通过点选首页中的服务网点，系统将提示未绑定用户进行户号绑定

B 注册完成用户可通过"注册完成"页面中的"马上绑定"按钮进入

C 通过"我的"中"绑定户号"功能和"已绑定户号"信息区域进入

D 通过"首页"中"绑定户号"功能进入

参考答案：BCD

63. 用户在"掌上电力"官方版要进行支付购电时，也可以通过（　　　）通道进行操作。

A 通过"首页"中"购电"快捷入口进入

B 通过"首页"中"购电记录"功能进入

C 通过"用电"中的"支付购电"功能进入

D 通过"电费余额"页面中的"支付购电"按钮进入

参考答案：ACD

64. "掌上电力"官方版为用户提供了查询电费余额的功能，便于用户掌握自己的用电信息，请问在电费余额界面，后付费用户可以看到（　　　）信息。

A 应交金额　　　　　　　　B 预交余额

C 应交电费　　　　　　　　D 应该缴纳的违约金

参考答案：ABCD

65. "掌上电力"官方版为用户提供在线提交新装业务申请的服务，支持低压非居民和低压居民两种用户类型。低压非居民新装适用于一般企事业单位及商业用电的新装申请；低压居民新装适用于一般居民住宅用电的新装申请。以下关于新装描述正确的是（　　　）。

A 低压非居民新装必须上传的资料包括营业执照照片和组织机构代码证照片（二选一），以及身份证正反面照片

B 低压居民新装必须上传的资料包括身份证正反面照

C 低压居民新装必须上传的资料包括身份证正反面照以及产权证明照

D 低压非居民新装申请时还需填写经办人身份证

参考答案：AB

66. "掌上电力"客户通过的"电量电费"功能模块下可以查看（　　　）。

A 每月的电量电费信息　　　　B 全年总用电量

  C 6 个月的购电记录   D 当前的电费余额

  参考答案：AB

67. 某用户在"掌上电力"进行支付购电操作，以下操作步骤正确的是（ ）。

  A 用电—电量电费—历史详情—选择查看某月电费详情后在下方有支付购电按键

  B 首页—电量电费—历史详情—选择查看某月电费详情后在下方有支付购电按键

  C 首页—购电

  D 用电—电费余额—充值缴费

  E 用电—支付购电

  参考答案：CE

68. "掌上电力"官方版客户可通过以下（ ）入口查看已申请的新装工单进度信息。

  A 通过"服务"中的"办电申请"功能的工单列表页面进入

  B 通过"进度查询"功能进入

  C 通过"业务办理"功能进入

  D 通过"购电记录"功能进入

  参考答案：AB

69. "掌上电力"95598 客户服务可以提供（ ）类型的表单申请功能。

  A 表扬   B 投诉和举报 C 意见和建议 D 咨询

  参考答案：ABCD

70. "掌上电力"客户在"安全管理"中可办理（ ）业务。

  A 更改注册名称   B 更改登录密码

  C 更改注册邮箱   D 更改查询密码

  参考答案：BD

71. 电力公司工作人员为了有效推广"掌上电力"，在帮助用户注册绑定的同时，应指导用户分享该 APP，目前"掌上电力"客户在进行分享时可以通过（ ）渠道。

  A 微信好友 B 微信朋友圈 C QQ 好友 D QQ 空间

  E 腾讯微博

  参考答案：ABCD

72. "掌上电力"中，甲用户将自己的户号共享给了乙用户，那么乙用户对甲的户号可以进行（ ）操作。

  A 支付购电   B 电费余额查询

  C 购电记录查询   D 日用电量查询

  E 电量电费查询

  参考答案：ABCDE

73. 对于"e 充电"管理平台，用户可选择是否进行实名制认证。若用户选择实名制，个人需填写（　　）、（　　）、（　　）、（　　），上传证件扫描件。

    A　真实姓名、证件类型　　　　　　B　证件号码、手机号

    C　驾驶证、联系方式　　　　　　　　D　真实姓名、身份证

    参考答案：AB

74．对于"e充电"管理平台，点击平台（　　）中的"客户服务→联机解扣"，点击读卡按钮，可查看充电卡内（　　）。

    A　功能菜单　　　B　余额　　　C　联机解扣　　　D　灰锁记录

    参考答案：AD

75．对于"e充电"管理平台，实名制认证是易充电平台提供的一种认证服务，用户需持有（　　）和（　　）到营业厅去办理实名认证业务。

    A　银行卡　　　　　　　　　　　　B　身份证

    C　卡片　　　　　　　　　　　　　D　个人有效身份证件

    参考答案：CD

76．对于"e充电"管理平台，实名制卡丢失后，客户可持（　　）去营业厅办理实名制卡（　　）业务。

    A　有效身份证件　　　　　　　　　B　充电卡

    C　补办　　　　　　　　　　　　　D　挂失解挂

    参考答案：AD

77．对于"e充电"管理平台，营业厅工作人员可根据（　　）、（　　）等信息查询所需充电卡，根据查询结果，选中所需充电卡，点击挂失。

    A　卡号、用户名　　　　　　　　　B　手机号、卡状态

    C　用户名、流水号　　　　　　　　D　充值小票、卡号

    参考答案：AB

78．对于"e充电"管理平台，实名认证信息变更不可变更（　　）和（　　），可以修改（　　）。

    A　用户名　　　　　　　　　　　　B　用户身份证号

    C　用户手机号　　　　　　　　　　D　电卡卡号

    参考答案：ABC

79．对于"e充电"管理平台，补卡时，点击卡号，进入用户信息（　　）对话框，可按（　　）、（　　）等信息查询所需充电卡信息，也可直接在列表中选中所需充电卡。

    A　关联卡号　　　B　卡号　　　C　用户名　　　D　手机号

    参考答案：ABC

80．对于"e充电"管理平台，实名制认证是易充电平台对（　　）持有的（　　）充电卡提供的一种认证服务。

    A　用户或企业　　B　个人或集团　　C　实名制　　　D　非实名制

    参考答案：AD

81．对于"e充电"管理平台，（　　）网站注册用户进行实名制提交，平台可对该

用户的（　　）进行审核。

  A　平台　　　　　　B　"e充电"　　　C　申请　　　　　D　需求

参考答案：BC

82．对于"e充电"管理平台，实名制换卡操作时，应先点击读卡，读出实名制（　　）信息。点击确认，进入替换卡信息页面，点击确认将原卡信息写入（　　）。

  A　旧卡　　　　　　B　原充电卡　　　C　系统　　　　　D　新卡

参考答案：BD

83．对于"e充电"管理平台，点击系统功能菜单中的（　　）状态监测，默认为高速全部充电桩状态信息，也可点击具体某条高速，查看（　　）充电桩状态信息。

  A　充电设施　　　　B　所有　　　　　C　设施　　　　　D　详细

参考答案：AD

84．对于"e充电"管理平台，故障工单（　　）的功能是显示充电桩（　　）信息，并将其派发给相应运维人员。

  A　监测　　　　　　B　派发　　　　　C　故障　　　　　D　状态

参考答案：BC

85．对于"e充电"管理平台，故障派发监测的功能是对故障工单派发及处理进行监测，包括（　　）、（　　）等。

  A　处理结果　　　　B　意见　　　　　C　依据　　　　　D　是否超时

参考答案：AD

86．对于"e充电"管理平台，点击系统功能菜单中的"集中监测—故障派发监测"，其中（　　）减去（　　），大于30min，算"派发工单超时"；"处理时间"减去"派发时间"，大于2h 45min，算"维修工单超时"。

  A　派发时间　　　　B　故障时间　　　C　处理时间　　　D　完成时间

参考答案：AB

87．对于"e充电"管理平台，运维工单维护的功能是对运维工单进行（　　）、（　　）、办结、导出等操作。

  A　增　　　　　　　B　改　　　　　　C　办理　　　　　D　完成

参考答案：AB

88．对于"e充电"管理平台，（　　）记录的功能是对账户冻结记录查询，对（　　）以上未能处理的记录进行处理。

  A　账户　　　　　　B　账户冻结　　　C　2天　　　　　D　3天

参考答案：BD

89．对于"e充电"管理平台，注册码（　　）的功能是查看（　　）信息。

  A　管理　　　　　　B　查询　　　　　C　注册码　　　　D　详细

参考答案：AC

90．"e充电"管理平台POS充值主要包括（　　）操作业务。

  A　充值　　　　　　　　　　　　　　B　冲正

C 充值失败补录　　　　　　　　D 结算

参考答案：ABCD

91. "e充电"APP可为您提供国家电网公司公共快充网络中（　　）等服务。

A 所有充电桩的位置　　　　　　B 实时状态查询

C 路径导航　　　　　　　　　　D 扫码充电

参考答案：ABCD

92. 充电桩常见的故障等级有（　　）。

A 普通故障　　　B 一般故障　　　C 特殊故障　　　D 严重故障

参考答案：BD

93. 国家电网公司认真落实国家战略，履行央企责任，加快充换电设施建设运营，有力地促进了我国电动汽车产业发展。以下不可能属于交流充电桩故障的是（　　）。

A BMS通信异常　　　　　　　　B 充电模块输出过压告警

C TCU其他故障　　　　　　　　D PE断线故障

参考答案：AB

94. 党中央、国务院高度重视电动汽车及充电基础设施发展，出台了一系列政策，持续加大推进力度。车联网平台中设施的运维管理单位有（　　）。

A 国网电动汽车公司　　　　　　B 国网营销部

C 各省级电力公司　　　　　　　D 各地级市公司

参考答案：ACD

95. 做好电动汽车项目前期是充电设施工程建设顺利实施的首要关键因素，前期工作可遵循（　　）的原则。

A 布局选址早踏勘　　　　　　　B 建设用地早落实

C 配套工程早协调　　　　　　　D 勘查定址细评估

参考答案：ABCD

96. 监测到充电桩离线（　　）min或在1h内连续断网（　　）次，平台应派发抢修工单。

A 30　　　　　　B 40　　　　　　C 2　　　　　　D 4

参考答案：AD

97. "e充电"APP提供多种用户服务，主要包括"监测服务""工单服务"、"我的"三大功能模块。其中监测服务基本功能分为（　　）等子功能模块。

A 地图监测　　　B 设备巡视　　　C 线路导航　　　D 设备监测

参考答案：ACD

98. "e充电"APP的参数配置为（　　）、（　　）。

A 4.0以上的Android系统　　　　B 6.0以上的Android系统

C 6.0以上的iPhone系统　　　　　D 10.0以上的iPhone系统

参考答案：AC

99. 国家电网公司要求"掌上电力"和"电e宝"互联互通工作必须严格按照实施

步骤来执行，以下关于实施步骤说法正确的有（　　　）。

　　A　测试环境准备工作　　　　　　　B　软件环境准备工作

　　C　生产环境准备工作　　　　　　　D　新增功能升级环境准备工作

　　参考答案：AC

100. 在进行"掌上电力"和"电e宝"互联互通时，需要进行（　　）验证，才能确保版本切换工作稳定运行。

　　A　业务验证　　　B　性能验证　　　C　安全验证　　　D　接口验证

　　参考答案：ABC

101. 通过"电e宝"APP对新增的"掌上电力"手机APPH5化功能进行功能性验证，主要包括电费电量查询、（　　）、日用电量、停电公告、办电申请等功能。

　　A　支付购电　　　B　电费余额　　　C　购电记录　　　D　常见问题

　　参考答案：ABCD

102. "电e宝"注册时需要设置（　　　）。

　　A　认证密码　　　B　支付密码　　　C　登录密码　　　D　手势密码

　　参考答案：BC

103. 用户在"电e宝"添加提现银行卡时，需要输入（　　　）。

　　A　身份证号　　　　　　　　　　　B　手机号

　　C　开户行省、市、行名　　　　　　D　相应银行卡密码

　　参考答案：ABC

104. 用户在"电e宝"进行转账操作时，可以通过（　　）方式转账给认识的人。

　　A　向手机通讯录好友转账　　　　　B　向微信好友转账

　　C　向支付宝好友转账　　　　　　　D　向"电e宝"账户转账

　　参考答案：AD

105. "电e宝"中的电费小红包，可以通过（　　）获取。

　　A　购买、预存电费　　　　　　　　B　注册新用户

　　C　抽奖　　　　　　　　　　　　　D　碳生活

　　E　交费盈

　　参考答案：ABCD

106. "电e宝"支持（　　　）的线上付款。

　　A　微信支付　　　　　　　　　　　B　支付宝支付

　　C　银行卡　　　　　　　　　　　　D　"电e宝"余额

　　E　电费小红包

　　参考答案：CDE

107. "电e宝"的用能分析模块中，可以查询到（　　　）。

　　A　近一个月用电情况　　　　　　　B　每日用电峰谷情况

　　C　近十日用电情况　　　　　　　　D　近一年用电情况

　　参考答案：CD

108. 用户注册"电 e 宝"以后，绑定银行卡总是是失败，原因可能是（　　　）。

    A　客户的发卡方的银行卡信息与银联中登记的信息不符

    B　银行预留手机号与填写手机号不一致

    C　银行卡号信息有误

    D　银行卡已过有效期

参考答案：ABCD

109. "电 e 宝"的特色功能包括（　　　）。

    A　电费小红包　　　　　　　　　　B　生活缴费

    C　我的账单　　　　　　　　　　　D　交费盈

    E　电费代扣

参考答案：ABCDE

110. 国网商城的经营范围包括（　　　）。

    A　电动汽车　　　B　客户工程　　　C　低压报修　　　D　物资电商化

    E　能效服务

参考答案：ABDE

111. 国网商城是以（　　　）等产品在线销售和配套服务为主要经营内容的网上商城。

    A　电动汽车　　　B　分布式电源　　　C　嵌入式电源　　　D　电工电气

参考答案：ABD

112. "电 e 宝"为用户提供网银缴费平台，用户可以通过国网商城，进行选择网银支付工具进行购电。请问用户支付时可以选择（　　　）支付方式。

    A　大用户支付　　　　　　　　　　B　低压非居民支付

    C　居民支付　　　　　　　　　　　D　个人支付

    E　企业支付

参考答案：DE

113. 国网商城支付方式包括（　　　）。

    A　现金支付　　　B　快捷支付　　　C　个人网银　　　D　企业网银

参考答案：CD

114. 通过国网商城缴费操作包括（　　　）。

    A　选择电费网银　　　　　　　　　B　输入登录账号

    C　交费界面确认缴费　　　　　　　D　输入购电金额进行支付

参考答案：ABCD

115. 对于车联网平台，若充电过程中遇到充电桩故障或拔枪操作导致充电中止，屏幕将显示服务暂停的信息，以及本次充电电量、费用、时长及故障代码等。以下说法正确的是（　　　）。

    A　由于客户误操作、系统故障等导致充电中断的，可能造成充电卡灰锁

    B　充电卡灰锁记录满 3 条后，将暂时无法充电

    C　客户可在任意充电桩和营业网点进行解灰

D 无法解灰的，客户可在 5 日后到营业网点强制解灰

参考答案：AC

116. 对于车联网平台，关于发票管理，以下正确的是（　　　）。

A 个人客户充值时不开具发票，实际充电后 3 个月内可申请开具增值税普通发票

B 单位客户充值时可开具收费凭证，实际充电后 3 个月内可申请开具增值税普通发票或专用发票

C 个人客户充值时可开具收费凭证，实际充电后 3 个月内可申请开具增值税普通发票或专用发票

D 单位客户充值时不开具发票，实际充电后 3 个月内可申请开具增值税普通发票

参考答案：AB

117. 车联网平台客户账户分为（　　　）和（　　　）两种。

A 电子钱包账户　　　　　　　　B 充电卡账户
C "e充电"电子账户　　　　　　D 银行账户

参考答案：BC

118. 国网电动汽车公司负责统一公开发行充电卡，建立充电卡（　　）、（　　）、（　　）、（　　）机制，指导各省公司办理开卡、充值、销卡等业务。

A 采购　　　　B 制作　　　　C 领用　　　　D 保管

参考答案：ABCD

119. 国网电动汽车公司根据（　　　）情况和（　　　）情况，与省公司协商开通营业网点。

A 公司充换电业务开展　　　　　B 市县人口规模
C 运营商竞争策略　　　　　　　D 充电设施建设

参考答案：AD

120. 对于车联网平台，充电卡分为（　　　）和（　　　）两种。

A 接触式　　　B 实名制　　　C 非接触式　　　D 非实名制

参考答案：BD

121. 对于车联网平台，实名充电卡具有（　　　）、解锁、补卡、查询功能。

A 充值　　　　B 充电　　　　C 解灰　　　　D 挂失

参考答案：ABCD

122. 对于车联网平台，非实名充电卡具有（　　　）、充电、解锁、查询功能。

A 充值　　　　B 换卡　　　　C 解灰　　　　D 挂失

参考答案：AC

123. 对于车联网平台，个人客户提供（　　）、（　　）或（　　）证件，可办理实名充电卡。

A 身份证件　　　　　　　　　　B 护照原件

C　医保卡

D　港澳台同胞提供来往大陆通行证

参考答案：ABD

124. 对于车联网平台，单位客户提供（　　）、（　　）及（　　）证件，可办理实名充电卡。

A　政府项目批文

B　加盖公章的营业执照

C　法人代表身份证复印件

D　如为代理人办理，还需提供授权委托书及代理人身份证原件

参考答案：BCD

125. 对于车联网平台，客户可在营业网点通过（　　）等方式对充电卡进行充值。

A　POS 机刷卡

B　账户圈存

C　现金

D　支付宝扫码

参考答案：ABCD

126. 对于车联网平台，营业人员每日营业结束后，应将所收现金与车联网平台（　　）进行核对。

A　当日充值记录

B　当日充电记录

C　当天充值凭证

D　客户余额

参考答案：AC

127. 对于车联网平台，在现金解款中，国网电动汽车公司可在营业网点周边就近农行网点开通（　　）和（　　）功能（可免交解款手续费）。

A　通存通兑　　B　金融债券　　C　活期存款　　D　多级账簿

参考答案：AD

128. 对于车联网平台，由于客户误操作、系统故障等导致充电中断的，可能造成充电卡灰锁。充电卡灰锁记录满（　　）条后，将暂时无法充电。客户可在任意充电桩和营业网点进行解灰。无法解灰的，客户可在（　　）日后到营业网点强制解灰。

A　3　　　　　B　5　　　　　C　7　　　　　D　9

参考答案：BC

129. 对于车联网平台，如实名充电卡丢失，客户可拨打 95598-7 客服电话或到营业网点办理挂失，挂失时需提供（　　）。国网客服中心接听挂失电话应进行录音。

A　充电卡归属人姓名

B　身份证号

C　预留联系方式

D　银行卡号

参考答案：ABC

130. 对于车联网平台，挂失后 10 日内，充电卡被找到的，客户可携带与原卡相一致的有效证件到营业厅办理（　　）。挂失 10 日后，客户可携带与原卡相一致的有效证件到本省营业网点办理（　　）手续，营业网点通过车联网平台核对挂失记录及客户身份信息后将清算后的原卡余额存入新卡。

A　恢复　　　　B　解挂　　　　C　重置　　　　D　补卡

参考答案：BD

131. 国网电动汽车公司及属地公司应定期通过（　　　）对计费模型进行校核。

    A　网站　　　　　B　APP　　　　　C　线上　　　　　D　现场

参考答案：CD

132. 充值缴费是指用户通过 95598 智能互动网站功能通过（　　　）等多种方式支付电费的业务的功能集合。

    A　银行卡支付　　　　　　　　　　B　充值卡支付

    C　支付卡支付　　　　　　　　　　D　第三方支付

    E　手机钱包支付

参考答案：ABCDE

133. 95598 智能互动服务网站，用能服务节能新主张中包含（　　　）等功能子域。

    A　企业节能解决方案　　　　　　　B　家庭节能计划

    C　清洁能源　　　　　　　　　　　D　智能电表

参考答案：ABCD

134. 国网自有线上交费渠道电费代收的方式有（　　　）。

    A　通过 95598 网站　　　　　　　B　通过"掌上电力"

    C　通过"电 e 宝"　　　　　　　　D　银行代扣

    E　支付宝

参考答案：ABC

135. 95598 智能互动网站包括（　　　）类账户。

    A　个人与家庭　　　　　　　　　　B　个人与企业

    C　政府与企业　　　　　　　　　　D　个人与政府

参考答案：AC

136. "95598 智能互动网站"注册账户时，可通过（　　　）方式激活账户。

    A　电子邮箱　　　B　微信　　　C　无限制　　　D　手机验证码

参考答案：AD

137. （　　　）是 95598 智能互动网站"营业厅网点查询"模块中查询营业厅网点分布的必填信息。

    A　所在地区　　　　　　　　　　　B　网点类型

    C　详细地址　　　　　　　　　　　D　营业厅联系电话

参考答案：AB

138. 95598 智能互动网站网上电费缴纳分为（　　　）。

    A　快速缴费　　　B　登录缴费　　　C　为自己缴费　　　D　为他人缴费

参考答案：AB

139. 关于 95598 智能互动网站，以下属于投诉建议类的业务是（　　　）。

    A　投诉　　　　　B　举报　　　　　C　表扬　　　　　D　建议

参考答案：ABCD

140. 关于 95598 智能互动网站，业务办理指南，包括（　　　）。

A 用电查询指南　　　　　　　　B 缴费业务指南

C 业扩报装指南　　　　　　　　D 申请/销户指南

参考答案：ABCD

141. 95598 网站用电查询为国家电网公司客户提供了在线自助查询及业务办理服务，包含（　　　）、用电档案查询等。

A 账户余额查询　　　　　　　　B 电量电费查询

C 准实时电量查询　　　　　　　D 业务办理进度查询

参考答案：ABCD

142. "电 e 宝"由国网电商公司独立开发，拥有自主知识产权，集成第三方风险管控系统，具有较高安全防护能力，既是国家电网公司统一的互联网交费工具，又是独具特色的"PDF"[即"（　　　）+（　　　）+（　　　）"]移动互联网金融创新平台。

A 平台　　　　B 数据　　　　C 金融　　　　D 业务

参考答案：ABC

143. "电 e 宝"的交易记录中包含消费记录、充值记录、提现记录、转账记录、退款记录。其中消费记录可以根据（　　　）查询商户的消费记录。

A 充值渠道　　B 起止时间　　C 支付方式　　D 付款状态

参考答案：BCD

144. 以下关于"电 e 宝"的说法正确的是（　　　）。

A 转账到别的"电 e 宝"账户会收取手续费

B 目前"电 e 宝"个人提现不需要手续费

C 转账到银行卡目前只能转至储蓄卡中

D 提现申请审批后需要银行进行处理，一般需要 2~15 个工作日可以完成

参考答案：BCD

145. "电 e 宝"转账包括（　　　）。

A "电 e 宝"账户转账　　　　　B 通讯录转账

C 银行卡转账　　　　　　　　　D 商城转账

参考答案：ABC

146. 充电启动后，屏幕上将显示充电中的各类信息，包括充电监控、费用信息、设备信息和电池信息等，用户可点击屏幕以切换查看。屏幕右侧将实时显示本次充电的（　　　）。

A 充电时长　　B 车辆 SOC　　C 充电电流　　D 充电电压

参考答案：AB

147. 《电动汽车充换电设施缺陷管理规定》明确按缺陷严重程度分为（　　　）。

A 紧急　　　　B 危急　　　　C 严重　　　　D 一般

参考答案：BCD

148. 《电动汽车充换电设施缺陷管理规定》中运维单位负责缺陷的发现、受理与处

置工作，履行（　　　）职责。

  A 负责受理缺陷报修，并对缺陷处理全过程进行跟踪

  B 按要求内容及格式填报缺陷记录

  C 定期做好缺陷汇总整理及处置安排

  D 定期开展缺陷汇总分析及报表填报，并按要求报送

  参考答案：ABCD

149．营销移动作业终端涉及市场管理的环节有（　　　）。

  A 市场调查 B 市场开拓 C 市场跟踪 D 市场经营

  参考答案：AC

150．营销移动作业终端涉及现场业扩的环节有（　　　）。

  A 现场检查 B 中间检查 C 竣工验收 D 送电管理

  参考答案：ABCD

151．终端管理包含（　　　）、终端领用、终端管理、终端审核、（　　　）五大部分。

  A 终端购买 B 终端登记 C 终端发放 D 终端授权

  参考答案：BD

152．营销移动业务应用，应用功能总共有（　　　）个业务类、（　　　）个业务项。

  A 15   B 14   C 52   D 20

  参考答案：BC

153．营销移动业务应用是融合了（　　　）应用技术，通过移动作业管理，实现电力营销的移动作业和监控。

  A 营销业务应用系统   B 移动通信

  C 移动终端   D 企业互联网

  参考答案：BCD

154．通过移动作业终端下载现场勘查、中间检查、竣工验收等环节工单，前往客户现场可以进行（　　　）、（　　　）、（　　　）、（　　　）等操作。

  A 中间检查 B 现场勘查 C 送电管理 D 竣工验收

  参考答案：ABCD

155．通过移动作业终端开展违约用电、窃电检查工作，终端具备（　　　）、（　　　）、（　　　）等辅助功能。

  A 支持现场拍照   B 支持红外抄表

  C 支持现场停电   D 支持条码扫描

  参考答案：ABD

156．使用移动终端开展零度户现场核查工作，包括（　　　）、（　　　）、（　　　）等基本功能。

  A 通过移动终端查询"零度户清单信息"

  B 通过现场核查，若存在抄表异常情况，记录并保存"抄表异常清单信息"

  C 现场停送电

D 现场核查后，支持将数据上传营销系统

参考答案：ABD

157. 使用移动终端开展现场计量工作的主要内容是通过移动作业终端下载工单，对计量装置进行出入库核验、现场装拆、现场校验等操作，包括（　）、（　）、（　）、（　）等。

    A 现场装拆　　　B 现场校验　　　C 入库核验　　　D 出库核验

参考答案：ABCD

158. 通过移动终端开展减容受理工作，包括（　）、（　）、（　）等功能。

    A 根据客户申请内容，选择录入"减容用户申请信息"，不支持断点保存

    B 支持对用户提供的资料信息进行拍照

    C 上传用户申请信息至营销业务应用系统

    D 提供客户申请资料是否齐全的设置判断功能

参考答案：BCD

159. 营销移动作业应用现场业扩—竣工检验环节中包含信息核对、电缆、受电变压器、（　）7个注意事项。

    A 配电装置　　　B 继电保护　　　C 运行准备　　　D 竣工检验

参考答案：ABCD

160. 营销移动业务终端应用功能能效管理模块中包含（　）、（　）2个功能子项。

    A 设备检查　　　B 用能勘查　　　C 数据分析　　　D 能效转换

参考答案：AB

161. 现场业扩—低压非居民新装竣工验收环节包括（　）3步。

    A 工作单通知　　　　　　　　　　B 电话通知

    C 竣工验收下载　　　　　　　　　D 竣工验收上传

参考答案：ACD

162. 营销移动业务应用与其他应用系统，通过调用标准业务服务接口进行数据交互，按照统一的信息模式标准，通过集成外部设备及内网业务支撑系统，主要包括营销业务应用系统、（　）、（　）、售电系统、（　）等系统进行集成。

    A 电能信息采集系统　　　　　　B 实时费控系统

    C 电动汽车运营管理系统　　　　D 短信平台

参考答案：ACD

163. 营销移动作业终端主要储存（　）数据。

    A 业务基础数据　　　　　　　　B 流程环节处理数据

    C 非结构化数据　　　　　　　　D 统计分析数据

参考答案：ABC

164. 营销移动作业应用集成方式分别采用（　）等完成系统数据的传输，从而实现信息交换和数据共享。

A SQL　　　　　B Web service　　C API　　　　　　D SDK

参考答案：BCD

165. 营销移动作业应用坚持统一规划、统一建设、统一部署、统一实施的工作要求，实现（　　）。

A 技术架构统一　　　　　　　　B 软硬件平台统一
C 业务标准化　　　　　　　　　D 组织管理标准化

参考答案：ABCD

166. 营销移动服务应用支持的业务系统有（　　）。

A 营销业务应用系统　　　　　　B 用电信息采集系统
C 营销稽查监控系统　　　　　　D 电动汽车充换电系统

参考答案：ABCD

167. 营销移动作业应用坚持（　　）、统一实施的工作要求，实现技术架构统一、软硬件平台统一，实现业务的标准化、组织管理的标准化。

A 统一建设　　　B 统一规划　　　C 现场抄催　　　D 统一部署

参考答案：ABD

168. 营销移动业务应用架构主要包括（　　）、（　　）两大部分。

A 移动现场服务　　　　　　　　B 移动作业终端
C 移动终端应用　　　　　　　　D 移动应用服务

参考答案：CD

169. 营销移动业务终端项目实施内容按阶段分为项目前期准备、（　　）、应用培训及运维培训、上线试运行及运维支持 6 个阶段。

A 系统研发测试　　　　　　　　B 环境部署
C 联调测试　　　　　　　　　　D 现场调试

参考答案：ABC

170. 营销移动业务终端涵盖营销业务应用系统业扩、（　　）、（　　）等重点核心业务功能，同时集成其他内网应用系统，营销业务功能的设计与营销业务应用系统保持统一，业务环节处理上保持闭合。

A 抄表　　　　B 用检　　　　C 市场管理　　　D 现场采集

参考答案：AB

171. 根据营销移动业务应用架构设计，智能营销作业平台应用分为（　　）与（　　）两部分。

A 营销业扩业务应用　　　　　　B 移动终端应用
C 移动服务应用　　　　　　　　D 面对客户服务管理

参考答案：BC

172. 营销移动业务应用，系统逻辑分层分为（　　）。

A 界面控制层　　　　　　　　　B 逻辑层
C 支撑层　　　　　　　　　　　D 数据层

参考答案：ABCD

173. 营销移动作业应用管理规范明确了营销移动作业平台的（　　　　）、（　　　　）、（　　　　）、（　　　　）、（　　　　）、考核评价等。

    A　职责分工   B　业务应用管理

    C　主站运行管理   D　设备管理

    E　安全管理

参考答案：ABCDE

174. 根据现场作业业务需要，现场移动业务功能包括（　　　　）、（　　　　）、（　　　　）、（　　　　）、现场异常、现场服务等现场作业应用。

    A　现场业扩   B　现场抄表

    C　现场催费及停复电   D　现场检查

    E　电费发行

参考答案：ABCD

175. 营销移动作业终端现场催费及停复电业务适用于（　　　　）、（　　　　）、（　　　　）。

    A　现场催费   B　停电通知

    C　现场抄表   D　欠费停复电工作

参考答案：ABD

176. 营销移动作业终端现场抄表业务主要适用于（　　　　）、（　　　　）、（　　　　）。

    A　采集未覆盖区域抄表   B　采集已覆盖的现场补抄

    C　周期核抄   D　非周期核抄

参考答案：ABC

177. 营销移动作业终端用电检查管理主要包括（　　　　）、（　　　　）、（　　　　）、（　　　　）。

    A　周期检查   B　专项检查   C　违约用电   D　窃电检查

参考答案：ABCD

178. 营销移动作业现场服务管理中，现场工作人员应主动提供（　　　　）、（　　　　）、（　　　　）等现场便捷服务。

    A　其他客户信息   B　收集客户联系信息

    C　为客户现场提供账单订阅   D　查询业务密码重置

参考答案：BCD

179. 根据现场作业业务需要，现场移动业务功能中现场抄表业务主要适用于（　　　　）。

    A　日常抄表   B　周期核抄

    C　采集未覆盖区域抄表   D　已覆盖的现场补抄

参考答案：BCD

180. 根据现场作业业务需要，现场移动业务功能中现场催费及停复电业务适用于（　　　　）。

    A　现场催费   B　现场缴费

    C　欠费停复电工作   D　停电通知

参考答案：ACD

181. 现场执行欠费复电时，可通过移动作业终端核实（   ）和（   ），并按时完成现场复电工作。

    A 客户用电地址信息   B 客户用电容量信息

    C 客户欠费信息   D 客户复电信息

参考答案：CD

182. 制定营销移动作业应用管理规范，构建了（   ）的移动互联服务体系。

    A 实时性   B 移动性   C 交互性   D 安全性

    E 可管理性

参考答案：ABCDE

183. 根据现场作业业务需要，现场移动业务功能包括（   ）。

    A 现场业扩   B 现场抄表

    C 现场催费及停复电   D 现场检查

    E 现场服务

参考答案：ABCDE

184. 营销移动作业应用特点是（   ）、（   ）、（   ）。

    A 任何人员   B 任何时间   C 任何地点   D 便携设备

参考答案：BCD

185. 营销移动作业应用综合采用（   ）、（   ）、（   ）、（   ）等技术，实现业扩报装、抄表管理、用电检查、计量作业、电动汽车等现场业务处理的移动应用。

    A 移动通信   B 3G 网络

    C GPS 导航   D 电子标签/条码识读

参考答案：ABCD

五、相关法律法规及制度规范

1. 营销移动业务应用管理功能主要包括（   ）、（   ）、消息推送、终端管理、统计分析、服务支持、系统管理等 7 个功能模块。

    A 接口管理   B 应用管理   C 数据管理   D 设备管理

参考答案：AB

2. 高压新装流程中，使用营销移动业务终端进行现场作业的环节有（   ）。

    A 答复供电方案   B 竣工验收

    C 装表接电   D 信息归档

参考答案：BC

3. 营销移动作业应用坚持统一规划、（   ）、（   ）、统一实施的工作要求。

    A 统一设计   B 统一完成   C 统一建设   D 统一部署

参考答案：CD

4. 低压非居民新装流程中，使用营销移动业务终端进行现场作业的环节有（   ）。

A 答复供电方案   B 现场勘查

C 装表接电   D 信息归档

参考答案： BC

5. 营销移动业务应用管理功能中的接口管理包括（   ）。

A 接口注册   B 接口授权   C 接口调用   D 接口运行

参考答案： ABC

6. 营销移动作业终端具备以下功能（   ）。

A 3G 通信   B 定位导航

C 录音拍照视频多媒体   D 外接读卡设备

参考答案： ABCD

7. 营销移动作业应用现场业扩—现场勘查界面包含哪几个功能模块（   ）。

A 注意事项   B 信息核对   C 现场勘查   D 勘查结果

参考答案： ABCD

8. 移动作业应用系统配置管理包括对平台承载的（   ）业务相关电子表单、数据模板进行管理，对平台正常操作及异常情况的日志管理以及对终端应用的版本更新管理。

A 现场业扩   B 现场抄催   C 现场客服   D 现场用检

参考答案： ABCD

9. 在营销移动作业账号管理模块中，移动终端应用提供（   ）三个功能。

A 用户注册   B 用户注销

C 密码修改重置   D 账号绑定

参考答案： ACD

10. 移动终端应用对待办未签收的任务或已签收即将超期的任务进行警告提醒；设备本身对工单进行检测根据设定的阀值进行（   ）提醒。

A 声音   B 振动   C 消息   D 闪屏

参考答案： ABC

11. 移动作业图片管理业务功能中，移动终端应用具有拍照及图片（   ）等功能。

A 压缩   B 裁剪   C 旋转   D 增加水印备注

参考答案： ABCD

12. 移动作业终端用户账号注册时，选择供电服务区域，并填写（   ）、（   ），移动作业平台通过发送短信验证码的方式进行手机号码校验。

A 姓名   B 家庭住址   C 手机号码   D 固定号码

参考答案： AC

13. 移动作业账号管理用户绑定时，后台要对注册用户填写的（   ）与营销系统进行校验。

A 营销账号   B 营销密码   C 注册账号   D 供电服务区域

参考答案： ABD

14．依据《国家电网公司信息内网计算机桌面终端系统管理规定（试行）》，桌面终端的使用用户是终端的第一安全责任人，按照公司办公计算机信息安全与保密规定，执行（　　），确保本用户终端的信息安全。

  A　操作系统补丁和防病毒情况

  B　桌面终端安全操作

  C　运行桌面终端系统进行安全管理与防护

  D　内网桌面终端的安全防护

  参考答案：BC

15．为深入贯彻（　　）方针，加强营销安全风险防范与管理，防止营销安全和经济事故的发生，制定国家电网公司营销安全风险防范与管理规范。

  A　安全第一 B　预防为主 C　综合管控 D　综合治理

  参考答案：ABD

16．依据《国家电网公司保密工作管理办法》，保密工作责任制的执行情况由本单位（　　）部门纳入领导干部民主生活会和企业负责人年度业绩考核内容。

  A　党组 B　人事 C　人资 D　纪检监察

  参考答案：ABCD

17．依据《国家电网公司保密工作管理办法》，企业秘密包括公司（　　）。

  A　商业秘密 B　工作秘密 C　国家秘密 D　企业秘密

  参考答案：AB

18．依据《国家电网公司保密工作管理办法》，公司商业秘密按重要程度以及泄露后会使公司的经济利益遭受损害的程度，密级标注为（　　）。

  A　"核心商密" B　"重要商密" C　"普通商密" D　"一般商密"

  参考答案：AC

19．依据《国家电网公司保密工作管理办法》，工作秘密的标注有（　　）。

  A　内部事项 B　内部秘密 C　内部资料 D　商业机密

  参考答案：AC

20．依据《国家电网公司保密工作管理办法》，保密要害部门是指公司在日常工作中（　　）绝密级国家秘密事项的内设机构。

  A　产生 B　传递 C　使用 D　管理

  参考答案：ABCD

21．依据《国家电网公司保密工作管理办法》，保密要害部位是指公司内部集中（　　）国家秘密载体或企业秘密载体的场所。

  A　制作 B　使用 C　存储 D　保管

  参考答案：ACD

22．依据《国家电网公司保密工作管理办法》，不得在手机中存储核心涉密人员的（　　）等敏感信息。

  A　工作单位 B　职务 C　职称 D　学历

参考答案：AB

23．依据《国家电网公司保密工作管理办法》，公司公开发布信息和对外宣传提供资料，应遵循（　　）原则。

    A　谁公开   B　谁审查   C　下级公开   D　上级审查

参考答案：AB

24．依据《国家电网公司保密工作管理办法》，公司对外提供资料不能确定是否涉及国家秘密时，应当报（　　）部门确定。

    A　同级业务主管   B　上级业务主管

    C　同级保密行政管理部门   D　上级保密行政管理部门

参考答案：BC

25．依据《国家电网公司保密工作管理办法》，涉密活动结束后要对活动场地进行全面检查，废弃的资料要及时（　　）。

    A　回收   B　没收   C　存档   D　销毁

参考答案：AD

26．依据《国家电网公司保密工作管理办法》，涉密会议与会人员不得擅自将涉密（　　）带离会场，会后及时清理收回。

    A　照片   B　文件   C　资料   D　书籍

参考答案：BC

27．依据《国家电网公司保密工作管理办法》，涉密活动、涉密会议禁止使用（　　）和其他无保密措施的通信工具。

    A　电视监控   B　手机   C　无线话筒   D　电脑

参考答案：ABC

28．依据《国家电网公司保密工作管理办法》，举办重要涉外活动，主办单位应预先拟定接待方案，包括（　　）等，报保密办备案。

    A　接待日程   B　涉及区域   C　活动场所   D　行动路线

参考答案：ABCD

29．依据《国家电网公司保密工作管理办法》，重要涉外活动，境外人员未经允许不得使用公司（　　）等设备。

    A　办公计算机   B　电话机   C　复印机   D　传真机

参考答案：ACD

30．依据《国家电网公司保密工作管理办法》，建立健全监督检查机制，开展（　　）的保密工作检查。

    A　定期   B　周期   C　不定期   D　固定

参考答案：AC

31．公司内所有密码设备要设专人负责管理，并建立严格的（　　）制度。

    A　监控   B　审批   C　登记   D　管理

参考答案：BCD

32．机要保密人员对保管的国家秘密载体要加强日常清理检查，按照（　　）的要求，做好国家秘密载体的清理核对工作，做到账目清楚，手续齐全。

    A　日核查　　　　　B　月清理　　　　　C　季核对　　　　　D　按要求清退

参考答案：BCD

33．传递涉密载体时封装涉密载体的信封上应标明（　　）。

    A　密级　　　　　　　　　　　　　B　编号

    C　收件单位名称　　　　　　　　　D　发件单位名称

参考答案：ABCD

34．国家秘密载体（　　）的登记记录应妥善保管。

    A　收发　　　　　　B　使用　　　　　C　清退　　　　　D　销毁

参考答案：ABCD

35．加强对手机使用的管理，公司员工使用手机时应做到（　　）。

    A　不得在手机通话中涉及国家秘密

    B　不得使用手机存储、处理、传输国家秘密

    C　不得在手机中存储核心涉密人员的工作单位、职务等敏感信息

    D　不得在申请办理有关业务时填写涉密单位名称和地址等信息

参考答案：ABCD

36．不得使用手机（　　）、（　　）、（　　）国家秘密。

    A　存储　　　　　　B　处理　　　　　C　传输　　　　　D　查阅

参考答案：ABC

37．《国家电网公司网络与信息系统安全管理办法》公司信息安全工作实行统一领导、分级管理，遵循"（　　）"的原则，严格落实网络与信息系统安全责任。

    A　谁主管谁负责　　　　　　　　　B　谁运行谁负责

    C　谁使用谁负责　　　　　　　　　D　谁维护谁负责

参考答案：ABC

38．《国家电网公司网络与信息系统安全管理办法》规定加强互联网接入以及互联网出口归集统一管理，充分利用公司电力通信链路，以省级单位和三地灾备中心为主体对下属单位互联网出口进行（　　）。

    A　严格管控　　　　B　合并　　　　C　统一设置　　　　D　集中监控

参考答案：ABCD

39．《国家电网公司网络与信息系统安全管理办法》规范变更（　　）等工作。严格系统变更、系统重要操作、物理访问和系统接入申报和审批程序，严格执行工作票和操作票制度。

    A　计划　　　　　　　　　　　　　B　操作审批流程

    C　测试　　　　　　　　　　　　　D　恢复预案

参考答案：ABCD

40．《国家电网公司网络与信息系统安全管理办法》规定应定期（半年）对信息系统

用户权限进行审核、清理，删除（ ），及时调整可能导致安全问题的权限分配数据。

    A 空账号   B 无用账号   C 废旧账号   D 重复

参考答案：BC

41.《国家电网公司网络与信息系统安全管理办法》规定强化公司统一漏洞及补丁工作，加强对公司各级单位漏洞的（ ）的集中统一管理，实现全网漏洞扫描策略的统一制定、扫描任务的统一执行，实现对各级单位漏洞情况以及内外网补丁下载、安装情况的监管。

    A 采集   B 分析   C 发布   D 描述

参考答案：ABCD

42.《国家电网公司网络与信息系统安全管理办法》规定，系统应当提供制定用户登录（ ）等安全策略的功能。

    A 密码修改提醒   B 错误锁定

    C 会话超时退出   D 身份核实

参考答案：BC

43.《国家电网公司网络与信息系统安全管理办法》规定，对重要和敏感信息，实行（ ）。

    A 授权控制   B 加密传输

    C 操作审计及监控   D 自动备份

    E 定期备份

参考答案：ABC

44.《国家电网公司网络与信息系统安全管理办法》中，针对暴露面及新型安全威胁，围绕（ ）等能力，建立稳定、专业的技术支撑队伍。

    A 隐患发现   B 防护处置   C 安全监控   D 监测对抗

    E 应急恢复

参考答案：ABDE

45.《国家电网公司网络与信息系统安全运行情况通报规范》适用于（ ）的网络与信息系统安全运行情况通报管理工作。

    A 公司总部   B 公司分部

    C 所属各级单位   D 电力管理部门

参考答案：ABC

46.《国家电网公司网络与信息系统安全运行情况通报规范》中，网络和信息系统安全运行情况通报分为（ ）。

    A 快报   B 安全事件专报

    C 年报   D 特殊时期安全运行月报

参考答案：ABC

47.《国家电网公司网络与信息系统安全运行情况通报规范》中，公司各级单位在年度总结报告要对信息系统的（ ）进行统计、汇总和分析。

A 主要设备   B 事故

C 障碍   D 故障和异常情况及原因

参考答案：ABCD

48.《国家电网公司网络与信息系统安全管理办法》中，公司管理信息大区划分为（   ）。

A 信息外网   B 信息内网

C 电力调度数据网   D 综合数据通信网

参考答案：AB

49.《国家电网公司网络与信息系统安全管理办法》中，严格按照公司要求落实（   ）等安全技术措施。

A 访问控制   B 代码过滤

C 入侵检测/防护   D 防隐性边界

参考答案：ACD

50. 管理信息系统安全防护坚持（   ）的总体安全策略，执行信息安全等级保护制度。

A 双网双机   B 分区分域   C 安全接入   D 动态感知

参考答案：ABCD

51. 公司各级单位的网络与信息系统在运行过程中如出现以下哪种情形，需填写网络与信息系统安全运行快报，并逐级上报（   ）。

A 网络和信息系统发生严重故障和瘫痪

B 信息系统重要数据丢失和信息泄密

C 信息系统受到较大面积病毒感染和恶意渗透、攻击

D 有害信息在网站较大面积传播

参考答案：ABCD

52. 严禁（   ）等计算机外设在信息内网和信息外网上交叉使用。

A 普通移动存储介质   B 扫描仪

C 打印机   D 音箱

参考答案：ABC

53. 强化对企业官方微博微信、WIFI 网络、其他新业务的安全备案准入与管理，加强（   ）开设、使用的安全管理，加强信息外网无线 WIFI 网络的审批、备案与使用管理。

A 微博   B 微信   C 网络直播   D 公众号

参考答案：AB

54. 重要和敏感信息，如商密定级文件、公司 OA 公文、电子文件等，实行（   ）。

A 加密传输   B 授权控制   C 操作审计   D 监控

参考答案：ABCD

55. 加强远程运维管理的方法有（   ）。

A 不得通过互联网或信息外网远程运维方式进行设备和系统的维护及技术支持工作

B 内网远程运维要履行审批程序，并对各项操作进行监控、记录和审计

C 有国外单位参与的运维操作需安排在测试仿真环境，禁止在生产环境进行

D 对使用的移动设备必须进行病毒木马查杀

参考答案：ABC

56. 室内机房物理环境安全需满足对应信息系统等级的等级保护物理安全要求，室外设备物理安全需满足国家对于（ ）、电气、环境、（ ）、电磁、机械结构、铭牌、防腐蚀、（ ）、防雷、电源等要求，四级及以上系统应对关键区域实施电磁屏蔽措施。

A 防盗   B 噪声   C 防火   D 防水

参考答案：ABC

57. 依据《国家电网公司信息网络运行管理办法》，信息化建设实行"（ ）"的工作方针。

A 总体规划   B 强化整合   C 典型设计   D 试点先行

参考答案：ABCD

58. 依据《国家电网公司信息网络运行管理办法》，"一体化企业级信息集成平台"包含（ ）。

A 信息网络   B 数据交换   C 数据中心   D 企业门户

参考答案：ABCD

59. 依据《国家电网公司信息网络运行管理办法》，按照公司发展战略的要求，在全面科学评估公司（ ）和国内外信息技术发展趋势的基础上，研究编制"具有国际一流水准、符合中国国情和体现电网特色"的公司信息发展规划。

A 信息化现状   B 信息技术应用水平

C 硬件设备规模   D 信息技术人员数量

参考答案：AB

60. 依据《国家电网公司信息网络运行管理办法》，信息管理部门归口统一管理信息化项目，各部门各司其职，加强信息化项目立项、审批、招标、订立合同、实施、监理以及（ ）各个环节的全过程管理。

A 验收   B 后评估   C 推广   D 咨询

参考答案：ABC

61. 依据《国家电网公司信息网络运行管理办法》，信息基础设施和配套信息系统与电网主体工程建设（ ）。

A 同时立项   B 同时规划   C 同时设计   D 同时实施

参考答案：BCD

62. 依据《国家电网公司信息网络运行管理办法》，加大信息化资金管理力度，强化资金投入的（ ）。

A 预算   B 投资   C 执行   D 审计管理

参考答案：ACD

63．信息化项目按照涉及（　　　）或资金规模进行分类管理。

A　全局　　　　　　B　重大　　　　　　C　基础性　　　　　D　重要

参考答案：ABC

64．信息化应用技能应作为员工（　　　）和（　　　）的重要内容。

A　培训　　　　　　B　考评　　　　　　C　考核　　　　　　D　学习

参考答案：AC

65．安全事件信息包括（　　　）。

A　终端异常运行　　　　　　　　　B　非法软件操作

C　违规外联　　　　　　　　　　　D　操作系统日志

参考答案：ABC

66．桌面终端系统的管理信息包括（　　　）。

A　访问记录信息　　　　　　　　　B　基础管理数据

C　安全事件信息　　　　　　　　　D　运行监控

参考答案：BC

67．通过桌面终端系统对信息内网桌面终端的（　　　）等内容进行管理。

A　异常运行　　　　B　系统补丁　　　　C　管理策略　　　　D　桌面安全

参考答案：ABD

68．违规外联策略：监控利用（　　　）等方式连接互联网和桌面终端联入外部网络的行为，及时发现并阻断。

A　Modem 拨号　　　　　　　　　B　双网卡

C　重装系统　　　　　　　　　　　D　代理

参考答案：ABD

69．通过桌面终端系统对信息内网桌面终端的（　　　）等内容进行管理。

A　桌面安全　　　　B　异常运行　　　　C　系统补丁　　　　D　基本策略

参考答案：ABC

70．为实现上述安全管理内容，公司信息内网桌面终端系统采用资产信息采集、（　　　）杀毒软件策略的基线策略。

A　补丁检测更新　　　　　　　　　B　用户权限策略

C　违规外联策略　　　　　　　　　D　用户密码检测

参考答案：ABC

71．资产信息采集对终端的软硬件资产信息进行采集，并对资产变化进行（　　　），全面统计资产信息。

A　监测　　　　　　B　管理　　　　　　C　报警　　　　　　D　分析

参考答案：AC

72．桌面终端系统的管理信息包括（　　　）。

A　基础管理数据　　　　　　　　　B　用户密码信息

C 安全事件信息　　　　　　　　D 违规外联信息

参考答案：AC

73.《国家电网公司信息网络运行管理办法》规定，分支网络接入应由申请单位（部门）向接入网络单位的信息通信职能管理部门提交申请，并提供（　　）。

A 接入申请　　　　　　　　　B 接入方案

C 安全防护方案　　　　　　　D 安全协议

参考答案：BC

74．为规范国家电网公司信息网络运行工作，提升公司信息网络运行管理水平，确保公司信息网络（　　）运行，制定本办法。

A 平稳　　　　B 安全　　　　C 稳定　　　　D 高效

参考答案：BCD

75．依据《国家电网公司信息网络运行管理办法》，国网信通部是公司网络运行归口管理部门，主要职责包括负责组织编制公司网络运行工作（　　）。

A 制度　　　　B 标准　　　　C 规范　　　　D 文件

参考答案：ABC

76．依据《国家电网公司信息网络运行管理办法》，各级安全技术督查执行（单位）部门主要职责包括负责网络安全（　　）。

A 监测　　　　B 分析　　　　C 预警　　　　D 评估

参考答案：ABCD

77．依据《国家电网公司信息网络运行管理办法》，网络运行优先保障（　　）安全稳定运行，最大限度确保核心业务可用。

A 上级网络　　　B 各级网络　　　C 局域网　　　D 广域网

参考答案：AD

78．依据《国家电网公司信息网络运行管理办法》，各级信息通信运维单位应定期对网络运行情况进行（　　），发现问题应及时制定解决方案，开展整改工作。

A 专项评估　　　B 综合评估　　　C 综合分析　　　D 专题分析

参考答案：BD

79．依据《国家电网公司信息网络运行管理办法》，网络设备、资源应建立完备的台账，统一命名及标识，变更应及时更新台账信息，同时建立与（　　）的关联。

A 缺陷记录　　　B 出入记录　　　C 检修记录　　　D 修改记录

参考答案：AC

80．依据《国家电网公司信息网络运行管理办法》，外网接入互联网应使用公司总部或各分部、省（自治区、直辖市）电力公司的统一出口，禁止任何（　　）私自建立外网出口或直接连接互联网。

A 单位　　　　B 个人　　　　C 公司　　　　D 组织

参考答案：AB

81．依据《国家电网公司信息网络运行管理办法》，信息系统开发测试环境须与（　　）

物理隔离；生产控制大区与管理大区网络之间必须采用电力专用横向单向安全隔离装置。

    A 内网   B 外网   C 互联网   D 局域网

参考答案：ABC

82. 数据（灾备）中心的主要职责是（　　　）。

    A 负责管理本中心网络的运行工作

    B 负责本中心网络运行的安全管理

    C 负责本中心网络应急处置

    D 负责本中心网络运行及事故分析

参考答案：ABCD

83. 网络安全评估分为（　　　）。

    A 内部评估   B 外部评估   C 自评估   D 检查评估

参考答案：CD

84. 专用网络依据"谁主管、谁负责，谁使用、谁负责"的原则，落实（　　　）和（　　　）。

    A 系统安全   B 网络安全   C 运行责任   D 维护责任

参考答案：BC

85. 设备因（　　　）等原因需退网时，使用单位（部门）应向本单位信息通信职能管理单位提交申请。

    A 管理   B 安全   C 设备健康   D 保护措施

参考答案：ABC

六、需求侧管理

1. 电力需求侧管理是指为提高电力资源利用效率，改进用电方式，实现（　　　）所开展的相关活动。

    A 科学用电   B 计划用电   C 节约用电   D 有序用电

参考答案：ACD

2. 热泵可分为（　　　）等。

    A 空气源热泵   B 水源热泵   C 地源热泵   D 光源热泵

参考答案：ABC

3. 国家电网公司推动社会节电措施主要包括余热余压发电，电机系统节电，能量系统优化，（　　　）办公建筑及设施节电改造。

    A 建筑节能   B 绿色照明

    C 电能质量治理   D 节电监测和管理

参考答案：ABCD

4. 国家电网公司自身节电措施主要包括（　　　）优化电网运行方式。

    A 推广节能变压器   B 电网节能降损改造

    C 有功经济运行   D 无功就地平衡

参考答案：ABCD

5. 能效管理是通过（   ），采用各种先进技术、管理手段和高效设备提高终端用电效率，来降低单位产品能耗或单位产值能耗。

    A 计划   B 控制   C 组织   D 激励

    E 引导

参考答案：ABCD

6. 电网企业计入节能量包含输配电系统节电、电机系统节电、（   ）、热泵、电蓄冷（热）、管理节能项目等。

    A 余热余压利用   B 锅炉（窑炉）节能改造

    C 建筑节能   D 绿色照明

参考答案：ABCD

7. 《国家电网公司能效服务网络管理办法（试行）》中规定的能效服务网络活动小组成员单位提供的基本信息有单位地址、联系人、联系电话、用电类别、（   ）等。

    A 用户类别   B 所属行业   C 能源种类   D 单位性质

参考答案：ABCD

8. 《关于财政奖励合同能源管理项目有关事项的补充通知》中对财政奖励资金支持的项目内容主要为锅炉（窑炉）改造、（   ）建筑节能改造等节能改造项目，且采用的技术、工艺、产品先进适用。

    A 能量系统优化   B 余热余压利用

    C 电机系统节能   D 绿色照明改造

参考答案：ABCD

9. 能效服务网络以活动小组建设为重点，按照"（   ）、（   ）、（   ）"的总体要求进行建设。

    A 政策引领   B 服务优质   C 服务广泛   D 注重实效

参考答案：ACD

10. 负荷管理是指通过加强管理或采用蓄能技术改善用电方式，降低用电负荷波动，实现（   ）、（   ）、（   ），减少或延缓对发供电资源的需求。

    A 移峰   B 削峰   C 错峰   D 移峰填谷

参考答案：ABD

11. 限电是指在特定时段限制某些用户的部分或全部用电需求，根据限电时段及程度不同，可分为（   ）、（   ）、（   ），一般会减少电能使用。

    A 错峰限电   B 临时限电   C 轮停限电   D 停产限电

参考答案：BCD

12. 电网企业电力电量节约量包括（   ）、（   ）、（   ）和（   ）所节约的电力电量这四部分。

    A 电网企业自身   B 所属节能服务公司实施社会项目

    C 购买社会服务   D 推动社会节能

参考答案：ABCD

13. 合同能源管理（EPC）依照具体的业务方式，可以分为（   ）、（   ）、（   ）。

　　A　分享型合同能源管理业务

　　B　承诺型合同能源管理业务

　　C　能源费用托管型合同能源管理业务

　　D　共享型合同能源管理业务

参考答案：ABC

14. 能效管理工作中各地市（或县）公司营销部负责畅通与用能单位的能效信息交流渠道，收集整理用能单位的节能意愿和信息，向用能单位提供有关节能的技术信息（   ）、（   ）、（   ）等服务。

　　A　咨询和培训　　　　　　　　B　考核评价

　　C　能效测试　　　　　　　　　D　项目实施

参考答案：ACD

15.《合同能源管理项目财政奖励资金管理暂行办法》中规定的支持范围是财政奖励资金用于支持采用合同能源管理方式实施的（   ）、（   ）、（   ）等领域以及（   ）。

　　A　工业　　　　　　　　　　　B　建筑

　　C　交通　　　　　　　　　　　D　公共机构节能改造项目

参考答案：ABCD

互联网＋电力营销

第三部分

简　答　题

一、国家"互联网＋"建设背景、政策及要求

1."互联网＋政务服务"安全保障体系的组成。

答：（1）物理安全。

（2）网络安全。

（3）数据安全。

（4）系统安全。

（5）应用安全。

2. 如何加大对平台中各类公共信息、个人隐私等重要数据的保障力度？

答：加强平台中各类公共信息、个人隐私等重要数据的安全防护，建立数据安全规范；在系统后台对每类数据的安全属性进行必要的定义和设置，详细规定数据的开放范围和开放力度，并严格执行相应的权限管理。

3. 什么是数据服务接口？数据服务接口的形式有哪几种？

答：数据服务接口是外界访问基础信息资源的通道，所有信息资源数据通过数据服务接口统一对外提供访问服务。数据服务接口的形式有多种，可以是 Web service 接口、前置机或人工操作的查询界面。

4."互联网＋政务服务"平台主要由哪几部分组成？

答："互联网＋政务服务"平台主要由互联网政务服务门户、政务服务管理平台、业务办理系统和政务服务数据共享平台四部分构成。平台各组成部分之间需实现数据互联互通。

5. 政务服务事项如何办理？

答：政务服务事项办理是指申请人通过线上或线下的方式向政务服务实施机构提出政务服务事项办理申请，政务服务实施机构依法通过实地核查、检验、检测、评审、鉴定等审查方式，对递交的申请做出决定并告知申请人的过程。

6. 互联网政务服务门户中，用户可通过哪些方式查找到所需要的政务服务事项信息？

答：（1）模糊检索。

（2）目录检索方式。

（3）场景导航。

（4）智能推荐。

（5）热点服务。

7. 联网政务服务门户中，用户在完成政务服务事项的申请后，可通过哪些渠道查询事项的办理过程和办理结果？

答：（1）互联网政务服务门户。

（2）移动终端。

（3）智能触摸终端。

（4）热线电话。

（5）二维码。

8. 如何防范移动互联网安全风险？

答：提升网络安全保障水平。维护用户合法权益。打击网络违法犯罪。增强网络管理能力。

9. 如何深化移动互联网国际交流合作？

答：拓展国际合作空间。参与全球移动互联网治理。加强国际传播能力建设。

10. 在 2015、2016、2017 三年的中央政府工作报告中是如何描述"互联网＋"行动的？

答：在 2015 年提出：制定"互联网＋"行动计划；在 2016 年提出：落实"互联网＋"行动计划；在 2017 年提出：深入推进"互联网＋"行动。

11. 在 2015、2016、2017 三年的中央政府工作报告中词组"互联网＋"分别出现几次？

答：在 2015、2016、2017 三年的中央政府工作报告中词组"互联网＋"分别出现 1、3、3 次。

12. 中央政府工作报告 2015 年工作部署中关于新兴产业和新兴业态创新，有关互联网的内容是什么？

答：（1）制定"互联网＋"行动计划。

（2）推动移动互联网、云计算、大数据、物联网等与现代制造业结合。

（3）促进电子商务、工业互联网和互联网金融健康发展。

（4）引导互联网企业拓展国际市场。

13. 在 2016 年的中央政府工作报告中共有几处提到"互联网＋"，是如何描述的？

答：共有 3 处，分别为"制定实施创新驱动发展战略纲要和意见，出台推动大众创业、万众创新政策举措，落实'互联网＋'行动计划，增强经济发展新动力""大力推行'互联网＋政务服务'，实现部门间数据共享，让居民和企业少跑腿、好办事、不添堵""发挥大众创业、万众创新和'互联网＋'集众智汇众力的乘数效应"。

14．2016 年中央政府工作报告第二部分、十三五时期主要目标任务和重大举措中提出如何运用信息网络等现代技术？

答：（1）推动生产、管理和营销模式变革。

（2）重塑产业链、供应链、价值链。

（3）改造提升传统动能，使之焕发新的生机与活力。

15．在 2017 年的中央政府工作报告中共有几处提到"互联网＋"、是如何描述的？

答：共有 3 处，分别为：

（1）"全面推行'双随机、一公开'，增强事中事后监管的有效性，推进'互联网＋政务服务'"。

（2）"深入推进'互联网＋'行动和国家大数据战略，全面实施《中国制造 2025》，落实和完善'双创'政策措施"。

（3）"今年网络提速降费要迈出更大步伐，年内全部取消手机国内长途和漫游费，大幅降低中小企业互联网专线接入资费，降低国际长途电话费，推动'互联网＋'深入发展、促进数字经济加快成长，让企业广泛受益、群众普遍受惠"。

16．中央政府工作报告 2017 年重点工作任务中关于互联网金融是如何描述的？

答：当前系统性风险总体可控，但对不良资产、债券违约、影子银行、互联网金融等累积风险要高度警惕。

17．智慧城市健康发展的主要目标。

答：到 2020 年，建成一批特色鲜明的智慧城市，聚集和辐射带动作用大幅增强，综合竞争优势明显提高，在保障和改善民生服务、创新社会管理、维护网络安全等方面取得显著成效。使公共服务便捷化，城市管理精细化，生活环境宜居化，基础设施智能化，网络安全长效化。

18．智慧城市的健康发展要如何积极运用新技术、新业态？

答：（1）加快重点领域物联网应用。

（2）促进云计算和大数据健康发展。

（3）推动信息技术集成应用。

19．智慧城市的健康发展要如何着力加强网络信息安全管理和能力建设？

答：（1）严格全流程网络安全管理。

（2）加强要害信息设施和信息资源安全防护。

（3）强化安全责任和安全意识。

20．如何推动移动互联网创新发展？

答：（1）完善市场准入制度。

（2）加快信息基础设施演进升级。

（3）实现核心技术系统性突破。

（4）推动产业生态体系协同创新。

（5）加强知识产权运用和保护。

21.《国务院关于促进云计算创新发展培育信息产业新业态的意见》中提出的指导思想是什么？

答：（1）适应推进新型工业化、信息化、城镇化、农业现代化和国家治理能力现代化的需要。

（2）以全面深化改革为动力，以提升能力、深化应用为主线，完善发展环境，培育骨干企业，创新服务模式，扩展应用领域，强化技术支撑，保障信息安全，优化设施布局。

（3）促进云计算创新发展，培育信息产业新业态，使信息资源得到高效利用，为促进创业兴业、释放创新活力提供有力支持，为经济社会持续健康发展注入新的动力。

22. 在《国务院关于促进云计算创新发展培育信息产业新业态的意见》中提出的 **2017 年发展目标是什么？**

答：（1）到 2017 年，云计算在重点领域的应用得到深化，产业链条基本健全，初步形成安全保障有力，服务创新、技术创新和管理创新协同推进的云计算发展格局，带动相关产业快速发展。

1）服务能力大幅提升。

2）应用示范成效显著。

3）基础设施不断优化。

4）安全保障基本健全。

（2）到 2020 年，云计算应用基本普及，云计算服务能力达到国际先进水平，掌握云计算关键技术，形成若干具有较强国际竞争力的云计算骨干企业。

23.《国务院关于促进云计算创新发展培育信息产业新业态的意见》中提出的主要任务是什么？

答：（1）增强云计算服务能力。

（2）提升云计算自主创新能力。

（3）探索电子政务云计算发展新模式。

（4）加强大数据开发与利用。

（5）统筹布局云计算基础设施。

（6）提升安全保障能力。

24.《国务院关于促进云计算创新发展培育信息产业新业态的意见》中提出的保障措施是什么？

答：（1）完善市场环境。

（2）建立健全相关法规制度。

（3）加大财税政策扶持力度。

（4）完善投融资政策。

（5）建立健全标准规范体系。

（6）加强人才队伍建设。

（7）积极开展国际合作。

25．国务院关于积极推进"互联网＋"行动的指导意见中提出的 2018 年发展目标是什么？

答：到 2018 年，互联网与经济社会各领域的融合发展进一步深化，基于互联网的新业态成为新的经济增长动力，互联网支撑大众创业、万众创新的作用进一步增强，互联网成为提供公共服务的重要手段，网络经济与实体经济协同互动的发展格局基本形成。

（1）经济发展进一步提质增效。

（2）社会服务进一步便捷普惠。

（3）基础支撑进一步夯实提升。

（4）发展环境进一步开放包容。

26．什么是"互联网＋"？

答：（1）"互联网＋"是把互联网的创新成果与经济社会各领域深度融合。

（2）推动技术进步、效率提升和组织变革。

（3）提升实体经济创新力和生产力，形成更广泛的以互联网为基础设施和创新要素的经济社会发展新形态。

27．《国务院关于加快推进"互联网＋政务服务"工作的指导意见》中提出的指导思想是什么？

答：（1）认真落实党的十八大和十八届三中、四中、五中全会精神，深入贯彻习近平总书记系列重要讲话精神，牢固树立创新、协调、绿色、开放、共享的发展理念。

（2）按照建设法治政府、创新政府、廉洁政府和服务型政府的要求，优化服务流程，创新服务方式，推进数据共享，打通信息孤岛。

（3）推行公开透明服务，降低制度性交易成本，持续改善营商环境，深入推进大众创业、万众创新，最大程度利企便民，让企业和群众少跑腿、好办事、不添堵，共享"互联网＋政务服务"发展成果。

28．《国务院关于加快推进"互联网＋政务服务"工作的指导意见》中提出工作目标是什么？

答：（1）2017 年底前，各省（区、市）人民政府、国务院有关部门建成一体化网上政务服务平台，全面公开政务服务事项，政务服务标准化、网络化水平显著提升。

（2）2020 年底前，实现互联网与政务服务深度融合，建成覆盖全国的整体联动、部门协同、省级统筹、一网办理的"互联网＋政务服务"体系，大幅提升政务服务智慧化水平，让政府服务更聪明，让企业和群众办事更方便、更快捷、更有效率。

29．推进物联网的应用和发展有何重要意义？

答：有利于促进生产生活和社会管理方式向智能化、精细化、网络化方向转变，对于提高国民经济和社会生活信息化水平，提升社会管理和公共服务水平，带动相关学科发展和技术创新能力增强，推动产业结构调整和发展方式转变具有重要意义。

30．大数据是指什么？

答：大数据是以容量大、类型多、存取速度快、应用价值高为主要特征的数据集合，正快速发展为对数量巨大、来源分散、格式多样的数据进行采集、存储和关联分析，从中发现新知识、创造新价值、提升新能力的新一代信息技术和服务业态。

31．大数据的发展形势是怎样的？

答：坚持创新驱动发展，加快大数据部署，深化大数据应用，已成为稳增长、促改革、调结构、惠民生和推动政府治理能力现代化的内在需要和必然选择。

32．简述大数据发展的重要意义。

答：（1）大数据成为推动经济转型发展的新动力。
（2）大数据成为重塑国家竞争优势的新机遇。
（3）大数据成为提升政府治理能力的新途径。

33．大数据发展的总体目标。

答：立足我国国情和现实需要，推动大数据发展和应用在未来 5～10 年逐步实现以下目标。
（1）打造精准治理、多方协作的社会治理新模式。
（2）建立运行平稳、安全高效的经济运行新机制。
（3）构建以人为本、惠及全民的民生服务新体系。
（4）开启大众创业、万众创新的创新驱动新格局。
（5）培育高端智能、新兴繁荣的产业发展新生态。

34．简述大数据发展的主要任务。

答：（1）加快政府数据开放共享，推动资源整合，提升治理能力。
（2）推动产业创新发展，培育新兴业态，助力经济转型。
（3）强化安全保障，提高管理水平，促进健康发展。

35.《国务院关于积极推进"互联网＋"行动的指导意见》提出的"互联网＋"智慧能源的重点行动是什么？

答：通过互联网促进能源系统扁平化，推进能源生产与消费模式革命，提高能源利用效率，推动节能减排。加强分布式能源网络建设，提高可再生能源占比，促进能源利用结构优化。加快发电设施、用电设施和电网智能化改造，提高电力系统的安全性、稳定性和可靠性。

（1）推进能源生产智能化。

（2）建设分布式能源网络。

（3）探索能源消费新模式。

（4）发展基于电网的通信设施和新型业务。

36.《国务院关于积极推进"互联网＋"行动的指导意见》中提出积极推进"互联网＋"行动的总体思路是什么？

答：（1）顺应世界"互联网＋"发展趋势，充分发挥我国互联网的规模优势和应用优势，推动互联网由消费领域向生产领域拓展，加速提升产业发展水平，增强各行业创新能力，构筑经济社会发展新优势和新动能。

（2）坚持改革创新和市场需求导向，突出企业的主体作用，大力拓展互联网与经济社会各领域融合的广度和深度。

（3）着力深化体制机制改革，释放发展潜力和活力；着力做优存量，推动经济提质增效和转型升级；着力做大增量，培育新兴业态，打造新的增长点；着力创新政府服务模式，夯实网络发展基础，营造安全网络环境，提升公共服务水平。

37.《国务院关于积极推进"互联网＋"行动的指导意见》中提出积极推进"互联网＋"行动的基本原则是什么？

答：（1）坚持开放共享。

（2）坚持融合创新。

（3）坚持变革转型。

（4）坚持引领跨越。

（5）坚持安全有序。

38.《国务院关于积极推进"互联网＋"行动的指导意见》中提出"互联网＋"创业创新的重点行动是什么？

答：充分发挥互联网的创新驱动作用，以促进创业创新为重点，推动各类要素资源聚集、开放和共享，大力发展众创空间、开放式创新等，引导和推动全社会形成大众创业、万众创新的浓厚氛围，打造经济发展新引擎。

（1）强化创业创新支撑。

（2）积极发展众创空间。

（3）发展开放式创新。

39．如何充分发挥互联网的创新驱动作用？

答：充分发挥互联网的创新驱动作用，以促进创业创新为重点，推动各类要素资源聚集、开放和共享，大力发展众创空间、开放式创新等，引导和推动全社会形成大众创业、万众创新的浓厚氛围，打造经济发展新引擎。

40．加快推进"互联网＋政务服务"工作的基本原则有哪些？

答：（1）坚持统筹规划。

（2）坚持问题导向。

（3）坚持协同发展。

（4）坚持开放创新。

二、"互联网"基础知识

1．简述大数据三次信息化浪潮。

答：第一次浪潮：1980年前后，标志：个人计算机，可以进行信息处理；第二次浪潮：1995年前后，标志：互联网，可以进行信息传输；第三次浪潮：2010年前后，标志：互联网、云计算和大数据，信息爆炸。

2．什么是智慧城市？

答：智慧城市是运用物联网、云计算、大数据、空间地理信息集成等新一代信息技术，促进城市规划、建设、管理和服务智慧化的新理念和新模式。

3．《国家电网公司关于2017年推进"互联网＋营销服务"工作的意见》的工作目标中，如何推进线上线下流程融合？

答：深化移动作业、业扩报装全流程信息公开与实时管控平台的实用化应用，完成高压、低压用户业扩流程的"精、简、并"优化，客户服务、抢修作业等现场作业表单电子化率达到80%；电子账单覆盖率达到70%。

4．《国家电网公司关于2017年推进"互联网＋营销服务"工作的意见》的工作目标中，公司经营区域内营配调基础数据指标有哪些？

答：公司经营区域内营配调基础数据实现全治理、全应用，客户联络信息准确率达到50%以上，用户资源一致率达到90%以上，停电信息报送规范率、到户分析率分别达到90%、80%以上。

5．《国家电网公司关于2017年推进"互联网＋营销服务"工作的意见》的工作目标中，如何构建全渠道运营体系？

答：加快在线客服系统建设，构建面向客户的服务资源统一调度和分级运营体系，开展 95598 及电子渠道集中运营、在线监测和数据分析。

6.《国家电网公司关于 2017 年推进"互联网＋营销服务"工作的意见》的工作目标有哪些？

答：（1）做强线上电子服务渠道。

（2）推进线上线下流程融合。

（3）夯实"互联网＋"应用基础数据质量。

（4）构建全渠道运营体系。

（5）深化营销网络与信息安全管控。

7. 国家电网公司 2017 年完成全业务线上渠道建设和全网覆盖应用，线上业务渗透率提升指标是多少？

答：（1）低压居民客户线上交费应用率 30%。

（2）低压非居民客户业扩线上办电率 80%。

（3）高压客户业扩线上办电率 90%。

8.《国家电网公司关于 2017 年推进"互联网＋营销服务"工作的意见》的重点工作任务中，开展可视化报修服务应用，各单位结合各公司供电服务指挥平台建设试点如何实施？

答：推广"掌上电力"APP 电力报修服务，做好抢修人员实名注册、权限分配、信息导入和 APP 使用培训工作，开展报修工单智能化自动派工，加强可视化报修数据分析，基本实现"五个一"抢修服务。

9.《国家电网公司关于 2017 年推进"互联网＋营销服务"工作的意见》的重点工作任务中，建设基于移动作业平台的营销微应用群，需要完善哪些方面的功能？

答：客户服务、电费催收、业扩报装、用电检查、计量装拆等现场作业功能，基本取消纸质工单流转，提高现场综合服务能力和效率。

10.《国家电网公司关于 2017 年推进"互联网＋营销服务"工作的意见》的重点工作任务中，建设全渠道统一服务平台，需整合哪些资源？

答：整合"掌上电力"APP、"电 e 宝"、95598 网站及在线客服。

11.《国家电网公司关于 2017 年推进"互联网＋营销服务"工作的意见》的重点工作任务中，重点针对哪些主题开展稽查监控分析？

答：电价执行、业扩报装、电费账务、计量数据、同期线损等主题。

12.《国家电网公司关于 2017 年推进"互联网＋营销服务"工作的意见》的重点工

作任务中，如何完成电费风险防控分析主题推广应用？

答：基于客户标签库和营销业务系统客户交费信息，健全高压客户"一户一策"、低压用户"一类一策"策略库、风险预测模型，推进高、低压客户欠费差异化催收应用。

13.《国家电网公司关于 2017 年推进"互联网＋营销服务"工作的意见》的重点工作任务中，如何开展"多表合一"信息采集建设应用？

答：积极拓展代抄代收业务规模，构建支撑电、水、气、热用能费用代收业务的服务平台，加快实现档案管理和联合抄表功能系统应用，为客户提供方便、灵活的用能费用交付结算服务，拓展损耗分析、用能分析、客户行为分析、客户信用分析等增值服务。

14.《国家电网公司关于 2017 年推进"互联网＋营销服务"工作的意见》的重点工作任务中，如何推进车联网平台建设？

答：推进车联网平台运营监控中心及可视化系统和社会运营商互联互通支撑平台建设，加快市场化商业运作，推进社会充电桩接入，实现财务收费、客户管理、设施监控、运维检修、充电服务、电动汽车租赁服务等全业务上线运行，拓展车险、网络广告等增值服务功能。

15.《国家电网公司关于 2017 年推进"互联网＋营销服务"工作的意见》的重点工作任务中，如何构建完善新型节能服务体系？

答：依托国网商城，构建线上节能服务生态圈，实现节能政策资讯实时发布、政策技术资讯共享、服务产品线上交易、服务商在线评价、售后服务跟踪，满足用户足不出户开展节能服务需求。

16.《国家电网公司关于 2017 年推进"互联网＋营销服务"工作的意见》的重点工作任务中，如何建设"互联网＋"营销服务专项工作团队？

答：建立健全新形势下的营销专业人才培养机制，着力打造一支懂营销、精数据、会技术，具有"互联网＋"创新意识的复合型人才队伍，统一规划业务功能融合，统一策划形象设计及宣传推广文案，支撑电子渠道集中运营、运维工作。

17.《国家电网公司关于 2017 年推进"互联网＋营销服务"工作的意见》的重点工作任务中，为何开展"互联网＋"营销服务创新劳动竞赛？

答：通过竞赛，增强公司各级管理人员和基层员工以客户体验为导向的"互联网＋"服务创新意识，引导员工在业扩报装、移动作业、大数据、现场服务等工作中创新创效，提高公司营销队伍的技能水平及市场化意识，促进营销服务更优质便捷、精益高效，提高公司新形势下的市场竞争能力。

18. WIFI 技术突出的优势是什么？

答：（1）较广的局域网覆盖范围。

（2）传输速度快。

（3）无须布线。

（4）健康安全。

19．蓝牙技术的特点是什么？

答：（1）全球范围适用。

（2）可同时传输语音和数据。

（3）可建立临时对等连接。

（4）ISM 频带式对所有无线电系统都开放的频带。

20．简述数据仓库的特征。

答：（1）面向主题。

（2）集成性。

（3）相对稳定。

（4）反映历史变化。

21．我国物联网智能家居产业有哪些特点？

答：（1）需求旺盛。

（2）产业链长。

（3）渗透性广。

（4）带动性强。

22．请列举 5 个社会主流的社交媒体（平台）。

答：微博、微信、qq、twitter、facebook、人人网、豆瓣（答对五个即可）。

23．简述 Vmware 云战略的三层架构。

答：云基础架构及管理层；云应用平台层；终端用户计算解决方案：桌面虚拟化产品。

24．为什么云计算有压倒性的优势？

答：主要原因在于它的技术特征和规模效应所带来的压倒性的性能价格比优势。

25．什么是大数据？

答：海量数据或巨量数据，其规模巨大到无法通过目前主流的计算机系统在合理时间内获取、存储、管理、处理，并提炼以帮助使用者决策。

26．虚拟机隔离是指什么？

答：虚拟机之间在没有授权许可的情况下，互相之间不可通信、不可联系的一种技术。

27．电能信息采集与管理系统的定义是什么？

答：电能信息采集与管理系统是电能信息采集、处理和实时监控系统，实现电能数据自动采集、计量异常和电能质量监测、用电分析和管理等功能。

28．根据欧盟委员会发表的《欧盟智慧城市报告》，智慧城市可以从哪 6 大坐标维度来界定？

答：智慧经济、智慧流动、智慧环境、智慧公众、智慧居住和智慧管理。

29．中国智慧城市建设的 3 种模式分别是什么？

答：（1）以物联网产业发展为驱动的建设模式。

（2）以信息基础设施建设为先导的建设模式。

（3）以社会服务与管理应用为突破口的建设模式。

30．阻碍大数据应用规模化发展的因素主要有哪 4 项？

答：应用目标不明确、技术仍需加强、数据来源有待优化、应用或会引起隐私和安全问题等。

31．云计算包含哪三个层面，分别是什么？

答：云服务：智慧政府服务、智慧环境服务、智慧旅游服务、企业管理服务等。

云平台：服务的运行和支撑平台。

硬件平台：服务器、网络设备、存储设备等作为一个服务来提供。

32．云计算和大数据的关系是什么？

答：云计算推动大数据技术得以实现并快速发展，大数据是高速跑车，云计算是高速公路，两者相互依赖、相辅相成。

33．智能家居信息安全方面应关注客户哪些信息防护？

答：应关注客户用电信息、隐私信息、电表结算信息、控制信息、重要参数设置信息、共享信息、互动信息的安全防护。

34．智慧园区建设导则中提到的能耗分析包括哪些？

答：（1）提供用户能耗与行业平均能耗、最优能耗之间的对比。

（2）提供各层级用户能耗报表，包括用能特征分析、能耗结构分析、用能成本分析等。

35．智能插座应支持本地单相交流供电方式，输入交流电压及其波动范围要求是什么？

答：（1）电压：85～265V AC。

（2）频率：50/60Hz，允许偏差－5%～＋5%。

（3）额定切换电流：10A 或 16A。

36．远程接入网的通信方式主要包括什么？

答：远程接入网用于智能小区通信网络的上联（如共享数据平台、配电自动化系统主站、用电信息采集系统主站等），通信方式主要包括光纤专网、无线专网或运营商虚拟专网等。

37．家庭局域网的通信方式主要包括什么？

答：家庭局域网用于连接家庭内部智能交互设备、智能插座等设备，通信方式主要包括电力线载波通信、有线通信及无线通信等。

38．智能小区接入服务应提供什么服务？

答：智能小区接入服务应提供分布式电源、储能装置、电动汽车等新能源、新设备的便捷接入服务。

39．智能小区用户响应自主方式是指什么？

答：智能小区用户响应自主方式是指用户通过智能交互设备、自助用电服务终端、计算机等设备获取电网运行状态、有序用电策略等相关信息，自主选择参与需求侧响应。

40．智能小区用户响应委托方式是指什么？

答：智能小区用户响应委托方式是指用户以协议的形式，委托供电企业对其用电及发电设备进行控制。

41．本地接入网的通信方式主要包括什么？

答：本地接入网用于连接配电台区与家庭、分布式电源、智能电能表等，通信方式主要包括光纤通信、无线通信和电力线载波通信。

42．智能插座的抗扰度性能按照设备的运行条件和功能要求可分为哪四级？

答：（1）A 级：在本标准给出的试验值内，性能正常。

（2）B 级：在本标准给出的试验值内，功能或性能暂时降低或丧失，但能自行恢复。

（3）C 级：在本标准给出的试验值内，功能或性能暂时降低或丧失，但需操作者干预或系统复位。

（4）D 级：在本标准给出的试验值内，因设备（元件）或软件损坏，或数据丢失而造成不能自行恢复至正常状态的功能降低或丧失。

43．智能小区功能规范中对智能小区的定义是什么？

答：采用先进的通信技术，构造覆盖小区的通信网络，通过用电信息采集、双向互动服务、小区配电自动化、电动汽车有序充电、分布式电源运行控制、智能家居等技术，实现对用户供用电设备、分布式电源、公共用电设施的监测、分析和控制，使小区供电智能可靠、服务智能互动、能效智能管理，提高能源的终端利用效率，为用户提供优质便捷的双向互动服务。

44. 智能小区功能规范中对双向互动服务的定义是什么？

答：通过计算机、自助终端、智能交互终端、智能监控终端、智能电能表、电话、手机等互动渠道，为电力用户提供信息查询、电费缴纳、业务受理、用能策略、服务定制等多样化双向互动服务，实现电网与电力用户之间电力流、信息流和业务流的双向交互。

45. 智能小区功能规范中对智能需求侧管理的定义是什么？

答：通过采取技术、经济、行政等措施，引导电力用户改变用电方式，提高终端用电效率，优化资源配置，改善和保护环境，实现电力服务成本最小化所进行的用电管理活动，如节电技术改造、智能有序用电、负荷管理、自动需求响应技术、余能回收、远程能效监测与能效诊断、能效电厂等。

46. 智能小区功能规范中对智能家居系统的定义是什么？

答：利用计算机控制、网络通信和传感等技术，将家庭用电设备和服务端有机地结合到一起，既可以在家庭内部实现信息采集、共享、通信和控制，又可以与家庭外部网络进行信息交换，实现智能用电、双向互动、需求响应和对家居设备的远程控制与管理等应用的系统。

47. 智能小区功能规范中对智能小区双向互动的总体要求是什么？

答：智能小区应依托用电信息采集、配电自动化、电动汽车充电管理、分布式电源管理、智能用能服务等系统，以及第三方的各类系统，实现对供用电设备、家用设备、信息设备等设备的分散信息收集、储存和处理，并进行多方共享和双向互动，使智能用能等各项功能可以通过本地、远程和协作的方式实现。

48. 智能小区功能规范中双向互动服务信息查询为客户提供哪些功能？

答：提供停电计划、实时电价、用电政策、用户用电量、电费余额或剩余电量、分布式电源和电动汽车充电桩运行状态等信息的查询功能。

49. 智能小区拓展功能多业务承载是指什么？

答：利用智能小区高速、可靠的统一通信网络，实现电信网、广播电视网、互联网的三网信源接入小区通信网络，开展高清数字影院、宽带接入、语音等业务，实现小区宽、窄带业务的综合接入服务。

50．智能小区拓展功能中的三表抄收是指什么？

答：实现对电能表之外的水表、燃气表、热力表等居民家用收费表计的周期性自动抄读或手动抄读。

51．智能社区通过先进可视化应用技术，可以实现哪些信息的发布？

答：实现电力信息、天气预报、空气质量、电子账单、便民信息等生活化信息的发布。

52．智能家居通过信息采集能够实现哪些信息的采集与传递？

答：实现对家庭能源消耗、环境、设备运行状况等信息的快速采集与传递。

53．智能小区的增值服务是指什么？

答：可根据客户的需求和业务拓展情况，为客户提供用能策略、能效诊断、"三网融合"业务（电力光纤通道租赁业务、互联网业务、语音业务、IPTV 业务、户外视频广告业务等）等增值服务。

54．每个智能插座应有一个至数个清晰、耐久的标识，其内容包括哪些？

答：（1）制造厂商名称或商标。

（2）型号或标志号，或其他标记，据此可从制造厂商得到产品有关资料。

（3）额定工作电压。

（4）额定输出电流。

（5）额定频率。

（6）出厂编号和出厂日期。

对于固定式智能插座，要求标识中提供明确、清晰、永久不脱落的接线图。

55．智能插座的通信模块应具备哪些网络安全防护措施？

答：（1）接入控制：具有身份鉴别和访问控制机制，防止非法设备方与智能插座通信模块进行通信。

（2）应用访问控制：通过应用层过滤，对不同类型通信节点的数据传输内容进行限制，防止越权操作，防止智能插座的程序固件被非法篡改。

（3）协议过滤：根据约定的通信协议内容、通信频率、通信报文长度等对数据报文进行过滤，屏蔽掉不符合协议规则的数据报文，保证智能家居系统通信网络畅通，同时防止智能家居系统与智能插座之间的通信数据泄露或篡改。

（4）数据保护：控制指令、用户用电信息、用户隐私等敏感信息应加密传输。

56．按照智能插座的安装及使用方式分类，可将智能插座分为哪两种？分别有什么作用？

答：按照智能插座的安装及使用方式分类，可将智能插座分为固定式和移动式两种。

（1）固定式智能插座：用于与固定布线连接的智能插座。

（2）移动式智能插座：同时具有插销和插套，在与电源连接时易于从一地移到另一地的智能插座。

57. 智能插座在哪些环境中应能正常工作？

答：（1）工作温度：－25℃～＋55℃。

（2）湿度：10%～95%无凝结。

（3）大气压力：63kPa～108kPa（海拔4000m及以下）。

58. 智能插座的设计和结构应保证在正常条件下工作时不致引起任何危险，尤其应确保什么？

答：（1）抗电击的人身安全。

（2）防过高温的人身安全。

（3）防止火焰蔓延。

（4）防止固体异物进入。

59. 云计算的特点。

答：（1）超大规模。

（2）虚拟化。

（3）高可靠性。

（4）通用性。

（5）高伸缩性。

（6）按需服务。

（7）极其廉价。

60. 云计算按照服务类型可分为哪三类？

答：将基础设施作为服务 Iaas；将平台作为服务 Paas；将软件作为服务 Saas。

61. 简述单个 Chubby 副本结构。

答：最底层是一个容错的日志，该日志对于数据库的正确性提供了重要支持；最底层之上是一个容错的数据库，这个数据库主要包括一个快照和一个记录数据库操作的重播日志；Chubby 构建在这个容错的数据库之上，Chubby 利用这个数据库存储所有数据。

62. Google 设计 Bigtable 的动机主要有哪三个方面？

答：需要存储的数据种类繁多；海量的服务请求；商用数据库无法满足 Google 的需求。

63．一致性哈希算法满足哪四个要求？

答：平衡性、单调性、分散性、负载。

64．分布式系统构架通常需要考虑哪三个因素？

答：可靠性、可用性、一致性。

65．云控制器中的 Web 服务接口包有三个重要接口，分别简述这三个接口的作用。

答：客户端接口：是内部系统接口和外部定义的客户端接口之间的转换器；管理接口：Eucalyptus 通过一个基于 Web 的接口进行管理操作；实力控制接口：当发起实力创建请求时，虚拟机控制器将和云控制器的其他服务进行协作，形成方案。

66．数据产生方式的变革是促成大数据时代来临的重要因素。人类社会数据产生方式经历哪三个阶段？

答：运营式系统阶段、用户原创内容阶段、感知式系统阶段。

67．物联网是物物相连的互联网，是互联网的延伸。它可以分为哪四层？

答：感知层、网络层、处理层、应用层。

68．简述 Hadoop 特性。

答：高可靠性、高效性、高可扩展性、高容错性、成本低、运行在 Linux 平台上；支持多种编程语言。

69．SQL Data Server 具有哪些特性？

答：属于关系型数据库；支持存储过程；支持大量数据类型；支持云中的事物。

70．物联网的两层意思是什么？

答：（1）物联网的核心和基础仍然是互联网，是在互联网基础上的延伸和扩展的网络。

（2）其用户端延伸和扩展到了任何物品与物品之间进行信息交换和通信。

71．要真正建立一个有效的物联网，两个重要因素是什么？

答：一是规模性，只有具备了规模，才能使物品的智能发挥作用；二是流动性，物品通常都不是静止的，而是处于运动的状态，必须保持物品在运动状态，甚至高速运动状态下也能随时实现对话。

72．简述物联网的特征。

答：物联网一方面可以提高经济的运行效率，大大节约成本，另一方面可以为经济的复苏提供技术动力，带动所有的传统产业部门进行结构调整和产业升级，而且将推动国家整个经济结构的调整，推动发展模式从粗放型发展向集约型发展。

73．什么称为嵌入式智能传感器？

答：利用嵌入式微处理器、智能理论（人工智能技术、神经网技术、模糊技术）、传感器技术等集成而得到的新型传感器称为嵌入式智能传感器。

74．无线传感器网络是什么？

答：无线传感器网络是一种特殊的 Ad hoc 网络，它是一种集成了传感器技术、微机电系统技术、无线通信技术和分布式信息处理技术的新型网络技术。

75．质心定位算法的特点是什么？

答：质心定位算法仅能实现粗粒度定位，需要较高的信标节点密度；但它实现简单，完全基于网络连通性，无须信标节点和传感器节点间协调，可以满足那些对位置精度要求不太苛刻的应用。

76．什么是云计算？

答：云计算是通过网络按需提供可动态伸缩的廉价计算服务。

77．为什么云计算拥有划时代的优势？

答：主要原因在于它的技术特征和规模效应所带来的压倒性的性能价格比优势。

78．Google 云计算技术包括哪些内容？

答：Google 文件系统 GFS、分布式计算编程模型 MapReduce、分布式锁服务 Chubby、分布式结构化数据表 Bigtable、分布式存储系统 Megastore、分布式监控系统 Dapper、海量数据的交互式分析工具 Dremel，以及内存大数据分析系统 PowerDrill 等。

79．GFS 采用了哪些容错措施来确保整个系统的可靠性？

答：GFS 将容错的任务交给文件系统完成，利用软件的方法解决系统可靠性问题，使存储的成本成倍下降。GFS 将服务器故障视为正常现象，并采用多种方法，从多个角度，使用不同的容错措施，确保数据存储的安全、保证提供不间断的数据存储服务。

80．Megastore 的设计目标是什么？

答：Megastore 的设计目标很明确，那就是设计一种介于传统的关系型数据库和 NoSQL 之间的存储技术，尽可能达到高可用性和高可扩展性的统一。

81．Dapper 关键性技术是什么？主要包括哪几个方面？

答：（1）轻量级的核心功能库。

（2）二次抽样技术。

82．SimpleDB 包含了哪些概念？

答：SimpleDB 包含了域、条目、属性、值等概念。

83．请比较 SimpleDB 和 DynamoDB？

答：SimpleDB 和 DynamoDB 都是 Amazon 提供的非关系型数据库服务。SimpleDB 中限制了每张表的大小，更适合于小规模负载的工作；但 SimpleDB 会自动对所有属性进行索引，提供了更加强大的查询功能。与之相比，DynamoDB 支持自动将数据和负载分布到多个服务器上，并未限制存储在单个表中数据量的大小，适用于较大规模负载的工作。

84．在区块节点内数据的追加写操作步骤是什么？

答：步骤 1：将所有数据追加写到日志盘。

步骤 2：对数据盘上的区块追加写请求进行排队。

步骤 3：如果日志操作先完成，则数据被缓存在内存中。

步骤 4：一读写成功就返回。

85．SQL Azure 提供了关系型数据库存储服务，包含了哪三部分？

答：（1）SQL Azure 数据库。

（2）SQL Azure 报表服务。

（3）SQL Azure 数据同步。

86．Windows Azure 云计算服务平台现在已经包含哪些功能？

答：网站、虚拟机、云服务、移动应用服务、大数据支持，以及媒体服务支持。

87．Oozie 的主要功能包括什么？

答：（1）组织各种工作流。

（2）以规定方式执行工作流。

（3）托管工作流。

88．网络隔离的关键在于什么？

答：系统对通信数据的控制，即通过不可路由的协议来完成网间的数据交换。

89．物联网可以简单定义为什么？

答：连接物品的网络。

90．云计算的长短定义分别是什么？

答：长定义：云计算是一种商业计算模型，它将计算任务分布在大量计算及构成的资源池上，使个中系统能够根据需要获取计算力、储存空间和信息服务。

短定义：云计算是通过网络按需提供可动态伸缩的廉价计算服务。

91．Google 从多个方面简化设计的 GFS 具有什么特点？

答：（1）采用中心服务器模式。

（2）不缓存数据。

（3）在用户态选实现。

（4）只提供专用接口。

92．云计算中的系统管理技术有哪些？

答：（1）大规模集群安装技术。

（2）故障检测技术。

（3）节点动态加入技术。

（4）节能技术。

93．云计算中提到，满足哪些条件就可以保证数据的一致性？

答：（1）决议只有在被 Proposers 提出后才能批准。

（2）每次只批准一个决议。

（3）只有决议确定被批准后 Learners 才能获取这个决议。

94．云计算中的地理区域和可用区域有什么区别？

答：地理区域是按照实际的地理位置划分的，而可用区域的划分是根据是否有独立的供电系统和冷却系统等，这样某个可用区域的供电或冷却系统就不会影响到其他可用区域。通常将每个数据中心看作一个可用区域。

95．微软云计算包含几部分？每部分的作用是什么？

答：（1）Windows Azure。位于云计算平台最底层，是微软云计算技术的核心。它作为微软云计算操作系统，提供了一个在微软数据中心服务器上运行应用程序和储存数据的 Windows 环境。

（2）SQL Azure。它是云中的关系数据库，为云中基于 SQL Server 的关系类型数据提供服务。

（3）Windows Azure AppFabric。为在云中或本地系统中的应用提供基于云的基础架构服务。部署和管理云基础架构的工作均由 AppFabric 完成，开发者只需要关心应用逻辑。

（4）Windows Azure Marketplace。为购买云计算环境下的数据提供在线服务。

96．亚马逊、谷歌、微软、Vmware 的云计算体系有哪些相同，哪些不同？

答：相同之处有以下两点。

（1）整个云计算平台对外提供统一的 Web 接口。

（2）后台实现的细节对用户透明。

主要的区别也有两点。

（1）亚马逊、微软和 Vmware 的云计算服务由多种服务组成，需要为不同服务提供不同的入口。Google 的云计算服务实现相对简单，没有实现多个服务的单独入口。

（2）微软的云计算不仅支持云端应用程序，还支持本地应用程序，这是微软云计算和其他三种方案的最大不同之一。这也反映了微软在云计算中的"云＋端"策略。

97．云计算中的虚拟技术在云计算中是如何发挥关键作用的？

答：云计算中运用虚拟化技术主要体现在对数据中心的虚拟化上。数据中心是云计算技术的核心，近年来数据中心规模不断增大、成本逐渐上升、管理日趋复杂。传统的数据中心网络不能满足虚拟数据中心网络高速、扁平、虚拟化的要求。数据中心虚拟化可以实现资源的动态分配和调度，提高现有资源的利用率和服务的可靠性；可以提供自动化服务开通能力，降低运维成本，具有可靠的安全机制和可靠性机制，满足公众客户和企业客户的安全需求；同时也可以方便系统升级、迁移和改造。

98．云计算中能源利用效率的计算方式是什么？

答：数据中心的能源利用率值等于数据中心总能耗与 IT 设备能耗的比值，基准是 2，比值越接近 1，表示数据中心能源利用率越高。

99．云计算按照服务类型可分为几类？

答：三类。

（1）基础设施作为服务。

（2）平台作为服务。

（3）软件作为服务。

100．Google 云计算技术包括哪些内容？

答：（1）分布式储存系统。

（2）分布式处理技术。

（3）分布式数据库。

101．当前主流分布式文件系统各有什么优缺点？

答：（1）单一管理节点。

（2）对数据的存储缺乏容错机制。

（3）静态配置。

102．一致性哈希算法包括哪些要求？

答：（1）平衡性。

（2）单调性。

（3）分散性。

（4）负载。

103．分布式构架系统通常需要考虑哪三个因素？

答：（1）可靠性。

（2）可用性。

（3）一致性。

104．云计算与物联网、三网融合的发展关系。

答：依托公众通信网络，以数据中心为核心，通过多接入端实现泛在接入，面向服务端到端体系构架、基于云计算模式，实现资源共享与产业协作，提高效率、降低成本、提升服务。

105．Google 的 GFS 具有哪些特点？

答：（1）采用中心服务器模式。

（2）不缓存数据。

（3）在用户态下实现。

（4）只提供专用接口。

106．云计算技术结构分为几层？分别是哪几层？

答：云计算技术结构分为 4 层。

（1）物理资源层。

（2）资源池层。

（3）管理中间层。

（4）构建层。

107．云计算是什么？

答：云计算是一种商业计算模型，它将计算任务分布在大量计算机构成的资源池上，使用户能够按需获取计算力、储存空间和信息服务。

108．蔡文胜认为，互联网演变的三个阶段分别是哪三个阶段？

答：（1）商用互联网，以雅虎的出现为标志。

（2）Google 的出现，标志着互联网进入第二个阶段。

（3）Myspace 及后来的 Facebook 的出现，标志着互联网进入第三个阶段

109．城市智能交通体系投资分为哪几种？

答：（1）智能交通指挥中心。

（2）交通监控及诱导等系统。

（3）轨道智能管理系统。

（4）城市公交管理系统。

110．O2O 主要分为哪几个步骤？

答：（1）由需求引流：可以是折扣优惠需求、推荐需求、比较需求等。

（2）支付：支付宝和微信支付具有规模优势。

（3）信息载体：移动终端的短信和二维码是目前通用的形势。

（4）消费体验和服务：强化品牌忠诚度。

111．车联网服务主要参与方包括哪些？

答：（1）汽车制造商，基于前装产品和服务。

（2）汽车经销商和运营商，基于后装产品和服务。

（3）操作系统和公共服务平台等。

112．智能交通是什么？

答：智能交通是大城市交通拥堵的一剂良方。在可用于拓展道路用地有限的情况下，城市智能交通系统可以从提高通行使用率方面减缓拥堵情况。

113．什么是物联网？

答：通过射频识别、红外感应器、全球定位系统、激光扫描等信息传感设备，按照约定的协议，把任何物品与互联网连接起来，进行信息交换和通信，以实现智能化识别、定位、跟踪、监控和管理的一种网络。

114．无线通信系统的组成有哪些？

答：无线通信系统也称为无线电通信系统，是由发送设备、接收设备、无线信道三大部分组成的。

115．串行通信的特点有哪些？

答：（1）数据为传送。

（2）传送按位顺序进行。

（3）最少只需一根传输线即可完成。

（4）成本低但传送速度快。

116．嵌入式计算机系统相比通用型计算机系统具有哪些特点？

答：（1）系统内核小。

（2）用性强。

（3）系统精简。

（4）高实时性的系统软件。

（5）使用多任务操作系统。

（6）系统开发需要开发工具和环境。

117. 无线传感器网络的特征有哪些？

答：（1）硬件资源有限。

（2）电源容量有限。

（3）无中心。

（4）自组织。

（5）多跳路由。

（6）动态拓扑。

（7）节点数量众多。

118. 公共远程通信网络包含哪些内容？

答：公共远程通信网络包括传输部件和交换部件。传输部件是用于传送数据的实际介质、编码、多路复用及传送技术；交换部件包括使用电路交换或分组交换技术的用于音频和数据路径选择的发送器和接收器。

119. 简述射频标签读卡系统的工作原理。

答：电子标签读卡器之间通过耦合元件实现射频信号的空间耦合，在耦合通道内，根据时序关系，实现能量传递、数据的交换。

120. 目前公钥密码的重点研究方向是什么？

答：（1）用于设计公钥密码新的数学模型和陷门单向函数的研究。

（2）针对实际应用环境的公钥密码的设计。

（3）公钥密码的快速实现包括算法优化和程序优化软件实现和硬件实现。

（4）公钥密码的安全性评估问题特别是椭圆曲线公钥密码的安全性评估问题。

121. 在云计算的发展过程中，需要克服哪些困难？

答：（1）服务的高可用性。

（2）服务的迁移。

（3）服务数据的安全性。

（4）服务的性能。

（5）同基础软件提供商的合作。

122．什么是物联网？

答：物联网是通过装置在各类物体上的各种信息传感设备，如射频识别装置、二维码、红外线感应器、全球定位系统、激光扫描器等种种装置与互联网或无线网络相连而成的一个巨大网络。

123．云服务的层次有哪几层？

答：（1）对象层。

（2）服务层。

（3）业务流程层。

（4）用户访问层。

（5）集成层。

（6）管理和监控层。

124．一个城市的生态主要由哪几个系统组成？

答：（1）资源环境。

（2）基础经济。

（3）经济产业。

（4）市政管理。

（5）社会民生。

125．与传统数据相比，用于大数据分析的数据集合主要有几点区别？分别是什么？

答：主要有 3 点区别。首先，传统模式多通过采样方式获得部分数据用于分析，大数据可以对收集到的所有海量数据进行分析，分析用的数据源由采样数据扩展至全部数据。其次，分析用的数据源从传统单一领域的数据扩展到跨临域数据，大数据可以将不同领域的数据组合后进行分析；再次，传统数据分析更关注数据源与分析结果间的因果关系，大数据分析时数据源与分析结果间不再只是因果关系，基于有相关关系的数据源同样可以分析预测出正确的结果。

126．物联网中的处理节点有哪些？分别是什么？

答：物联网中的处理节点有两类，一类是感知节点，一类是网关节点。感知节点是感知层设备，负责采集物理信息并传输到应用层，不仅具有感知和识别能力，而且还具有一定的通信和计算能力。网关节点是连接感知层和网关层的关键设备，负责实现异种异构网络互联互通。

127．试述传统电网面临哪些问题。

答：（1）化石能源枯竭、环保压力大。

（2）系统维护不易、运行可靠性低。

（3）电网传输效率有限，电网安全维护难度大。

（4）用户服务模式单一、难以满足能源多元化需求。

128. 简述典型的交通信息感知技术。

答：（1）基于固定传感器的交通流量采集。

（2）基于卫星定位的交通流量采集。

（3）基于蜂窝网络的交通流量采集。

（4）地理感知技术。

（5）标识技术。

129. 大数据对社会发展的影响有哪些？

答：（1）大数据决策成为一种新的决策方式。

（2）大数据应用促进信息技术与各行业的深度融合。

（3）大数据开发推动新技术和新应用的不断涌现。

130. 云数据库的特性有哪些？

答：（1）动态可扩展。

（2）高可用性。

（3）较低的使用代价。

（4）易用性。

（5）高性能。

（6）免维护。

（7）安全。

131. 智慧城市健康发展要怎样加大信息资源开发共享力度？

答：（1）加快推进信息资源共享与更新。

（2）深化重点领域信息资源开发利用。

132. 简述强化移动互联网驱动引领作用。

答：（1）激发信息经济活力。

（2）支持中小微互联网企业发展壮大。

（3）推进信息服务惠及全民。

（4）实施网络扶贫行动计划。

（5）繁荣发展网络文化。

133. 2016 年的中央政府工作报告中在"推动简政放权、放管结合、优化服务改革向纵深发展"方面，"互联网＋"如何发挥作用？

答：要做到："大力推行'互联网＋政务服务'，实现部门间数据共享，让居民和企业少跑腿、好办事、不添堵。"

134. 2016 年的中央政府工作报告中在"充分释放全社会创业创新潜能"方面，"互联网＋"如何发挥作用？

答：要做到：发挥大众创业、万众创新和"互联网＋"集众智汇众力的乘数效应。

135. 2016 年中央政府工作报告第三部分、2016 年重点工作提出，如何发展互联网金融？

答：规范发展互联网金融。

136. 推进物联网有序健康发展的基本原则。

答：（1）统筹协调。

（2）创新发展。

（3）需求牵引。

（4）有序推进。

（5）安全可控。

137. 建设智慧城市的基本原则有哪些？

答：（1）以人为本，务实推进。

（2）因地制宜，科学有序。

（3）市场为主，协同创新。

（4）可管可控，确保安全。

138. 推进物联网发展的基本原则有哪些？

答：统筹协调、创新发展、需求牵引、有序推进、安全可控。

139. 推进物联网发展的主要内容有哪些？

答：（1）加快技术研发，突破产业瓶颈。

（2）推动应用示范，促进经济发展。

（3）改善社会管理，提升公共服务。

（4）突出区域特色，科学有序发展。

（5）加强总体设计，完善标准体系。

（6）壮大核心产业，提高支撑能力。

（7）创新商业模式，培育新兴业态。

（8）加强防护管理，保障信息安全。

（9）强化资源整合，促进协同共享。

三、国家电网公司"互联网＋"建设工作重点及要求

1. 2016 年加快推进"互联网＋"营销服务应用工作实施方案工作思路是什么？

答：坚持以市场和客户为导向，适应电力改革要求，加强"互联网＋"营销服务应用工作统筹规划，结合公司信息通信新技术创新发展行动计划，利用"互联网＋"思维和技术改造传统营销服务手段和方式，健全服务渠道、再造服务流程、创新业务体系、拓展新业务应用，更加注重贴近现场和成果应用，解决实际问题，强化"三全"（全业务、全过程、全员）质量管控，提升现场服务质量，提高市场响应速度，进一步推进营销管理信息化、自动化，现场作业线上化、标准化，客户服务互动化、跨界化，为公司发展做出积极贡献。

2.《国家电网公司关于 2017 年推进"互联网＋营销服务"工作的意见》中，如何推进公司线上渠道互联互通？

答：加快线上渠道推广应用，有效利用"电 e 宝"电费小红包、交费盈、电力积分等营销产品，开展渠道推广引流和精准营销活动；开展"电 e 宝"实名认证服务，加快推动电费充值、充电支付、电商购物"一卡通"应用；推进公司"掌上电力"手机 APP、"电 e 宝"、95598 网站、国网商城和车联网等线上渠道的账户统一，实现客户"一次注册，多渠道应用"；通过 H5 方式实现"掌上电力"手机 APP 与"电 e 宝"之间全功能互联互通，具备客户通过登录"掌上电力"手机 APP 与"电 e 宝"其中一个客户端即可实现全功能应用。

3.《国家电网公司关于 2017 年推进"互联网＋营销服务"工作的意见》的工作目标中，如何深化营销网络与信息安全管控？

答：建立覆盖营销服务电子渠道的安全评估和监控体系，健全营销网络安全风险评估和应急工作机制，常态开展监测预警、安全分析、性能评价工作，不发生客户信息大规模泄漏事件。

4.《国家电网公司关于 2017 年推进"互联网＋营销服务"工作的意见》的重点工作任务有哪几部分？分别是什么？

答：有三部分，分别是：

（1）以客户体验为导向，提升智慧服务水平。

（2）以业务融合为重点，推进内部作业智能化。

（3）以跨界合作为手段，推进增值服务。

5.《国家电网公司关于 2017 年推进"互联网＋营销服务"工作的意见》的工作思路是什么？

答：主动适应售电侧改革和"互联网＋"技术发展新形势，以客户和市场为中心，以标准化、数字化、智能化、互动化为手段，构建公司全渠道运营体系，整合"掌上电

力"手机 APP、"电 e 宝"、95598 网站及在线客服资源，优化线上线下一体化流程，深化营配调信息系统贯通和数据共享，打造前端触角敏锐、后端高度协同的 O2O 闭环服务链，实现营销服务线上化、数字化、互动化，树立国家电网公司"办电更简捷，用电更智慧、服务更贴心"的服务形象。

6.《国家电网公司关于 2017 年推进"互联网＋营销服务"工作的意见》的重点工作任务中，"以客户体验为导向，提升智慧服务水平"包括哪些内容？

答：（1）全面实施业务流程优化和在线办理。

（2）推进公司线上渠道互联互通。

（3）开展可视化报修服务应用。

（4）实现服务信息、资源信息公开和规范化精准推送。

（5）建立公共服务 APP 联盟，深化电力积分应用。

7.《国家电网公司关于 2017 年推进"互联网＋营销服务"工作的意见》的重点工作任务中，"以业务融合为重点，推进内部作业智能化"包括哪些内容？

答：（1）推广营销移动作业实用化。

（2）深化业扩全流程信息公开与实时管控平台实用化应用。

（3）常态化推进营配调数据治理，开展营配调工作成效"回头看"。

（4）深入开展营销稽查应用。

（5）深入开展营销大数据分析应用。

（6）优化市场化售电应用。

8.《国家电网公司关于 2017 年推进"互联网＋营销服务"工作的意见》的重点工作任务中，"以跨界合作为手段，推进增值服务"包括哪些内容？

答：（1）开展"多表合一"信息采集建设应用。

（2）拓展社会电力服务企业网上交易。

（3）推进车联网平台建设。

（4）构建完善新型节能服务体系。

9.《国家电网公司关于 2017 年推进"互联网＋营销服务"工作的意见》的重点工作任务中，如何实现服务信息、资源信息公开和规范化精准推送？

答：开展电子渠道"统一消息"管理，通过 APP、微信、网站和短信等电子化服务渠道，实现业务办理信息、量价费信息、交费信息、电网计划停电等消息的点对点精准推送，降低信息公开服务成本，减少 95598 服务热线的咨询话务量。

10.《国家电网公司关于 2017 年推进"互联网＋营销服务"工作的意见》的重点工作任务中，优化市场化售电应用的原则是什么？

答：以"安全、灵活、易用、平稳"为原则。

11.《国家电网公司关于 **2017** 年推进"互联网＋营销服务"工作的意见》的工作任务安排中，全面实施业务流程优化和在线办理的工作要求有哪些？

答：（1）优化高压 8 类常用业务和低压全业务，并实现线上办理。

（2）拓展电子渠道电费交纳形式。

（3）全面应用电费电子账单和电子发票。

（4）提高客户体验度。

12. 简述公司近年来积极开展"互联网＋"营销服务应用工作的主要内容。

答：近年来，公司积极开展"互联网＋"营销服务应用工作，拓展电子渠道，试点现场移动作业，开展大数据分析应用，强化业扩管控，支撑新型业务发展，培育公司新的效益增长点，取得阶段性成果。

13. 依据《加快推进"互联网＋"营销服务应用工作实施方案》，简述质量管控的"三全"指什么？

答：全业务、全过程、全员。

14. 依据《加快推进"互联网＋"营销服务应用工作实施方案》，为强化质量管控，提升现场服务质量，提高市场响应速度，进一步推进的主要内容。

答：进一步推进营销管理信息化、自动化，现场作业线上化、标准化，客户服务互动化、跨界化，为公司发展做出积极贡献。

15. 依据《加快推进"互联网＋"营销服务应用工作实施方案》，全面构建"互联网＋"营销服务渠道，统一建设开放、互动的线上智能服务平台，实现目标是什么？

答：实现"掌上电力"手机 APP、95598 网站、车联网、"电 e 宝"全覆盖和融合应用。

16. 依据《加快推进"互联网＋"营销服务应用工作实施方案》，全面构建"互联网＋"营销服务渠道，建设业扩报装全流程管控平台，实现目标是什么？

答：实现全业务线上办理、全环节互联互动、全过程精益管控。

17. 依据《加快推进"互联网＋"营销服务应用工作实施方案》，全面构建"互联网＋"营销服务渠道，推进电费抄核收智能化，实现目标是什么？

答：实现自动抄表、智能核算、电子账单、在线交费。

18. 依据《加快推进"互联网＋"营销服务应用工作实施方案》，全面构建"互联网＋"营销服务渠道，深化大数据应用，实现目标是什么？

答：实现"量价费"精准预测、台区线损异常智能诊断、电费风险主动防范、电能替代潜力用户精准筛选、优质客户评级及精准化、差异化服务。

19．依据《加快推进"互联网＋"营销服务应用工作实施方案》，2019—2020 年度，传统业务线上流转的工作目标是什么？

答：（1）实现公司营销全业务线上办理。

（2）居民用户电费电子化交费比率达 90%以上，其中"电 e 宝"交费比率达 60%以上。

20．依据《加快推进"互联网＋"营销服务应用工作实施方案》，2017—2018 年度，传统业务线上流转的工作目标是什么？

答：（1）实体营业厅 80%的业务可通过电子渠道办理，其中低压全业务可通过电子渠道办理。

（2）居民用户电费电子化交费比率达 70%以上，其中"电 e 宝"交费比率达 30%以上；电费发票实现电子化。

（3）抄核收全自动作业覆盖率 100%。

21．请简述公司《加快推进"互联网＋"营销服务应用工作实施方案》的重点任务包括几个方面？

答：（1）实施业扩报装全流程管控。

（2）推广电费抄核收一体化作业。

（3）加快构建电子化渠道。

（4）深化大数据分析应用。

（5）强化营销资产在线管控应用。

（6）实施现场移动作业应用。

（7）拓展跨界公共服务应用。

22．依据《加快推进"互联网＋"营销服务应用工作实施方案》，请简述实施业扩报装全流程管控的主要工作内容。

答：（1）推行"线上全天候受理，线下一站式服务"业扩报装服务模式，适应售电市场放开，加快客户接电。包括开通客户线上办理业扩申请、进度查询、自助交费、监督评价等服务，设立电子坐席，实现各类工单无纸化和档案信息电子化线上流转，优化线下服务模式，全面推广业扩全流程信息公开与实时管控平台。

（2）强化"五位一体"建设，落实责任部门和承办岗位，分解各环节办理时限，构建关键评价指标体系，会同各级运监中心，开展监测分析，实现业扩信息公开共享与全过程监控。

23．推行"线上全天候受理，线下一站式服务"业扩报装服务模式，设立电子坐席，主要负责的内容有哪些？

答：设立电子坐席，负责线上受理、业务咨询、跟踪协调。

24． 依据《加快推进"互联网＋"营销服务应用工作实施方案》，请简述推广电费抄核收一体化作业的主要工作内容。

答：（1）全面推进抄核收智能化，进一步梳理适应用电信息自动采集和"互联网＋"的电费抄核收业务流程和工作标准，优化组织模式，适应售电市场开放下电费结算和信息互动需求，构建采集、核算、发行、通知、收费、账务一体化全自动作业模式；全面深化远程费控系统建设应用。

（2）大力推广"掌上电力"手机APP、"电e宝"功能应用。

（3）加快电费电子化账单和电子发票推广。

25． 全面推进抄核收智能化，优化组织模式，适应售电市场开放下电费结算和信息互动需求，构建全自动作业模式，实现目标是什么？

答：实现抄表数据自动推送，电费核算系统自动完成，现场补抄由移动平台在线支撑，停复电操作准确传达、自动下发，与市场化主体量价费的信息交互，全面提升抄核收工作质量和效率。

26． 依据《加快推进"互联网＋"营销服务应用工作实施方案》，大力推广"掌上电力"手机**APP**、"电e宝"功能应用，通过什么方式吸引电力客户广泛应用"掌上电力"手机**APP**、"电e宝"等渠道交费购电，有效提高客户黏性？

答：设计"电e宝"二维码应用标准，研发电费发票二维码和专用扫码设备，建立线上交费积分管理及兑换奖励机制，通过注册有礼、交费积分、购电兑奖等方式。

27． 依据《加快推进"互联网＋"营销服务应用工作实施方案》，请简述加快构建电子化渠道的主要工作内容。

答：（1）优化整合电子渠道。

（2）开展营业厅互动化建设。

（3）加快营销档案电子化应用。

28． 依据《加快推进"互联网＋"营销服务应用工作实施方案》，请简述深化大数据分析应用的主要工作内容。

答：（1）强化数据共享和信息支撑。

（2）开展"量价费损"预测分析。

（3）开展客户信用评价和电费风险防范分析。

（4）开展电能替代大数据分析。

（5）开展支撑售电侧放开的大数据分析。

29． 依据《加快推进"互联网＋"营销服务应用工作实施方案》，请简述如何强化数据共享和信息支撑？

答：强化数据共享和信息支撑，建设电力客户标签库，构建分析模型，从服务优化、降本增效、市场拓展、数据增值四个方面开展大数据分析，为电网规划、安全生产提供数据支持，深挖数据价值，持续提升运营效益。

30． 依据《加快推进"互联网＋"营销服务应用工作实施方案》，请简述强化营销资产在线管控应用的主要工作内容。

答：（1）应用物联网技术提升计量资产全寿命周期管理水平。

（2）全面推广计量装置在线监测与智能诊断应用。

31． 依据《加快推进"互联网＋"营销服务应用工作实施方案》，请简述实施现场移动作业应用的主要工作内容。

答：（1）实现现场移动作业应用全覆盖。

（2）进一步推进营配调贯通、末端融合。

32． 依据《加快推进"互联网＋"营销服务应用工作实施方案》，请简述拓展跨界公共服务应用的主要工作内容。

答：（1）加快车联网平台建设。

（2）积极推进"多表合一"信息采集建设。

33． 请简述《加快推进"互联网＋"营销服务应用工作实施方案》中的支撑措施包括哪些方面？

答：（1）信息安全防护。

（2）专业化运营管理。

（3）信息化基础平台完善升级。

（4）跨专业协同应用。

34． 请简述"互联网＋"的思维特点。

答：开放、共享、共赢、跨界。

35． 请简述《加快推进"互联网＋"营销服务应用工作实施方案》中，实施"互联网＋"营销服务应用工作按照哪几条主线？

答：服务创新、数据整合、运营机制、支撑保障。

36． 请简述 2019—2020 年度体系完善阶段实施"互联网＋"营销服务应用工作的基本内容。

答：总结"互联网＋"营销服务应用工作情况，推行基于客户差异化需求的营销服务策略，开展服务创新能力评价，持续优化完善，全面建成公司"互联网＋"营销服务应用工作体系。

37．依据《加快推进"互联网＋"营销服务应用工作实施方案》，简述国网营销部负责"互联网＋"营销服务应用工作的主要内容。

答：国网营销部负责"互联网＋"营销服务应用工作整体规划、需求分析、模式创新、功能设计、项目推广和实施成效考核。

38．依据《加快推进"互联网＋"营销服务应用工作实施方案》，深化停电信息报送应用，根据营配调贯通情况，停电信息将逐步实现什么目标？

答：逐步实现停电信息生成自动化、报送智能化、通知主动化。

39．依据《加快推进"互联网＋"营销服务应用工作实施方案》，请简述信息化基础平台完善升级，支撑"互联网＋"营销服务相关业务集成、大数据分析应用建设和渠道整合所需要的支撑措施。

答：开展公司"国网云"和全业务统一数据中心建设，构建统一对外的公共服务云和一级部署的客户基础档案系统，完善云检索和云知识库应用，实施全业务数据整合，实现海量、多源、异构营销基础数据和主数据实时集成共享。

40．依据《加快推进"互联网＋"营销服务应用工作实施方案》"互联网＋"营销服务建设工作任务表，简述建设全天候网上营业厅的任务内容。

答：完善"掌上电力"手机 APP、95598 网站、"电 e 宝"、车联网、"e 充电"等电子渠道，实现在线业务受理、电量查询、电费查询、电费充值、交费、电子客服等应用。

41．依据《加快推进"互联网＋"营销服务应用工作实施方案》"互联网＋"营销服务建设工作任务表，简述完善营业厅综合服务平台的任务内容。

答：实现营业厅业务的系统全覆盖、营业厅服务设备资产全生命周期管理，推动供电营业厅业务管理规范落地，与线上营业厅形成互补。强化营业厅产品展示、服务体验功能。

42．依据《加快推进"互联网＋"营销服务应用工作实施方案》"互联网＋"营销服务建设工作任务表，简述应用物联网技术提升计量资产全寿命周期管理水平的任务内容。

答：研发 RFID 技术应用，实施计量设备在采购到货、设备验收、检定检测、仓储配送、设备安装、设备运行、设备拆除、资产报废 8 个环节的资产全寿命周期的可视化管理。

43．依据《加快推进"互联网＋"营销服务应用工作实施方案》"互联网＋"营销服务建设工作任务表，简述开展客户信用评价和电费风险防范的任务内容。

答：构建电力用户信用评价模型和电费风险评估模型，实现电费风险防控大客户"一户一策"和低压客户"一类一策"。

44． 依据《加快推进"互联网＋"营销服务应用工作实施方案》"互联网＋"营销服务建设工作任务表，简述建立运营监测数据管理标准与应用功能的任务内容。

答： 实现以客户全生命周期为核心的数据资产化管理，并建立与市场和营销服务相关的企业运营数据资产关联库。

45． 依据《加快推进"互联网＋"营销服务应用工作实施方案》"互联网＋"营销服务建设工作任务表，简述实施营配调数据同源管理的任务内容。

答： 以"国网云"GIS2.0 为基础大力推进营销 GIS 应用，结合公司统一数据模型（SG-CIM3.0）深化应用、企业级主数据管理体系和 PMS2.0 建设推进，实现营配调数据同源管理。

46． 请简述《加快推进"互联网＋"营销服务应用工作实施方案》中的工作要求。

答： 各有关部门、单位要按照"脚踏实地、精益求精、扎实推进，坚决杜绝形式主义"的要求，以成果应用为抓手，全面推进"互联网＋"营销服务应用工作。

47． 依据《加快推进"互联网＋"营销服务应用工作实施方案》"互联网＋"营销服务建设工作任务表，简述服务创新能力评价的任务内容。

答： 建立服务创新能力评价模型，对各级单位开展创新能力评估，促进公司服务创新能力的持续提升。

48．《国家电网公司关于 2017 年推进"互联网＋营销服务"工作的意见》的重点工作任务中，"以创新能力为驱动，构建'互联网＋'运营模式"包括哪些内容？

答：（1）加强营销服务基础管理。

（2）建设"互联网＋"营销服务专项工作团队。

（3）建立全流程服务资源调度机制。

（4）开展"互联网＋"营销服务创新劳动竞赛。

49．《国家电网公司关于 2017 年推进"互联网＋营销服务"工作的意见》的重点工作任务中，深化业扩全流程信息公开与实时管控平台实用化应用的目标是什么？

答： 实现业扩报装"全流程线上流转、全业务数据量化、全环节时限监控、全过程智能互动"。

50．《国家电网公司关于 2017 年推进"互联网＋营销服务"工作的意见》的重点工作任务中，拓展社会电力服务企业网上交易，户用分布式光伏用户有哪些特色服务？

答： 打造特色化的线上分布式光伏"售、险、贷、租"四位一体的服务，结合"电

e宝"开展补贴电费的资金结算。

51.《国家电网公司关于2017年推进"互联网＋营销服务"工作的意见》的重点工作任务中，如何建立全流程服务资源调度机制？

答：将各种线上电子化服务渠道整合成一个后台平台，构建"小前端、大后台"服务组织模式，打通各渠道壁垒，统一规划，统一运维管理，加强前端与后端衔接，实现集"服务接入、主动预约、研判分流、协调指挥、跟踪督办、审核反馈、数据校核、信息发布、流程管控、客户回访"为一体的快速响应和服务质量管控机制，提升O2O营销服务效率。

52.《国家电网公司关于2017年推进"互联网＋营销服务"工作的意见》的工作要求有哪些？

答：（1）进一步加强组织协同。

（2）确保网络与信息安全。

（3）提高思想认识，全面提升营销服务。

53.《国家电网公司关于2017年推进"互联网＋营销服务"工作的意见》的工作要求中，如何确保网络与信息安全？

答：（1）按照总部统一部署，组织营销系统员工，认真学习国家网络安全法等法律法规，加大信息管控，强化各专业安全管理与监测，严防发生失泄密事件。

（2）积极应用网络安全防护新技术，打通各渠道壁垒，统一运维管理，组织实施数据库级别的数据信息脱敏工作，细化各业务岗位数据访问权限和范围，加强对运维操作账号、密码、运指令的可追溯审计，定期组织进行数据核对，同时加强责任追究力度，限制非法操作，发现问题立即整改。

四、国家电网公司"互联网＋"相关平台及产品功能应用

1."掌上电力"企业版共分为几个功能模块？在服务界面下，又有哪几项主要服务项目？

答：主要分为首页、用电、服务、我的等四个功能模块。

"服务"界面下包括网点查询、停电公告、用电申请、业务记录、业务办理指南、资费标准、用电知识、帮助与反馈8项功能。

2.什么是统一账户认证？什么是"国网统一账号"？

答：统一账户认证打通了国家电网公司旗下多渠道的账户，包括"掌上电力""电e宝"、国网商城等。

"国网统一账号"实现线上渠道间数据共享和融合应用，为用户带来"一次注册、全渠道应用"的便捷体验。

3．使用"掌上电力"用户名登录，提示不存在怎么办？什么原因？

答：建议客户使用注册手机号登录。密码如果忘记，可通过"找回密码"功能。

4．"掌上电力"官方版支持用户通过哪些渠道进行支付，同时用户可以通过哪些方式完成支付购电操作？

答：主要为用户提供便捷的交费服务，支持预付费和后付费客户线上交费及"电 e 宝"银联、支付宝等多种支付方式。进入"支付购电"页面的方式有 3 种。

方式一，通过"首页"中"购电"快捷入口进入。

方式二，通过"电费余额"页面中的"支付购电"按钮进入。

方式三，通过"用电"中的"支付购电"功能进入。

5．某用户想要使用"掌上电力"官方版进行业务申请，但是用户不知道他的用电户号，他可以通过什么途径获取户号？

答：（1）从各类单据获取。如电力营业厅购电发票、客户用电登记表等。

（2）拨打 95598 热线咨询。

（3）到电力营业厅咨询。

6．"掌上电力"如何解除客户编号与注册账户的绑定关系？

答：客户编号可通过以下三种途径解绑。

（1）客户通过"掌上电力"APP"我的"菜单中"户号绑定"功能删除已绑定户号后，自行解绑。

（2）通过拨打 95598 热线电话由统一账户平台解绑。

（3）通过各省公司客服中心及营业厅进行解绑。

7．使用 POS 机刷卡什么情况会造成充值失败，如何进行补录？

答：当 POS 机刷卡成功后，而客户尚未写卡，执行交易失败补录操作。对客户的电卡进行补录。点击平台功能菜单中的"客户服务→充值失败补录"，进行读卡操作，显示充电卡所有当日交易的失败记录信息，选中其中需要处理的记录，在操作栏下点击相关操作：打开充值补录界面，点击充值，进行写卡操作，成功后显示打印充值凭证界面。

8．简述 POS 结算操作步骤。

答：POS 需要每天进行结算，以便对 POS 刷卡笔数与金额进行核对。

（1）按 POS 机"菜单"按键后选中"2.结算"菜单进行结算操作。

（2）可选择打印结算单（总笔数、总金额），查看结算结果与当日凭条是否一致。

9．简述易充电充值方式。

答：易充电支持支付宝、网银、电力宝等多种方式为账户充值。

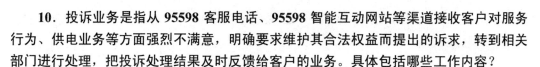

10．投诉业务是指从 95598 客服电话、95598 智能互动网站等渠道接收客户对服务行为、供电业务等方面强烈不满意，明确要求维护其合法权益而提出的诉求，转到相关部门进行处理，把投诉处理结果及时反馈给客户的业务。具体包括哪些工作内容？

答：投诉业务具体包括"电话服务接入""电话服务分派""网上投诉请求""多媒体服务分派""投诉受理""多媒体服务受理""接单分理""投诉处理""回单确认""投诉回访"等工作内容。

11．线上受理时，高压企业办电需要填写什么信息？

答：线上受理时，高压企业办电需填写企业名称、法人代表姓名、法人代表手机、身份证号码、经办人姓名、经办人手机、用电地址，上传身份证反正面照片、营业执照或组织机构代码二选一。

12．高速公路快充服务充电站配置是什么？

答：每站配置 4 台直流充电桩，每台充电桩最大输出功率 120kW，充电站可同时为 4 辆电动汽车进行直流充电。

13．截至 2016 年底，高速公路快充站点分布是怎样的？

答：截至 2016 年底，为服务电动汽车用户远距离出行，国家电网公司建成了以"六纵六横二环"高速公路为骨干网架的高速公路快充网络，所有快充站均已接入车联网平台和"e 充电"APP 统一运营。

14．简述充电设施抢修时限。

答：充电设施巡视、95598 客户报修、车联网平台监控发现故障后均可发起抢修工单，地市公司检修管理员应在 15min 内接单并转派给检修员，检修员 45min 内到达现场，2h 内完成处理，处理过程同计划检修。对 2h 内不能完成处理的应申请停运，并在停运时限内完成检修和复投。

15．请简要叙述平台账号申请流程。

答：充电网络及车联网平台运维人员账号采用内部管理模式，不设注册功能。由各级运维单位提出账号需求，省公司统一申请，申请信息包括姓名、性别、单位、电话、角色及权限、隶属关系等。

16．在"掌上电力"和"电 e 宝"互联互通工作中，"掌上电力"实施管控组的职责是什么？

答：负责整体优化工作方案编制，以及各省公司实施工作的组织、问题协调、执行督办，协调相关厂商单位协同工作，对整体项目实施进度控制，推动项目实施顺利开展。

17．在"掌上电力"和"电 e 宝"互联互通工作中，非功能性验证的内容有哪些？

答：性能测试、兼容性验证、风格统一性验证、安全性验证。

18．营业网点运营应具备什么条件？

答：营业网点应具备互联网网络，设置专用售卡工位，配备专用电脑、读卡器、密码键盘、针式打印机、扫描仪、扫码枪、打印纸、保险柜，现金收款营业网点还应配备验钞机。

19．个人客户在车联网平台交费后如何开具发票？

答：个人客户充值时不开具发票，实际充电后 3 个月内可申请开具增值税普通发票。实名充电卡客户可关联"e 充电"电子账户后通过"e 充电"网站申请开具发票，也可在营业网点申请开具发票；非实名制充电卡客户只能在营业网点申请开具发票；"e 充电"电子账户可通过"e 充电"网站申请开具发票。发票由国网电动汽车公司统一开具并免费邮寄。

20．什么情况会造成充电卡的灰锁，如何处理？

答：由于客户误操作、系统故障导致充电中断的，可能造成充电卡灰锁。充电卡灰锁记录满 5 条后，将暂时无法充电。客户可在任意充电桩和营业网点进行解灰。无法解灰的，客户可在 7 日后到营业网点强制解灰。

21．什么情况下可以换卡，换卡的步骤是什么？

答：实名充电卡因污损、残缺等影响使用，可到本省营业网点换卡。充电卡仍可读取的，如原有灰锁记录应先完成解灰操作；如原卡没有灰锁记录可立即办理换卡。充电卡不可读取的，换卡申请受理后，客户需在 10 日后携带与原卡相一致的有效证件到业务受理营业厅领卡，营业网点将清算后的原卡余额存入新卡。

22．对于充电站的电量公司是如何管理的？

答：充电站关口电表及电量纳入公司用电信息采集管理；充电桩交易结算表按照《国网营销部关于加强电动汽车充电桩内置计量器具首检工作的通知》（营销计量〔2016〕19号）要求管理，电量纳入车联网平台管理。收费与结算以充电桩交易结算表所计电量为准。

23．"e 充电"电子账户管理具有哪些功能？

答："e 充电"电子账户由国网电动汽车公司通过车联网平台统一管理，具有充值、圈存、充电、退费、查询等功能。"e 充电"电子账户资金可在营业网点向关联的充电卡进行圈存，暂不可圈提。

24. 简述"电 e 宝"第三方支付平台的定义。

答："电 e 宝"是国家电网公司自有互联网电力缴费平台，构建以"收费＋服务"为内涵的核心竞争力，提供一站式移动交费服务；是具有国家电网公司特色的供电服务和电费支付品牌；实现与"掌上电力"的无缝连接，最终打造集公用事业交费、电力在线服务、金融交易服务于一体的互联网交易平台。

25. 用户在"电 e 宝"APP 进行充值缴费的步骤是什么？

答：（1）进入生活缴费，选择缴费类型。

（2）选择缴费地区，填写客户编号。

（3）选择支付方式。

（4）输入支付密码并确定。

26. 什么是国网商城？

答：国网商城是以"电"为主线，以"节能""智能"为产品特色，以电动汽车、分布式电源、电工电气等产品在线销售和配套服务为主要经营内容的网上商城，着力构建电子商务专业化、差异化、特色化核心竞争力，全面建设具有国网特色的综合电子商务生态网络。

27. 某用户向供电营业人员反映其银行卡在"电 e 宝"APP 绑定不上，工作人员该如何答复用户？

答：可能是由以下原因导致。

（1）目前绑定银行卡的银行预留手机号码、姓名需要与注册"电 e 宝"的注册手机号码、姓名保持一致，才可以绑卡成功。

（2）客户的发卡方的银行卡信息与银联中登记的信息不符，而我方绑卡时是与银联的信息进行核对的，建议客户咨询自己的发卡方，确定银行卡在银行的信息是否与在银联的信息一致。

28. 如省公司人员因业务需要提高"电 e 宝"交易限额，怎么办？

答：可以向风险管控部门申请加入白名单，需提供工作证件的影像、注册手机号（账号完成实名认证）及测试周期（测试周期不得超过 1 个月）；如已经是白名单用户依然提示超限额，请联系发卡方是否由发卡方限额原因导致。

29. 用户在使用"电 e 宝"时发现短信验证码收不到，这可能是什么原因导致的？

答：在绑卡过程中请核对绑定银行卡的银行预留手机号码、姓名与注册"电 e 宝"的注册手机号码、姓名是否一致。

可能是手机默认将平台短信加入黑名单，请客户从短信黑名单中还原至正常状态。

可能是短信平台系统问题。

30．用户咨询电力营销人员，在使用"电 e 宝"的过程中，她的电费小红包使用后未成功，随后消失了，应该如何处理？

答：由于红包全额支付电费操作导致消失的会在 30min 内自动退回您的卡包中，由于红包和银行卡混合支付操作导致消失的会同银行卡退款时间一致退回到卡包中，由于转赠操作导致消失的小红包会在 2h 后自动退回客户的卡包中。

31．用户使用"电 e 宝"时，如果出现银行卡盗刷问题，如何解决？

答：如果客户银行卡被盗刷，银行方确认是"电 e 宝"渠道的原因，需要客户联系"电 e 宝"客服确认盗刷行为是否被风控拦截，如未被拦截，则无法追回款项，如已被拦截，需客户提供身份认证、银行卡信息等材料核实并返还给客户。

32．用户使用"电 e 宝"时提示快捷支付失败，应该怎么处理？

答：请用户核实是否已扣款，若已扣款，需提供快捷支付失败报错的提示信息、账户名、交易流水号、开户行、卡号的后四位（储蓄卡或信用卡），反馈至相关部门处理；若无扣款，重新下单支付。

33．客户在使用"e 充电"充电时，如果遇到电卡故障或 APP 故障，或者遇到充电桩离线现象，客户应该如何使用自助充电？

答：（1）如果客户有充电卡，有 APP 账号，充电桩在线，则客户可以从充电卡、扫二维码、账号三种方式中任选一种充电。

（2）如果客户有充电卡，充电桩离线，则客户可以采用支付卡方式充电。

（3）如果客户无充电卡，有 APP 账号，充电桩在线，则客户可采用二维码或账号方式充电。

（4）如果客户无充电卡，有 APP 账号，充电桩离线，则提示客户使用其他设备充电。

34．客户咨询高速充电卡和市区充电卡是否可以跨区域使用，以及各省市充电卡的区别？

答：车联网充电卡可以在全国贴有国家电网公司标识的所有公共充电设施及高速充电设施充电，充电消费不存在地域区别。目前各省充电卡有各自独立号段，车联网平台系统不支持跨省开卡、换卡和销卡，其他充值、充电、解灰、解锁、挂失、补卡、查询等功能均不受限制。

35．95598 智能互动网站内容包括什么？

答：网站展现、账户管理、用电服务、智能用电小区服务、电动汽车服务、能效服务、客户监督、增值服务、网站座席业务处理、网站运营管理、网站系统管理等内容。

36．客户在 95598 智能互动网站查询停电公告的方法。

答：用户点击停电公告标题，查看停电公告详细信息，选择所属区域，停电开始结束日期，搜索停电范围，点击查询。

37. 营销移动服务作业手持式终端的功能包含哪些？

答： 设备用于抄表、收费、催费、现场检查等功能，具体业务功能包括但不限于移动作业、移动服务、运行管理、系统支撑。

38. 营销移动作业终端涉及现场业扩的环节有哪几个？

答： 营销移动作业终端涉及现场业扩的环节有现场勘查、中间检查、竣工验收、送电管理等。

39. 营销移动作业终端涉及现场计量的环节有哪几个？

答： 营销移动作业终端涉及现场计量的环节有现场装拆、现场校验、入库核验、出库核验等。

40. 营销移动作业应用平台管理中的终端管理包含哪五大部分功能？

答： 营销移动作业应用平台管理中的终端管理包含终端登记、终端领用、终端管理、终端审核、终端授权等五大部分功能。

41. 描述使用移动作业终端开展现场客服工作的主要内容。

答： 通过移动作业终端记录查询客户的用电申请信息，接受客户新装增容及变更用电的申请，并通过移动作业终端上传结果到营销系统。包括"高压增容受理""减容恢复受理""装表临时用电受理""无表临时用电受理""减容受理""低压居民新装""低压非居民新装""低压居民增容""低压非居民增容""更名""改类"。

42. 描述使用移动终端开展现场业扩工作的主要内容。

答： 通过移动作业终端下载现场勘查、中间检查、竣工验收等环节工单，前往客户现场进行现场勘查、中间检查、竣工验收、送电管理等操作，完成现场工作后，工作人员可以通过在线方式将现场作业信息上传到营销系统。包括"现场勘查""中间检查""竣工验收""送电管理"。

43. 描述使用移动终端开展现场用检工作的主要内容。

答： 通过移动作业终端下载工单，前往客户现场进行周期检查、专项检查、缺陷、隐患整改、违约用电、窃电检查等操作，现场工作完成后通过移动作业终端将现场作业信息上传到营销系统。包括"周期检查""专项检查""缺陷、隐患整改""违约用电、窃电检查"。

44. 根据现场作业业务需要，现场移动业务功能包括哪些？

答： 包括现场业扩、现场抄表、现场催费及停复电、现场检查、现场服务、现场异常等现场作业应用。

45．营销移动作业应用应坚持的工作要求是哪四个统一？

答："统一规划""统一建设""统一部署""统一实施"。

46．营销移动作业应用现场业扩—高压新装业务受理界面需要处理哪几个信息模块？

答：营销移动作业应用现场业扩—高压新装业务受理界面需要处理：用电申请信息、申请资料、联系信息等信息。

47．营销移动作业应用现场业扩—高压新装中间检查界面需要处理哪几个信息模块？

答：营销移动作业应用现场业扩—高压新装中间检查界面需要处理：注意事项、信息核对、线路（电缆）等信息。

48．营销移动作业应用调查问卷管理模块中，调查问卷内容应包括哪些方面？

答：调查问卷内容包括调查内容、调查选择方式（客观选择、主观填写）、调查问卷评估规则。

49．车联网建设中各级部门工程建设管理角色是什么？

答：国网营销部：计划管理员——负责导入和更新平台项目计划。国网电动汽车公司：项目管理员——负责督导省公司加快推进项目实施，审批里程碑计划。车联网运营负责人——审批充电设施投运工单。计费模型管理员——负责与省公司共同确定计费标准，审批计费模型申请并完成平台录入。审批注册码并派发接入验证工单。省公司：项目管理员——负责制定里程碑计划。计费模型管理员——负责与国网电动汽车公司共同确定计费标准，提出计费模型申请。地市公司：项目管理员——负责填报项目资金和里程碑进度。充电设施管理员（巡视管理员、检修管理员）——负责统筹申请充电桩接入注册码。负责充电桩接入、投运管理。

50．车联网建设中各级部门设施运维管理角色是什么？

答：国网电动汽车公司：车联网运营负责人——审批充电设施复投工单；负责处理投诉；负责审批充电卡采购需求。平台值班员（班长）——开展充电网络监控值班。国网客服中心：客服坐席——负责受理95598电话业务。回访人员——负责回访客户。省公司：业务负责人——负责处理投诉。负责统筹调度本省业务开展。地市公司：充电设施管理员（巡视管理员、检修管理员）——负责制定巡视计划、安排巡视员开展巡视工作；负责制定检修计划、安排检修员开展检修工作。巡视员——负责充电设施巡视。检修员——负责充电设施检修。充电卡管理员——负责提出充电需求，接收、分配、管理充电卡。

51．充电桩常见故障中属于一般故障的有哪些？

答：直流充电桩：充电中车辆控制导引告警（TCU 判断）；BMS 通信异常；蓄电池充电过电流告警；蓄电池模块采样点过温告警；充电枪未归位；充电模块故障；充电中车辆控制导引告警。交流充电桩：充电枪未归位；充电中车辆控制导引告警。

52．"e 充电"APP 主要提供哪些服务？

答："e 充电"APP 提供多种用户服务，主要包括监测服务、工单服务、我的三大功能模块。其中监测服务基本功能分为设备监测、地图监测、线路导航等 3 个子功能模块；工单服务基本功能分为巡视、计划检修、临时检修等 3 个子功能模块；我的基本功能分为桩注册管理、桩档案维护等子功能模块。

53．请简述充电桩常见故障中"交易记录满"的故障现象、常见原因和处理方法。

答：故障现象：液晶屏显示"故障代码：5"。常见原因：设备长期离线，数据未上传后台导致本地数据量积累过大超出设备闪存存储能力。处理方法：检查设备无线信号是否正常，设备上线后将自动上传数据并删除已上传的数据。

54．请简述充电桩常见故障中"交易记录存储失败"的故障现象、常见原因和处理方法。

答：故障现象：液晶屏显示"故障代码：6"。常见原因：设备闪存损坏。处理方法：检查设备是否在线状态；重启 TCU，检测闪存是否损坏，如有损坏请更换 TCU。

55．请简述充电桩常见故障中"蓄电池充电直流告警"的故障现象、常见原因和处理方法。

答：故障现象：液晶屏显示"故障代码：13"。常见原因：充电时电池的电流需求值大于充电桩的设定阈值，引发充电桩控制系统过电流保护。处理方法：检查电池状态是否正常，检查充电机模块是否正常。

56．请简述充电桩常见故障中"急停按钮动作故障"的故障现象、常见原因和处理方法。

答：故障现象：液晶屏显示"故障代码：16"。常见原因：充电桩正常情况下被人为按下急停按钮，且按钮按下后一直没有恢复。处理方法：恢复急停按钮，向右旋转急停按钮然后松开即可。备注：部分充电桩恢复急停按钮后会出现其他故障代码，需检查塑壳断路器是否需要人为闭合。

57．请简述充电桩常见故障中"过温故障"的故障现象、常见原因和处理方法。

答：故障现象：液晶屏显示"故障代码：21"。常见原因：①设置温度过低；②温度传感器故障；③散热风扇未启动。处理方法：检查设置温度；检查温度传感器是否正常；检查散热风扇是否运转正常。

58．怎样建立服务资源统一调度和快速响应机制？

答：整合各类线上电子化服务渠道，构建"小前端、大后台"服务组织模式，打通各渠道壁垒，统一规划，统一运维管理，加强前端与后端衔接，实现集"服务接入、主动预约、研判分流、协调指挥、跟踪督办、审核反馈、数据校核、信息发布、流程管控、客户回访"为一体的快速响应和服务质量管控机制；开展供电服务指挥平台试点建设，依托营销系统，通过数据中心、企业服务总线等共享机制，建立与生产管理系统、配电网自动化系统、用电信息采集系统的信息共享，整合业务工单运转、快速抢修复电、服务全景视图、综合展示、营配调协同应用等业务功能，实现配电网运行协调、故障研判、抢修指挥、95598 和线上渠道工单接派的一体化交互应用和全过程监控管理。

59．在"掌上电力"和"电 e 宝"互联互通工作中，省公司营销部的职责是什么？

答：负责本单位的优化实施工作组织监督及协调工作。从业务管控、业务验证、资源协调等方面参与优化实施具体工作，规避对用户可能造成的风险，保证实施的顺利开展。参加国网营销部组织的试点上线及推广应用的评审工作。同时，组织省客服中心等相关部门业务人员在各省现场开展业务功能的验证工作。

60．在"掌上电力"和"电 e 宝"互联互通工作中，在业务验证阶段，验证原则有哪些？

答：（1）开展覆盖各省公司的业务验证工作，确保融合架构升级后"电 e 宝"及"掌上电力"手机 APP 业务稳定运行。

（2）预设覆盖融合业务的测试用例及预期测试结果，按用例分省分用户类型开展业务验证，并与预期测试结果进行复核性校验，形成有针对性的测试结论。

（3）从性能、安全等技术方面设定技术性的业务验证方法，确保业务并发性能及安全防护满足要求。

（4）从客户体验角度设定交互及界面验证方法，确保布局、交互及关键提示基本合理，满足用户习惯。

61．用户在"掌上电力"进行暂停业务申请时，平台显示的暂停业务流程包含哪些步骤？

答：用电申请、申请预审、资料上传、设备封停、结束。

62．营销工作人员接到用户来自"掌上电力"的暂停业务申请时，需要查看客户需暂停的变压器名称、申请停用日期及计划恢复日期，在这个阶段工作人员需要验证的项目是哪些？

答：（1）年度内变压器累计暂停时间是否超过 6 个月（若暂停时间已满 6 个月，需工作人员电话通知客户到营业厅办理减容业务）。

（2）需量客户是否为整日历月的暂停（需量客户非整日历月暂停的，基本电费按整日历月收取，需工作人员电话通知客户，如客户仍要办理的，需上传加盖公章的承诺书）。

（3）续停客户暂停日期是否连续（若两次暂停时间不连续，需工作人员电话通知客户期间将正常收取基本电费）。

63．如何合并国家电网公司账户？合并规则是什么？

答：如已有国家电网公司多家平台的多个账户，会在"掌上电力""电 e 宝"及国网商城登录时，收到多个账号的合并提示，建议选择近期常用账号（及密码），作为首选账户合并，今后作为国家电网公司统一账号。如使用用户名登录不成功，建议用手机号登录。如遇密码失效、验证失败、密码错误，则建议尝试"找回密码"。

64．"掌上电力"企业版共分为几个功能模块？在服务界面下，又有哪几项主要服务项目？

答：主要分为首页、用电、服务、我的。

主要服务项目：网点查询、停电公告、用电申请、业务记录。

65．"掌上电力"官方版中，哪些功能必须是登录或绑定后才可以使用的（答出 6 项即可）？

答：支付购电、办电申请、电量电费、购电记录、电费余额、日用电量、我要报修、我要咨询、我有话说、投诉举报。

66．"掌上电力"企业版的定义是什么？

答："掌上电力"企业版是国家电网公司为高压企业客户（10kV 及以上）提供的专业掌上互动服务应用软件，具备用电业务办理、业务办理进度查询、用电信息查询、能效信息查询、用户档案信息查询、在线停电公告查询等服务功能，为广大高压企业用户提供随时随地的贴心电力服务。

67．"电 e 宝"APP 中的电费小红包的概念是什么？它的获取方式和使用规则是什么样的？

答：电费小红包是由"电 e 宝"发行、具备国家电网公司特色的、以电力消费为特性的互联网支付红包，是"电 e 宝"提升服务品质及影响力的重要手段。

用户可通过购买、预存电费、注册新用户及抽奖等活动获取。

小红包可赠送给微信朋友及通讯录朋友，支持交纳电费，但不可提现。缴纳电费时最多可以使用 10 个电费小红包，且总金额上限为 200 元。

68．"电 e 宝"中的供电窗是什么？它的开发特点是什么？

答："电 e 宝"的供电窗类似于支付宝的服务窗和微信的公众号，是为了更好地提升"电 e 宝"的服务功能，为各省市电力公司专门设计的供电服务窗口。

各省市电力公司可以按照"电 e 宝"的标准接口，自主开发、设计各自服务举措和个性特色，使"电 e 宝"成为国家电网公司和用电客户的智能交互平台，极大地提升用户黏性。

69．当用户打开"电 e 宝"生活界面，找到全部应用，会发现其中有一个称为体验师的功能模块，请问这个模块的作用和使用权限设置是什么？

答：体验师的主要功能为各省（区、市）电力公司营销口的主要人员提供意见交流的入口，首先运营人员将主要人员的手机号录入运营后台系统，只有录入过的人员才能使用体验师的功能。

70．用户在"电 e 宝"中进行交易时，交易限额是多少？

答：绑卡 31 天内的新用户，一般地区单日/单月 100 笔，单月 1000 元（对于开展电费业务推广的省公司风控规则可适当上调）；如您是老用户，每月缴纳电费的笔数按照单日 50 笔、单月累计 50 笔进行控制，交费金额按照不同级别认证客户的余额支付、快捷支付限额进行控制：余额支付未认证每笔限额 1000 元，单日限额 1000 元，单月限额 2000 元；银行卡认证每笔限额 2500 元，单日限额 5000 元，单月限额 10 000 元；身份证认证每笔限额 5000 元，单日限额 10 000 元，单月限额 20000 元，快捷支付银行卡认证每笔限额 5000 元，单日限额 10 000 元，单月限额 20000 元；身份证认证每笔限额 10 000 元，单日限额 10 000 元，单月限额 50 000 元。

71．用户在"电 e 宝"网站进行交易记录查询时，可以看到哪些信息？

答：消费记录、充值记录、提现记录、转账记录、退款记录。

72．客户咨询很多高速未投运充电桩无提醒标识，并且充电桩状态为通电状态，客户在现场无法识别是否投运，若前往充电，并且充电失败如何处理？

答：出现客户充电失败的情况时，答复客户，并联系车联网平台值班员通知相关运维人员对未投运充电桩进行处理。提供的答复如下。

话术：××先生/女士，非常抱歉给您带来不便，该充电站的充电桩系统存在问题，暂时无法进行充电，请您前往下一个服务区。如您需要查询附近充电站，我们设有车联网专席，为您详细解释相关诉求，请您拨打 95598 按 7 号键，将会有专业客服专员为您服务，感谢您的来电，再见！

73．个人客户如何开具发票？

答：个人客户充值时不开具发票，实际充电后 3 个月内可申请开具增值税普通发票。实名充电卡客户可关联"e 充电"电子账户后通过"e 充电"网站申请开具发票，也可在营业网点申请开具发票；非实名制充电卡客户只能在营业网点申请开具发票；"e 充电"电子账户可通过"e 充电"网站申请开具发票。发票由国网电动汽车公司统一开具并免费邮寄。

74．"e 充电"APP 中显示的充电桩信息有哪些？

答："e 充电"APP 中显示的充电桩信息有充电桩类型、营业时间、地址、闲置状态、充电桩编号、接口标准、车辆 SOC，额定功率、额定电压、实时电流、实时电压、收费信息（包括充电费、服务费、停车费），支付方式（包括二维码、充电卡、账户余额）。

75．客户表示部分高速服务区上的电桩在使用电卡时会提示输入密码，但是部分电桩无"下一步"按钮，无法跳过此步骤，无法继续充电，如何处理？

答：遇到充电桩无"下一步"按钮，客户无法跳过此步骤继续充电时，请用户输入初始密码"123456"即可。该现象因程序版本较早，后续版本已统一操作方式，更新程序即可解决。

76．单位客户开卡充值应如何办理？

答：单位客户通过电汇方式充值的，营业网点应在完成信息录入后，向客户告知国网电动汽车公司账户信息，客户通过电汇方式支付资金。国网电动汽车公司确认资金到账后，通知客户到营业网点继续完成充值业务办理。

77．请简述刷卡充电的步骤。

答：用户需要持国家电网统一发行的电动汽车充电卡到国家电网充电桩进行充电操作。

（1）把充电枪正确插入电动汽车充电接口。

（2）在桩上选择充电卡充电，设置所需的充电金额。

（3）首先进行第一次刷卡，预扣充电金额，激活充电桩，启动充电。

（4）结束充电进行第二次刷卡，确认充电完整性，完成扣款流程。

78．请简述二维码充电的步骤。

答：（1）把充电枪正确插入电动汽车充电接口。

（2）在确定插枪正确后，在桩上操作选择二维码充电，选择预充金额生成二维码（充电桩需网络在线）。

（3）"e 充电"APP 地图右上方点击"扫一扫"图标，进入扫描界面。

（4）对准充电设备上的二维码进行扫描，激活充电桩，锁定充电枪，开始充电。APP扫描成功，后台会同时返回 6 位验证码。

（5）在充满指定的金额后自动停止充电，输入扫码后返回的验证码并验证成功后，结束充电。

（6）若想提前结束充电，点击充电桩充电界面上的"停止按钮"输入扫码后返回的验证码并验证成功后，结束充电。

79. 请简述"e 充电"账号充电过程。

答：（1）把充电枪正确插入电动汽车充电接口。

（2）在确定插枪正确后，在桩上操作选择"e 充电"账号充电（充电桩需网络在线）。

（3）在桩上选择预充金额，并输入"e 充电"APP 账号和 6 位支付密码，启动充电。

（4）在充满后自动停止充电，输入交易密码并验证成功后，结束充电。

（5）若想提前结束充电，点击充电桩充电界面上的"停止按钮"输入交易密码，并验证成功后，结束充电。

80. 为什么我的智能电卡会被锁定，怎么解锁？

答：为避免用户的损失，在用户进行充电时会对用户的智能电卡卡内金额进行锁定，防止用户在两处交易导致扣费异常。充电结束后用户需要再次刷卡解除锁定。如果用户的智能电卡已经被锁定，用户需到附近营业厅网点进行解锁。

81. 国网电动汽车服务"e 车城"能为客户提供哪些服务？

答：国网电动汽车"e 车城"为用户提供新能源汽车、充电桩、充电卡、金融保险、汽车配饰、增值服务六种不同类型的商品售卖。

其中新能源汽车主要包括吉利、北汽、比亚迪等著名国产纯电动汽车；交流充电桩主要包括国网标准、星星充电、华商三优等，直流包括南京能瑞、华商三优、科陆、鲁能等著名国产充电桩；金融保险提供车 e 贷、英大汽车保险；增值服务包含预约维修、预约保养、应急救援。

82. "掌上电力"手机 APP"用电"模块包括哪些功能？

答："用电"包括切换户号、用电档案、账务信息、电量电费、用电趋势、抄表数据、电源信息、客户经理等 8 项功能。

83. "掌上电力"手机 APP"服务"模块包括哪些功能？

答："服务"包括网点查询、停电公告、用电申请、业务记录、业务办理指南、资费标准、用电知识、帮助与反馈 8 项功能。

84. 在"掌上电力""电 e 宝"及国网商城，新注册的用户提示已有账户怎么办？什么原因？

答：建议使用当前手机号尝试登录，密码参考"如何找回密码"问题，再尝试登录。

原有"掌上电力""电 e 宝"及国网商城任一家账号的客户，在 8 月 13 日统一账户后，使用重复手机号注册新账户时，会出现该问题。

85．易充电管理平台中营业厅工作人员为客户办理充电卡解款业务需如何操作？

答：点击平台功能菜单中的"收费账务→解款"，选择收费类型、解款状态（默认为现金充值、未解款），点击查询，显示收费记录列表，选中一条记录，选择结算方式、解款银行，点击解款。在弹出的是否确认的提示框中点击确认，提示解款成功。

86．易充电管理平台中知识库查询有什么基本功能？

答：知识库查询主要是提供对知识库的精准查询和分类查询，方便客服坐席及时根据客户提出的问题给予解答。

87．客户可以查看业务办理工单的流程信息、工单详情有哪些？

答：（1）流程信息内容包括申请编号、业务类型、申请时间、办理进度流程图（已办环节、未开展环节、当前所处环节以颜色区分）环节起止时间、流程状态、温馨提示。

（2）工单详情包括用户名称、用电地址、电压等级、申请容量、申请时间等信息。

（3）流程信息中的温馨提示是指业扩办理流程处在当前环节时，给客户展示的提示内容。

88．充值缴纳是指注册用户通过 95598 智能互动网站功能，通过银行卡支付、充值卡支付、支付卡支付、第三方支付、手机钱包支付等多种方式支付电费的业务。具体包括哪些工作任务？

答："B2C 支付电费""B2C 支付电费对账""充值卡支付电费""充值卡支付电费对账""B2C 支付购电""B2C 支付购电对账""充值卡支付购电""充值卡支付购电对账""到账确认"等工作内容。

89．网站客户账号密码重置和户号解绑处理步骤是什么？

答：客服专员根据客户提供的网站账号、注册时绑定的手机号、客户编号等信息，通过业务支持系统查询网站用户信息，并为用户重置密码或解绑。

90．95598 智能互动网站的建设，实现了哪些业务功能？

答：电力信息发布、网上业务受理、网上支付、用电信息查询、故障投诉举报等网络服务业务功能。

91．95598 智能互动网站的建设目的是什么？

答：达到拓展营销服务渠道、提升业务宣传能力、提高优质服务水平、增强企业品牌认知、树立企业良好形象、适应客户服务方式多元化发展趋势的目的。

92．自助服务中用电查询可以查询的内容有哪些？

答：账户余额查询，电费电量查询，准实时电量查询，业务办理进度查询，智能表余额查询，用电档案查询，客户查询密码修改。

93．95598 服务网站注册个人与家庭账户时必须输入的资料有哪些？

答：网站账号，设置密码，确认密码，所属地区，联系人，验证码。

94．95598 智能互动网站信息订阅与退订版块是什么？

答：是认证用户提供发送停电信息、用电常识、欠费信息等功能的集合。

95．在网站上进行故障报修、业务咨询、投诉、举报、表扬、建议、意见申请登记后，分别会在何时给用户答复？

答：咨询转出工单 5 个工作日答复客户；投诉工单 1 个工作日内联系客户，7 个工作日内答复客户；举报、意见、建议工单 10 个工作日答复客户；报修工单接收回单后24h 内完成工单回复；表扬工单无具体答复时限。

96．准实时电量与电量电费有什么不同？

答：准实时电量是指前一天系统统计时段为 00:00:00 至 23:59:59 的电量，电费电量是用户一个抄表周期内合计的电费和电量，两者有明显的差别。通常一个抄表周期内的电费电量等于此时间内准实时电费电量的合计。

97．"电 e 宝"的基本功能包括哪些？

答："电 e 宝"的基本功能包括银行卡绑定、充值、提现、转账、账单、设置、二维码扫描、付款码。

98．"电 e 宝"具备哪 4 项特色功能？

答：生活缴费、国网商城、电费小红包、掌上电力。

99．营销移动作业应用项目中网络架构问题主要有哪几点？

答：（1）营销移动作业应用系统需要专线通道接入。

（2）移动 PAD 需要 SIM 卡与服务端通信。

（3）需要确认 SIM 提供方（移动、联通）和 SIM 卡费用问题（包月、流量）。

100．营销移动作业应用项目的建设思路有哪几点？

答：（1）系统建设分步推进：一期以基础数据获取即与外围系统接口为主，后期进行功能扩展、业务深化。

（2）数据架构遵循国家电网公司公共信息模型（SG-CIM）、依托国家电网公司统一开发平台（SG-UAP、ISC 统一权限）进行开发。

（3）通过三步设计方法，暨通过业务架构、应用架构和系统架构的规划，建立了从业务到系统的有形、科学的方法，保证业务能够得到系统支撑。

101．请简述"e 充电"中，用户注册流程。

答：（1）点击"我的"—"登录/注册"跳转至登录页面。

（2）在登录页面点击注册跳转至注册页面（若已有"e 充电"账号在此页面登录即可）。

（3）在注册页面输入手机号、密码（8～20 位），并点击获取验证码后输入短信验证码即可完成注册。

102．"e 充电"中，充电桩筛选的内容有哪些？

答：可对桩的功率、充电接口类型、运营商、支付方式、电桩类型、电站类型进行筛选，或直接选择已保存的偏好设置。

103．简要概述充电卡充电操作流程。

答：（1）选择充电方式。

（2）输入金额与密码。

（3）刷卡启动充电。

（4）充电中。

（5）停止充电。

（6）刷卡结算。

（7）充电完成。

104．商户忘记"电 e 宝"企业登录账户名怎么办？

答：可以查询，但是为了保证企业信息不被泄露，为确定商户的身份需要提供企业的法人名称及营业执照注册号才可以告知商户企业的"电 e 宝"账户名。客服专员需记录信息反馈至相关部门处理。

105．"电 e 宝"网站使用的知识背景。

答："电 e 宝"由国网电商公司独立开发，拥有自主知识产权，集成第三方风险管控系统，具有较高安全防护能力，既是国家电网公司统一的互联网交费工具，又是独具特色的"PDF"（即"平台＋数据＋金融"）移动互联网金融创新平台，面向用户提供一站式理财及电力特色服务，帮助用户实现"便利生活，乐享财富"的目标。

106．国家电网营销移动业务应用系统概要设计遵循的基本原则有哪些？

答：（1）规范性原则。

（2）实用性原则。

（3）可靠性原则。

（4）可扩展性原则。

（5）经济性原则。

107．描述使用移动作业终端开展减容恢复受理工作的基本功能。

答：（1）根据客户申请内容，选择录入"减容恢复用户申请信息"，支持断点保存。

（2）支持对用户提供的资料信息进行拍照。

（3）上传用户申请信息至营销业务应用系统。

108．简述营销移动作业的含义。

答：营销移动作业是指借助移动互联技术，以客户为导向，以提升营销服务能力、提高工作效率为目标，通过移动化方式实现业扩、用检、抄催等业务现场作业与后台工作一体化应用。

109．公司营销部（农电工作部）是公司移动作业平台归口管理部门，请简述其主要职责。

答：（1）组织编制和修订营销移动作业平台相关管理制度和标准规范。

（2）负责营销移动作业平台业务的统一规划、设计与完善工作。

（3）负责指导各省公司营销移动作业平台的软硬件建设与业务推广。

（4）负责公司营销移动作业平台应用情况的监督与考核。

（5）负责审核各单位营销移动终端购置需求，组织招标采购工作。

110．省（自治区、直辖市）公司营销部（农电工作部）是本单位营销移动作业平台应用的归口管理部门，请简述其主要职责。

答：（1）负责本单位营销移动作业平台的建设、推广和运行管理。

（2）负责本单位移动作业终端的设备管理及营销移动终端购置需求汇总及上报。

（3）负责组织开展本单位营销移动作业平台应用与培训工作。

（4）负责本单位营销移动作业平台新增、变更业务需求审定与上报工作。

（5）负责本单位营销移动作业平台应用情况的评价考核。

111．简述营销移动作业终端安全管理的主要内容。

答：（1）移动作业终端在使用过程中，使用人应高度重视对移动作业涉密数据的防护。

（2）移动终端应用在设备锁屏或根据设定的会话时限进入锁屏界面，使用人需要重新输入密码进入系统。

（3）终端使用人应定期更改注册账号密码，密码强度符合数字与字母组合且不小于8位。

112．简述移动作业终端现场催费及停复电业务适用范围。

答：移动作业终端现场催费及停复电业务适用于现场催费、停电通知及欠费停复电工作。

113．简述国家电网公司信息化项目建设实施管控指导手册（建设单位分册）规定项目日常工作规范中安全管理的主要内容。

答：（1）建设单位必须对承建厂商人员进行信息安全培训，学习《国家电网公司办公计算机信息安全管理办法》等安全管理规定，督促所有入场人员每年签署"信息项目保密协议""信息项目安全承诺书"。

（2）加强对实施现场基础设施及环境的安全检查，加强数据集成、数据迁移、数据收集录入阶段的信息安全管理工作，不得随意公布各类技术文档，不得泄露敏感数据，发生泄密事件时应第一时间做好现场处置并向总部报告。

（3）建转运交接期间，按照《国家电网公司信息系统业务授权许可使用管理办法》的要求，做好用户账号权限移交和清理工作。

114．简述国家电网公司信息化项目建设实施管控指导手册（承建厂商分册）规定项目日常工作规范安全管理中保密管理的主要内容。

答：承建厂商应承诺按照涉密要求进行项目建设的信息保密管理，所有入场人员每年应与建设单位签署"信息项目保密协议""信息项目安全承诺书"，严格履行保密义务。严禁承建厂商将业务数据收集结果存储在个人笔记本或存储介质中，不得擅自对数据复制、传输、泄露、流失、扩大使用范围。承建厂商应安排专人负责保管纸质文档，做好保密工作。

115．营销移动作业终端管理办法（试行）中规定的市公司的职责分工是什么？

答：市公司负责对省公司配送的移动作业终端进行管理，对辖区内各单位进行发放使用，组织人员参加业务培训，协调处理移动作业终端使用过程中出现的各类异常问题。

116．营销移动作业终端管理办法（试行）中规定的国网营销部的职责分工是什么？

答：国网营销部负责统一管理移动作业终端的功能设计，制定移动作业终端的采购计划，规范营销移动业务流程，制定与完善技术标准，并对终端整体开发应用情况进行管理。

117．营销移动作业终端管理办法（试行）中规定的省公司营销部的职责分工是什么？

答：省公司营销部负责分配移动作业终端，组织各市公司开展营销移动业务应用，收集应用数据和服务需求，督促和协调运维单位做好支撑工作，组织开展技术培训。

118．营销移动作业终端管理办法（试行）中规定的运维单位的职责分工是什么？

答：运维单位负责移动作业的技术支持工作，协助各省公司完成对移动作业终端设备资产入库、分配、报废等进行管理，按照规定设置各级用户权限，做好移动作业终端注册。负责移动作业终端使用过程中各类问题的分析与处理，协调设备供应商进行移动作业终端故障维修、缺陷处理和功能升级。

119．依据《营销移动作业应用管理规范》移动作业应用中设备管理是指什么？

答：设备管理是指移动作业终端、SIM 卡、TF 安全接入卡、外设设备的资产建档、领用、使用、收回、维修、丢失、报废等全寿命周期的管理。

120．请简述移动作业应用系统配置管理。

答：系统配置管理是对移动作业平台进行整体管理。包括对平台承载的现场业扩、现场抄催、现场客服和现场用检四大业务相关电子表单、数据模板进行管理，对平台正常操作及异常情况的日志管理，以及对终端应用的版本更新管理。

121．请简述移动作业应用业务功能中日志管理功能的主要工作。

答：记录平台正常日志及异常日志，正常日志记录移动作业终端登录、档案维护、数据上传等关键操作并进行管理，异常日志记录系统业务处理、服务端口调用、程序异常停止运行、数据下装（上传）异常和信息安全风险等报出的错误进行记录及管理。

122．在营销移动作业平台中建设模板库，支持统一模板管理、自定义模板管理，请分别简述两种模板管理有何不同点？

答：在平台中建设模板库，支持统一模板管理、自定义模板管理。统一模板为公司根据客户用电性质和业务类型制定的常用数据模板，字段完整。自定义模板为终端使用人根据自身岗位工作经验自定义数据模板，供同类型业务选择使用，支持终端上传。

123．请简述营销移动作业终端服务支持包含的基本功能模块。

答：终端服务支持包含了移动作业模式适配、移动作业工单管理、移动作业图片管理、移动作业模板管理、移动作业账号管理、移动作业设备配置、移动作业版本更新数据同步。

124．请简单描述营销移动作业设备配置的基本要求。

答：移动终端应用适配 Android4.0 及以上操作系统，应支持设备分辨率自适应功能，支持 5 寸及以上移动设备的多种分辨率。移动终端应用应具有位置服务功能、网络状态变化提醒、用户电子签名、打印功能、条码扫描功能、高频射频卡读写功能。

125．移动终端应用在离线和在线模式下都可以进行业务处理，请简述二者的不同点。

答：移动终端应用经 APN 无线接入移动作业平台，采用在线作业模式开展相关业务应用，与各业务应用系统进行交互，移动终端应用必须在在线模式下实现业务签收，在线模式下与平台进行用户验证。不具备实时网络通信条件时，可以采用离线作业模式开展现场作业，在离线模式下，网络通信正常时，将离线作业数据上传至服务端，离线模式下与数据库用户进行校验。

126．营销移动作业应用管理规范明确了哪些内容？

答：本规范明确了营销移动作业平台的职责分工、业务应用管理、主站运行管理、设备管理、安全管理、考核评价等。

127．营销移动业务应用存储的数据主要是由 6 大类的数据域组成，它们分别是什么？

答：业务处理域、工作分析域、工作监控域、平台管理域、系统支撑域、附件域。

128．通过移动作业终端现场开展勘查业务，须根据终端提示，确认哪些现场信息？并录入用电方案生成勘查工作单，客户审核后完成电子签字确认工作。

答：确认现场工作危险点和安全措施；现场核查客户申请信息；确定是否符合新装（增容）或变更用电条件。

129．移动终端的网络安全设计主要包括哪几个方面？

答：（1）身份认证：移动终端应支持采用智能卡认证，提供身份认证、电子签名、权限管理等诸多安全功能。

（2）通信加密：移动终端应提供基于硬件或软件加解密的接口，实现对通信过程中应用数据的机密性和完整性保护。

（3）访问控制：移动终端应采取安全措施对系统资源如 CPU 指令、存储器、通信模块、设备驱动及系统内核等资源进行强行访问控制，防止非法操作。

130．移动应用服务数据库主要存放满足平台需要的数据内容，主要包括什么？

答：（1）营销业务应用、用电采集系统需要推送到现场的任务相关信息。

（2）移动作业完成后需要反馈到业务系统的任务相关信息。

（3）移动应用服务应用产生的监控信息。

（4）满足移动作业需要的基础信息，包括作业人员、设备、移动工作流定义，以及相关业务系统同步的公共代码信息。

（5）满足工作质量管理需要的工作质量统计信息。

131．营销移动作业应用的设计原则是什么？

答：统一性、安全性、实用性、先进性、开放性。

132．营销移动作业应用会带来哪些好处？

答：（1）提高效率，受理和勘查同步完成；故障电子工单即时到达；移动资产盘点；减少工作量和差错概率。

（2）加强管理，工作现场实时定位；智能抢修，专家远程支持；抄表率、现场检查到位率等；实时运营检测。

（3）促进营销，主动上门受理业务；加快装表接电流程；用户诉求快速响应。

（4）提升服务，一站式服务：受理到接电；移动营业厅，贴心和便民服务；智能抢修，减少停电时长；现场复电，提高客户满意度。

133．营销移动业务应用管理功能主要包括哪7大功能模块？

答：接口管理、应用管理、消息推送、终端管理、统计分析、服务支持、系统管理等7个功能模块。

134．简述营销移动业务应用架构构成，并简述其作用。

答：营销移动业务应用架构主要包括移动终端应用、移动应用服务两大部分。移动终端应用是营销移动业务数据展现及作业应用的承载平台。移动应用服务是给予监控、统计分析及应用管理的支撑平台。同时移动应用服务模块涵盖接口服务，实现各业务系统的集成与通信，营销移动业务前端应用提供支撑。

135．简述移动业务应用的离散性，并给出离散情况下移动应用的可操作性方法及特点。

答：营销移动业务应用的一个显著特征是其应用的离散性——用户访问和操作的离散性，以及无线网络覆盖的特点，很多情况下用户需要在离线状态下进行事务处理。为解决离线情况下移动应用的可操作性问题，利用手机 SQLite 数据库引擎提供一种通用的能够支撑企业级移动应用进行离线应用机制，为现有的移动应用添加离线操作能力。特点为统一体验、本地储存、本地资源访问、离线操作。

136．营销移动业务应用与其他应用系统如何实现信息交换和数据共享。

答：营销移动业务应用与其他应用系统，通过调用标准业务服务接口进行数据交互，按照统一的信息模式标准，通过集成外部设备及内网业务支撑系统，主要包括营销业务应用系统、电能信息采集系统、电动汽车运营管理系统、售电系统、短信平台等系统进行集成。集成方式分别采用 Web service、API、SDK 等完成系统数据的传输，从而实现信息交换和数据共享。

137．如何实现移动业务应用终端层对终端设备的安全接入、安全处理及防护？

答：移动业务应用终端层是应用前端展示和操作的模块，需采用专用的 SIM 卡和安全 TF 卡，通过供应商提供的专用的网络通信通道，并通过安全接入平台接入信息内网，实现对终端设备的安全接入、同时实现对终端用户身份认证、传输数据的加解密，终端传输到内网的数据进行安全处理或防护等。

138．简述营销移动业务应用的集中接入方式。

答：营销移动业务应用采用无线 APN 专网接入，通过外网安全交互区，进行统一安全管理，实现对业务系统的访问控制、安全数据交换、集中监控、通道安全、终端身份认证、安全接入。营销移动业务应用采用互联网网络接入的互联网终端，实现外网统一的安全交互区接入，互联网终端通过数字证书与外网安全交互区建立加密传输隧道，保障终端数据安全、可靠交互。

139．概述营销移动作业平台项目组成及其作用。

答：营销移动作业平台可分为互联网端的移动终端应用和内网端的移动服务应用。其中移动服务应用包括移动作业前置、移动作业应用管理、移动作业借口服务和文件服务。移动终端应用实现数据提取，展现与用户的交互功能。对电力用户，通过 Android 终端软件提供数据展现和任务环节的处理与信息收集；移动作业前置实现前端请求安全接入及分发，保障从互联网到信息内网数据通信的可靠性和稳定性；移动作业应用管理实现对终端信息进行收集和管理，提供一系列系统功能来支撑复杂的业务应用，并提供消息推送、安全审计等系统支撑；移动作业接口服务主要解决客户端业务处理信息与支撑客户端应用的业务系统之间的集成调用；文件服务实现移动作业应用前端非结构数据的存储。

140．简述营销移动作业终端管理办法的目的和内容。

答：为规范营销移动作业终端管理工作，加快推进营销移动作业应用，提高营销现场工作效率和服务品质，根据国家电网公司"互联网＋"营销服务建设的总体部署，制定本办法。本办法主要包括营销移动作业终端的职责分工、工作流程、使用要求、管理考核等方面的内容，适用于营销各业务的移动应用工作。

141．简述移动作业终端操作要求。

答：（1）切勿用硬物触碰或按压移动作业终端显示屏，在进行移动作业终端及相关外设清洁前需先关机。

（2）为延长移动作业终端使用寿命，充电时必须使用标配充电器，注意充电时间，过度充、放电会减损电池的寿命。

（3）避免移动作业终端及其配件淋水，如遇此情况，请立即关闭电源，使移动作业终端断电，并使其干燥。

（4）对于出现移动作业终端遗失、损坏等情况，参照省公司现有资产管理办法执行。

（5）当发生移动作业终端丢失的情况，使用者须第一时间告知本单位资产管理员。资产管理员应及时更新系统中的终端状态。

142．简述移动作业终端故障处理方法。

答：（1）使用人员应用过程遇到的问题，请及时找寻本单位资产管理员或联系技术支持人员帮助，不得私自隐瞒或调试。

（2）移动作业终端出现故障应及时维修，因无法维修或达到使用年限的设备，履行报废手续。

143．营销移动业务总体设计原则有哪些？

答：规范性原则、实用性原则、安全性原则、可靠性原则、可扩展性原则、经济性原则。

144．实物与信息交接时，应注意哪些内容？

答：交接时应注意核对实物、单据和信息系统信息的一致性，并及时确认，信息维护时限不应超过规定的期限。

145．现场客户服务中功能服务的基本功能有哪些？

答：（1）通过移动终端下装现场客户方服务工作任务。

（2）通过移动终端查看"电动汽车用户基本信息"。

（3）通过现场客户服务，记录并保存"充电业务数据信息"。

（4）任务环节处理完成后，将移动终端处理结果信息回传至电动汽车智能运营管理系统，完成现场客户服务处理。

146．现场充换电功能服务的基本功能有哪些？

答：（1）通过移动终端下装现场充换电工作任务。

（2）通过充换电现场作业，录入并保存"现场充换电信息"（13_001_001）。

（3）任务环节处理完成后，将移动终端处理结果信息回传至电动汽车智能运营管理系统，完成现场作业操作。

147．用能勘查功能服务的基本功能有哪些？

答：（1）现场勘查人员通过移动终端下装现场勘查工作任务。

（2）通过现场用能勘查，录入并保存"用户用电设备信息"（12_002_001）。

（3）任务环节处理完成后，将移动终端处理的结果信息回传至电能服务管理系统。

148．设备检查功能服务的基本功能有哪些？

答：（1）通过移动终端下装设备检查工作任务，获取检查任务信息。

（2）通过现场检查设备情况，录入并保存"设备检查信息"（12_001_001）。

（3）任务环节处理完成后，将移动终端处理结果信息回传至电能服务管理系统，并发送下一环节进行处理。

149．市场跟踪功能服务的基本功能有哪些？

答：（1）及时跟踪项目进度情况，记录开展的工作及未按计划完成的项目原因及采取措施、建议。

（2）跟踪客户各个实施阶段的完成情况，分析存在的问题，协助客户解决并记录"项目实施跟踪进度信息"（11_002_001）。

（3）录入完成后，支持将数据上传营销系统。

150．市场调查功能服务的基本功能有哪些？

答：（1）通过移动终端下装市场调查任务单，并获取市场调查计划任务列表信息。

（2）通过市场调查，记录并保存"客户调查结果明细信息"（11_001_001）。

（3）市场调查信息录入任务环节处理完成后，将移动终端处理结果信息回传至营销业务应用系统。

151．稽查工单处理功能服务的基本功能有哪些？

答：（1）可输入查询条件查询或直接选定稽查工单处理的工作单。

（2）输入并保存"稽查问题处理信息"。

（3）支持现场将"稽查问题处理信息"上传至营销稽查系统。

152．运营展示功能要求的基本功能有哪些？

答：（1）通过移动作业终端获取公司关键指标。

（2）展示公司关键指标，包括售电量、电费回收、售电均价、市场发展情况。

1）按日、月、年展示售电量的情况，并展示与昨日、上月、去年的增减情况。

2）按月、年展示电费回收率的情况，并展示与上月、去年的增减情况。

3）按月、年展示售电均价的情况，并展示与上月、去年的增减情况。

4）按月、年展示市场占有率的情况，并展示与上月、去年的增减情况。

153．低压集抄新装功能要求的基本功能有哪些？

答：（1）可输入查询条件查询或直接选定终端安装的工作单。

（2）输入并保存"终端参数信息""终端方案信息""采集对象方案信息"。

（3）支持现场将"终端参数信息""终端方案信息""采集对象方案信息"上传采集系统。

154. 现场巡视功能要求的基本功能有哪些？

答：（1）可输入查询条件查询或直接选定现场巡视的工作单。

（2）输入并保存"现场巡视信息"。

（3）支持现场将"现场巡视信息"上传采集系统。

155. 使用移动作业终端开展业扩工作竣工验收环节的三个基本功能是什么？

答：（1）可输入查询条件查询或直接选定竣工验收的工作单。

（2）现场检查时，根据竣工验收信息输入并保存"竣工验收信息""竣工验收明细信息"。

（3）竣工验收完成后，支持现场将竣工验收记录信息上传营销系统。

156. 省公司级信息通信运维单位的主要职责是什么？

答：（1）负责运维范围内网络运行管理及维护工作。

（2）负责运维范围内网络运行的安全保障及应急处置工作。

（3）负责运维范围内网络运行情况的分析与总结。

五、相关法律法规及制度规范

1.《国家电网公司信息内网计算机桌面终端系统管理规定（试行）》主要对哪些工作做出具体规定？

答：主要就公司桌面终端系统的安全运行职责、管理内容、基本策略、统计分析与相关信息采集等做出具体规定。

2.《国家电网公司信息内网计算机桌面终端系统管理规定（试行）》中对信息内网桌面终端的异常运行的管理办法是什么？

答：针对桌面终端的异常和变更进行规范管理，具体包括对设备资产变化、设备使用人变更、终端访问异常、系统流量异常、违规软件使用、系统运行异常等进行审计分析。

3. 为实现对信息内网桌面终端的异常运行、系统补丁、桌面安全等内容进行管理，公司信息内网桌面终端系统采用哪几种基线策略？

答：资产信息采集，用户权限策略，补丁检测更新，违规外联策略，用户密码检测，杀毒软件策略。

4. 信息安全防护支撑措施是什么？

答：严格落实公司网络信息安全管理要求，优化用电信息采集系统网络安全防护，推广应用主站性能在线监测，实现控制类业务的专区专域部署；优化公司信息内网安全接入平台和信息外网安全交互平台功能和性能，提升移动作业专控终端接入信息内网和移动智能通用终端接入信息外网的安全接入能力，保障"互联网＋"营销服务应用工作安全和用户体验，推进隐私保护条件下的大数据分析应用建设，确保信息通信安全与可靠运行。

5．依据《国家电网公司保密工作管理办法》，公司保密工作的原则是什么？

答：公司保密工作实行积极防范、突出重点、依法管理，既确保国家秘密和企业秘密安全，又符合便于信息资源合理利用的方针和"统一领导、分级管理""业务工作谁主管，保密工作谁负责"的原则。

6．依据《国家电网公司保密工作管理办法》，公司保密工作管理目标是什么？

答：实行保密工作责任制，健全保密管理制度，完善保密防护措施，开展保密宣传教育，加强保密监督检查，严格依法管理，确保国家秘密和企业秘密安全。

7．依据《国家电网公司保密工作管理办法》，对涉密载体的传递有什么规定？

答：涉密载体必须通过安全可靠途径，按密级、分渠道传递。要切实按照国家有关法律法规和公司规定要求，严格控制涉密载体传递范围和渠道，组织管理好传递工作。

8．依据《国家电网公司保密工作管理办法》，涉密计算机使用注意事项是什么？

答：涉密计算机不得直接或间接与国际互联网、公共信息网相连接，必须实行物理隔离；非涉密计算机信息系统不得采集、存储、处理、传输国家秘密信息。

9．依据《国家电网公司保密工作管理办法》，公司员工使用手机时应做到哪几点？
答：（1）不得在手机通话中涉及国家秘密。
（2）不得使用手机存储、处理、传输国家秘密。
（3）不得在手机中存储核心涉密人员的工作单位、职务等敏感信息。
（4）不得在申请办理有关业务时填写涉密单位名称和地址等信息。
（5）不得携带未取出电池或未采取屏蔽措施的手机进入涉密场所。
（6）不得在涉密场所使用手机录音、照相、摄像、视频通话和上网。
（7）不得携带手机参加涉及国家秘密事项的会议。

10．依据《国家电网公司保密工作管理办法》，公司各类信息网站信息发布的注意事项有哪些？

答：公司各类信息网站发布信息，均不得涉及国家秘密和企业秘密。公司信息内网、信息外网及自办媒体，应严格履行保密检查制度，严防失泄密事件发生。

11．依据《国家电网公司保密工作管理办法》，公司公开发布信息注意事项是什么？

答：（1）公司公开发布信息和对外宣传提供资料，应遵循"谁公开、谁审查"原则，严格执行有关信息公开规定和保密规定，严格履行信息公开审查审批手续。

（2）总部各部门、各分部、公司各级单位对外宣传部门应指定人员负责对拟公开发布的信息进行保密审查。

12.《国家电网公司网络与信息系统安全管理办法》中的总体安全策略是什么？

答：管理信息系统安全防护坚持"双网双机、分区分域、安全接入、动态感知、全面防护、准入备案"的总体安全策略。

13.《国家电网公司网络与信息系统安全管理办法》规定如何加强信息内外网网站管理？

答：各级单位对外网站应与公司外网企业门户网站进行整合，内网宣传网站要与公司内网企业门户进行整合，实现网站统一管理与备案。网站信息发布须严格按照公司审核发布流程。各级单位网站统一使用公司域名，并规范网站功能设置及网站风格设计。加强内外网邮件统一管理，禁止各级单位建立独立内外网邮件系统，如确实需要建立，需提前报公司批准。

14.《国家电网公司网络与信息系统安全管理办法》规定微博、微信等新业务安全管理的要求是什么？

答：（1）强化对企业官方微博、微信、WIFI 网络、其他新业务的安全备案准入与管理，加强微博微信开设、使用的安全管理，加强信息外网无线 WIFI 网络的审批、备案与使用管理。

（2）各级单位要加强官方微博、微信的开设与管理，加强对本单位官方微博、微信所发布的内容审查与核实。微博、微信的发布终端要按照公司办公计算机防护要求部署安全措施。公司两级技术督查队伍在日常的安全督查中要加强对微博、微信发布终端的检查深度和频度。

（3）各级单位信息外网使用 WIFI 要严格落实审核批准与备案工作，要加强 WIFI 组网的网络准入、安全审计、用户身份认证方面的安全防护技术手段。

15.《国家电网公司网络与信息系统安全管理办法》中规范账号口令管理的具体要求是什么？

答：口令必须具有一定强度、长度和复杂度，长度不得小于 8 位字符串，要求是字母和数字或特殊字符的混合，用户名和口令禁止相同。定期更换口令，更换周期不超过 6 个月，重要系统口令更换周期不超过 3 个月，最近使用的 4 个口令不可重复。

16.《国家电网公司网络与信息系统安全管理办法》规定加强远程运维管理应做到什么？

答：不得通过互联网或信息外网远程运维方式进行设备和系统的维护及技术支持工作。内网远程运维要履行审批程序，并对各项操作进行监控、记录和审计。有国外单位参与的运维操作需安排在测试仿真环境，禁止在生产环境进行。

17. 《国家电网公司网络与信息系统安全管理办法》中规定，根据信息系统安全级别强化应用自身安全设计，应包括哪些方面的内容？

答： 身份认证，授权，输入输出验证，配置管理，会话管理，加密技术，参数操作，异常管理，日志及审计等。

18. 《国家电网公司网络与信息系统安全管理办法》中，对与互联网有广泛交互的应用系统或模块，以及部署在信息外网的系统与网站的工作要求是什么？

答： 要加强权限管理，做好主机、应用的安全加固，加强账号、密码、重要数据等加密存储，对需要穿透访问信息内网的数据或服务，严格限制访问数据的格式，过滤必要的特殊字符组合以防止注入攻击。建立常态外网安全巡检、加固、检修及应急演练等工作机制，做好日常网站备份工作。

19. 《国家电网公司网络与信息系统安全管理办法》中，对于重要和敏感信息的数据安全技术工作要求是什么？

答： 重要和敏感信息，如商密定级文件、公司 OA 公文、电子文件等，实行加密传输、授权控制、操作审计及监控；对重要信息实行自动、定期备份；按需进行恢复测试，确保备份数据的可用性。

20. 《国家电网公司网络与信息系统安全管理办法》中，针对暴露面及新型安全威胁，从哪些方面开展专项技防能力建设？

答： 从研发安全、安全检测、防病毒管理、统一密钥管理、漏洞补丁管理、红蓝对抗、安全监控、应急恢复、新技术研究与架构设计等方面开展专项技防能力建设。

21. 《国家电网公司网络与信息系统安全管理办法》中，网络与信息系统安全运行情况是指什么？

答： 是指信息网络和系统故障和瘫痪，信息系统数据丢失和信息泄密，信息系统受到病毒感染和恶意渗透、攻击，有害信息在网站传播等信息安全事件以及跟踪发现的外部信息安全舆情。

22. 依据《国家电网公司信息化管理办法》，信息化建设实行的工作方针是什么？
答： 信息化建设实行"总体规划、强化整合、典型设计、试点先行"的工作方针。

23. 《国家电网公司信息化管理办法》"业务应用"包含哪些内容？
答： "业务应用"包含财务（资金）管理、营销管理、安全生产管理、协同办公、人力资源管理、物资管理、项目管理、综合管理。

24．《国家电网公司信息化管理办法》信息标准化体系包括哪些内容？

答：信息标准化体系包括信息技术标准、管理标准、工作标准和规章制度。

25．《国家电网公司信息网络运行管理办法》所称网络是指什么？

答：办法所称网络指用于承载公司一体化信息平台、各类业务应用及信息化保障系统的网络平台，按照承载业务分为信息内网、信息外网及专用网络。

26．《国家电网公司信息网络运行管理办法》所指的专用网络是指什么？

答：专用网络是指为满足公司专项业务应用需要所建立的与信息内网或信息外网有数据交互的网络。

27．《国家电网公司信息网络运行管理办法》规定的网络隔离具体要求有哪些？

答：网络内部应按层级和业务类型不同进行有效的安全隔离，内网与外网间应物理隔离或强逻辑隔离；外网与互联网间应逻辑隔离；专网访问信息内网时，应接入网络安全接入平台。

28．网络安全评估分为自评估和检查评估，有什么要求？

答：自评估工作应两至三年开展一次；检查评估工作由安全技术督查单位依据公司《信息通信安全性评价》，结合公司网络安全实际情况组织开展，信息通信运维单位应对督查中发现的问题及时整改。

29．安全事件信息包括什么？

答：安全事件信息包括终端异常运行、系统补丁检测更新、终端用户权限变化、非法软件操作、违规外联、非注册桌面终端违规接入等影响桌面终端及网络正常运行的各种行为事件信息。

30．为实现上述安全管理内容，公司信息内网桌面终端系统采用哪些基线策略？

答：（1）资产信息采集：对终端的软硬件资产信息进行采集，并对资产变化进行监测、报警，全面统计资产信息。

（2）用户权限策略：审计系统用户、系统用户组的权限变更，以及系统用户、系统用户组的增减，实时监测变更并及时告警。

（3）补丁检测更新：定期分发补丁，进行补丁升级，检测用户的补丁情况，及时发现漏打补丁的桌面终端，并进行补丁修补。

31．国家电网公司对信息发展规划有什么要求？

答：信息发展规划是公司发展规划的重要组成部分，是公司信息化建设与管理的纲领性文件。遵循中长期规划与年度计划相结合、自上而下逐级规划、与相关专项规划有效衔接并定期进行滚动修改的原则，规划引导计划，计划确定项目。

32．国家电网公司对建立健全网络与信息安全保障体系有什么要求？

答：网络与信息安全纳入公司安全生产体系。按照"谁主管、谁负责，谁运行、谁负责"的原则，坚持"安全第一、预防为主，管理和技术并重，综合防范"的方针，实现网络与信息安全可控、能控、在控。

33．接入安全管理要求有哪些？

答：（1）加强互联网接入及互联网出口归集统一管理，充分利用公司电力通信链路，以省级单位和三地灾备中心为主体对下属单位互联网出口进行严格管控、合并、统一设置和集中监控。

（2）加强非集中办公区域内网接入安全管理，严格履行审批程序，按照公司集中办公区域相关要求落实信息安全管理与技术措施。非集中办公区域应采用电力通信网络通道接入公司内部网络，如确实需要租用第三方专线，应在公司进行备案，并严格按照总体防护要求采取相应防护措施。

34．数据安全技术工作要求有哪些？

答：（1）从终端、网络及存储三个层面加强对敏感数据进行检测与分析，实现对公司各种敏感数据存储、数据操作权限、数据外发等进行安全保护与控制。

（2）重要和敏感信息，如商密定级文件、公司 OA 公文、电子文件等，实行加密传输、授权控制、操作审计及监控；对重要信息实行自动、定期备份；按需进行恢复测试，确保备份数据的可用性。

（3）严格落实公司电子数据恢复、擦除与销毁管理技术要求，加强处理过程中的存储介质管理、全程现场监控及安全保密等工作。

35．依据《国家电网公司信息网络运行管理办法》，公司信息内网由各级单位局域网及其互联网络构成，其中互联网络分为四级，分别是什么？

答：公司信息内网由各级单位局域网及其互联网络构成，其中互联网络分为四级：第一级为公司广域网，指公司总部、各分部、省（市）电力公司及总部直属单位等一级节点的互联网络；第二级为省广域网，指省（市）公司、直属单位的本部及其所属单位等二级节点的互联网网络；第三级为地市广域网，指地市公司、直属单位分支机构的本部及其所属单位等三级节点的互联网络；第四级为县城域网，指地市电力公司、直属单位的县级分支机构的本部及其所属单位等四级节点的互联网络。

36．依据《国家电网公司信息网络运行管理办法》，国网信通部是公司网络运行归口管理部门，主要职责是什么？

答：（1）负责管理公司网络运行工作。

（2）负责组织编制公司网络运行工作制度、标准和规范。

（3）负责公司网络运行的安全管理。

（4）负责公司网络架构和安全防护的总体规划设计。

（5）负责组织公司网络运行分析。

（6）负责公司网络运行工作的监督、检查、评价和考核工作。

37. 依据《国家电网公司信息网络运行管理办法》，国网信通公司受托作为公司总部网络运维单位，负责公司总部、受托直属单位局域网和公司广域网的运维管理工作，主要职责是什么？

答：（1）负责运维范围内网络运行管理及维护工作。

（2）负责运维范围内网络运行的安全保障及应急处置工作。

（3）负责运维范围内网络运行情况的分析与总结。

38. 公司级单位信息通信职能管理部门的主要职责是什么？

答：（1）负责所辖范围内省广域网和局域网运行管理工作。

（2）负责组织编制本单位网络运行工作制度、标准和规范。

（3）负责本单位网络运行的安全及应急管理。

（4）负责本单位网络架构和安全防护的总体规划设计。

（5）负责组织本单位网络运行分析。

（6）负责本单位网络运行工作的监督、检查、评价和考核工作。

39. 依据《国家电网公司信息网络运行管理办法》，省公司级信息通信运维单位的主要职责是什么？

答：（1）负责运维范围内网络运行管理及维护工作。

（2）负责运维范围内网络运行的安全保障及应急处置工作。

（3）负责运维范围内网络运行情况的分析与总结。

40. 依据《国家电网公司信息网络运行管理办法》，各单位所属地市公司级单位的主要职责是什么？

答：（1）负责本单位所辖范围内地市广域网及局域网运行管理及维护工作。

（2）负责本单位网络运行的安全管理。

（3）负责本单位网络架构规划设计。

（4）负责本单位网络运行的安全保障及应急处置工作。

（5）负责本单位网络运行及事故分析。

41. 依据《国家电网公司信息网络运行管理办法》，各单位所属县公司级单位的主要职责是什么？

答：（1）负责本单位所辖范围内县城域网及局域网运行管理及维护工作。

（2）负责本单位网络运行的安全管理。

（3）负责本单位网络运行的安全保障及应急处置工作。

（4）负责本单位网络运行及事故分析。

42. 数据（灾备）中心的主要职责是什么？

答：（1）负责管理本中心网络的运行工作。

（2）负责本中心网络运行的安全管理。

（3）负责本中心网络应急处置。

（4）负责本中心网络运行及事故分析。

43. 依据《国家电网公司信息网络运行管理办法》，各级安全技术督查执行（单位）部门主要职责是什么？

答：（1）负责网络安全技术督查。

（2）负责配合各级信息通信职能管理部门制定网络安全技术督查标准及规范。

（3）负责网络安全监测、分析、预警及评估。

44. 依据《国家电网公司信息网络运行管理办法》，设备因管理、安全及设备健康等原因需退网时，具体操作流程是怎样的？

答：设备因管理、安全及设备健康等原因需退网时，使用单位（部门）应向本单位信息通信职能管理单位提交申请，经审批同意后，由本单位信息通信运维单位办理退网，同时，信息通信运维单位应及时调整网络运行方式并回收资源。网络或用户终端设备超过三个月闲置不用，信息通信运维单位有权断开连接并回收资源。

45.《国家电网公司信息化管理办法》"一体化企业级信息集成平台"包含哪些内容？

答："一体化企业级信息集成平台"包含信息网络、数据交换、数据中心、应用集成和企业门户。

46.《国家电网公司信息化管理办法》"信息化保障体系"包含哪些体系？

答："信息化保障体系"包含安全防护体系、标准规范体系、管理调控体系、评价考核体系、技术研究体系和人才队伍体系。

47.《国家电网公司信息化管理办法》公司信息化领导小组的职责是什么？

答：公司信息化领导小组是公司信息化工作的领导与决策机构，负责贯彻落实国家信息化工作的方针政策；审议公司信息化发展战略和规划；审议信息化年度项目和资金计划；审查公司重大信息化建设方案；研究信息化建设中的其他重大事项和问题。

48.《国家电网公司信息化管理办法》公司信息工作办公室的职责是什么？

答：公司信息工作办公室是公司信息化工作归口管理部门。负责组织、管理，并推进公司信息化建设；组织贯彻落实国家有关信息化工作的政策法规和公司的决策决议；制定公司信息发展规划和年度计划并组织实施；指导和审批各单位的信息发展规划与年度计划；负责公司网络与信息安全保障管理；制定公司信息化工作的标准、规范、制度和办法；协调数据整合与应用集成；定期组织召开信息化工作会议和专题会议；协调和处理信息化工作中的重大问题；履行公司信息化领导小组日常办事机构的职责。

49．信息化项目的定义。

答：信息化项目是信息网络、信息平台、业务应用、信息资源和信息安全等方面的研究、咨询、建设和改造等项目。

50．信息化资金投入涉及的方面。

答：信息化资金投入涉及规划、设计、建设、推广应用、运行维护、技术研究和教育培训等方面。

51．《国家电网公司信息化管理办法》中，对队伍建设的具体要求有哪些？

答：建立健全信息人才队伍体系，加强信息化管理、建设、运行维护和应用四支队伍建设。采取有效措施，形成激励机制，凝聚和稳定人才队伍。整合公司资源，发挥公司各方面的积极性，努力培养和造就结构合理、视野开阔、务实创新的高素质信息队伍。

52．根据《国家电网公司网络与信息系统安全管理办法》，网络与信息系统安全防护的目标是什么？

答：保障电力生产监控系统及电力调度数据网络的安全，保障管理信息系统及通信、网络的安全，落实信息系统生命周期全过程安全管理，实现信息安全可控、能控、在控。防范对电力二次系统、管理信息系统的恶意攻击及侵害，抵御内外部有组织的攻击，防止由于电力二次系统、管理信息系统的崩溃或瘫痪造成的电力系统事故。

53．《国家电网公司网络与信息系统安全管理办法》中"三纳入一融合"原则。

答：将等级保护纳入网络与信息系统安全工作中，将网络与信息系统安全纳入信息化日常工作中，将网络与信息系统安全纳入公司安全生产管理体系中，将网络与信息系统安全融入公司安全生产中。

54．《国家电网公司网络与信息系统安全管理办法》电力二次系统安全防护原则。

答：电力二次系统安全防护按照"安全分区、网络专用、横向隔离、纵向认证"的防护原则。

55．《国家电网公司网络与信息系统安全管理办法》公司信息安全工作遵循的原则。

答：谁主管谁负责；谁运行谁负责；谁使用谁负责；管业务必须管安全。

56.《国家电网公司网络与信息系统安全管理办法》国调中心主要职责。

答：（1）负责公司生产控制大区（含各级调度、变电站、发电厂、配电自动化、负荷控制等）工控系统安全防护管理，统筹公司经营范围内并网发电厂涉网部分的监控系统和继电保护等工控系统安全防护的技术监督管理。

（2）负责落实国家电力二次系统安全防护要求，组织制定公司电力二次系统安全管理制度，指导各级单位开展电力二次系统安全防护的实施方案制定和运行管理。

（3）配合完成国家有关部门对公司电力二次系统开展的风险评估和隐患排查、信息安全检查，落实等级保护制度等工作。

（4）负责电力二次系统安全防护技术督查体系建设及组织开展电力二次系统的安全技术督查工作。

（5）负责电力二次系统应急管理体系建设与应急处置。

57.《国家电网公司网络与信息系统安全管理办法》规定国网安质部的主要职责是什么？

答：（1）负责公司网络与信息系统安全检查和评价。

（2）负责公司信息安全事件的调查、分析、处理和事件通报。

58.《国家电网公司网络与信息系统安全管理办法》规定业务部门的主要职责是什么？

答：（1）牵头开展本专业信息系统信息安全防护工作，依据公司总体安全策略组织制定相关系统信息安全防护方案，经公司信息安全专家审查委员会审批后执行。

（2）落实业务系统信息安全等级保护工作，配合开展业务系统安全测评、风险评估和隐患排查治理等工作。

（3）国网运检部负责配电自动化终端具体安全防护及运行维护管理，负责相关安全防护的技改项目管理。

（4）国网营销部负责营销业务涉及控制类系统及终端（如负荷控制系统、负控终端及用电信息采集控制终端等）的具体安全防护及运行维护管理。

（5）国网农电部负责代管县供电企业的农村电网涉及控制类系统及终端安全防护管理。

（6）在本专业人员培训过程中贯彻公司信息安全相关要求。

59.《国家电网公司网络与信息系统安全管理办法》规定各级单位的主要职责是什么？

答：（1）负责贯彻落实国家有关网络与信息系统安全法规、方针、政策、标准和规范，贯彻落实公司网络与信息系统安全相关标准规范和规章制度。

（2）落实本单位范围内网络与信息系统安全工作责任体系。

（3）落实本单位网络与信息系统全生命周期安全管控、等级保护测评整改、安全准入、风险评估、隐患排查治理和信息安全技术督查等工作。

（4）按照公司网络与信息系统应急管理要求建立本单位应急体系，组织本单位突发事件的应急处理。

（5）负责明确本单位网络与信息系统安全运行维护部门或机构，落实网络与信息系统安全运行维护日常工作。明确落实本单位信息安全技术督查体系。

（6）组织本单位信息安全宣传和培训工作。

60.《国家电网公司网络与信息系统安全管理办法》规定各级调控机构的主要职责是什么？

答：分别负责本级调度控制系统和调度数据网络的安全防护和运行维护管理，负责直调发电厂涉网部分的监控系统和继电保护等工控系统安全防护技术监督。

61.《国家电网公司网络与信息系统安全管理办法》规定国网运行分公司、各省检修（分）公司、各地（市）检修分公司和县运检部〔检修（建设）工区〕的主要职责是什么？

答：分别负责运维范围内变电站、开关站、换流站的系统、设备和终端的安全运维和应急处置工作。

62.《国家电网公司网络与信息系统安全管理办法》规定中国电科院的主要职责是什么？

答：负责公司信息通信安全研究，提供信息安全专业技术支撑；负责公司信息通信系统和设备的安全测试工作；负责信息通信系统和设备的缺陷分析、安全设计的符合性审查，以及状态评价；负责执行信息通信安全技术督查及专项检查。

63.《国家电网公司网络与信息系统安全管理办法》规定省电科院的主要职责是什么？

答：负责信息通信安全研究，为各省（自治区、直辖市）电力公司提供信息安全专业技术支撑；负责省公司信息通信系统和设备的缺陷分析、安全设计的符合性审查，以及状态评价；负责本单位信息安全技术督查。

64.《国家电网公司网络与信息系统安全管理办法》规定国网信通公司的主要职责是什么？

答：负责公司总部信息通信系统、一级部署信息系统、直属单位集中部署信息系统和一级骨干信息通信网的安全运维和应急处置工作。

65.《国家电网公司网络与信息系统安全管理办法》规定省信通（分）公司的主要职责是什么？

答：负责调管范围内信息通信系统调度监控和应急处置；负责资产管理范围内信息

通信系统、设备和终端的安全运维和应急处置工作。

66.《国家电网公司网络与信息系统安全管理办法》规定国网新源控股有限公司的主要职责是什么？

答：负责运维范围内发电厂的系统、设备和终端的安全运维和应急处置工作。

67.《国家电网公司网络与信息系统安全管理办法》规定开展信息技术供应链安全管理工作，开展信息技术软硬件设备和服务供应商安全管理、软硬件设备选型和安全测试工作，逐步实现核心运行系统的国产化的工作要求是什么？

答：加强外部合作单位和供应商管理，严格外部单位资质审核。严禁合作单位和供应商在对互联网提供服务的网络和信息系统中存储和运行公司相关业务系统数据和敏感信息。关键软硬件设备采购应开展产品预先选型和安全检测。对涉及的信息安全软硬件产品和密码产品要坚持国产化原则，信息安全核心防护产品以自主研发为主。管理信息系统软硬件产品逐步采用全国产化产品。及时开展各种软硬件漏洞检测及修复。

68.《国家电网公司网络与信息系统安全管理办法》规定加强电力通信网的安全管理，应具体做到什么？

答：规范电力通信网络安全防护体系，健全针对各类网络在线监测和安全预警能力，做好对光缆、网络交换设备、物理区域与人员的安全访问管理，禁止通信网管系统未经网络隔离装置与信息内网互联，禁止通信网管系统与外部维护厂商间进行网络连接。电力通信设备、线路等应采用冗余保障、网络优化、设备网管防护等措施提高可用性。

69.《国家电网公司网络与信息系统安全管理办法》接入安全管理要求。

答：（1）加强互联网接入及互联网出口归集统一管理，充分利用公司电力通信链路，以省级单位和三地灾备中心为主体对下属单位互联网出口进行严格管控、合并、统一设置和集中监控。

（2）加强非集中办公区域内网接入安全管理，严格履行审批程序，按照公司集中办公区域相关要求落实信息安全管理与技术措施。非集中办公区域应采用电力通信网络通道接入公司内部网络，如确实需要租用第三方专线，应在公司进行备案，并严格按照总体防护要求采取相应的防护措施。

70.《国家电网公司网络与信息系统安全管理办法》规划计划安全管理要求。

答：（1）网络与信息系统在可研设计阶段应全面分析其可能面临的主要信息安全风险及对现有网络与系统、流程的影响，并进行安全需求分析。

（2）可研阶段信息系统应组织进行信息安全防护设计，做好安全架构规划，形成专项信息安全防护方案，并进行评审。专项信息安全防护方案通过评审后方可进行后续开发工作。涉及认证、密钥及数据保护等方面需考虑与公司统一密钥系统集成接口设计。

（3）网络与信息系统应提前组织开展等级保护定级工作，同时重要系统应提前在公司信息安全归口管理部门进行备案。

71.《国家电网公司网络与信息系统安全管理办法》规定规范账号权限管理应做到什么？

答：系统上线稳定运行后，应回收建设开发单位所掌握的账号。各类超级用户账号禁止多人共用，禁止由非主业不可控人员掌握。临时账号应设定使用时限，员工离职、离岗时，信息系统的访问权限应同步收回。应定期（半年）对信息系统用户权限进行审核、清理，删除废旧账号、无用账号，及时调整可能导致安全问题的权限分配数据。

72.《国家电网公司网络与信息系统安全管理办法》中规定，网络和信息系统安全运行情况通报内容主要包括哪几项？

答：（1）电子公告服务、群发电子邮件及广播式即时通信等网络服务中反动有害信息的传播情况。

（2）利用网络从事违法犯罪活动的情况。

（3）已经确定或可能发生的计算机病毒、网络攻击情况。

（4）网络恐怖活动的嫌疑情况和预警信息。

（5）网络或信息系统通信和资源使用异常、网络和信息瘫痪、应用服务中断或数据篡改、丢失等情况。

（6）网络安全状况、安全形势分析预测等信息。

（7）跟踪发现的各类外部信息安全舆情。

（8）其他影响网络与信息安全的信息。

73.《国家电网公司网络与信息系统安全管理办法》中，主机安全技术工作要求有哪些？

答：（1）对操作系统和数据库系统用户进行身份标识和鉴别，具有登录失败处理，限制非法登录次数，设置连接超时功能。

（2）操作系统和数据库系统特权用户应进行访问权限分离，对访问权限一致的用户进行分组，访问控制粒度应达到主体为用户级，客体为文件、数据库表级。禁止匿名用户访问。

（3）加强补丁的兼容性和安全性测试，确保操作系统、中间件、数据库等基础平台软件补丁升级安全。

（4）加强主机服务器病毒防护，安装防病毒软件，及时更新病毒库。

74.《国家电网公司网络与信息系统安全管理办法》中，对于电网工业控制系统的技术工作要求是什么？

答：电网工业控制系统应纳入电力二次系统管理。加强电网工业控制系统安全保障工作，推进工业控制系统安全检测技术研究和工具研发，做好电网工控系统安全测评、关键设备安全检测及防护整改等工作，进一步提高漏洞分析、漏洞发布、隐患排查和应急处理能力。

75.《国家电网公司网络与信息系统安全管理办法》的检查考核要求是什么？

答：各级单位应建立网络与信息系统安全检查考核机制，根据工作需要，制定科学、规范的检查考核指标体系。

76.《国家电网公司网络与信息系统安全管理办法》的制定依据是什么？

答：依据是《电力行业网络与信息安全信息通报暂行办法》《中央企业网络与信息安全信息通报工作指导意见（试行）》。

77.《国家电网公司网络与信息系统安全管理办法》的制定目的是什么？

答：为加强国家电网公司网络与信息系统安全运行管理，进一步规范完善公司网络与信息系统安全运行情况通报工作，有效保障通报工作有序开展，切实落实上情下达、下情上传、协调和服务保障的任务。

78.《国家电网公司网络与信息系统安全管理办法》中，公司网络与信息系统安全运行情况通报工作的工作原则是什么？工作方针是什么？

答：公司网络与信息系统安全运行情况通报工作按照"谁主管谁负责，谁运营谁负责"的工作原则，实行"统一领导，分级管理、逐级上报"的工作方针。

79.《国家电网公司网络与信息系统安全管理办法》中，国网信通部负责公司网络与信息系统安全运行情况通报的归口管理工作。主要职责有哪些？

答：（1）负责建立公司网络与信息系统安全运行情况通报的规章制度，并督促执行。

（2）负责与国家有关部门建立联系，及时接收和转发国家有关部门发布的信息通报，并按时向国家有关部门报送相关材料。

（3）负责汇总总部电力二次系统、电力通信骨干网络、总部信息系统，以及公司各单位的安全运行情况通报。

（4）负责建立与国家有关部门的信息安全通报联系，对于重大事件启动联合应急机制，并协调国家相关部门协助处置。

六、需求侧管理

1．在转变电网发展方式中，清洁发展指的是什么？

答：清洁发展，就是要着眼促进清洁能源发展和电能替代，充分发挥电网优化配置资源能力和市场平台功能，提高电网平衡调节能力和源网荷协调互动水平。

2．在转变电网发展方式中，智能发展指的是什么？

答：智能发展，就是要大力推动"大云物移"信息技术、自动控制技术和人工智能技术在电网中的融合应用，实施发电、输电、变电、配电、用电、调度等各环节建设与改造，适应各类电源灵活接入、设备即插即用、用户互动服务等需求，建设具有信息化、自动化、互动化特征的智能电网。

3．在转变电网发展方式中，协调发展指的是什么？

答：协调发展，就是要落实国家能源战略，坚持电力系统统一规划，建设以特高压为骨干网架、各级电网协调发展的坚强智能电网，推进电网与电源、送端与受端、交流与直流、一次与二次等协调发展，提高电网整体效能，实现电力与经济社会环境协调发展。

4．如何进一步转变公司发展方式？

答：适应全面深化改革、参与市场竞争的新形势，必须进一步转变公司发展方式，突出效率和效益导向，把集团化、集约化、精益化、标准化、信息化、国际化向纵深推进，全面提升现代化管理水平。

5．进一步转变公司发展方式中，集团化指的是什么？

答：集团化，就是要坚持全公司一盘棋，发挥总部"四个中心"作用，深化总分部一体化运作，加强集团统一管控，在电网业务上形成"两级法人、三级管理"组织架构，在产业、金融、国际业务上形成高效协同的发展格局，打造产业链优势，形成强大的集团合力。

6．进一步转变公司发展方式中，集约化指的是什么？

答：集约化，就是要推进人财物在更高水平上深度集约，坚持因地制宜、分类管控，推进科学集约、流程优化、合理授权，提高基层配置资源的灵活性和快速响应市场需求能力，最大限度发挥规模效应、防范经营风险。

7．进一步转变公司发展方式中，精益化指的是什么？

答：精益化，就是要基于量化分析，发展上精准投入、注重产出，管理上创新方式、优化提升，流程上精简环节、提高效率，强化各层级、各业务科学管控、有机衔接，提升发展质量和投入产出效率。

8．进一步转变公司发展方式中，标准化指的是什么？

答：标准化，就是要根据电网业务同质化特点，形成覆盖各专业、全流程的统一技术标准和通用制度体系，注重标准和制度的执行、评价和考核，通过标准化建设提升效率效益和管理规范化水平。

9.进一步转变公司发展方式中,信息化指的是什么?

答:信息化,就是要把现代信息通信技术与企业生产经营深度融合,加强数据资产管理,整合信息资源,完善基础数据平台,统一数据标准,打破信息壁垒,深入挖掘大数据价值,提高核心业务信息系统自主化水平,促进管理转型升级、经营绩效提升。

10.进一步转变公司发展方式中,国际化指的是什么?

答:国际化,就是要落实中央"一带一路"建设部署,以电网互联互通、优质资产投资运营、国际产能合作为主攻方向,统筹利用国内国际两个市场、两种资源,发挥协同优势,推动业务、技术、管理、标准全方位国际化,提升国际竞争力和影响力。

11.对发现的远程抄表方式的零电量客户应如何处理?

答:对连续两个抄表周期出现零电量的客户,应抽取不少于20%的客户进行现场核实。

12.满足电力需求应坚持什么原则?

答:满足电力需求应坚持节约与开发并举、节约优先的原则,在增加供应的同时,统筹考虑并优先采用需求侧管理措施。

13.什么是电力需求侧管理?

答:电力需求侧管理是指为提高电力资源利用效率,改进用电方式,实现科学用电、节约用电、有序用电所开展的相关活动。

14.《国家电网公司关于印发 2015 年全面深入推进电能替代行动计划的通知》(国家电网营销〔2015〕301 号)列举 5 个电能替代技术。

答:(1)电锅炉。
(2)电窑炉。
(3)热泵。
(4)冰蓄冷。
(5)分散电采暖。
(6)积极支持和服务交通领域电气化。
(7)农业电排灌及家庭电气化。

15.依据《国家电网公司关于印发 2015 年全面深入推进电能替代行动计划的通知》(国家电网营销〔2015〕301 号),简述如何推动电能替代与业扩报装业务深度融合。

答:在业扩报装受理、用电检查环节收集潜力信息,建立潜力项目库,在现场勘察环节增加潜力项目查勘内容,向用户提供电能替代技术方案咨询,实现对电能替代潜力项目的全过程跟踪服务。

16. 分布式电源并网服务工作的一般原则。

答：（1）国家电网公司积极为分布式电源项目接入电网提供便利条件，为接入系统工程建设开辟绿色通道，简化程序，并保证物资供应、工程进度、工程质量，确保分布式电源发电项目安全、可靠、及时接入电网。

（2）接入公共电网的分布式电源项目，其接入系统工程（含通信专网）及接入引起的公共电网改造部分由公司投资建设。接入用户侧的分布式电源项目，其接入系统工程由项目业主投资建设，接入引起的公共电网改造部分由公司投资建设。供电公司投资建设的接入工程及接入引起的公共电网改造部分工程，建设和管理责任单位为地市公司。

（3）用户投资建设的接入工程，承揽接入工程施工单位应具备政府主管部门颁发的承装（修、试）电力设施许可证、建筑业企业资质证书、安全生产许可证。设备选型应符合国家安全、节能、环保要求。并网点的电能质量应满足国家和行业相关标准。

（4）建于用户内部场所的分布式电源项目，发电量可以全部上网、全部自用或自发自用剩余电量上网，由用户自行选择，用户不足电量由电网提供。上、下网电量分开结算，电价执行国家相关政策。公司免费提供关口计量表和发电量计量用电能表。

（5）分布式光伏发电、风电项目不收取系统备用容量费，其他分布式电源项目执行国家有关政策。

（6）公司为享受国家电价补助的分布式电源项目提供补助计量和结算服务，公司收到财政部门拨付补助资金后，及时支付项目业主。

17. 如何估算家庭分布式光伏发电系统的投资？一般需要多长时间才可以收回成本？

答：投资安装家庭分布式光伏系统取决于安装容量和系统投资两个主要条件。其中，光伏发电系统的硬件（包括光伏组件、汇流箱、并网逆变器、线缆、安装支架、计量表、监控设备等）成本会随着市场供求关系的波动、光伏行业技术进步和效率提升而有所变化，并且是与安装容量大小有关的，一般是按照系统的单瓦价格来计算；除硬件购买外，还要加上系统的基础施工、系统安装、调试与并网过程中产生的少量费用。系统安装容量越大，成本构成中的一些基础费用会被摊薄，使单位投资成本有所降低。

例如，一般的家庭分布式光伏发电系统安装容量约 3~10kW，按照单瓦成本 8~9 元计算，系统投资约 4 万~10 万元。根据光照条件、用户侧电价、补贴、发电效率衰减及运营成本的不同，12~15 年即可回收成本，余下的 10 年间所产生的电量收入会成为利润。

18. 分布式电源发电项目并网申请需要递交的哪些材料？

答：（1）居民客户（自然人业主）：本人身份证、户口本、房产证原件及复印件等证件（农村的业主由于各种原因没有房产证的，需提供土地证、宅基地证明，或者乡政府的土地租赁证明等）；如居民业主的项目占据的是小区公共空间，还需要提供申请人及其所在单元所有住户的书面签字证明（包括所有参与人的签名、电话、身份证号），以及所在小区物业、业主委员会同意的证明，并由其所在社区居委会盖章。

（2）企业客户（法人业主）：

1）法人代表身份证（或法人委托书）。

2）企业法人营业执照、税务登记证、组织机构代码证。

3）土地证。

4）房产证。

5）政府投资主管部门同意项目开展前期工作的批复（需核准项目）。需要说明的是在国家电网公司公布分布式并网申请流程中，有个"项目核准"程序。国家电网公司确认欲申请度电补贴需经过发展改革委的项目核准（即电站的可研申请），申请材料主要是项目设计方案和国家电网公司的进入系统方案。

6）项目前期工作的其他相关资料（主要是可研报告）。

19．分布式系统接入是否需要费用？

答：电网公司在并网申请受理、接入系统方案制订、接入系统工程审查、计量装置安装、合同和协议签署、并网验收和并网调试、政府补助计量和结算服务中，不收取任何服务费用。

20．分布式光伏发电项目如何备案？

答：目前，河北省分布式光伏发电项目审批管理权已经下放至各设区市，对于法人项目业主，根据电网企业出具的接入电网意见函到市级或区（县）级能源管理部门开展项目备案工作；对于自然人利用自有住宅及其住宅区域建设的分布式光伏发电项目，电网企业根据当地能源主管部门项目备案管理办法，按月集中代自然人项目业主向当地能源主管部门进行项目备案。

21．能效服务网络的重点是什么？工作目标是什么？总体要求是什么？

答：能效服务网络以活动小组建设为重点，以为用能单位提供优质、规范、高效能效服务为宗旨，以激发用能单位节能积极性为工作目标，按照"政策引领、服务广泛、注重实效"的总体要求进行建设。

22．电网企业电力电量节约量包含哪几部分？哪些项目不予计入电网企业电力电量节约量？

答：电网企业电力电量节约量包括电网企业自身、所属节能服务公司实施社会项目、购买社会服务和推动社会节能所节约的电力电量这四部分。

计入统计的项目数据应可检测或可核查，下列项目不予计入。

（1）以商业运营为主要目的的新能源发电项目。

（2）电力电量节约量难以合理认定和审核的项目。

（3）通过实施有序用电减少的电力电量。

23．什么是合同能源管理（EPC）？分为哪几种类型？

答：合同能源管理（EPC）是一种新型的市场化节能机制。其实质就是以减少的能源费用来支付节能项目全部成本的节能业务方式。

依照具体的业务方式，可以分为分享型合同能源管理业务（节能效益分享型）、承诺型合同能源管理业务（节能量保证型）、能源费用托管型合同能源管理业务（能源费用托管型）。

24．需求侧管理的目标是什么？

答：需求侧管理的目标主要集中在电力和电量的改变上，一方面采取措施降低电网峰荷时段的电力需求或增加电网低谷时段的电力需求，以较少的新增装机容量达到系统的电力供需平衡；另一方面，采取措施节省电力系统的发电量，在满足同样的能源服务的同时节约了社会总资源的耗费。从经济学的角度看，需求侧管理（DSM）的目标就是将有限的电力资源最有效的加以利用，使社会效益最大化。

25．需求侧管理的资源包括哪些？

答：（1）提高照明、空调、电动机及系统、电热、冷藏、电化学等设备用电效率所节约的电力和电量。

（2）蓄冷、蓄热、蓄电等改变用电方式所转移的电力。

（3）能源替代、余能回收所减少和节约的电力和电量。

（4）合同约定可中断负荷所转移或节约的电力和电量。

（5）建筑物保温等改善用电环境所节约的电力和电量。

（6）用户改变消费行为减少或转移用电所节约的电力和电量。

（7）自备电厂参与调度后电网减供的电力和电量。

26．需求侧管理的特点有哪些？

答：（1）DSM 适合市场经济运行机制。

（2）节能节电具有量大面广和极度分散的特点。

（3）DSM 立足于长效和长远社会可持续发展的目标。

（4）用户是节能节电的主要贡献者。

27．需求侧管理（DSM）的对象主要包括哪六方面？

答：（1）用户终端的主要用电设备。

（2）可与电能相互替代的用能设备。

（3）与电能利用有关的余热回收。

（4）与用电有关的蓄能设备。

（5）自备发电厂。

（6）与用电有关的环境设施。

28. 什么是电力蓄冷？其意义是什么？

答： 电力蓄冷就是利用低谷电力制冷，以冰或水的形式储存冷量，供需要时使用。电力蓄冷的意义如下。

（1）利用电力清洁能源，减少环境污染，符合环保政策。

（2）减少制冷主机的容量与数量，减少系统的电力容量与变配电设施费。

（3）利用电网峰谷电力差价，降低运行费用。

（4）易于实现低温送风，提高室内空气品质。

（5）具有应急功能，空调系统的可靠性高。

（6）系统冷量调节灵活，过渡季节少开或不开制冷主机。

（7）平衡电网峰谷负荷，优化电力资源配置。

29. 电力需求侧管理与传统用电负荷管理有哪些差异？

答： （1）电力需求侧管理不是电力公司单方面管理用电负荷，而是调动客户的积极性，与客户共同组成能源管理系统，将节约的效果看作是可替代供电资源的一种资源，使节约与开发有机地融为一体。

（2）电力需求侧管理是市场经济条件下一种商业性的优质能源服务行为，参与者都可从中受益。

（3）电力需求侧管理需要政府的参与和政策的支持。

（4）电力需求侧管理使资源节约与环境保护有机地联系起来，成为人类社会可持续发展的重要手段之一。

30.《合同能源管理项目财政奖励资金管理暂行办法》中规定的支持对象和范围是什么？

答： 支持对象：实施节能效益分享型合同能源管理项目的节能服务公司。

支持范围：财政奖励资金用于支持采用合同能源管理方式实施的工业、建筑、交通等领域及公共机构节能改造项目。已享受国家其他相关补助政策的合同能源管理项目，不纳入本办法支持范围。

31.《合同能源管理财政奖励资金管理暂行办法》中规定的符合支持条件的节能服务公司应实行什么管理制度？如何操作？

答： 符合支持条件的节能服务公司实行审核备案、动态管理制度。节能服务公司向公司注册所在地省级节能主管部门提出申请，省级节能主管部门会同财政部门进行初审，汇总上报国家发展改革委、财政部。国家发展改革委会同财政部组织专家评审后，对外公布节能服务公司名单及业务范围。

32.《关于加快推行合同能源管理促进节能服务产业发展的意见》中的指导思想是什么？

答： 高举中国特色社会主义伟大旗帜，以邓小平理论和"三个代表"重要思想为指导，深入贯彻落实科学发展观，充分发挥市场机制作用，加强政策扶持和引导，积极推行合同能源管理，加快节能新技术、新产品的推广应用，促进节能服务产业发展，不断提高能源利用效率。

33．国家电网公司开展社会节能服务具有哪些优势？

答：公司开展社会节能服务具有独特优势，首先公司拥有庞大的营销网络资源，掌握着准确的用户用能信息，与用户建立了良好的互动、互信关系；其次，公司作为能源供应企业，在用能节能方面拥有深厚技术积累和丰富专业经验；第三，多年来公司实施需求侧管理示范项目、开展国际合作，培养了一批专业的节能服务队伍；第四，公司具有较强的资金实力和融资能力，可以实施一般节能服务公司无法完成的特大型节能项目。

34．推行合同能源管理、发展节能服务产业的重要意义是什么？

答：合同能源管理是发达国家普遍推行的、运用市场手段促进节能的服务机制。节能服务公司与用户签订能源管理合同，为用户提供节能诊断、融资、改造等服务，并以节能效益分享方式回收投资和获得合理利润，可以大大降低用能单位节能改造的资金和技术风险，充分调动用能单位节能改造的积极性，是行之有效的节能措施。

加快推行合同能源管理，积极发展节能服务产业，是利用市场机制促进节能减排、减缓温室气体排放的有力措施，是培育战略性新兴产业、形成新的经济增长点的迫切要求，是建设资源节约型和环境友好型社会的客观需要。

35．电力市场分析包括哪些内容？

答：（1）经济发展状况对电力需求的影响。分析 GDP 增长、各行业经济增加值等对社会用电增长的影响。

（2）电力需求现状及未来趋势的分析。分析近两年来用电量变化情况、同比增长速度、导致变化的原因、各类电量占总电量比例的变化情况，预测未来年的相应电量和比例。根据侧重点不同，可按产业分类和按电价分类进行分析。

（3）各分类用电的电量、电费、电价分析。按电价分类对各类用电量所对应的电费收入进行分析、分析电度电费、基本电费、农网还贷资金等收入情况，分析各类客户实际承担的综合售电价水平，分析供电企业的平均售电单价。

（4）影响电力需求的原因。分析气候条件、固定资产投资、产业结构调整、其他能源价格、居民收入水平等因素变化对电力需求的影响。

36．电力需求侧管理明确的责任主体、实施主体、直接参与者及相关各方包括哪些？

答：国家发展改革委负责全国电力需求侧管理工作，国务院其他有关部门在各自职责范围内负责相关工作。

县级以上人民政府电力运行主管部门负责本行政区域内的电力需求侧管理工作，县级以上人民政府其他有关部门在各自职责范围内负责相关工作。

电力需求侧管理是实现节能减排目标的一项重要措施，各地区、各有关部门和单位都应积极推进电力需求侧管理工作的开展。

电网企业是电力需求侧管理的重要实施主体，应自行开展并引导用户实施电力需求侧管理，为其他各方开展相关工作提供便利条件。

电力用户是电力需求侧管理的直接参与者，国家鼓励其实施电力需求侧管理技术和措施。

37.《国家电网公司能效服务网络管理办法（试行）》中规定的能效服务网络活动小组成员单位承担的义务有哪些？

答：（1）按小组章程约定，指定 1～2 名相对固定人员（一般为企业能源主管或能源专业人员），按时出席并积极参与小组会议和其他活动。

（2）按要求如实提供本单位用能基本信息和节能项目信息。

（3）配合组长单位开展小组活动，不损害小组和其他成员单位声誉和利益，并按照成员单位的要求，做好相关信息的保密工作。

（4）配合活动小组组织的调研、初步能源审计和现场参观学习等活动，并提供便利。

（5）认真落实节能减排政策，推动政府部门出台节能激励办法，各用能单位的能耗情况由当地供电企业汇总上报，并作为政府部门对用能单位能耗考核依据，促使用能单位主动节能。

38.《合同能源管理项目财政奖励资金管理暂行办法》中规定财政奖励资金的支持方式和奖励标准是什么？

答：支持方式。财政对合同能源管理项目按年节能量和规定标准给予一次性奖励。奖励资金主要用于合同能源管理项目及节能服务产业发展相关支出。

奖励标准及负担办法。奖励资金由中央财政和省级财政共同负担，其中，中央财政奖励标准为 240 元/t 标准煤，省级财政奖励标准不低于 60 元/t 标准煤。有条件的地方，可视情况适当提高奖励标准。

财政部安排一定的工作经费，支持地方有关部门及中央有关单位开展与合同能源管理有关的项目评审、审核备案、监督检查等工作。

39.《合同能源管理项目财政奖励资金管理暂行办法》中对资金使用的监督管理和处罚内容有哪些？

答：（1）财政部会同国家发展改革委组织对地方推行合同能源管理情况及资金使用效益进行综合评价，并将评价结果作为下一年度资金安排的依据之一。

（2）地方财政部门、节能主管部门要建立健全监管制度，加强对合同能源管理项目和财政奖励资金使用情况的跟踪、核查和监督，确保财政资金安全有效。

（3）节能服务公司对财政奖励资金申报材料的真实性负责。对弄虚作假、骗取财政奖励资金的节能服务公司，除追缴扣回财政奖励资金外，将取消其财政奖励资金申报资格。

（4）财政奖励资金必须专款专用，任何单位不得以任何理由、任何形式截留、挪用。对违反规定的，按照《财政违法行为处罚处分条例》（国务院令第427号）等有关规定进行处理处分。

40.《关于财政奖励合同能源管理项目有关事项的补充通知》中规定对哪些项目不予支持？

答：（1）新建、异地迁建项目。

（2）以扩大产能为主的改造项目，或"上大压小"、等量淘汰类项目。

（3）改造所依附的主体装置不符合国家政策，已列入国家明令淘汰或按计划近期淘汰的目录。

（4）改造主体属违规审批或违规建设的项目。

（5）太阳能、风能利用类项目。

（6）以全烧或掺烧秸秆、稻壳和其他废弃生物质燃料，或以劣质能源替代优质能源类项目。

（7）煤矸石发电、煤层气发电、垃圾焚烧发电类项目。

（8）热电联产类项目。

（9）添加燃煤助燃剂类项目。

（10）2007年1月1日以后建成投产的水泥生产线余热发电项目，以及2007年1月1日以后建成投产的钢铁企业高炉煤气、焦炉煤气、烧结余热余压发电项目。

（11）已获得国家其他相关补助的项目。

七、智能用电

1. 充换电设施的交接验收应包括哪几个方面？

答：（1）充换电设施安装调试完毕后，应进行投运前的交接验收。

（2）充换电设施验收合格后，运行单位方可签字接收。

2. 充换电设施运行数据统计主要包括哪几方面？

答：（1）值班人员每日应对站内充换电设施的充电次数、换电次数、充放电电量、服务车型及数量等数据进行记录，并做相应的统计。

（2）值班人员应对分散交流充电桩的充电起止时间、累计充电次数、充电电量等数据进行记录，并做相应的统计。

3. 电动汽车充换电设施运行管理的职责主要包括哪些？

答：电动汽车充换电设施运行管理的职责主要包括充换电设施的交接验收、运行值班管理、交接班管理、巡视检查、充换电服务、充换电设施的运行监控、运行数据统计、计划检修、应急抢修、缺陷管理、工器具及备品备件管理、安全管理、技术管理等。

4．动力电池运行数据统计主要包括哪些？

答：（1）运行值班人员应对电池运行数据每日进行统计。

（2）应对动力电池上次充换电行驶里程、剩余电量、充电参数、本次充电电量、累计充电次数、累计使用电量、累计使用里程、电池维护等数据进行记录，并做相应的统计。

5．值班人员应对充电过程进行哪些监控？

答：值班人员应对充电过程进行监控，监视交流输入电压、直流输出电压、直流输出电流等各表计显示是否正确，运行噪声有无异常，各保护信号是否正常，如有异常应及时处理。

6．车辆导引装置的竣工验收应达到什么样的要求？

答：（1）车辆导引装置应能引导驾驶员将车辆按照规定路线准确停靠在指定换电位置。必要时车辆导引装置应能对车辆的停靠位置和姿态进行适当调整。

（2）车辆导引装置应操作简单，定位准确。

（3）车辆导引装置在雨雾天气和夜间灯光照明情况下应能正常工作。

7．充换电设施的竣工验收包括哪些方面？

答：充换电设施的竣工验收包括施工质量验收、非通电设备质量验收和通电设备运行验收三个方面。

8．充换电设施的竣工验收项目包括哪些方面？

答：竣工验收项目包括充换电设施供电系统、充电系统、电池更换系统、监控系统、土建及其他配套设施、文档资料等。

9．国家电网公司分布式电源并网服务管理规则适用于哪两种类型的分布式电源？

答：第一类：10kV 及以下电压等级接入，且单个并网点总装机容量不超过 6MW 的分布式电源。第二类：35kV 电压等级接入，年自发自用电量大于 50%的分布式电源；或 10kV 电压等级接入且单个并网点总装机容量超过 6MW，年自发自用电量大于 50%的分布式电源。

10．地市/县公司负责分布式电源组织并网验收时，牵头部门职责是怎样划分的？

答：35、10kV 接入项目，地市公司调控中心负责组织相关部门开展项目并网验收工作，出具并网验收意见，并开展并网调试有关工作，调试通过后直接转入并网运行；380（220）V 接入项目，地市/区县公司营销部（客户服务中心）负责组织相关部门开展项目并网验收及调试，出具并网验收意见，验收调试通过后直接转入并网运行。

11.《节能与新能源汽车产业发展规划（2012—2020 年）》中指出，发展和培育新能源汽车产业的主要保障有哪些？

答：（1）完善标准体系和准入管理制度。

（2）加大财税政策支持力度。

（3）强化金融服务支撑。

（4）营造有利于产业发展的良好环境。

（5）加强人才队伍保障。

12. 根据《关于加快单位内部电动汽车充电基础设施建设的通知》（国能电力〔2017〕19 号），请简述优化完善公共机构节能管理支持单位内部充电基础设施建设的主要措施。

答：（1）各地相关政府部门要结合公共机构节能管理工作，建立单位内部充电设施建设的激励机制，将充电设施建设情况作为公共机构节能考核内容，科学制定考核标准，对因地制宜推进电动汽车充电基础设施建设力度大的给予鼓励。

（2）单位内部充电设施的用电应独立计量统计，统计公共机构用电量时应扣除非公务用车用电量。

13. 国家电网的能源发展战略是什么？

答：以电代煤、以电代油，电从远方来，来的是清洁电。

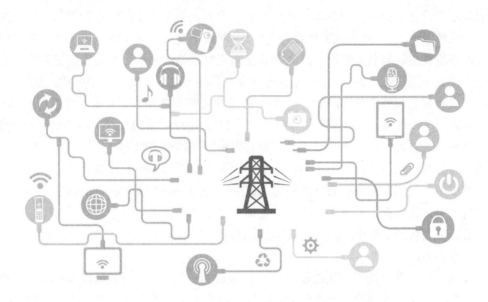

互联网 + 电力营销

第四部分

实践案例题

一、大数据、云计算、物联网、移动互联网技术

1. 美国高速公路安全管理局（NHTSA）负责执行汽车补贴置换政策（对旧机动车升级换代进行政府补助）并主持该业务系统的建设，选用在传统数据中心内架设 IT 系统并配备专门设计的商业应用系统。该局预测 4 个月内可能有 25 万交易申请，但从 2009 年 7 月系统投产后仅 90 天该系统处理了将近 69 万个交易。该系统从第一笔交易受理的三天内系统就出现超负荷情况，导致大量交易无法处理和多次系统瘫痪情况发生。联邦政府为建设该系统拨付的 10 亿美元专项资金在系统上线后 1 周内几乎用完。为此，2 天后联邦政府紧急额外拨款 20 亿美元，用于该系统按照初期测算交易量 3 倍进行扩容，耗费众多时日才得以完成。美国联邦政府目前的 IT 应用环境普遍存在资源利用率低、资源需求分裂、信息系统重复建设、系统环境管理难、采购部署时间过长等问题，影响了联邦政府向公众提供服务的能力。为改变上述局面，美国政府对云计算模式进行研究和规划，发布了《美国联邦政府云计算战略白皮书》（Federal Cloud Computing Strategy），大幅提高了对云计算模式的关注、研究、管理和应用的力度。

云计算与传统数据中心相比，有哪些优势？

参考答案：

效率：可将资产使用率从低于 30% 提高到 60%～70%；将割裂的需求和系统建设转变为整合的系统需求和系统建设计划；降低面向众多系统的管理难度，提高管理效率。

弹性：将周期长、投资大的新信息系统建设转变为按需、按量使用、付费的方式；将系统扩容的时间从数个月降低到近乎实时增减系统容量；增强对信息系统紧急需求的快速响应能力。

创新：将工作重点从管理资产转变为管理服务，释放进行资产管理的沉重负担；将较为保守的政府文化转变为鼓励、融合企业、行业创新技术的文化。

2. 怡安集团（AON Corporation）为美国上市公司，下属怡安翰威特是一家全球领先的人力资源咨询及人力资源外包服务的公司。为协同全球 120 多个国家的分公司和近 6 万名员工，整合横跨保险经纪代理、风险资产管理、人力资源咨询和外包等行业领域的业务，怡安集团对多家云计算产品、服务提供商（包括 PeopleSoft）进行评估后选用了 Salesforce.com 的云计算服务，由该公司提供快速的 IT 系统资源部署能力和使用云计算方式提供满足怡安集团系统标准化的要求。目前怡安集团已经替换、淘汰了 30 多个旧的不同版本的收入系统，形成了全球统一的标准化的平台，为分布在全球 80 多个国家的分公司、超过 7000 名公司员工每天使用。该平台与资产定价系统和账单系统连接，能够实时提供业务发展数据、重点监控指标的报告，随时了解掌握整个集团公司的业务发展状况。

传统计算方式和云计算方式哪个风险性更高？

参考答案：

传统计算方式造成的信息竖井、孤立架构所导致的管理困难、信息不一致、低信息

实效性等给企业带来了巨大的操作风险；另一方面，传统方式下信息与数据分布式存储和保存，复杂度高、可用性低，对于信息和数据安全性缺乏统一的可执行的电子数据安全等级管理体系，电子数据与信息存在潜在外泄风险，内部的安全管理漏洞更加难以防范，导致客户信息与数据更易泄露或不当使用。而现在选用云计算方式，通过保密协议与服务等级协议规范云计算服务提供商达到特定的数据信息安全等级要求，实现数据云端存储，以及尽量减少人为参与、干预环节，达到对数据特别是敏感数据的安全级别要求。综上，和目前大家接受的理念恰恰相反，云计算要比传统计算在总体上更安全、更可靠，风险更低，更有利于降低企业的运营风险。

3. 医药行业 Eli Lilly and Company（礼来公司）——用云推动创新

创建于 1876 年的礼来公司，现已发展成为全球十大制药企业之一，世界 500 强企业，2010 年收入 230.76 亿美元。宏观经济形势的恶化及医药行业竞争不断激烈，礼来公司销售收入呈现逐年递减的态势，从 2008 年销售收入同比增长 9%，逐渐降低，2009 年同比增长 7%，2010 年同比增长 6%。为提升公司销售收入，礼来公司需要开发更多的能够满足市场需求的新药品。为此，该公司近年来不断增加在新药研发方面的投入资金。然而医药行业，药物从最初实验室研究阶段到最终摆放到药柜销售平均需要花费 12 年的时间，总体花费 3.59 亿美元的费用，主要的时间和费用花费在药品临床试验、通过监管测试，以及市场、销售方面。在实验室进行药品研发的初期阶段，大量的试验和计算需要强大的计算能力作为支撑，但为此大规模增加 IT 资源的投入将会挤占后期试验的资金，增加药品上市的难度和时间。礼来公司面对相对有限的研发费用，被迫削减在 IT 固定资产方面的支出，但迫切需要更加快速便捷的获取计算资源的能力。该公司认为其传统的 IT 固定资产和基础设施已经抑制了其业务的发展，为此从去年开始实施策略转换，实现部分 IT 系统资源的费用支出从固定支出模式向浮动支出模式转变。通过转变和整合，礼来公司成倍的减少了部署新计算资源的时间，能够让该公司研发新药品项目的启动时间大幅减少，从而缩短新药品上市的时间：新服务器从 7.5 周减少到 3min；新的协同环境搭建从 8 周减少到 5min；64 节点 Linux 集群从 12 周减少到 5min。

云计算是如何帮助礼来公司节省投资资金的？

参考答案：

药物研制企业最重要的是创新，需要及时的信息、广泛的信息共享、良好的协同工具支持、大量的计算和实验。除高昂的研发成本外，研发工作本身也具有极高的研发风险。面对大量的前期研发费用，医药企业通常陷入两难境地：为满足大量的计算能力需求而进行信息系统的建设将花费大量资金，而进行研发后发现该研发项目不具备良好的市场前景或开发价值，导致前期投资的损失，花大价钱建成了数据中心，将宝贵的资金变成了闲置的固定资产，资产规模虽然不断扩大但是销售收入、盈利能力却不断降低。鼓励创新将引发较高的研发风险；规避研发风险则抑制创新。相比之下，使用云计算服务可以仅用少量的资金进行项目架构设计、研发和测试，随时对项目进行评估是否具有开发的价值，对于有良好前景的项目可继续追加投资进行更大规模的建设；对于没有开发价值、没有前途的项目即刻停止、取消，付出的成本相比之下微乎其微，可最大程度的降低研发风险。

4．大数据应用案例

（1）医疗行业。Seton Healthcare 是采用 IBM 最新沃森技术医疗保健内容分析预测的首个客户。该技术允许企业找到大量病人的临床医疗信息，通过大数据处理，更好地分析病人的信息。在加拿大多伦多的一家医院，针对早产婴儿，每秒钟有超过 3000 次的数据读取。通过这些数据分析，医院能够提前知道哪些早产儿出现问题，并有针对性地采取措施，避免早产婴儿夭折。它让更多的创业者更方便地开发产品，如通过社交网络来收集数据的健康类 App。也许未来数年后，它们搜集的数据能让医生的诊断变得更为精确，例如，不是通用的成人每日三次，一次一片的服药，而是检测到你的血液中药剂已经代谢完成会自动提醒你再次服药。

（2）能源行业。智能电网现在欧洲已经做到了终端，也就是所谓的智能电表。在德国，为了鼓励利用太阳能，会在家庭安装太阳能，电力公司除了向客户提供电能，还可以将客户太阳能发出的多余电能购买回来。通过电网收集每隔五分钟或十分钟收集一次数据，收集来的这些数据可以用来预测客户的用电习惯等，从而推断出在未来 2~3 个月时间里，整个电网大概需要多少电。有了这个预测后，就可以向发电或者供电企业购买一定数量的电。因为电有点像期货一样，如果提前买就会比较便宜，买现货就比较贵。通过这个预测后，可以降低采购成本。维斯塔斯风力系统，依靠的是 BigInsights 软件和 IBM 超级计算机，然后对气象数据进行分析，找出安装风力涡轮机和整个风电场最佳的地点。利用大数据，以往需要数周的分析工作，现在仅需要不足 1 小时便可完成。

基于以上案例，大数据分析普遍存在的方法理论有哪些呢？

参考答案：

（1）可视化分析。大数据分析最基本的要求就是可视化分析，可视化分析能够直观的呈现大数据特点，同时能够非常容易被读者所接受，如同看图说话一样简单明了。

（2）数据挖掘算法。各种数据挖掘的算法基于不同的数据类型和格式，这些被全世界统计学家所公认的各种统计方法深入数据内部，挖掘出公认的价值。因为这些数据挖掘的算法才能更快速的处理大数据。

（3）预测性分析。从大数据中挖掘出特点，通过科学的建立模型，之后便可以通过模型带入新的数据，从而预测未来的数据。

（4）语义引擎。语义引擎设计人工智能从数据中主动地提取信息。

（5）数据质量和数据管理。高质量的数据和有效的数据管理，能够保证分析结果的真实和有价值。

5．亚马逊公司是在 1995 年 7 月 16 日由杰夫•贝佐斯成立的美国最大的一家网络电子商务公司，位于华盛顿州的西雅图，是网络上最早开始经营电子商务的公司之一。亚马逊以经营零售为主，目前已成为全球商品品种最多的网上零售商和全球第 2 大互联网公司。2006 年 3 月，亚马逊推出弹性计算云服务，并逐步发展成为现在较完善的云计算服务系统，主要面向一些小的零售商家。根据去年的数据，亚马逊的云计算注册开发人员数量已经超过 50 万，它目前推出的云计算产品不仅服务分类灵活、收费方式多样，而且定价方式还体现了零售企业的一贯做法。同时，亚马逊并不是服务器存储设备的制造商，也不是操作系统的开发商，而是应用者，因此它的平台是开放的，它能提供给用户的不仅是技术还有自身的经验教训，这些都能帮企业用户更好的应用云技术提供更大的价值。这是身为电子商务企业的亚马逊的独特优势。

云计算对电子商务带来了哪些重大影响？

参考答案：

电子商务通常要以超低的折扣、丰富的产品吸引网民的追捧。从电子商务的流量看有较强的突发性，如果没有做出充足的技术准备，服务器在面对众多网民同时登录的时候，会出现堵塞甚至崩溃现象。如果不用云，那么企业自身必须具备充足的计算能力、存储能力来应对。而这就需要较强的计算机软硬件设备支持，这对于本身领域不在计算机方面的企业来说是十分沉重的负担，尤其对于中小企业来说，开发自己的软硬件设施是没有必要的。首先，投入大，包括软件 License 开发成本，硬件、网络和必不可少的维护工作。第二，周期长，软件安装配置需求调研、开发、测试这些都需要较长的时间才能完成，但是产生收益的周期却十分长。第三，人才缺乏，无论是软件的开发，还是网络的维护乃至整个客户数据处理过程中都需要投入大量的人力。云计算为这些问题的解决提供了一个十分有效的途径。电子商务企业大多为中小型企业，云计算富有弹性的服务递交和收费模式大受欢迎。中小企业可根据自身业务需要的变化而对 IT 资源进行弹性地扩展，最大程度上避免资源的冗余和浪费，直接带来了成本的降低。

6. "工程机械物联网"是借助全球定位系统（GPS）、手机通信网、互联网，实现了工程机械智能化识别、定位、跟踪、监控和管理，使工程机械、操作手、技术服务工程师、代理店、制造厂之间异地、远程、动态、全天候"物物相连、人人相连、物人相连"。

工程机械物联网目前应用广泛。以数字疼痛分级法（NRS）物联网智能管理系统平台为例，提升原本工程机械物联网服务由"信息采集服务"向"数据咨询服务转变"。由原来的现场管理升级为远程监控，由传统的制造转变为制造服务，由原来的被动服务提升为主动服务。功能涉及信息管理，行为管理，价值管理三大方面。

信息管理包括区域作业密集度管理，故障预警及远程诊断，车辆运维主动式服务，金融按揭安全性服务。

行为管理包括作业人员统计管理，作业工时效率性分析，行为与工效油耗分析，操作规范与工效分析。

价值管理包括产品全寿命周期成本管理，行为与员工绩效管理，量本利敏感要素判断，多维大数据决策支持。

以福田的农机信息管理平台为例，可以对农业所需相关机械车辆进行全球 GPS 定位、锁车、解锁车、设备工时查询、故障报警等操作，这对促进农业生产、提高工作效率有着至关重要的作用。

物联网与互联网的不同之处是什么？

参考答案：

其一，物联网的覆盖范围要远大于互联网。互联网和物联网可以从它们的主要作用来区别两者的不同之处，互联网的产生是为了人通过网络交换信息，其服务的主体是人。而物联网是为物而生，主要为了管理物，让物自主的交换信息，间接服务于人类。

其二，互联网用户通过端系统的服务器、台式机、笔记本和移动终端访问互联网资源，而物联网中的传感器结点需要通过无线传感器网络的汇聚结点接入互联网。因此，由于互联网与物联网的应用系统不同，所以接入方式也不同。物联网应用系统将根据需要选择无线传感器网络或射频识别（俗称电子标签）（RFID）应用系统接入互联网。互联网需要人自己来操作才能得到相应的资料，而物联网数据是由传感器或 RFID 读写器自动读出的。

其三，物联网涉及的技术范围更广。物联网运用的技术主要包括无线技术、互联网、智能芯片技术、软件技术，几乎涵盖了信息通信技术的所有领域。而互联网只是物联网的一个技术方向。互联网只能是一种虚拟的交流，而物联网实现的是实物之间的交流。所以技术导致物联网未来发展的前景是互联网的十几倍都不止。

7. 未来的门禁保安系统均可应用射频卡，一卡可以多用，如作工作证、出入证、停车卡、饭店住宿卡甚至旅游护照等，目的都是识别人员身份、安全管理、收费等。好处是简化出入手续、提高工作效率、安全保护。只要人员佩戴了封装成 ID 卡大小的射频卡、进出入口有一台读写器，人员出入时自动识别身份，非法闯入会有报警。安全级别要求高的地方还可以结合其他的识别方式，将指纹、掌纹或颜面特征存入射频卡。1996年夏季奥林匹克运动会的安全机构采用射频卡结合生物测定学技术作为保安系统中的一种，运动员和官方人员随身携带含有自己手掌信息的射频卡，当他们要进入某一安全区时，必须将其右手搁在扫描器上，只有该人与系统根据其手信息在安全库中检索出的三维图像一样，并且同其本人所携带的卡片上信息一致方可进入该区域，由于卡和携卡人是唯一联系的，所以只有卡主人才可使用自己的卡。而卡丢失、偷卡和借卡使用都构不成对安全的威胁。公司还可用射频卡保护和跟踪财产。将射频卡贴在物品上面，如计算机、传真机、文件、复印机或其他实验室用品上，该射频卡使公司可以自动跟踪管理这些有价值的财产，可以跟踪一个物品从某一建筑离开，或用报警的方式限制物品离开某地。结合 GPS 系统利用射频卡，还可对货柜车、货舱等进行有效跟踪。

RFID 相比于二维码有哪些优势？

参考答案：

物联网所有的识别技术中，RFID，及二维码是两种主要的识别技术。但今天，人们普遍认为今后物联网前端采集的主流应用形式将是 RFID，因为相比二维码技术，RFID拥有一些非常明显的优势，这些优势主要体现在以下几个方面。

（1）远距离、不接触读写。RFID 电子标签信息读取的最大距离可达 8m。

（2）多标签读写。二维码扫描仪一次只能读取一条二维码信息，电子标签读写器可同时读取多个 RFID 电子标签信息。

（3）数据可更新。二维码印刷之后就无法更改，电子标签可反复修改、新增、删除标签内的数据信息。

（4）穿透性。二维码读写器在没有物体阻挡下才能辩读信息，RFID 电子标签即使被包裹后，也可以进行信息读写。

（5）适应环境能力强。二维码容易受到污染和磨损，电子标签对水、油污等有很强的抗污和耐磨性。

8. 智能城市就是城市管理者运用先进的知识和理念，利用最新的科技与技术来整合通信、网络数据、信息处理等技术手段，将城市的生态环境、基础设施、经济发展和社会管理等系统的核心信息进行接收、传输、处理、分析和反馈、上传、存储，最终为管理城市提供最基本的数据和决策建议。智能城市就是把城市本身看成一个生态系统，城市中的市民、交通、能源、商业、通信、水资源构成了一个个的子系统。这些子系统形成一个普遍联系、相互促进、彼此影响的整体，利用物联网、互联网、云计算、数据挖掘分析等技术手段将城市各个子系统的数据进行接收、分析、处理，形成统一的数据中心。有了这个数据中心，城市运营中的数据实时共享，这样城市管理部门可以快速协调资源、做出适应城市健康可持续发展的管理决策，及时应对突发事件和灾害。 智能化是继工业化、电气化、信息化后，世界科技革命又一次新的突破。技术与生产管理的迅速结合是当今世界城市发展的趋势和特征。云计算一提出就被应用于各个方面的管理和建设。

请谈谈物联网和云计算的结合。

参考答案：

物联网运营平台需要支持通过无线或有线网络采集传感网络节点上的物品感知信息，进行格式转换、保存和分析计算。相比互联网相对静态的数据，在物联网环境下，将更多地涉及基于时间和空间特征、动态的超大规模数据计算。如果物联网的规模达到足够大，与云计算的结合就是极其必须的，比如行业应用：智能电网、地震台网监测、物流管理、动植物研究、智能交通、电力管理等方面就非常适合通过云计算的服务平台，通过物联网的技术支撑，从而让其更好地为人类服务。而对一般性的、局域的、家庭网的物联网应用，则没有必要结合云计算。要实现云计算对物联网的服务支撑，云计算的关键技术有着很大程度的影响。具体来说，云计算的超大规模、虚拟化、多用户、高可靠性、高可扩展性等特点正是物联网规模化、智能化发展所需的技术。物联网的实质是物物相连，把物体本身的信息通过传感器、智能设备等采样后，收集至一个云计算平台进行存储和分析。在实际应用领域，云计算经常和物联网一起组成一个互通互联、提供海量数据和完整服务的大平台。

9. Salesforce 脱机：2016 年 5 月 9 日，Salesforce.com 的硅谷 NA14 实例脱机，导致其断电超过 24h。随着客户不断丢失数据，大量的业务损失是不可避免的。从那之后，

Salesforce 将其大部分工作量转移到了业务流程开发平台（AWS）上。

Netflix 难忘的圣诞节：2012 年圣诞节前夕，大家都在等待欢庆和娱乐的到来。然而，AWS 的弹性负载均衡服务出错，导致 Netflix 停机。他们因此收获了一大堆不满意的顾客，这些顾客曾指望着能通过流媒体服务度过一个不错的圣诞节。好像这件事还不足以让两家公司关系恶化一样，两年后 Netflix 在 AWS 升级期间重启了 218 个产品节点，然后 22 个重启失败了——这是 AWS 和 Netflix 之间的另外一个例子。

微软 Azuer 毁坏：2014 年 11 月 18 日，由于软件更新，性能增加，Azure 存储服务发生了大规模断电。同样的事情也发生在 2015 年 12 月。

DYN 糟糕的一天：2016 年 10 月 21 日，DYN 遭遇了一系列分布式拒绝服务（DDoS）攻击。很多网站和他们的业务遭受了打击，如 Airbnb、Twitter、Amazon、Ancestry、Netflix、和 PayPal。这件事提醒全世界，物联网（IoT）遭受大规模打击的实际威胁是存在的。

云计算所面临的问题是哪些？

参考答案：

（1）云数据中心部署结构不够合理，资源利用率较低。统计显示，在规模结构方面，中国大规模数据中心比例偏低，大型数据中心发展规模甚至不足国外某一互联网公司总量，目前还没有实现集约化、规模化的建设。

（2）云服务能力亟待提高，配套资源匮乏。国内云计算服务能力与美国等发达国家相比仍然有较大差距，公共云计算服务业的规模相对较小，业务也比较单一，配套环境建设落后。随着 Google、Amazon 等企业加速在全球和中国周边的布局，云计算服务向境外集中的风险将进一步加大。

（3）信息安全法律法规和监管体系不够健全。在与云计算安全相关的数据及隐私保护、安全管理等方面，中国云计算产业生态有着较大缺失。同时，由于对安全的担心和其他顾虑，云计算服务在中国的使用率也比美国等发达国家低。

（4）云人才缺口，缺乏成熟商业模式。根据数据显示，中国云计算人才缺口达到百万级，2012 年与云计算相关的职位增长超过 150%。云产业生态需要 IT 和 CT 产业的融合发展，需要复合型人才的培养和建设，因此学科融合和复合型人才的培养尤为重要。

10. 云计算与大数据之前的关系。

（1）深圳市儿童医院成功部署 IBM 集成平台与商业智能分析系统 IBM 利用其行业领先的大数据与分析技术，支持深圳市儿童医院搭建信息集成平台，整合原有分散在多系统中的海量数据，实现各部门的信息共享；同时通过商业智能分析对集成数据进行深入挖掘，为医院各部门人员的科学决策提供全面的辅助，提升医院的服务水平和管理能力。

（2）Informatica 帮助紫金农商银行深挖数据价值，紫金农商银行操作数据存储（ODS）数据仓库项目建设使用 Informatica 产品完成数据的加载、清洗、转换工作显得尤为简单，图形化、流程化设计使维护人员能够快速、顺畅的操作，即使数据源结构发生变化，也不会像以前必须修改大量的程序代码，只要在 PowerCenter 中配置一下即可。

（3）华为大数据一体机服务于北大重点实验室经过大量的前期调查、比较和分析准备工作，北大重点实验室选择了华为基于高性能服务器 RH5885 V2 的 HANA 数据处理平台。HANA 提供的对大量实时业务数据进行快速查询和分析，以及实时数据计算等功能，在很大程度上得益于华为 RH5885 V2 服务器的高可靠、高性能和高可用性的支持。

（4）IBM 携手汉端科技为飞鹤乳业打造全产业链可追溯体系 IBM、汉端科技与中国飞鹤乳业联合宣布，通过利用 IBM 业界领先的全面大数据与分析能力，和汉端科技在商业智能领域丰富的行业经验，飞鹤乳业实现了产品的可追溯与食品安全的数字化管理，完成了系统数字化、透明化、服务化的升级。

（5）浪潮大数据平台大大提升了济南的警务工作能力，浪潮在帮助济南公安局搭建云数据中心的基础上构建了大数据平台，以开展行为轨迹分析、社会关系分析、生物特征识别、音视频识别、银行电信诈骗行为分析、舆情分析等多种大数据研判手段，为指挥决策、各警种情报分析、研判提供支持，做到围绕治安焦点能够快速精确定位、及时全面掌握信息、科学指挥调度警力和社会安保力量，迅速解决问题。

请浅谈云计算和大数据之前的关系。

参考答案：

云计算是硬件资源的虚拟化，而大数据是海量数据的高效处理。虽然从这个解释来看也不是完全贴切，但是却可以帮助对这两个名字不太明白的人很快理解其区别。当然，如果解释更形象一点的话，云计算相当于计算机和操作系统，将大量的硬件资源虚拟化后在进行分配使用。可以说，大数据相当于海量数据的"数据库"，通观大数据领域的发展我们也可以看出，当前的大数据发展一直在向着近似于传统数据库体验的方向发展，即传统数据库给大数据的发展提供了足够大的空间。大数据的总体架构包括三层：数据存储，数据处理和数据分析。数据先要通过存储层存储下来，然后根据数据需求和目标来建立相应的数据模型和数据分析指标体系对数据进行分析产生价值。而中间的时效性又通过中间数据处理层提供的强大的并行计算和分布式计算能力来完成。三者相互配合，这让大数据产生最终价值。不看现在云计算发展情况，未来的趋势是云计算作为计算资源的底层，支撑着上层的大数据处理，而大数据的发展趋势是实时交互式的查询效率和分析能力。借用 Google 一篇技术论文中的话："动一下鼠标就可以在秒极操作 PB 级别的数据"，确实让人兴奋不已。

11. 随着经济的不断发展，工业生产大型化趋势越来越明显，石油、化工产业集聚发展已成趋势，在国内外出现了将石油化工企业相对集中布置而形成的化工园区。根据中国石油和化学工业联合会化工园区工作委员会所做的一次全国性调研统计，截至 2015 年底，全国重点化工园区或以石油和化工为主导产业的工业园区共有 502 家，其中国家级化工园区（包括经济技术开发区、高新区）47 家，省级化工园区 262 家，地市级化工园区 193 家，其中大多数园区仍处于项目招商和建设阶段。化工园区的建设具有占地面积大、性质复杂、涉及多种行业、不确定因素多等特点，因此必须正确处理化工园区的安全与生产、安全与效益、安全与发展、安全与稳定的关系，这是促进化工园区经济持续、快速、健康发展不可回避的现实问题。因此，展开智慧生态园区的研究与建设工作，各级政府、化工园区和高新技术产业园的共同需求。

简述智慧园区分布式电源与储能建设的内容和要求。

参考答案：

（1）建设内容。智慧园区中宜合理配置分布式电源和储能，包括光伏组件、风电发电机组、冷热电三联供、地源热泵、储能系统等新能源设备，同时应部署分布式电源监控终端。

（2）建设要求。

1）应按照本地优先消纳、余量上网的原则，实现园区分布式电源及储能并网控制，以及双向计量，参与电网错峰避峰。

2）宜选择园区重要负荷及合适建筑，合理利用分布式电源与储能，示范建设微电网，提高重要负荷用电可靠性。

3）对于非接入配电网的分布式电源与储能系统，应在其接入点部署采集装置。

4）对于接入配电网的分布式电源与储能系统，应遵循 Q/GDW 480—2010《分布式电源接入电网技术规定》和 Q/GDW 564—2010《储能系统接入配电网技术规定》关于分布式电源与储能系统接入配电网的技术规定，并纳入园区配电网统一管理。

5）各级各类分布式电源和储能系统，应参与园区配电网的优化运行与协调控制。

12．分析 11 题中的案例，简述智慧园区配电自动化建设的内容和要求。

参考答案：

（1）建设内容。在园区采用配电系统信息采集、配电开关状态监控、故障自动检测与隔离、故障抢修、配电变压器监测、无功补偿控制、配电室视频监视等技术，实现配电自动化。

（2）建设要求。

1）应将园区配电系统运行信息传送至配电自动化主站。

2）支持供用电运行状况、电能质量监控，故障自动检测与隔离，故障快速响应。

3）支持园区配电设备视频监控与联动。

4）支持电网企业与园区物业公司的故障处理协同，提高电力故障响应能力和处理速度。

5）智慧园区配电自动化建设应遵循国家已颁布的信息安全规定，通过电力专网接入的需设置国家指定部门认证的电力专用纵向加密装置或加密认证网关，通过公网接入的需经过安全接入区，并安装国家指定部门认证的电力专用单项隔离装置。

13．分析 11 题中的案例，简述智慧园区智能家居建设的内容和要求。

参考答案：

（1）建设内容。在园区选择合适用户，通过部署智能插座、智能交互终端，实现对家庭用电设备信息采集、监测、分析及控制，进行用电方案设置，实现家电联动，可通过手机移动应用、远程网络等方式实现家居的监控与互动、用电查询、能效分析、用电建议等增值服务。

（2）建设要求。

1）应构建符合 Q/GDW 723—2012《智能家居设备通信协议》规定的家庭通信网络，实现家庭智能设备的组网与互联。

2）应实现对家庭用电设备用电信息采集与管理，包括户内用电设备分时段电能示值、电压、电流、功率等数据。

3）应实现家庭能效管理，能够为用户提供能效分析和用电建议。

4）应实现与物业管理中心主站联网，居民用户可通过家庭智能终端的交互界面获取物业管理中心提供的各种增值服务。

5）应实现家庭安全防护，如烟雾探测、燃气泄漏探测、防盗、紧急求助、红外探测等。

6）应关注客户用电信息、隐私信息、电表结算信息、控制信息、重要参数设置信息、共享信息、互动信息的安全防护。

14．分析 11 题中的案例，简述智慧园区智能楼宇建设的内容和要求。

参考答案：

（1）建设内容。在园区选择合适的建筑建设智能楼宇，打造环境舒适、运行节能的智能建筑，对建筑的用能、智能化子系统进行统一管理和协调运行。

（2）建设要求。智能楼宇建设应符合 GB 50314—2015《智能建筑设计标准》的规定，通过部署采集终端，对楼宇所有用能设备进行信息采集和设备监测，同时接入楼宇非用能设备相关数据，实时了解运行状况；通过信息交互接口，将智能楼宇中的空调系统、给排水系统、照明系统、电梯系统、消防及安防等系统与智能楼宇综合管理模块进行集成，对多系统之间的数据进行融合、功能进行整合、展示进行联合，使多个系统之间能够协同工作、密切配合，连接成为一个完整可靠、实用高效的整体，发挥整体效益、达到整体最优，使智能楼宇各项设施运转高效、安全可靠。

15．随着经济的不断发展，工业生产大型化趋势越来越明显，石油、化工产业集聚发展已成趋势，在国内外出现了将石油化工企业相对集中布置而形成的化工园区。根据中国石油和化学工业联合会化工园区工作委员会所做的一次全国性调研统计，截至 2015年底，全国重点化工园区或以石油和化工为主导产业的工业园区共有 502 家，其中国家级化工园区（包括经济技术开发区、高新区）47 家，省级化工园区 262 家，地市级化工园区 193 家，其中大多数园区仍处于项目招商和建设阶段。化工园区的建设具有占地面积大、性质复杂、涉及多种行业、不确定因素多等特点，因此必须正确处理化工园区的安全与生产、安全与效益、安全与发展、安全与稳定的关系，这是促进化工园区经济持续、快速、健康发展不可回避的现实问题。因此，展开智慧生态园区的研究与建设工作，各级政府、化工园区和建德高新技术产业园的共同需求。

简述智慧园区可视化展厅建设的内容和要求。

参考答案：

（1）建设内容。在园区内建设可视化展厅，作为面向社会的展示窗口，传播智能电网与智慧园区高度融合的建设理念，生动、深入地展现智慧园区的进步和优势。

（2）建设要求。利用大屏交互演示、多点触摸、互动体验、虚拟现实等多媒体展示手段，对智慧园区集中进行动态、灵活、直观和多维的可视化展示，展现智能电网与智慧园区的高度融合，传播智慧园区发展规划理念，让公众了解到智能电网对生活带来的便利，并参与互动体验低碳、绿色生活方式，为智慧园区综合运营管控提供技术支撑手段。

16. 分析 11 题中的案例，简述智慧园区综合管控服务平台建设的内容和要求。

参考答案：

（1）建设内容。智慧园区综合管控服务平台应部署在园区管理机构，完成园区信息采集和综合监控、服务提供等功能，实现园区、用户、电网相关信息的集成、显示与管理，实现智慧园区的能源综合监控和业务管理，以及动态、灵活、直观和多维的可视化展示。

（2）建设要求。

1）集成园区运行数据采集监控、分布式电源管理、配电自动化、用电信息采集、智能楼宇、智能家居服务、园区能效管理和可视化等功能应用。

2）服务园区管委会、运营实体和用户等对象；园区管理机构、用户等通过各类终端与主站双向互动。

3）形成用能策略提供给园区管理机构和用户。

4）主站和信息外网发布区之间应设置国家指定部门认证的电力专用正向物理隔离装置。

17. 近年来，智能建筑技术有了新的发展，人们把智能建筑技术扩展到一个区域的几座智能建筑进行综合管理，再分层次地连接起来进行统一管理，这样的区域称为智能小区，它已成为建筑行业中继智能建筑之后的又一个热点。所谓的智能小区，就是将在一定地域范围内多个具有相同或不同功能的建筑物（主要是指住宅小区）按照统筹的方法分别对其功能进行智能化，资源充分共享，统一管理，在提供安全、舒适、方便、节能、可持续发展的生活环境的同时，便于统一管理和控制，并尽可能地提高性价比指标。目前，建设部正组织实施全国住宅小区智能化示范工程，根据建设部规定，将智能建筑分为三个层次：普及型住宅小区，先进型住宅小区与领先型住宅小区。但是，如何实现建设部所提出以上三种小区的智能化设计与施工，存在多种不同的实施方式。其中不少方式缺乏可行、廉价的技术支持，并且采用的产品品种繁多，无法实现集成，使实施效果不佳，住户不满意。根据建设部规定，普及型住宅小区应实现六项智能化要求：住宅小区设立计算机自动化管理中心；水、电、气等自动计量、收费，住宅小区封闭；实行安全防范系统自动化监控管理；住宅的火灾、有害气体泄漏实行自动报警；住宅设置紧急呼叫系统；对住宅小区的关键设备、设施实行集中管理，对其运行状态实施远程监控。

简述智能小区的互联互通系统。

参考答案：

（1）系统互联。智能小区通过采用先进的通信技术，将小区内供用电设备、家用设备、信息设备与电网企业、第三方的多种系统（GB 50314—2015《智能建筑设计标准》中规定的智能化集成系统、信息设施系统、信息化应用系统，CJ/T 174—2003《居住区智能化系统配置与技术要求》中规定的安全防范子系统、管理与监控子系统等）连接在一起，构造覆盖小区统一的通信网络。

（2）通信网络。智能小区的通信网络包括远程接入网、本地接入网及家庭局域网。远程接入网用于智能小区通信网络的上联（如共享数据平台、配电自动化系统主站、用电信息采集系统主站等），通信方式主要包括光纤专网、无线专网或运营商虚拟专网等；本地接入网用于连接配电台区与家庭、分布式电源、智能电能表等，通信方式主要包括光纤通信、无线通信和电力线载波通信；家庭局域网用于连接家庭内部智能交互设备、智能插座等设备，通信方式主要包括电力线载波通信、有线通信及无线通信等。

18．分析 17 题中的案例，简述智能小区的信息安全要求。

参考答案：

数据交互根据 Q/GDW/Z 518—2010 的规定，智能用能服务系统、营销业务管理系统通过共享数据平台与用电信息采集系统、小区配电自动化系统、电动汽车充电管理系统、分布式电源管理系统进行信息交互、数据处理。配电自动化系统主站通过智能配电变压器终端与智能小区中的用电信息采集系统、小区配电自动化系统、电动汽车充电管理系统、分布式电源管理系统进行信息交互。智能小区的信息安全应严格遵照 GB/T 22240—2008《信息安全技术　信息系统安全等级保护定级指南》、Q/GDW 582—2011《电力光纤到户终端安全接入方案》、Q/GDW 1594—2014《国家电网公司管理信息系统安全防护技术要求》、Q/GDW 597—2011《国家电网公司应用软件通用安全要求》及中华人民共和国国家发展和改革委员会令第 14 号等国家信息安全的相关条例和规定，坚持"安全分区、网络专用、横向隔离、纵向认证"的原则，保障各信息系统的安全。在进行数据采集、控制、交互等操作时，应采用网络加密系统保证远程数据传输的安全性和完整性；对智能小区内接入的终端或用户身份进行严格认证，保证用户身份的唯一性和真实性。智能小区通信网络不得与各级调度数据网相连，同时不得与 10kV 以上配电网自动化系统直接相联。按照智能小区的数据流向，从终端设备、接入层、通道、边界、主机系统五个维度进行安全防护设计，以实现层层递进，纵深防御。

19．分析 17 题中的案例，简述智能小区的安全防护方面的要求。

参考答案：

小区配电自动化系统的安全防护应符合中华人民共和国国家发展和改革委员会令

第 14 号的要求。具有控制功能的配电自动化系统应置于生产控制大区，非控制系统（配电管理系统等）可置于管理信息大区，各大区之间的横向网络边界安全防护措施应按照国家发展改革委令第 14 号要求实施。 配电网自动化系统主站与子站及终端的通信方式原则上以电力光纤通信为主，对于不具备电力光纤通信条件的末梢配电终端，采用无线通信方式。无论采用哪种通信方式，都应对控制指令使用基于非对称密钥的单向认证加密技术进行安全防护。当配电网自动化系统采用 EPON、GPON 或光以太网络等技术时应使用独立纤芯或波长；配电网监控专用通信网络应能与调度数据网络相连，并纳入统一安全管理。当采用无线公网通信方式时，应采取（APN＋VPN）逻辑隔离、访问控制、认证加密等安全措施。

20．分析 17 题中的案例，简述智能小区的电力需求侧管理。

参考答案：

（1）信息发布。提供电网运行状态、检修计划等信息的发布功能。

（2）需求分析。利用采集到的小区用户实时用能数据，结合电网运行状态，分析用能结构。

（3）策略制定。结合用户用电特性和负荷要求，为小区用户提供用能分析及有序用电策略等功能。

（4）用户响应。用户响应可采用自主或委托两种方式。自主方式是指用户通过智能交互设备、自助用电服务终端、计算机等设备获取电网运行状态、有序用电策略等相关信息，自主选择参与需求侧响应；委托方式是指用户以协议的形式，委托供电企业对其用电及发电设备进行控制。

（5）自动需求响应。智能小区应能在实现传统需求响应技术的基础上，通过应用先进的传感和决策支持技术，采用先进的控制方法，实现用户与电力企业的实时互动及电力设备负荷的自动调整，确保电力供需平衡。

（6）远程能效监测与能效诊断。通过现代化的传感和通信技术，实现对重点耗能用户主要用电设备的用电数据实时采集、运行状态监测和远程能效诊断。

21．物联网是一个泛概念，涵盖了所有领域，全球范围内不同厂商均从自身资源出发包装其物联网概念，如 IBM 早期所提的"智慧地球"，思科倡导万物互联等，以及在全球大多数国家也都纷纷推出本国的物联网相关发展战略，其中以新加坡要构建全球首个"智慧国"尤为明显。物联网自 2009 年概念期后逐渐导入成长期，经过几年的发展，物联网已进入迅速发展期。

物联网的定义是什么？物联网的核心技术又是什么？

参考答案：

物联网的定义是通过射频识别、红外感应器、全球定位系统、激光扫描器等信息传感设备，按约定的协议把任何物品与互联网连接起来，进行信息交换和通信，以实现智能化识别、定位、跟踪、监控和管理的一种网络。物联网的核心技术是无线技术。

22．单片机主要由运算器、控制器和寄存器三大部分构成。其中，运算器由算术逻辑单元（ALU）、累加器、寄存器等构成，首先累加器和寄存器向 ALU 输入两个 8 位源数据，其次 ALU 完成源数据的逻辑运算，最后将运算结果存入寄存器中；控制器由程序计数器、指令寄存器、指令译码器、时序发生器和操作控制器等构成，是一个下达命令的"组织"，用于协调整个系统各部分之间的运作；寄存器主要有累加器 A、数据寄存器 DR、指令寄存器 IR、指令译码器 ID、程序计数器 PC、地址寄存器 AR 等。在微处理器内部运算器、控制器、寄存器之间是相互连接的，由控制器向各部分发布操作命令，运算器接到命令后进行相应运算，并将运算后结果存入相应的寄存器中。

单片机在各个领域的应用如何？

参考答案：

（1）智能仪器仪表。采用单片机不仅提高了仪器仪表使用功能和精度，而且简化了结构，减小了体积，降低了成本。

（2）工业控制。单片机还可用于工业控制对各种物理量的采集与控制，从而提高生产效率和产品质量。

（3）家用电器。单片机是家用电器智能化的大脑和心脏。

（4）信息和通信产品。典型产品如打印机、传真机、考勤机、电视机。

23．无线传感器网络（Wireless Sensor Networks，WSN）是一种分布式传感网络，它的末梢是可以感知和检查外部世界的传感器。WSN 中的传感器通过无线方式通信，因此网络设置灵活，设备位置可以随时更改，还可以跟互联网进行有线或无线方式的连接。通过无线通信方式形成一个多跳自组织网络。WSN 的发展得益于微机电系统（Micro-Electro-Mechanism System，MEMS）、片上系统（System on Chip，SoC）、无线通信和低功耗嵌入式技术的飞速发展。WSN 广泛应用于军事、智能交通、环境监控、医疗卫生等多个领域。

无线传感器网络具有什么特点？

参考答案：

（1）硬件资源有限。节点受价格、体积和功耗的限制，其计算能力和内存空间要比普通的计算机功能弱很多。

（2）电源容量有限。网络节点由电池供电，电池的容量一般不是很大。

（3）无中心。无线传感器网络中所有节点地位平等，是一个对等式网络。

（4）自组织，网络的节点通过分层协议和分布式算法协调各自的行为。

（5）多跳路由，网络中节点通信距离有限，节点只能与它的邻居直接通信。如果希望与其射频覆盖范围之外的节点进行通信，则需要通过中间节点进行路由。

（6）动态拓扑。网络中节点可以随处移动，可以随时退出或添加，因此网络应该具有动态拓扑组织功能。

（7）节点数量众多，分布密集。利用节点之间高度连接性来保证系统的容错性和抗毁性。

24．随着信息化技术的不断发展，人们对定位技术的需求日益增长。其中，室内定位技术越来越多地在车间、商场、车站、机场等生产场所或公共场所内使用。根据定位过程中是否需要测量已知点与未知点之间的距离，可以将室内定位方法分为两大类，即基于测距的定位方法和无须测距的定位方法。基于测距的定位方法是通过测量节点间的距离或角度信息，使用三角形质心、三边测量、最小二乘法或最大似然估计等方法估算节点的位置，目前比较常用的测距技术有 TOA、TDOA、AOA 和 RSSI 等；无须测距的定位方法则无须测量节点间的距离或角度信息，仅根据网络连通性等信息即可完成节点的位置估算，常用的方法包括质心算法、Amorphous 算法、DV-Hop 算法、APIT 算法、蒙特卡洛定位算法等。

描述基于距离定位的三个阶段及完成的功能。

参考答案：

（1）测距阶段。未知节点首先测量到邻近节点的距离和角度，然后进一步计算邻近信标节点的距离或方位。

（2）定位阶段。未知节点在计算出到达三个或三个以上信标节点的距离或角度后，利用三边测量法或极大似然估计法计算未知节点的坐标。

（3）修正阶段。对求得的节点坐标进行求精，提高定位精度，减少误差。

25．蓝牙是一种无线技术标准，可实现固定设备、移动设备和楼宇个人域网之间的短距离数据交换。蓝牙技术最初由电信巨头爱立信公司于 1994 年创制，当时是作为 RS-232 数据线的替代方案。蓝牙可连接多个设备，克服了数据同步的难题。如今蓝牙由蓝牙技术联盟管理。蓝牙技术联盟在全球拥有超过 25 000 家成员公司，它们分布在电信、计算机、网络和消费电子等多重领域。IEEE 将蓝牙技术列为 IEEE 802.15.1，但如今已不再维持该标准。蓝牙技术联盟负责监督蓝牙规范的开发，管理认证项目，并维护商标权益。制造商的设备必须符合蓝牙技术联盟的标准才能以"蓝牙设备"的名义进入市场。蓝牙技术拥有一套专利网络，可发放给符合标准的设备。

蓝牙技术的特点是什么？在哪些领域有所应用？

参考答案：

蓝牙技术的特点：

（1）全球范围适用。

（2）TDMA 结构。

（3）使用跳频技术。

（4）组网灵活性强。

（5）成本低。

蓝牙技术的应用领域可以分为：

（1）手机上的应用。

（2）掌上电脑上的应用。

（3）在其他数字设备上的应用，如家庭和办公室自动化，电子商务等。

（4）在测控领域的应用。

26．WIFI 是一种允许电子设备连接到一个无线局域网（WLAN）的技术，通常使用 2.4G UHF 或 5G SHF ISM 射频频段。连接到无线局域网通常是有密码保护的；但也可以是开放的，这样就允许任何在 WLAN 范围内的设备可以连接上。WIFI 是一个无线网络通信技术的品牌，由 WIFI 联盟所持有。目的是改善基于 IEEE 802.11 标准的无线网路产品之间的互通性。有人把使用 IEEE 802.11 系列协议的局域网就称为无线保真，甚至把 WIFI 等同于无线网际网路（WIFI 是 WLAN 的重要组成部分）。

WIFI 技术的突出优势在哪？

参考答案：

（1）较广的局域网覆盖范围，WIFI 的覆盖半径可达 100m 左右，相比于蓝牙技术覆盖范围较广。

（2）传输速率高。WIFI 可达到 11bit/s，适合高速数据传输的业务。

（3）无须布线，WIFI 非常适合移动办公用户，用户只需将电脑拿到该区域内，即可高速接入互联网。

（4）健康安全，相对于手机的辐射来说，WIFI 产品的辐射更小。

27．蜜蜂在发现花丛后会通过一种特殊的肢体语言来告知同伴新发现的食物源位置等信息，这种肢体语言就是 ZigZag 行舞蹈，是蜜蜂之间一种简单传达信息的方式。借此意义，ZigBee 作为新一代无线通信技术的命名。在此之前 ZigBee 也被称为"HomeRF Lite""RF-EasyLink"或"fireFly"无线电技术，统称为 ZigBee。简单地说，ZigBee 是一种高可靠的无线数传网络，类似于 CDMA 和 GSM 网络。ZigBee 数传模块类似于移动网络基站。通信距离从标准的 75m 到几百米、几公里，并且支持无限扩展。ZigBee 是一个由可多到 65 535 个无线数传模块组成的一个无线数传网络平台，在整个网络范围内，每个 ZigBee 网络数传模块之间可相互通信，每个网络节点间的距离可从标准的 75m 无限扩展。

ZigBee 技术的特点主要有哪些？

参考答案：

（1）低速率，ZigBee 工作在 20～250bit/s 的较低速率，满足低速率传输数据的应用需求。

（2）低时延，ZigBee 的响应速度较快，一般从睡眠转入工作状态只需 15ms，节点连接进入网络只需 30ms，进一步节省了电能。

（3）低功耗，设备可在电池的驱动下运行数月甚至数年。

（4）低成本，实现简单，ZigBee 设备可在标准电池供电的条件下工作。

（5）网络容量高，ZigBee 设备支持几乎任意数目的设备。

（6）可靠，采取了碰撞避免策略。

（7）安全，ZigBee 设备提供了基于循环冗余校验的数据包完整性检查功能，支持鉴权和认证。

28．UWB（Ultra-Wideband）超宽带，一开始是使用脉冲无线电技术，此技术可追溯至 19 世纪。后来由 Intel 等大公司提出了应用了 UWB 的 MB-OFDM 技术方案，由于两种方案的截然不同，而且各自都有强大的阵营支持，制定 UWB 标准的 802.15.3a 工作组没能在两者中决出最终的标准方案，于是将其交由市场解决。为进一步提高数据速率，UWB 应用超短基带丰富的吉赫兹级频谱。

UWB 技术的特点都有哪些？

参考答案：

（1）抗干扰性能强。

（2）传输速率高，UWB 技术有望高于蓝牙 100 倍。

（3）带宽极宽，UWB 的超宽带系统容量大，并且可和目前的窄带通信系统同时工作而不干扰。

（4）消耗电能少，UWB 只是发出瞬间脉冲电波，并且在需要时才发送脉冲电波，所以消耗电能少。

（5）保密性好。

（6）发送功率非常小。

（7）成本低，适合于便携型使用。

29．无线电台简称"电台"，装有发送和接收无线电信号设备的台站。从应用角度出发可分为话音传输的对讲电台（如对讲机、车载台等）和数据传输的数传电台等。

为何同一地区的各无线电台必须分配给一个特定的载波频率？

参考答案：

所有的无线电广播的频率都是由国家无线电频率管理机构根据全国实际情况统一分配的，以保证合理利用频率资源，在相距较远的不同地区可使用同一频率而互不干扰，在同一地区又要保证各电台分配到不同的可用频率。具体到调频频率的分配和使用，由于 FM 信号的传播距离相对很小，即使在平原上也不会超过 300km，相邻城市、地区之间 FM 信号互相干扰的情况要少一些，调频频率的选择余地大一些、分配和占用相对自由一些，所以不同的城市使用的 FM 频率比较多、也可见到同一调频频率在相距较远的几个不同城市被使用的情况。

30．智慧城市就是运用信息和通信技术手段感测、分析、整合城市运行核心系统的各项关键信息，从而对包括民生、环保、公共安全、城市服务、工商业活动在内的各种需求做出智能响应。其实质是利用先进的信息技术，实现城市智慧式管理和运行，进而为城市中的人创造更美好的生活，促进城市的和谐、可持续成长。随着人类社会的不断发展，未来城市将承载越来越多的人口。目前，我国正处于城镇化加速发展的时期，部分地区"城市病"问题日益严峻。为解决城市发展难题，实现城市可持续发展，建设智慧城市已成为当今世界城市发展不可逆转的历史潮流。智慧城市的建设在国内外许多地区已经展开，并取得了一系列成果，国内的如智慧上海、智慧双流；国外如新加坡的"智慧国计划"、韩国的"U-City 计划"等。

智慧城市有哪些特征？

参考答案：

（1）智慧城市是一个物物联网的城市，所有的智能系统通过物联网而整合在一起，纵横交错。

（2）智慧城市是一个信息移动的城市。

（3）智慧城市是一个信息共享的城市，全面、系统、高质量、可共享的信息是智慧城市的一个基础。

（4）智慧城市是一个绿色生态的城市。

（5）智慧城市是一个人本幸福的城市。智慧城市是一个居民幸福感很强的城市。

31．随着经济全球化和信息技术的迅猛发展，智慧城市建设工作开展得如火如荼，物联网、云计算、大数据都成了智慧城市建设中频频出现的热词。上到中央、下到地方，"智慧城市"的建设浪潮一浪盖过一浪。这让我们又想起曾经出现在我们城市建设视野中的一个词"数字城市"。智慧城市的建设核心是大数据的建设，而大数据的基础则是数字。基于以上逻辑，很多城市管理者眼中的智慧城市就等同于数字城市。事实上，智慧城市与数字城市有着许多的差别和不同。

智慧城市与数字城市之间的关系是怎样的？

参考答案：

二者之间存在以下三方面的不同。

（1）关注不同。在数字城市阶段，人们关注的是信息的采集和传递，在智慧城市阶段，人们关注更多的是信息的分析，知识或规律的发现及决策反应等。

（2）目标不同。数字城市以电子化和网络化为目标，智慧城市则以功能自动化和决策支持为目标。

（3）实质不同。数字化的实质是计算机和网络取代的手工流程操作，智慧化的实质则是用智慧技术取代传统的某些需要人工判别和决断的任务，达到最优化。

32．智慧城市已逐渐在管理和民生领域显现效果，包括养老、医疗等。我们现在处在创新 2.0 模式时代，从生产泛式向服务泛式转变。2016 年 1 月国家统计局发布数据显示，中国产业结构调整取得历史性变化：第三产业增加值占国内生产总值比重首次超过第二产业。产业结构比例发生了变化，业态也在发生更新。从"＋互联网"到"互联网＋"，从工业时代向信息时代，从 1.0 向 2.0 转变有很多模式，可以看到在这个过程中无论是通信，还是传统的社交网络，包括创新和实验室开放空间，以及生产管理组织方式，都从原来以生产者为中心转变为现在的以用户为中心。包括政府管理和公共服务，也都有很大的变化，这是未来建设发展的趋势。

智慧城市的建设内容有哪些？

参考答案：

（1）城市环境类。理想中的智慧城市具有秀美的生态环境、和谐的社会环境、发达的人文科技环境。

（2）社会管理与服务类。对于我国城市的普遍情况来说，城市安全、智慧服务、智慧交通、智慧医疗是最关乎城市高效运行、人民幸福的方面，应当成为当下大部分城市建设智慧城市的主题。

（3）经济发展类。城市经济是城市发展的动脉，也是新一代信息技术创新和应用的重要领域。

33. 汇智智慧园区整体解决方案关注政府管理部门、园区管理方、园区企业、园区内从业人员等四类受众的不同需求，从"有利于政府服务和产业发展、有利于园区管理者的高效管理，有利于入园企业的发展，有利于园区从业者的和谐共处和共同成长"的目标入手，依托拥有自主知识产权的"汇智云平台"，充分利用物联网、大数据、移动互联网等新一代信息技术，以运营管理平台、公共服务平台、数据服务总线的"一总线、两平台"为核心，包含智慧招商管理、智慧资产管理、创新创业在线孵化、中小企业云平台、园区运营监控指挥、园区业务协同、园区一卡通等在内的智慧园区整体解决方案，为我国高新产业园区的智慧园区建设提供包括规划、设计、建设、运营等在内的一站式服务。

智慧城市的建设可分为几个阶段？

参考答案：

（1）前期论证阶段。该阶段具体包括提出设想，进行可行性分析、论证、方案评审和方案通过。

（2）广泛互联阶段。该阶段主要特征是偏重于信息基础设施建设。

（3）应用普及阶段。该阶段的主要特征为智慧技术在城市运营的各个领域、各个产业得以广泛的应用。

（4）全面智慧阶段。该阶段是指城市在实现了广泛互联和应用普及后，对城市的基础设施、交通、安全、能源等各个领域的一体化管控。

34. 据闽南网报道，为推动人口健康信息平台试点建设，建设 15 所智慧校园示范校、50 所试点校，建立智慧健康养老服务平台……这是记者从市政府办公厅日前印发的《福州市新型智慧城市标杆市建设项目清单》中获悉的。随着我市加快推进新型智慧城市标杆市建设，越来越多与民生息息相关的智慧服务即将走进我们的生活。

智慧城市的建设模式有哪些？

参考答案：

（1）以物联网产业发展为驱动。可大规模建设物联网产业聚集园区。

（2）以信息基础设施建设为先导。在建设感知城市过程中，铺设光纤骨干网，实现有线网络入户，无线网络覆盖公共区域。

（3）以社会服务与管理应用为突破口。重点建设一批社会应用示范项目，建设一批示范应用基地。

35．智慧城市建设是一项复杂的系统工程，所需资金巨大，涉及政府、企事业组织和市民家庭等多元主体，其建设模式已由政府作为投资主体转变为市场多元化投资。

信息化密切关系到一个城市的综合竞争力。特别是 21 世纪以来，在智慧地球理念下，以透彻感知、深度互联、智能应用为主要特征的智慧城市（Smart city）成为未来城市发展的主方向。随着云计算、物联网、移动互联网等新一代信息技术在城市各领域的逐步渗透，智慧城市正在从实验室走向实践。国务院和各级政府纷纷提出了建设智慧城市的计划，相关的工程实践也渐次推开，一场大规模的智慧城市升级运动已经开始。然而，智慧城市建设是一项复杂的系统工程，涉及主体众多，所需资金巨大，涵盖了投融资、建设、运营、监管等过程。传统的政府自建自营的模式已远不能满足投资需求，将市场机制引入城市信息化建设中已成为必然选择。

智慧城市的投融资模式有哪些？

参考答案：

（1）政府自建。政府采取直接投资、资本金注入、投资补助等方式直接投资项目。该模式具有政府对资源掌控力度强的特点。

（2）公私合资。指政府和企业共同出资建设项目。一般通过建立股份公司来经营管理。一方面减少了政府的投资，另一方面又调动了企业的积极性。

（3）政府带头，私人企业参与。一般针对大型综合性项目，政府投资其中基础性设施的建设，私人企业投资建设能够产生利润的项目。

（4）私人企业投资。这种模式由私人企业完全投资，主要应用于商业性项目建设。

36．在云数据中心中，软、硬件资源以分布式共享的形式存在，可以动态地扩展和配置，最终以服务的形式提供给用户。用户按需使用云中的资源。这些特征决定了云数据中心区别于自给自足的传统 IT 运营模式。

云基础资源运维平台系统是一款先进的基础设施管理软件，可帮助用户以完全相同的方法连续分析和优化物理与虚拟资源。它汇聚了行业领先的基础设施管理软件组合的诸多优势，是一款高度集成的管理解决方案。

云基础资源运维平台系统具有哪些优势？

参考答案：

（1）降低成本。该软件可帮助用户在一般性数据中心任务方面最高降低 40%的成本。

（2）加速变更。通过减少关键任务的步骤，用户可以加快关键 IT 项目的部署。

（3）提高质量。可帮助用户更加经济高效的实现高可用性。

（4）管理能耗。可帮助用户轻松地对不同数据中心配置的能耗进行对比。

37．美国联邦政府前首席信息官 Vivek Kundra 表示，通过使用瑭锦云计算，都能够提升、恢复首席信息官的本职职能，从"过去的关注数据中心、网络运行、系统安全等工作中解脱出来，转变为关注国家面临的问题，例如健康、教育和信息鸿沟等"。另外，云计算将优化联邦政府数据设施环境配置，可通过对现有 IT 基础设施进行虚拟和整合，使政府部门减少在各自数据中心运行维护 IT 系统的支出。研究显示，云计算拥有巨大潜能解决政府面临的旧有信息系统建设和应用的弊端，提高政府运行效率，帮助政府机构实现提供高可靠性的、革新的服务方式的需求，不必受制于资源的可用性；从效率、弹性和创新三个方面，云计算具有传统数据中心无法比拟的优势。

云计算具有哪些特点？

参考答案：

（1）超大规模。"云"具有相当的规模，谷歌云计算已经有上百万台服务器，亚马逊、IBM、微软、Yahoo、阿里、百度和腾讯等公司的"云"均拥有几十万台服务器，"云"能赋予用户前所未有的计算能力。

（2）虚拟化。云计算支持用户在任意位置、使用各种终端获取服务。

（3）高可靠性。"云"使用了数据多副本容错、计算节点同构可互换等措施来保障服务的高可靠性。

（4）通用性。云计算不针对特定的应用，在"云"的支撑下可以构造出千变万化的应用。

（5）高可伸缩性。"云"的规模可以动态伸缩，满足应用和用户规模增长的需要。

（6）按需服务。"云"是一个庞大的资源池，用户按需购买，像自来水、电和煤气那样计费。

（7）极其廉价。"云"的特殊容错措施使得可以采用极其廉价的节点来构成"云"。

38．由于国内公共医疗管理系统的不完善，医疗成本高、渠道少、覆盖面窄等问题困扰着大众民生。尤其以"效率较低的医疗体系、质量欠佳的医疗服务、看病难且贵的就医现状"为代表的医疗问题为社会关注的主要焦点。大医院人满为患，社区医院无人问津，病人就诊手续烦琐等问题都是由医疗信息不畅、医疗资源两极化、医疗监督机制不全等原因导致，这些问题已经成为影响社会和谐发展的重要因素。所以我们需要建立一套智慧的医疗信息网络平台体系，使患者用较短的等疗时间、支付基本的医疗费用，就可以享受安全、便利、优质的诊疗服务。从根本上解决"看病难、看病贵"等问题，真正做到"人人健康，健康人人"。智慧医疗英文简称 WIT120，是最近兴起的专有医疗名词，通过打造健康档案区域医疗信息平台，利用最先进的物联网技术，实现患者与医务人员、医疗机构、医疗设备之间的互动，逐步达到信息化。

智慧医疗的特征有哪些？

参考答案：

（1）因全面感知、移动及自动获取而更迅速。人们所关注的任何医疗系统或流程的健康运行都可以被度量、被感知及被发现。

（2）因信息互联融合而更准确。智慧医疗将个体、器械、机构系统整合为一个协同团体，将临床医生、护士、研究人员和患者联系起来，以无缝协同的方式开展工作。

（3）因全面数据支持决策而更智能。智慧医疗体系提供全社会范围内的理疗信息，进行持续分析，并可为个人提供更高价值的服务。

39．银江移动临床信息系统通过无线技术（WLAN）、条码技术（Barcode）和移动计算等技术的应用，实现了电子病历的移动化，让护理人员在临床服务中实时采集数据和实时录入数据，不仅优化了医护流程、提升护理人员工作效率，同时杜绝了护理人员的医疗差错。作为国内最新的医院临床服务理念，银江为了满足医院各种应用的需求，在医院现有的局域网的基础上架构了无线局域网建立信息传输的硬件平台，为系统应用于前端的配置——无线手持终端 iCare100 实现了应用实时化和信息移动化，并且采用中间件技术建立面向服务的通用数据交换平台，整合医院的各个信息子系统，为医院的应用系统提供了统一、标准的接口，便于现有应用系统的维护和未来系统的扩展。

移动医疗系统的优点有哪些？

参考答案：

（1）加强医院管理效率和力度，实现了查房中的快速无缝漫游。便于医院管理者技师准确掌握医院各项信息，提高了医院管理效率和管理力度。

（2）减少医疗差错和事故。可有效杜绝人工判断差错的产生。

（3）优化信息存取流程。大大减少了医护工作中海量信息录入、手工抄写等工作环节。

（4）实现"以病人为中心"的医院管理理念。

40．智慧金融是依托于互联网技术，运用大数据、人工智能、云计算等金融科技手段，使金融行业在业务流程、业务开拓和客户服务等方面得到全面的智慧提升，实现金融产品、风控、获客、服务的智慧化。

金融主体之间的开放和合作，使智慧金融表现出高效率、低风险的特点。具体而言，智慧金融有透明性、便捷性、灵活性、即时性、高效性和安全性等特点。

智慧的金融包括哪几个特点？

参考答案：

（1）智能感知。如生物指纹识别、射频卡识别、视频识别等手段。使对用户、资金、业务流程的各个环节的感知度更加透明。

（2）智能互通。将个人电子设备、组织和政府信息系统中收集和储存的分散信息及数据连接起来，进行交互和多方共享。

（3）智能功能化。通过更深入的智慧化，可以得到各种不同时态、不同尺度、不同专业的数据，在此基础上，整合和分析海量的跨地区、跨行业和智能部门的数据和信息。

41．PRADA 在纽约的旗舰店中每件衣服上都有 RFID 码。每当一个顾客拿起一件 PRADA 进试衣间，RFID 会被自动识别。同时，数据会传至 PRADA 总部。每件衣服在哪个城市哪个旗舰店什么时间被拿进试衣间停留多长时间，数据都被存储起来加以分析。如果有一件衣服销量很低，以往的做法是直接淘汰。但如果 RFID 传回的数据显示这件衣服虽然销量低，但进试衣间的次数多。那就能另外说明一些问题。也许这件衣服的下场就会截然不同，也许在某个细节的微小改变就会重新创造出一件非常流行的产品。

简单叙述大数据的概念。

参考答案：

大数据有四个特点：数据量大、数据类型繁多、处理速度快、价值密度低。大数据对社会发展产生了深远的影响。具体体现在以下几个方面：大数据决策成为一种新的决策方式；大数据应用促进信息技术与各行业的深度融合；大数据开发推动新技术和新应用的不断涌现。大数据无处不在，包括金融、汽车、零售、餐饮、销售等在内的社会行业都已融入了大数据的印迹。大数据计算模式分为批处理计算，流计算，图计算，查询分析计算。（结合案例分析）

42．中国的粮食统计是一个老大难的问题。在前两年北京的一个会议上，原国家统计局总经济师姚景源向我们讲述了他们是如何做的。他们采用遥感卫星，通过图像识别，把中国所有的耕地标识、计算出来，然后把中国的耕地网格化，对每个网格的耕地抽样进行跟踪、调查和统计，然后按照统计学的原理，计算（或者说估算）出中国整体的粮食数据。

这种做法是典型采用大数据建模的方法，打破传统流程和组织，直接获得最终的结果。

在这种方式中，我们运用了大数据的哪些特点？作用是什么？

参考答案：

大数据有四个特点：数据量大、数据类型繁多、处理速度快、价值密度低。

作用：第一，对大数据的处理分析正成为新一代信息技术融合应用的结点。第二，大数据是信息产业持续高速增长的新引擎。第三，大数据利用将成为提高核心竞争力的关键因素。第四，大数据时代科学研究的方法手段将发生重大改变。（结合案例分析）

43．2011 年好莱坞的一部电影《永无止境》，讲述一位落魄的作家库珀，服用了一种可以迅速提升智力的神奇蓝色药物，然后他将这种高智商用于炒股。库珀是怎么炒股的呢？就是他能在短时间掌握无数公司资料和背景，也就是将世界上已经存在的海量数据（包括公司财报、电视、几十年前的报纸、互联网、小道消息等）挖掘出来，串联起来，甚至将 Face Book、Twitter 的海量社交数据挖掘得到普通大众对某种股票的感情倾向，通过海量信息的挖掘、分析，使一切内幕都不是内幕，使一切趋势都在眼前，结果在 10 天内他就赢得了 200 万美元，神奇的表现让身边的职业投资者目瞪口呆。

请从大数据的角度分析这部电影。

参考答案：

大数据有四个特点：数据量大、数据类型繁多、处理速度快、价值密度低。

作用：第一，对大数据的处理分析正成为新一代信息技术融合应用的结点。第二，大数据是信息产业持续高速增长的新引擎。第三，大数据利用将成为提高核心竞争力的关键因素。第四，大数据时代科学研究的方法手段将发生重大改变。作家库珀正是利用了无数公司资料及背景。即掌握海量数据，运用大数据对信息进行发掘、分析，了解股市行情，最终赢得奖金。

44．中国的航班晚点非常多，相比之下美国航班准点情况好很多。这其中，美国航空管制机构一个的好做法发挥了积极的作用，说起来也非常简单，就是美国会公布每个航空公司、每一班航空过去一年的晚点率和平均晚点时间，这样客户在购买机票的时候就很自然会选择准点率高的航班，从而通过市场手段牵引各航空公司努力提升准点率。这个简单的方法比任何管理手段（如中国政府的宏观调控手段）都直接和有效。

请简述大数据的特点及作用。

参考答案：

大数据有四个特点：数据量大、数据类型繁多、处理速度快、价值密度低。

作用：第一，对大数据的处理分析正成为新一代信息技术融合应用的结点。第二，大数据是信息产业持续高速增长的新引擎。第三，大数据利用将成为提高核心竞争力的关键因素。第四，大数据时代科学研究的方法手段将发生重大改变。美国航空公司正是利用大数据的特点和作用，使乘客掌握航班信息，自主选择航空公司。

45．1980年，著名未来学家阿尔文·托夫勒在《第三次浪潮》一书中，将大数据热情地赞颂为"第三次浪潮的华彩乐章"；1997年10月，迈克尔·考克斯和大卫·埃尔斯沃思在第八届美国电气和电子工程师协会（IEEE）关于可视化的会议论文集中，发表了《为外存模型可视化而应用控制程序请求页面调度》的文章，这是在美国计算机学会的数字化图书馆第一篇使用"大数据"这一术语的文章；1999年10月，在美国电气和电子工程师协会（IEEE）关于可视化的年会上，设置了名为"自动化或者交互：什么更适合大数据？"的专题讨论小组，探讨大数据问题。

以上是大数据发展的萌芽时刻，请简述大数据发展的历程。

参考答案：

第一阶段：萌芽期，20世纪90年代至21世纪初。随着数据挖掘理论和数据库技术的逐步成熟，一批商业智能工具和知识管理技术开始被应用，如数据仓库、专家仓库、专家系统、知识管理系统等。

第二阶段：成熟期，21世纪前十年。Web2.0应用迅猛发展，非结构化数据大量产生，传统处理方法难以应对，带动了大量数据解决方案逐渐走向成熟，形成了并行计算与分布式系统两大核心技术，谷歌的GFS和MapReduce等大数据技术受到追捧，Hadoop平台开始大行其道。

第三阶段：大规模应用期，2010 年以后。大数据应用渗透各行各业，数据驱动决策，信息社会智能化程度大幅提高。

46. 2017 年 5 月 23 日，由北京大数据研究院和北京大学元培学院主办，博雅大数据学院承办的"大数据教育联盟成立仪式暨大数据人才培养高峰论坛"在北京大学英杰交流中心隆重召开，大数据教育联盟正式揭牌成立。来自北京大学、清华大学、复旦大学、中国人民大学、中山大学、对外经济贸易大学、贵州大学、中南大学、武汉大学、华中科技大学、南方科技大学、澳门科技大学、北京信息科技大学等近百所高校的代表，以及来自美国高通公司、新华三集团、微软加速器、京东金融等数十家企业单位的代表出席了本次活动。希望在大数据教育联盟的引领下共同探索大数据人才培养的解决之道，为行业发展做出贡献。

从大数据角度分析对人才培养的影响。

参考答案：

大数据兴起，将很大程度上改变中国高校信息技术相关专业的现有教学和科研体制。一方面，数据科学家是一个需要掌握统计、数学、机器学习、可视化、编程等多方面知识的复合型人才，在中国高校现有的学科和专业设置中，上述专业知识分布在数学、统计和计算机等多个学科中，任何一个学科都只能培养某个方向的专业人才，无法培养全面复合型人才。另一方面，数据科学家需要大数据应用实战环境，在真正的大数据环境中不断学习、实践并融会贯通，将自身技术背景与所在行业业务需求进行深度融合，从数据中发现有价值信息。所以目前数据科学家人才并不是由高校培养的，而主要是在企业实际应用环境中通过边工作边学习的方式不断成长起来的。

高校培养数据科学家人才需要采取"两条腿"走路的策略，"引进来，走出去"。"引进来"指高校加强与企业密切合作，从而引进相关数据，同时企业引进人才，承担数据科学家相关课程教学工作。"走出去"指鼓励学生走出校园，进行实践，理论结合实际。

47. 目前，很多城市居民的智能手机中都安装了"掌上公交" APP。可以用手机随时随地查询每辆公交车的当前到达位置信息。

它运用了什么模式，简单介绍这种模式。

参考答案：

运用了物联网模式。物联网是物物相连的互联网，是互联网的延伸，它利用局部网络或互联网等通信技术把传感器、控制器、机器、人员和物等通过新的方式连在一起，形成人与物、物与物相连，实现信息化和远程管理控制。

48. 简单介绍"掌上公交" APP 运用的物联网模式原理。

参考答案：

在智能公交应用中，每辆公交车都安装了 GPS 定位系统和 3G/4G 网络传输模块，在车辆行驶过程中，GPS 定位系统会实时采集公交车当前到达位置信息，并通过车上的 3G/4G

网络传输模块发送给车辆附近的移动通信基站，经由电信运营商的 3G/4G 多动通信网络传送到智能公交指挥调度中心的数据处理平台，平台再把公交车位置数据发送给智能手机用户，用户的"掌上公交"软件就会显示出公交车的当前位置信息。这个应用实现了"物与物的相连"，即把公交车和手机这两个物体相连，让手机可以实时获得公交车位置信息。

49．根据"掌上公交"APP 案例，分析物联网各个层次的功能。

参考答案：

安装在公交车上的 GPS 定位设备属于物联网的感知层；安装在公交车上的 3G/4G 网络传输模块及电信运营商的 3G/4G 移动通信网络，属于物联网的网络层；智能公交指挥调度中心的数据处理平台属于物联网的处理层；智能手机商安装的"掌上公交"APP，属于物联网的应用层。

50．平时我们用到的公交卡，就是一个 RFID 标签，公交车上安装的刷卡设备就是 RFID 读写器，当我们执行刷卡动作时，就完成了一次 RFID 标签和 RFID 读写器之间的非接触式通信和数据交换。

简单说明 RFID 技术。

参考答案：

RFID（Radio Frequency Identification）是物联网关键技术之一。物联网通过物体加装 RFID 标签可以实现物体身份唯一标识和各种信息的采集，实现人物、物物之间信息交换。技术用于静止或移动物体的无接触自动识别，具有全天候、无接触、可同时实现多个物体自动识别等特点。

RFID 是一种简单的无线通信系统，由 RFID 读写器和 RFID 标签两部分组成。当我们刷卡的时候，完成了一次 RFID 标签和 RFID 读写器之间的非接触式通信和数据交换。

51．智慧园区是指综合运用通信、测量、自动控制及能效管理等先进技术，通过搭建智慧园区综合管控服务平台，开展用电信息采集、配电自动化、分布式电源与储能、智能楼宇、智能家居和可视化管理建设，开展能源、优化配置、能效诊断分析、能源梯级利用和综合管控服务，引导用户参与需求响应，实现供电优质可靠、能效优化管理、服务智慧互动的现代园区或企业集群。

简述智慧园区的建设目标。

参考答案：

（1）构建连接智慧园区各相关方的互动渠道，提供信息查询、业务办理、负荷监测等多样化服务，满足园区个性化的信息与业务需求。

（2）建设智慧园区综合管控服务平台，采集园区及用户内部用能信息，实现能耗监测与统计、能效分析与诊断、用能策略建议等服务，满足园区高效用能的需求。

（3）通过园区负荷管理策略，引导用户主动调整用电行为，提升园区区域负荷平衡能力，参与需求响应的能力。

（4）通过分布式电源与储能、配电自动化建设，实现园区供电优质安全可靠，清洁能源高效利用。

（5）通过可视化展厅宣传展示智能电网建设成果，探索清洁能源，认购、能源托管等智慧园区运营模式。

52．张江高科技园区是上海贯彻落实创新型国家战略的核心基地。成立于 1992 年，规划面积 25km²。一直被国际同行称为"The Silicon and Medicine Valley in China（中国硅谷和药谷）"而享誉世界。作为上海高新技术产业开发区"一区十二园"的核心园区，经过 20 年的开发，园区构筑了生物医药创新链接和集成电路产业链的框架。张江高科技园区开发股份有限公司作为张江高科技园区运营服务主体中唯一的上市公司。公司提出"一体两翼产业互动"的新战略，以张江高科技园区特色房产运营为主导，以高科技产业投资和专业化创新服务提供为两翼的产业互动阶越式发展战略。

简述智慧园区的通信网络建设要求。

参考答案：

（1）通信网络总体是多级分布式结构，通信系统的建设要结合智慧园区的构成、通信节点的分布、业务数据通信要求，兼顾技术性与经济性、灵活性与可靠性，因地制宜，选择适用的多种通信技术复合组网。

（2）通信网络应保证信息接入的灵活安全、稳定可靠、双向高效，通信网应优先选择电力通信专网（包括电力核心通信网、中压通信接入网、低压通信接入网），公网等其他方式作为补充（应设置安全接入区）。

（3）远程接入网采用光纤通信技术为主，无线技术和电力线通信技术作为补充。

（4）本地接入网采用光纤通信、低压电力线载波通信为主，微功率无线、RS-485 等作为补充方式。

（5）应遵循已颁布的相关安全防护技术规范和安全防护方案，并根据智慧园区各建设子项的不同特点和要求，进行安全防护设计，制定详细的安全防护方案。

（6）应重点关注客户用电信息、隐私信息、电表结算信息、控制信息、重要参数设置信息、共享信息、互动信息的安全防护。

53．苏格兰社会规划师 Patrick Geddes 说过：城市的进步需要每个公民的充分参与。一个理想化的设计，无论看起来多么有效，都是不够的。Patrick Geddes 的观点恰巧印证了"智慧园区"的未来建设方向，即"互联网＋园区""互联网＋政务""互联网＋企业""互联网＋人"四位一体，通过与互联网融合提升更高的运作效率及更多的附加值，每个领域的升级是内因，也是量变，当四个领域都量变到一定程度，自然发生质变，这个质变的结果就是智慧园区的实现。

从"大数据"的角度分析"智慧园区"。

参考答案：

云计算环境下，每个人都拥有一个私人的专属虚拟空间。空间内汇集个人就业、住房、社保等民生信息和社交、休闲等生活信息。借助平台提供的相关应用插件。用户可以像在现实世界一样，享受政府提供的各类民生服务、参与各类社会活动。实现个人与政府、其他社会组织的交流互动。零距离感受云计算给生活带来的全新体验。另一方面，通过信息资源的授权使用。政府部门可以实现跨部门、跨应用数据的共享交换。为提升管理和公共服务水平提供更科学的决策依据。

54. 2016年6月3日，以"智慧城市、物联生活"为主题的2016中国厦门国际物联网博览会在厦门国际会展中心拉开帷幕。以"推动产业发展，信息服务民生"为己任的信息产业服务运营商——厦门信息集团，携旗下最新的智慧产品亮相本次博览会。"智慧园区，明确的目标为整个产业、企业和里面的从业人员提供高效便捷的服务。"此次信息港公司还带来远程抄表和缴费系统。该系统通过对园区内所有楼宇安装智能电表，实现各楼宇、用户的用电、用水数据实时传输到管理平台，使物业管理单位更轻松地掌握用户用电情况，并可通过系统快捷地查询和缴交水电费，从根本上解决人工抄表耗时长、数据统计准确性差等问题，同时减少了人工成本，提高园区物业管理的工作效率。

从"大数据"角度解读"智慧园区"。

参考答案：

智慧园区的技术主要实现利用物联网技术、云计算、大数据感受园区，把园区里面各种各样的数据包括能耗、监控及企业经营的情况、需求，采集起来，利用上述技术把各个有关系统全部打通，在此基础上进行分析和挖掘，让园区的设施设备运转更高效、更节能，使整个管理更规范和高效，最终实现整个园区的企业和员工更高效、更便捷。这是智慧园区系统所要达到的目的。

55. 分析54题中的案例，阐述智慧园区用电信息采集建设要求。

参考答案：

（1）应按需部署用电数据采集点和控制点。

（2）对于用户内部具有相关采集系统，可与智慧园区综合管控服务平台集成。

（3）应实时监测用户用电状况，主要包括电压、电流、有功功率、无功功率、电能示值、需量、时钟、费率和时段、冻结数据、事件记录等信息。

（4）应符合Q/GDW 1373、Q/GDW 1374和Q/GDW 1375电力用户用电信息采集系统功能、技术和型式的规定。

（5）宜采用硬件加密方式，在主站、采集终端、智能监控终端、智能电能表等部分加装应用安全设备（密码机和安全芯片）来实现安全防护，且应用安全设备应完全受控，由专门机构管理、制作和发放，并采用经过国家密码管理局批准的加密方式、密码算法和密钥管理技术来增强安全保障。

56. BLAST是一个用来比对生物序列的一级结构算法，它以一个或几个蛋白质或核酸序列为检测序列，搜索蛋白质或核酸序列数据库，寻找与检测序列中一个或多个片段具有较高相似性的一组序列，这种算法已在生物信息领域得到了广泛的应用。

试举例说明。

参考答案：

例如，Soap—HT—BLAST、mpiBLAST、GridBLAST、W.NDBLAST、Squid、ScalaBlast.Massimo 等指出这些应用都不具备通用性，并且它们的安装和维护比较复杂，因此将 BLAST 移植到 Hadoop 上，只需为 BLAST 创建一个可执行的映射，将队列集转换成一行一列的形式。映射函数只需要从标准输入中一次读入一个队列，与查询队列进行比较，然后输出结果队列即可。GSEA 是 DNA 微点阵数据分析工具，用来检测在显性环境中，整个基因序列之间的相互关系，通过使用 Hadoop，用 Python 重写 GSEA 算法。在 MapReduce 应用执行之前，需要经历两个阶段的预处理过程：生成类标识向量的 N 随机序列，并将它们放入文件中建立索引。预处理完成后，Mapper 从标准输入和文件组中读取标识向量序列，计算每个基因序列的富集度，并输出数据流，Reducer 读取每个基因序列的观察和置换数据来计算 p 值。

57. Granules 是云计算的一个轻量级运行时，被设计用来管理云中的大量计算，如处理感应器产生的数据。Granules 支持云计算中两种主导的模式：MapReduce 和数据流图。Granules 单个计算根据输入数据集或外部触发器结果中数据的可用性来改变状态。当处理完成后，计算就进入休眠状态，然后等待其他输入数据集上的数据。在 Granules 中，计算指定了调度策略，而调度策略又管理计算的生命周期。计算从以下三个指标来指定调度策略：计数、数据驱动及周期性。

运用 Granules 分析脑电图信号有哪两方面优势？

参考答案：

（1）Granules 能在单个机器上对多用户数据流进行交替并做伴随处理，减少了成本。在目前 BCI 的实现中，每个用户都有一个专有的处理单元。

（2）Granules 在一系列可用机器上管理计算，甚至是一个中型的集群都能支持相当多的用户。所以来自大量用户的脑电图数据能够训练神经网络，进而提高相关算法的准确性。

58. 随着互联网的迅速普及，电子邮件成为人们进行信息交流的一种重要手段，然而，垃圾邮件的泛滥给互联网带来了严重问题。所谓垃圾邮件通常是指不请自来的邮件。据统计，2002 年初，垃圾邮件占整个邮件发送量的 16%，2003 年初变成 60%。与大多数计算机中安装有防病毒软件不同，迄今为止尚无有效手段可以自动清除垃圾邮件。Radicati 集团认为，2007 年全球因为垃圾邮件造成的损失多达 1130 亿美元。

从云计算的角度简述反垃圾邮件网格的主要工作步骤。

参考答案：

（1）发垃圾邮件服务器向某个调度器发布自己的服务。

（2）客户端向调度器提出过滤申请。

（3）调度器根据负载均衡或其他策略选择一台服务器为其服务。

（4）客户端向服务器报告邮件的签名和贝叶斯学习成果。

（5）服务器反馈此签名邮件的统计信息及其他客户端最近更新的贝叶斯学习成果。

（6）客户端据此过滤垃圾邮件。

（7）服务器之间共享数据。

59. 2003 年 12 月，反垃圾邮件网格被 IEEE Cluster2003 国际会议选出赴中国香港做现场演示，受到与会专家的热烈好评。2004 年 4 月，国内最大规模的网格会议 Grid Computing World China2004 上也做了专题报告和现场演示。反垃圾邮件网格的思想和技术受到一些大型邮件服务提供商的重视和借鉴，为 2017 年来垃圾邮件的比重迅速下降做出了贡献。反垃圾邮件网格的思想可以用在过滤垃圾邮件上，当然也可用于发现病毒和木马。

简述反垃圾邮件网格的工作原理。

参考答案：

建立一个分布式统计和学习平台，以大规模用户的协同计算来过滤垃圾邮件。首先，用户安装客户端，为收到的每一封邮件计算出一个唯一的"指纹"，通过比对"指纹"可以统计相似邮件的副本数，当副本数达到一定数量，就可以判定邮件是垃圾邮件；其次，由于互联网上多台计算机比一台计算机掌握的信息更多，因而可采用分布式贝叶斯学习算法，在成百上千的客户端机器上实现协同学习过程，收集、分析并共享最新的信息。反垃圾邮件网格体现了真正的网格思想，每个加入系统的用户既是服务对象，也是完成分布式统计功能的一个信息节点，随着系统规模不断扩大，系统过滤垃圾邮件的准确性也会随之提高。用大规模统计方法过滤垃圾邮件的做法比用人工智能的方法更成熟，不容易出现误判情况，实用性很强。

60. 沃尔玛的 2013 年全球电子商务公司首席执行官从收入方面讲，2014 年沃尔玛是世界上最大的零售商。沃尔玛每天从美国 4300 家分店获得将近 3600 万美元营业额，同时雇员近 200 万人。沃尔玛在大数据还未在行业流行前就开始利用大数据分析。2012 年，沃尔玛采取行动将实验性的 10 个节点 Hadoop 集群扩展到 250 节点组成的 Hadoop 集群。Hadoop 集群迁移的主要目的是把 10 个不同的网站整合到一个网站，这样所有生成的非结构化数据将被收集到一个新的 Hadoop 集群。自那时以来，沃尔玛为了能提供卓越用户体验，而在提供一流电子商务技术和在大数据分析路上加速向前。沃尔玛收购了一个新创办的小公司 Inkiru 来提高其大数据性能，Inkiru 的总部位于加州的帕洛奥图。Inkiru 有针对性地在市场营销、销售和反欺诈等岗位为沃尔玛提供帮助。Inkiru 的预测技术平台从不同来源获取数据，并通过数据分析帮助沃尔玛提高个性化。Inkiru 的预测分析平台整合机器学习技术从而自动提高算法的准确性，并且可与各种外部和内部集成的数据源整合。

沃尔玛如何利用大数据？

参考答案：

沃尔玛有一个庞大的大数据生态系统。沃尔玛的大数据生态系统每天处理数太字节（TB）级的新数据和拍字节（PB）级的历史数据。其分析涵盖了数以百万计的产品数据和不同来源的数亿客户。沃尔玛的分析系统每天分析接近 1 亿关键词从而优化每个关键字的对应搜索结果。沃尔玛改变了导致重复销售的决策，这带来了 10%～15% 在线销售的明显涨幅，增加收入为 10 亿美元。大数据分析人员通过分析运用大数据改变这个零售巨头的点在商务策略前后的销售量，可以看出这些改变的价值。沃尔玛第一个利用 Hadoop 数据的应用节省捕手——只要周边竞争对手降低了客户已经购买的产品的价格，该应用程序就会提醒客户。然后这个应用程序会向客户发送一个礼券补偿差价。eReceipts 应用程序为客户提供购买的电子副本。沃尔玛的地图应用程序利用 Hadoop 来维护全球 1000 多家沃尔玛商店的最新地图。这些地图能够给出沃尔玛商店里一小块肥皂的精确位置。

61．世博手机票是基于我国自有 RFID-SIM 卡技术的手机门票和移动支付的大规模应用，也是世博会历史上首创的手机门票。此举引起了社会的广泛关注，大大提高了移动支付的用户接受程度，也向国际宣告中国的移动支付业务已经成熟并可以投入商用。

世博手机票是运营商主导的移动支付业务，请分析它具有哪些优点？

参考答案：

（1）产业链各环节组织协调较容易。中国移动推广世博手机票业务发挥了自己作为运营商的优势，可以整合其现有的各项业务，将手机的作用发挥到极致。同时借助世博会的影响力，以及政府的重视程度，而产业链各方也将全力支持。

（2）交易过程简单。运营商主导的业务可直接在通信话费账户中进行支付活动，世博会门票就提供了手机账户支付的功能，只要手机账户中有足够的余额，就不需要再进行转账、创建账户等相关设置。

（3）技术实现方便。运营商对于移动支付的研究从十几年前就开始了，相关技术已经相当成熟，只需要合适的业务来进行大范围的推广，此次的世博手机票则是我国移动支付行业的一个经典案例。

62．根据 61 题中的案例，运营商主导的运营模式也存在一些不足，请分析它具有哪些不足？

参考答案：

（1）世博手机票采用的是 2.4MHz 标准的 RFID-SIM 卡，在使用手机票时需要更换 SIM 卡，这加大了移动支付推广的难度。

（2）移动运营商主导的运营模式只能进行小额的移动支付，例如购买世博会门票或低额的一些商品，如果需要大额交易则必定需要金融机构的介入。

（3）移动运营商如果长期处于一个强势的地位，则不利于整个行业的发展。

63．"手付通"是中国银联委托瀚银科技开发的手机移动商务平台，它支持新一代的移动支付业务，为用户提供创新、便利的支付渠道，用户只需在手机端下载软件并进行简单的操作，就能实现包括手机银行、虚拟物品购买、商旅服务及手机商城在内的多种手机支付应用。"手付通"最大的特点在于其对于不同类型的用户提供更为专业、安全的服务，其推出的专业版业务采用"魔盾"硬件加密。"魔盾"可称为手机上的 U 盾，安全技术通过国家银行卡检测中心及中国银联的权威认证，使用硬件级加密，为手机大额支付保驾护航。

作为金融机构主导的移动支付，其优势显而易见，请分析它具有哪些优点？

参考答案：

（1）安全性高。根据"手付通"的业务介绍就不难发现，银行主导的移动支付最关注的是移动支付的安全问题，"魔盾"的出现提供了一套移动支付安全的解决方案，保障了移动支付的安全性。

（2）用户认可度高。传统的消费模式培养了用户对于金融机构的信赖。金融机构专注于账户的管理和现金流向的安全，打消了用户对于移动支付安全性的疑虑。

（3）清算的便利。移动支付的清算一直是一个热点问题。在"手付通"中，移动支付平台归金融机构所有资金的流向只在银行的账户里进行，有利于提高清算效率。当然，银行主导的运营模式也存在着诸多问题：首先使用"手付通"的用户如需要进行支付必须至服务网点办理"魔盾"，服务网点的数量大大限制了该业务的推广；其次，银联如果参与到移动支付平台的运营中，就会同时具有政策发布者和实施者的双重身份，引起其他参与方的不满。

64. 2010 年 10 月 19 日，支付宝发布了名为"手机安全支付产品方案"的开放式支付方案。此方案实施之后，手机用户将可以安装带有支付宝接口的应用软件，通过支付宝账号完成软件中所包含的支付请求。手机用户不需要使用电脑或其他设备，而只需安装带有支付宝接口的应用软件，之后就可通过支付宝账号完成该应用软件的所有付费操作。第三方手机开放平台的开发利用支付宝的优势，无须换，降低了用户的使用门槛，有利于整体市场的发展。

支付宝的"手机安全支付方案"具备多种优势，请具体分析它具有哪些优势？

参考答案：

（1）拥有庞大的资源。支付宝是市场占有率最高的电子支付平台，约占整个市场份额的 50%。支付宝成为专业的电子支付平台，技术上已不存在什么问题，此外庞大的用户群以及用户的品牌认可度都使支付宝在移动支付的推广中如鱼得水。

（2）效率高。第三方移动支付平台起到信息中心的作用，将运营商、金融机构等各利益群体之间的复杂关系简单化，大大提高了商务运作的效率。运营商、金融机构只需要分别同支付宝所提供的移动支付平台进行交互即可实现移动支付。

（3）推动移动支付产业持久发展。支付宝在解决支付的瓶颈后，其建立的产业联盟则可从中受益，这将大大激发产业链各方的积极性，开发的应用增多，用户从中受益，进而形成良性循环。

65．根据 64 题中的案例，第三方服务提供商主导的运营模式也存在着问题，请分析它具有哪些问题？

参考答案：

首先，非金融机构进行支付业务的门槛较高，支付宝必须根据新出台的管理办法进入。

其次，第三方支付平台虽然简化了支付流程，但是对于支付宝如何协调与运营商及金融机构之间的关系也是一个很大的挑战。

66．支付宝（alipay）最初作为淘宝网公司为了解决网络交易安全所设的一个功能，该功能为首先使用的"第三方担保交易模式"，由买家将货款打到支付宝账户，由支付宝向卖家通知发货，买家收到商品确认后指令支付宝将货款放于卖家，至此完成一笔网络交易。

浅析支付宝的利与弊？

参考答案：

支付宝的付款发货方式可以降低交易的风险，特别适用于电脑、手机、首饰及其他单价较高的物品交易或一切希望对安全更有保障的交易。购物尤其在购买大件商品时，注意看卖家是否同意使用支付宝，如果同意支付宝，那么保险系数更大一些。如果卖家在商品上没有同意使用支付宝的承诺，你可以和卖家联系。当卖家不同意使用支付宝时，还是不要进行交易为好。另外，在淘宝使用支付宝是免费的。当用户用支付商品货款的时候，通过淘宝的工行接口付款，用户不用负担汇费。但是支付宝也存在着一定的弊端，如下。

（1）淘宝网工作人员对争议的处理不够及时有效。

（2）无法约束商家对产品的保修服务。

（3）对收货的细节规定不合理。

（4）评价制度的主观性太强。

67．银泰百货在全场铺设了 WIFI。用户一走进门店，打开 WIFI，一旦通信 ID 接近服务范围，移动终端就会接收到门店发送的推送信息。与机场的实名注册一样，用户输入的手机号码将成为重要的身份识别入口。只要第一次进入银泰门店注册后，今后再进入任何银泰的实体门店，都会自动帮助用户建立 WIFI 连接，而且对访客（包含购买用户和 VIP 用户）进行身份的识别和定位，建立可交互的渠道。将商品信息目录、购买信息一起导入后台系统，建立用户购买行为分析，构建大数据下的消费决策依据。

分析一下银泰百货的 WIFI 定位的背后有哪些有效的商业考量？

参考答案：

银泰百货通过门店 WIFI 精准定位个性化推荐有效运转的背后，实则是线上会员数据与线下会员数据的融会贯通。一旦使用手机号码连接百分点科技的数据库，就能获取这位顾客过去在网上商店的购物行为，从而可以利用百分点科技的数据库，推荐其喜好的商品。这种合作能够从更加全面的维度获得用户信息。如果用户在线上被捕获到，通过用户行为数据库里能够找出他的偏好，就可通过 WIFI 系统找到线下的这个人，然后做反向推送。由于银泰百货拥有银泰网的线上资源，通过银泰网的转换匹配程度会变得更高。

68．朝阳大悦城与银泰网联手合作打造了线下体验店——银泰网 IM 精品店。柜台中岛为网购体验区设计，多台 iPad 极速上网浏览商品页面，顾客可以现场买货取货，也可以上网下单配送到家。做到了线上客流引导、线下商品体验、线下消费下单、在线支付体验。

浅析线下体验店这种商业模式。

参考答案：

朝阳大悦城与银泰网的合作是基于商业模式探索的战略携手。双方在租约和客流价值共享方面采取了更为灵活的策略。消费者在线下产生的交易利润，双方有协议的分享机制，而在朝阳大悦城客户端下单成功的线上交易，双方也会进行一定的利润共享。这种方式是对目前 O2O 合作模式的创新，将利益的分成从线下延展到了线上，激励双方在争取客流到店上获得了更多的认同。通过购物中心实体客流与银泰网线上客流的相互引流，共同将利益的蛋糕做大。

69．移动互联网产业不断发展的过程，实质上是移动互联网中运营商主体地位由强到弱的转变过程，同时也是通信控制权从运营商控制过渡到开放的互联网平台服务提供商的一个过程。从技术方面来讲，将移动通信工具与互联网联结起来的无线上网技术及互联网服务商所提供的无线上网服务已具备，因此，移动电子商务已基本不存在技术障碍，所以，移动电子商务以其方便快捷、节省时间的特点将会带动传统电子商务走向一个崭新的世界。

分析移动互联网对电信产业的冲击有哪些？

参考答案：

（1）加深运营商被管道化趋势，运营商主体地位由强变弱，通信控制权从运营商过渡到开放的互联网平台服务提供商。

（2）短信业务受到强力冲击。

（3）移动语音业务受到强力冲击。

（4）长期占用信令资源，带来大量信令负荷。

（5）长期大量占用无线承载资源、PDP 资源、IP 资源、用户个人信息、用户隐私泄露。

70．根据 69 题中的案例，分析移动互联网对电信产业有哪些促进作用？

参考答案：

（1）全球移动用户大发展，促进移动渗透率。

（2）数据业务使用增长，带动移动宽带需求大幅增长。

（3）加速移动智能终端的普及和渗透。

（4）改变运营商之间的竞争格局，有利新兴运营商。

（5）改变运营商发展策略，带来合作机会。

（6）促使电信产业链发生变革，刺激产业转型。

71. 近年来，随着时代的发展，交互式液晶一体机已无处不在，其在众多一流企业机构中，包括科技馆、政府、金融、通信、连锁店、工厂、教育机构、公共事业等领域都有其成功的案例，为各行业协会首选品牌。

分析交互式液晶屏一体机的应用有哪些？

参考答案：

（1）可结合交互式液晶屏一体机互动查询等功能，制作相关促销活动的液晶海报。

（2）交互式液晶屏一体机在超市、商场、连锁店门口设置信息播放点，用来播放欢迎词、场地环境、周边交通等信息。

（3）在入口处可根据实际场地选择放置相应大小的交互式液晶屏一体机，用于显示商场、超市及公司介绍、视频广告、促销信息、紧急通知等，让顾客加深对商场商品的了解，提高顾客的购物兴趣。

综上所述，交互式液晶屏一体机用途广泛，可适合家庭、娱乐、酒店、教育、广告等行业使用。

72. 2011 年 4 月，南京市启动"智慧旅游"建设，率先编制完成总体规划。11 月，一期重点建设项目已初步完成，"南京游客助手"客户端、互动式体验终端、乡村旅游营销平台、"智慧景区"试点、"旅游执法 e 通""智慧旅游"中央管理平台等六大项目正式开通。"南京游客助手"包括资讯、线路、景区、导航、休闲、餐饮、购物、交通、酒店等九大板块，集合了最新的旅游信息、景区介绍和活动信息、自驾游线路、促销活动、实时路况等。游客可以根据个人需要实现在线查询、预订等服务。"旅游执法 e 通"是旅游行业管理者的智慧平台，可以实现旅游执法的信息现场查询及数据的现场采集，提高了管理效率。

智能旅游的特点有哪些？

参考答案：

从技术应用成效及发展要求来看，智慧旅游有以下 4 个特点：①全面物联；②充分整合；③协同运作；④激励创新。智慧旅游的以上特征是普遍的，然而，智慧旅游对于旅游中涉及的人和部门有不同的"智慧"理念。但是，不论对于旅游活动中的任一方来说，智慧旅游都是由庞大先进技术体系支撑的。

73. 2011 年 12 月，上海第一代手机导游 iTravels 正式上线启用，这是上海旅游网旅行服务有限公司在上海市旅游局的支持下，自主研发的"智能旅游公共服务系统"。所有智能手机用户在谷歌的"电子市场"和苹果的"App Store"内，即可找到并免费下载 iTravels 客户端应用软件。该软件集成利用 GPS、GIS、GSM、3G、WIFI 等多种技术，实现多媒体方式展现旅游景点的相关信息，以及基于地理位置服务（LBS）的配套综合服务信息，全面满足游客在景点、目的地城市所需的即时旅游新闻浏览、景区导览、景点导游、目的地导航等一体化的旅游公共服务需求。

哪些功能是智能旅游较为迫切要发展的功能？

参考答案：

智慧旅游一大核心内容就是服务于广发游客，如果不从游客的角度出发，投入再大的努力去开发最终也是无用功。对于目前的情况来说，了解游客需要什么，从使用者的角度出发，完善智慧旅游导航、导游、导览和导购的 4 大功能，是发展智慧旅游较为迫切的事项。

74．在 2010 年，福建省率先提出建设"智能旅游"，2011 年正式启动"海峡智能旅游"建设，目前已取得阶段性成果。福建海峡旅游网上超市正式上线运营，该网站囊括了吃、住、行、购、娱等旅游的各个方面，具有线上电子交易系统、线下支付验证终端系统、互联互通的分销系统等三大功能。网上超市采用淘宝商城模式，目前已有 50 多家知名景区、上百家星级饭店及福建省中国旅行社和福建省旅游公司等多家大型旅行社入驻。福建选定武夷山主景区、厦门鼓浪屿、福州三坊七巷作为首批智能旅游示范景区试点单位。目前，无线智能导览系统已经在三坊七巷等景区开始试用，今后将在全省推广。福建还选定佳西方财富等酒店作为智能酒店试点单位。游客可凭手机二维码进入酒店，无须办理入住手续。此外，海峡旅游银行卡发卡量已突破 100 万张。

分析智能旅游的产业联盟发挥着哪些作业？

参考答案：

（1）共享客源，减少开拓市场的成本。

（2）积极推进区域精品旅游产品开发，共同打造旅游产业联盟旅游品牌。

（3）整合旅游资源，研发适合联盟企业共同发展的旅游线路和旅游项目，提升区域旅游形象。

（4）带动较落后的旅游景区，缩小景区之间的差距，提升整个联盟的竞争力。

（5）共同探讨和制定旅游产业联盟的发展战略，应对市场竞争。

75．镇江市凌空网络科技有限公司的"感动芯"技术在上海世博会得到应用，该公司又研发出两项智慧旅游的核心专利技术"感动芯智慧旅游卡"和"一拍即买即时交易"。镇江市拟定了我国的"无线传感自组网技术规范标准"，储备了一定的技术基础。镇江提出构建一个国家智慧旅游服务中心、一个中国智慧旅游云计算平台、一个中国智慧旅游感知网络体系，实现旅游管理数字化、服务智能化、体验个性化。2011 年 6 月，国家旅游局正式同意在镇江市设立中国智慧旅游服务中心，支持开展智慧旅游装备、软件及相关应用模式的研发、示范和推广工作。11 月，镇江首个智慧小区"恒顺尚都"授牌，"智慧镇江"门户网站正式启动。

分析镇江智能旅游的发展方向。

参考答案：

（1）统筹规划，政府引导。

（2）需求当先，应用为主。

（3）创新驱动，争当顶层设计者。

目前，技术瓶颈还是新一代信息技术发展和智慧城市建设的核心问题，不管是发达国家，还是走在国内物联网"领跑"位置的无锡，以及掌握一些智慧旅游专利技术的镇江，它们的新技术还停留在研发阶段，大规模的产业化应用存在不少障碍。IBM 也没有取得实质性技术突破，目前充当技术服务员，提供一些系统集成类的产品。因此，我市应给予此领域足够重视和充分支持，整合相关创新资源，推动关键技术研发与应用示范，突破一批具有自主知识产权的核心技术，形成产业核心竞争力，同时做好创新制度安排、科技成果转化、产业与资本对接等方面工作。

76．为了更好地利用和管理旅游资源，2012 年 10 月，秦皇岛市启动了智慧城市建设，一期建设内容包括智慧旅游等 5 个项目。我们根据秦皇岛旅游业实际，谋划、制定了《秦皇岛智慧旅游项目方案》；同年 12 月，被国家旅游局确定为第二批"国家智慧旅游试点城市"。2013 年建设实施，部分系统投入使用，2014 年中智慧旅游系统全面试运行，2015 年继续优化提升。电子商务平台是连接景区、酒店与在线旅游服务代理商（OTA）的专业服务平台，为旅游企业打造一个旅游资源交易中心、营销中心、服务中心。诚信商家联盟旨在为游客营造一个放心、健康的消费环境，是游客进行旅游消费的参考平台，可以看到其他游客的消费评价和建议。

分析秦皇岛智能旅游的信用评价体系的含义。

参考答案：

旅游行业信用包含 3 层含义：第一层含义，诚信是旅游企业的基本道德规范，旅游业旨在普及人与自然和谐的思想，从旅游企业诚信道德建设层面上讲，最基本的要求是诚实信用、遵守承诺、忠诚法规、真诚负责；第二层含义，诚信是旅游企业运行的一项法律原则。任何产业的健康可持续发展都需要法律的保障，而法律意义上的诚信原则更强调法律主体在经济活动中在不损害他人利益的前提下追求自己的利益；第三层含义，诚信是旅游市场的运行根本，没有信用的市场也不会长久运行。

77．固安县目前正在加快平安城市天网工程建设，目前城区内视频监控系统已经建立，使用我公司城域网接入。截至目前，在固安县城区 15 条主干道，71 个路口等重点区域安装高清探头 486 个；在"三口三区"安装卡口设备 9 套；全县 13 个乡镇派出所全部完成了监控平台的建设任务，407 个村街全部完成了视频监控安装工作，共安装探头3105 个，前端设备与派出所监控平台的对接工作已全部完成。

分析固安县智能城市的特征。

参考答案：

（1）智能城市是一个物物联网的城市。

（2）智能城市是一个信息移动的城市。

（3）智能城市是一个信息共享的城市。

（4）智能城市是一个绿色生态的城市。

（5）智能城市是一个人本幸福的城市。

78．据了解，日本也已经开始抢占用电市场中的技术先机，正在试图将其扩为世界标准。日本东京电力公司、富士集团及三菱公司联合制定了电动汽车接入电网标准，为电动汽车接入电网打下了良好基础。日本在大型锂离子蓄电池的研发方面技术领先，正在联合美国，将其技术推广为国际标准。

分析智能电网的战略意义。

参考答案：

在日本，智能电网战略已成为国家重要战略，是在政府统一主导和支持下，集国家及相关力量来制定和推动的。智能电网战略已经成为他们抢占未来低碳经济制高点的重要战略措施。中国与其他国家在智能电网发展上的"角力"，不仅是一次综合实力和抢占未来低碳经济制高点的较量，也是推动自身经济可持续发展、确保未来能源安全的需要。

79．互联网、移动互联网、物联网、云计算、大数据的迅猛发展，成为智慧城市建设的催化剂，但由于各地概念不同导致应用重点不同、覆盖不全面、服务感知体验不同，没有标准化可快速投产部署的统一产品，存在大量重复研发、周期长、重复建设投资大、效率低下等问题。总结为从全国一盘棋看四少一多：少统一的规划指导、少统一的组织推动、少统一的产品应用、应用范围覆盖少，重复研发投入多。在此，仅对主要的、常用的智慧城市应用做些粗浅的探讨、研究，抛砖引玉，聚焦资源，少走弯路，为优质高效建设智慧城市做些努力。

分析优质高效建设智慧城市的方法有哪些？

参考答案：

（1）统一规划。

（2）加强组织。

（3）统一应用。

如果说利用互联网、移动互联网、物联网等实现了一个城市的高效、自动、便利的智慧管理和服务，大大促进了一个城市的进步、发展，提高了民众生活品质，那么通过加强组织、统一规范、统一应用、标准化产品，在国内省、市、县全面推进智慧城市建设，必将使得智慧中国成为现实。以此应用的标准、规范、体制等成果，全球共享，智慧地球实现也指日可待。

80．杭州因地制宜提出了建设"绿色智慧城市"，把"绿色"和"智慧"作为城市发展的突破路径，着力发展信息、环保和新材料等为主导的智慧产业，加强城市环境保护，从而实现建设"天堂硅谷"和"生活品质之城"的城市发展战略目标。

分析杭州绿色智慧城市的意义。

参考答案：

以智慧城市为核心的云平台是个能力聚合平台，在云平台之上要承载各类行业应用系统，构建完善的上下游产业链，形成协同效应，广泛地与设备商、集成商、应用商合作，孵化各类应用。将现有零散的、孤立的行业应用进行归纳、汇总、整合点成线，以智慧城市整体面貌包装推介，确立品牌，统一宣传；以十大工程为抓手，打造各具特色的亮点应用，促进智慧城市示范工程落地。

二、"互联网"基础知识

1. 前国家电网公司董事长刘振亚应邀出席在美国休斯敦举行的剑桥能源周电力日活动，并作题为《构建全球能源互联网 推动世界能源变革转型》的主旨演讲中指出，电是最清洁高效的能源。清洁主导、电为中心是能源发展的必然趋势，有限且不可再生的化石能源将主要用于工业原料。供应侧，清洁能源必将替代化石能源；消费侧，电可以替代各种终端能源。各类能源开发、转换、配置、使用的基本平台是电网，因此，能源网的本质是电网，能源互联网必然是互联电网。

谈谈你是怎样看待能源互联网的？

参考答案：

（1）全球能源互联网是 21 世纪能源领域的重大创新，不仅是能源和电力的载体，而且是信息、科技、服务、文明的载体，将深刻改变世界能源发展格局，实现能源变革与转型。全球能源互联网将通过陆上电网和海底电缆覆盖世界各大洲每个角落，突破能源发展的资源约束、环境约束和时空约束，实现集中式、分布式清洁能源大规模开发和使用，根本解决油气储运、火电厂治污、核废料处理、碳封存等问题，让人人享有充足廉价的清洁能源和智慧服务，享受更舒适的生活、更繁荣的经济、更宜居的环境、更和谐的社会。

（2）构建全球能源互联网符合世界电网发展的客观规律。纵观历史进程，世界能源发展呈现低碳、高效、大范围配置的总体趋势，世界电网发展遵循电压等级由低到高、互联范围由小到大、配置能力由弱到强的客观规律。绿色、低碳、环保已成为全球社会发展的主旋律，构建全球能源互联网必将开启能源发展的全新局面。建议尽快推动产学研协同攻关，加大推广全球能源互联网理念，积极呼吁各国政府、国际组织、社会团体和能源企业等各方加强合作，凝聚共识和发展合力，推动各国共同构建全球能源互联网。

2. 第一台计算机被发明出来，早期的计算机是为了计算，可以叫作"计算机时代"；经过技术的进步，计算机做的事情变得更多更复杂，也更普及了，实现了互联网，叫作"互联网时代"；如今的互联网成熟，出现各种应用的平台，即"互联网＋"。

结合实际描述"互联网＋"的时代背景。

参考答案：

（1）互联网最初的表现为社交工具，人们可以通过互联网浏览各种新闻，登录主体论坛，使用 QQ、MSN 等聊天工具进行沟通交流。

（2）随后，互联网发展成为交易平台。如支付宝、B2C 乃至比特币的出现，标志着互联网在新时期被赋予了新的历史使命。

（3）再次，互联网作为云网端、大数据、云计算等基础设施，打破传统世界信息与数据在时间、地域、空间上的传播局限，实现了信息与数据的透明化，使人类可以对互联网产生的大数据进行有效的整合利用。

3．智能电网现在欧洲已经做到了终端，也就是所谓的智能电表。在德国，为了鼓励利用太阳能，电力公司除了提供电能，还可以将客户太阳能发出的多余电能购买回来。每隔五分钟或十分钟通过电网收集一次数据，收集来的这些数据可用来预测客户的用电习惯等，从而推断出在未来 2~3 个月时间里，整个电网大概需要多少电。有了这个预测后，就可以向发电或供电企业购买一定数量的电。因为电像期货一样，如果提前买会比较便宜，买现货就比较贵。通过这个预测后，可以降低采购成本。

通过以上案例谈谈大数据对智能电网的作用。

参考答案：

（1）大数据是以容量大、类型多、存取速度快、应用价值高为主要特征的数据集合，正快速发展为对数量巨大、来源分散、格式多样的数据进行采集、存储和关联分析，从中发现新知识、创造新价值、提升新能力的新一代信息技术和服务业态。

（2）大数据应用能够揭示传统技术方式难以展现的关联关系，推动数据开放共享，促进数据融合和资源整合，将极大提升整体数据分析能力，为有效处理复杂问题提供新的手段。建立"用数据说话、用数据决策、用数据管理、用数据创新"的管理机制，实现基于数据的科学决策，推动管理理念和治理模式进步，逐步实现治理能力现代化。

4．全球零售业巨头沃尔玛在对消费者购物行为分析时发现，男性顾客在购买婴儿尿片时，常常会顺便搭配几瓶啤酒来犒劳自己，于是尝试推出了将啤酒和尿布摆在一起的促销手段。没想到这个举措居然使尿布和啤酒的销量都大幅增加了。如今，"啤酒＋尿布"的数据分析成果早已成了大数据技术应用的经典案例，被人津津乐道。

根据以上案例分析大数据对该企业的帮助。

参考答案：

（1）帮助企业了解客户。大数据通过相关性分析，将客户、用户和产品进行有机串联，对用户的产品偏好、客户的关系偏好进行个性化定位，生产出用户驱动型的产品，提供客户导向性的服务。通过运用大数据，不仅可以从数据中发掘出适应企业发展环境的社会和商业形态，用数据对用户和客户对待产品的态度进行挖掘和洞察，准确发现并解读客户及用户的诸多新需求和行为特征。

（2）帮助企业锁定资源。通过大数据技术，可以实现企业对所需资源的精准锁定，在企业运营过程中，所需要的每种资源的挖掘方式、具体情况和储量分布等，企业都可以进行搜集分析，形成基于企业的资源分布可视图，让企业的管理者可以更直观地面对自己的企业，更好地利用各种已有和潜在资源。

（3）帮助企业规划生产。大数据不仅改变了数据的组合方式，而且影响到企业产品和服务的生产和提供。通过用数据来规划生产架构和流程，不仅能够帮助他们发掘传统数据中无法得知的价值组合方式，而且能给对组合产生的细节问题，提供相关性的、一对一的解决方案，为企业开展生产提供保障。

（4）帮助企业做好运营。过去某一品牌要做市场预测，大多靠自身资源、公共关系和以往的案例来进行分析和判断，得出的结论往往也比较模糊，很少能得到各自行业内的足够重视。通过大数据的相关性分析，根据不同品牌市场数据之间的交叉、重合，企业的运营方向将会变得直观且容易识别，在品牌推广、区位选择、战略规划方面将做到更有把握地面对。

（5）通过大数据计算对社交信息数据、客户互动数据等，可以帮助企业进行品牌信息的水平化设计和碎片化扩散。对微小的信息流，企业都必须重视，而客户服务为应对这种情况，也需要像空气一样分布在一些细枝末节之中。企业可以借助社交媒体中公开的海量数据，通过大数据信息交叉验证技术、分析数据内容之间的关联度等，进而面向社会化用户开展精细化服务，提供更多便利、产生更大价值。

5. 举例说说智慧城市的一些惠民举措。

参考答案：

北京作为一个车辆密集、人口总量大的一线城市，对于便捷的交通服务有着天然的迫切需求。为更好地提升交通出行信息服务质量，北京交通委员会在 2015 年开通官方微信公众服务号"北京交通"和订阅号"北京交通订阅号"，并将"小客车摇号查询""备案停车场查询""公共自行车查询"等多项服务整合打包入驻微信城市服务平台。

（1）亮点一：全方位、立体化的交通出行信息服务。城市服务及微信公众号"北京交通""北京交通订阅号"提供了实时路况、综合换乘、省际客运等各类交通信息查询服务，以方便市民合理、高效地选择出行线路和交通工具。

（2）亮点二：高效、精准的便捷查询服务。例如，"小客车指标"查询服务，开通至今累计接受查询近 700 万次。

6. 纽约通过数据挖掘，有效预防了火灾。据统计，纽约大约有 100 万栋建筑物，平均每年约有 3000 栋会发生严重的火灾。纽约消防部门将可能导致房屋起火的因素细分为 60 个，诸如是否为贫穷、低收入家庭的住房，房屋建筑年代是否久远，建筑物是否有电梯等。除去危害性较小的小型独栋别墅或联排别墅，分析人员通过特定算法，对城市中 33 万栋需要检验的建筑物单独进行打分，计算火灾危险指数，划分出重点监测和检查对象。目前数据监测项目扩大到 2400 余项，诸如学校、图书馆等人口密集度高的场所也涵盖了。尽管公众对数据分析和防范措施的有效性之间的关系心存疑虑，但是火灾数量确实下降了。

通过以上案例，谈谈对我国建设智慧城市的启发。

参考答案：

（1）智能化设施建设。大数据给城市发展、转型及实现便捷的公共服务带来了巨大的发展空间。然而，大数据的应用离不开互联网、物联网、云平台等信息化技术的支撑，更有赖于智能化终端的普及。一切基础设施的建设，包括铺设网络、布置传感器、搭建系统平台、实现数据全采集等，无疑都需要庞大的资金投入。无论是政府支持，还是企业市场运作，对智慧城市建设而言，都是必不可少的。

（2）加强顶层设计。城市人民政府要从城市发展的战略全局出发研究制定智慧城市建设方案。方案要突出为人服务，深化重点领域智慧化应用，提供更加便捷、高效、低成本的社会服务；要明确推进信息资源共享和社会化开发利用、强化信息安全、保障信息准确可靠及同步加强信用环境建设、完善法规标准等的具体措施；要加强与国民经济和社会发展总体规划、主体功能区规划、相关行业发展规划、区域规划、城乡规划，以及有关专项规划的衔接，做好统筹城乡发展布局。

7．深圳市福田区委、区政府以深圳织网工程和智慧福田建设为契机，依托大数据系统网络，着力构建以民生为导向的、完善的电子政务应用体系，并在此基础上积极开展业务流程再造，有效提高了福田区的行政效能和社会治理能力。主要措施包括建设"一库一队伍两网两系统"、建设"两级中心、三级平台、四级库"、构建"三厅融合"的行政审批系统、建设政务征信体系。

通过以上案例，谈谈你对智慧城市的看法。

参考答案：

（1）在中国，政府掌握着最齐全、最庞大与最核心的数据，各级政府积累了大量与公众生产生活息息相关的数据，是社会上最大的数据保有者。

（2）在中央各部门及地方政府的推动下，我国公共信息资源开放共享步伐正在加快。国务院要求促进公共信息资源共享和开发利用，推动市政公共企事业单位、公共服务事业单位等机构开放信息资源。2014年，国家发展改革委《关于促进智慧城市健康发展的指导意见》中提到："大力推动政府部门将企业信用、产品质量、食品药品安全、综合交通、公用设施、环境质量等信息资源向社会开放，鼓励市政公用企事业单位、公共服务事业单位等机构将教育、医疗、就业、旅游、生活等信息资源向社会开放。"

（3）在保证有效监管的前提下，政府有层次、有选择地加大数据对外开放，引导企业挖掘数据的潜在价值，探索商业与应用模式的创新，有利于保障市场的良性竞争，实现优胜劣汰，推动大数据应用的健康发展，锻造出真正能被市场所接收的、为政府与居民创造价值的、优质的大数据应用模式，实现政府大数据资源的高效、高质量利用。同时，政府数据开放也有利于公众参与城市管理和监督政府，进而改善公共服务。

8．京东与15余座城市的上万家便利店合作，布局京东小店O2O，京东提供数据支持，便利店作为其末端实现落地；京东与獐子岛集团拓展生鲜O2O，为獐子岛开放端口，獐子岛提供高效的生鲜供应链体系。另外，京东还与服装、鞋帽、箱包、家居家装等品牌专卖连锁店达成优势整合，借此扩充产品线、渠道全面下沉，各连锁门店借助京东精准营销最终实现"零库存"。谈谈你对京东"大数据+商品+服务"的O2O模式的看法。

参考答案：

（1）京东O2O模式基于线上大数据分析，与线下实体店网络广泛布局、极速配送优势互补。发挥了京东的平台优势、物流优势，跑马圈地，扩大其市场地盘，填补了其用户结构单一的短板，是开拓O2O发展的又一渠道。

（2）但该模式末端的传统便利店是否有社区购物习惯的数据积累，有积累是否有价值，这个仍值得考虑，京东O2O未来的路还比较长。

9．在"一带一路"国际合作高峰论坛上，中国提出要抓住新一轮能源结构调整和能源技术变革的趋势，建设全球能源互联网，实现绿色、低碳发展。

说说全球能源实现互联网的益处。

参考答案：

（1）我国存在能源富集区和能源消费区在地域上的不平衡，全球范围内同样也存在此问题。赤道、北极等区域存在大量可利用的太阳能和风能，但当地无电力负荷，必须依靠全球能源互联网向外进行输送。

（2）全球能源互联网的建设将有利于两类公司：一是有利于我国能源企业走出去；二是全球能源互联网的基础为特高压输电通道，其建设有利于我国的特高压装备企业。

（3）建设全球能源互联网将是实现电力能源互联互通的重要思路，有助于将我国电力设计、施工、运营和管理等方面的丰富经验和能力与沿线国家的需求对接。

10．用户通过手机应用程序平台下载喜力啤酒竞猜程序，就可通过自身手机终端参与欧冠球赛的竞猜。在欧洲冠军联赛进行的时候，当比赛进入点球、射门、角球等情况的时候，已登录用户都可进行猜测然后获得积分。喜力啤酒公司利用移动互联网将品牌植入与热点事件相结合。

结合以上案例分析移动互联网的特点。

参考答案：

（1）移动互联网的特点在于拉低了科技的用户体验门槛。移动互联网进一步改变了信息传递的方式，而信息是推动经济社会正常运转的基础之一。传统的商业很大程度上是由传统媒体驱动的，报纸、杂志、电视等，企业做广告，消费者来消费。这里的交互往往是单向的，是广播式的，人们只能被动选择接受与否。而在移动互联网的基础上，由于认知门槛、交互门槛的降低，人们能够更多的主动参与到商业活动里，能够发出声音，个人能够产生更大的影响。而企业所面对的，不再是群体，而是个体。移动互联网是能对应到个人的，再大的企业，现在面对的都可能是一个个单独的消费者。

（2）有远见的企业，都不会忽视这里的机会。能否搭上移动互联网的快车，也许会成为很多传统企业赛跑中的弯道。一些目光敏锐的企业做得很好，如喜力啤酒，应该是传统企业里最早搭上车的企业之一。

11．你想知道孩子在幼儿园里开心吗？打开手机，点击"宝宝在线"，孩子的一颦一笑尽收眼底。"宝宝在线"在松江、闵行地区 4 所幼儿园试点后，受到家长热烈欢迎，订制这项服务的家庭超过 500 户，使用率接近 100%。

通过以上案例，谈谈你是如何理解物联网的。

参考答案：

（1）物联网就是让所有的东西都"连"起来，关键要有三件东西：感应处理终端，传输通道，控制处理平台。这样就可以让本来没有生命的东西能"感应"并"处理"信息，通过传输的网络传送到指定的地方或人那里，反过来还可以进行控制和指挥。

（2）移动物联网将会更加符合未来发展方向：这样的生活场景已经出现在我们的身边，一个个移动互联的信息化触角，正由点连成线，由线连成面，勾勒出一个智慧城市、一个智慧满溢的生活。

12．韩国松岛是韩国政府支持下的智慧城市试点，其位于首尔以西 35km 的仁川港，通过填海造陆获得土地资源，在建设初期就考虑了智慧城市方案。在规划中，整个城市的社区、医院、公司、政府机构实现全方位的信息共享，数字技术深入每一户。居民使用智能卡完成生活中大部分的生活应用，包括支付、查账、寻车、开门等。项目设计开始于 2000 年左右，因此设计的主导思想是当时非常流行的"一卡通"模式。虽然智能手机和移动互联网的发展让这一构想在现在看起来变得有些过时，但松岛通过移动互联技术改进它的运维方案并且节约成本。我国当前的智慧城市建设，大量地使用无线技术和移动互联网应用，其本质和松岛建设全方位信息共享平台并无二致。智能手机的普及实际上摊薄了智慧城市建设中市政投入的费用（终端费用由用户个人自掏腰包），而且有可以通过无线 APP 服务达到商用的可能。松岛最初设计的盈利模式是服务盈利，即城市运营者提供无线网络、物联网响应（包括门禁、监控等楼内服务和交通控制等公共服务）、环境控制（气象预报、温湿度、污染物检测等）等服务，租用或购买楼宇的人购买这些服务以提供给自己的客户。比如楼宇业主通过租赁楼宇地下车位的监控服务向自己的顾客提供停车指引等服务。在后期，城市运营者可以逐渐增加服务类型来创造新的盈利点。这用现在的眼光来看也是可行的策略。在未来，服务消费尤其是信息服务消费一定是公共服务长期稳定运行的一个重要支撑项目。

以上案例对我国智慧城市的建设有什么启发？

参考答案：

松岛项目是智慧城市建设项目的模板。由于从零开始建设，松岛项目没有里约项目旧城改造的约束，因此在设计中的智慧理念显得令人瞩目。

（1）物联网感知器件在项目设计时就考虑了，在未来的城市建设中，物联网感知器件的地位将和道路、管网、供电供气等基础设施一样。

（2）城市运营者数据中心的建设设计；这一设计到现在也在影响着智慧城市建设思路及许多做智慧城市建设的人。

（3）韩国的智慧城市建设都带有非常明显的政府主导的烙印，松岛项目是政府为建设公司提供信用保证和政策支持；我国智慧城市建设则是以解决政府需求为一个重要的目标。这是因为智慧城市的建设归根结底是城市信息化改造工程，本质上是一个市政项目。不同在于如何在智慧城市的建设过程中实现投资和社会价值回报：松岛模式是希望在建设的城市中实现运维收益的商业模式，从而使智慧城市建设可持续发展；我国的智慧城市建设更偏向于引导当地经济实现信息化更新，从而培养出相关产业链。但是殊途同归，智慧城市的建设者们最终都是为了实现"城市让生活更美好"的愿景而努力的。

13. 瑞典首都斯德哥尔摩，该市在治理交通拥堵方面取得了卓越的成绩。具体而言，该市在通往市中心的道路上设置 18 个路边监视器，利用射频识别、激光扫描和自动拍照等技术，实现了对一切车辆的自动识别。借助这些设备，该市在周一至周五 6 时 30 分至 18 时 30 分之间对进出市中心的车辆收取拥堵税，从而使交通拥堵水平降低了 25%，同时温室气体排放量减少了 40%。

该案例符合我国智慧城市健康发展的哪些目标？

参考答案：

（1）城市管理精细化目标。市政管理、人口管理、交通管理、公共安全、应急管理、社会诚信、市场监管、检验检疫、食品药品安全、饮用水安全等社会管理领域的信息化体系基本形成，统筹数字化城市管理信息系统、城市地理空间信息及建（构）筑物数据库等资源，实现城市规划和城市基础设施管理的数字化、精准化水平大幅提升，推动政府行政效能和城市管理水平大幅提升。

（2）生活环境宜居化目标。居民生活数字化水平显著提高，水、大气、噪声、土壤和自然植被环境智能监测体系和污染物排放、能源消耗在线防控体系基本建成，促进城市人居环境得到改善。

14. 某先生接到银行客服的交易核实电话，称其名下的卡片发生了多笔大额消费，而某先生并未操作这些交易，便立即报了案。警方根据交易资金流向的线索破案后发现，不法分子是通过黑客技术入侵了某网站，窃取了某先生在该网站的用户名和登录密码，随后不法分子尝试用于网络支付，由于某先生在支付网站也设置了相同的用户名和密码，因此被盗刷。由于目前某些中小网站的安全防护能力较弱，容易遭到黑客攻击，从而导致注册用户的信息泄露。同时，若客户的支付账户设置了相同的用户名和密码，则极易发生盗用。

现在互联网越来越发达，网络犯罪也随之增加，要如何提高网络信息安全管理？

参考答案：

（1）落实国家信息安全等级保护制度，强化网络和信息安全管理，落实责任机制，健全网络和信息安全标准体系，加大依法管理网络和保护个人信息的力度，加强要害信息系统和信息基础设施安全保障，确保安全可控。

（2）加大对党政军、金融、能源、交通、电信、公共安全、公用事业等重要信息系统和涉密信息系统的安全防护，确保安全可控。完善网络安全设施，重点提高网络管理、态势预警、应急处理和信任服务能力。统筹建设容灾备份体系，推行联合灾备和异地灾备。建立重要信息使用管理和安全评价机制。严格落实国家有关法律法规及标准，加强行业和企业自律，切实加强个人信息保护。

15. 国家电网公司根据《关于进一步深化电力体制改革的若干意见》（中发〔2015〕9 号文）制订了《市场化零售供用电合同》参考文本，其中签约方为售电人、用电人、供电人三方。

请分析三方合同的必要性。

参考答案：

市场化零售供用电合同为售电人、用电人、供电人三方合同，其必要性在于一是签订三方合同权利义务更清晰，相比于售电公司与客户、客户与电网企业、电网企业与售电公司两两签订两方合同，三方合同中可以直接约定售电公司、客户、电网企业相互的权利义务，根据合同的相对性，合同的条款直接对三方有效，便于合同履行和纠纷处理。二是三方合同可以更加明确确定电网企业为供电人，更充分行使《中华人民共和国电力法》《中华人民共和国合同法》等相关法律法规赋予的权利，更好地维护供用电秩序和供用电安全（如欠费停电权在三方合同中可直接由电网企业行使，而由电网企业与客户签订供电服务协议是否可直接行使欠费停电权存在争议）。三是从客户角度讲，可以省去一道手续，且三方合同中由电网企业和售电公司共同提供保障，更能确保其安全持续稳定用电。

16. 据期货日报记者不完全统计，2016 年前三季度，我国新增各类交易平台 98 家。电力交易中心增速呈迅猛势头。据了解，目前全国有 33 家电力交易中心均已举行了揭牌仪式或进行了工商注册登记，唯有海南省还未成立其省级电力交易中心。广东省有 2 个交易机构，北京更是成立了 3 个电力交易机构，除此之外，其他省份均只有一个电力交易中心。值得一提的是，北京电力交易中心组建后已经开展了市场化跨区跨省交易，山东 30 家电力用户和陕西、甘肃、青海、宁夏 824 家企业通过交易平台达成交易电量90 亿 kWh，降低购电成本 5.4 亿元。

以上行为是否符合《中共中央国务院关于进一步深化电力体制改革的若干意见》（中发〔2015〕9 号文）？请写出具体依据的条款。

参考答案：

符合《中共中央国务院关于进一步深化电力体制改革的若干意见》（中发〔2015〕9 号文）第三部分第 11 点规定：组建和规范运行电力交易机构。将原来由电网企业承担的交易业务与其他业务分开，实现交易机构相对独立运行。电力交易机构按照政府批准的章程和规则为电力市场交易提供服务。相关政府部门依据职责对电力交易机构实施有效监管。

17. 国家电网公司于 2016 年 1 月制订了"市场化零售供用电合同"参考文本，文本中，11.1.1 用户购电价格由市场交易价格，输配电价（含线损和交叉补贴），政府性基金三部分组成。

请问该条款是否符合《中共中央国务院关于进一步深化电力体制改革的若干意见》中发〔2015〕9号文？请写出具体依据的条款。

参考答案：

（1）符合《中共中央国务院关于进一步深化电力体制改革的若干意见》（中发〔2015〕9号文）。具体依据条款为第三部分第1条单独核定输配电价。政府定价的范围主要限定在重要公用事业、公益性服务和网络自然垄断环节。政府主要核定输配电价，并向社会公布，接受社会监督。输配电价逐步过渡到按"准许成本加合理收益"原则，分电压等级核定。用户或售电主体按照其接入的电网电压等级所对应的输配电价支付费用。

（2）分步实现公益性以外的发售电价格由市场形成。放开竞争性环节电力价格，把输配电价与发售电价在形成机制上分开。合理确定生物质发电补贴标准。参与电力市场交易的发电企业上网电价由用户或售电主体与发电企业通过协商、市场竞价等方式自主确定。参与电力市场交易的用户购电价格由市场交易价格、输配电价（含线损）、政府性基金三部分组成。其他没有参与直接交易和竞价交易的上网电量，以及居民、农业、重要公用事业和公益性服务用电，继续执行政府定价。

（3）妥善处理电价交叉补贴。结合电价改革进程，配套改革不同种类电价之间的交叉补贴。过渡期间，由电网企业申报现有各类用户电价间交叉补贴数额，通过输配电价回收。

18. 当前，部分地方政府在售电侧改革试点中，以行政指令方式指定售电主体、经营区域及试点用户，个别地区还出现政府以售电侧改革名义通过行政指定价格降低电价。

请分析上述行为是否符合《中共中央国务院关于进一步深化电力体制改革的若干意见》（中发〔2015〕9号文）改革的方向？

参考答案：

（1）上述行为均违背了市场化改革的方向，在实施中要坚决反对。

（2）在试点中，应积极引导、配合政府部门按照市场化原则，通过设定售电公司准入、退出条件及市场规则，向所有投资者开放市场，真正做到让所有符合准入条件的市场主体均可自愿参与、平等竞争，实现供应多元化，确保用户的用电选择权。

（3）应严格执行国家输配电价政策，积极探索以绿色通道、大用户直接交易、跨省跨区交易等方式为政府解决实际困难，争取政府理解和支持。

19. 当前，多个地区出现发电企业拟投资建设直接通过电厂出线形式的输配电网络，开展发配售、发输配售一体化试点。

请分析上述行为是否符合《中共中央国务院关于进一步深化电力体制改革的若干意见》（中发〔2015〕9号文）？

参考答案：

（1）上述行为违反中发〔2015〕9号文的改革精神。

（2）发电企业（含自备电厂）投资与之相连的输配线路或直接由电厂建设线路与用户负荷相连，形成事实上发配售或发输配售一体化，将再次出现厂网不分的格局，形成发配售一体化新型垄断，背离了在可竞争环节打破垄断、引入竞争的改革初衷，同时形成事实上的自备电厂，违反产业政策，引起市场不公平。

20．为贯彻落实党的十八大和十八届三中、四中全会精神及中央财经领导小组第六次会议，国家能源委员会第一次会议精神，进一步深化电力体制改革，解决制约电力行业科学发展的突出矛盾和深层次问题，促进电力行业又好又快发展，推动结构转型和产业升级，国务院于 2015 年 3 月 15 日提出《关于进一步深化电力体制改革的若干意见》（中发〔2015〕9 号文）。

试分析《关于进一步深化电力体制改革的若干意见》（中发〔2015〕9 号文）对公司的影响。

参考答案：

（1）市场主体增加、竞争加剧。公司将面临优质客户流失、市场份额降低、销售收入减少的风险，还可能面临抄表、计量、结算等传统业务和管理方面优秀人才流失的风险。

（2）优质服务工作面临更大压力，履行电力普遍服务和保底供电服务义务面临挑战。高电价电量减少造成交叉补贴成本增加，同时输配电价水平下降使成本进一步压缩，公司履行电力普遍服务和保底供电服务义务的成本分担和补偿将更加复杂，在资金筹集、运作管理、保障机制等方面都需要新的政策支持。

（3）配电投资主体多元化，形成配电市场竞争格局，影响公司新增用电需求的市场份额。允许社会资本投资增量配电业务，客户出资、无偿移交公司的配电资产将大幅减少，小区配套费等政策将难以为继，可能影响公司资产负债率。

（4）电力交易规模和品种不断扩大，增加电网安全稳定运行压力。市场化交易规模占比扩大，保障电力供需平衡难度加大，电网安全稳定运行不确定因素增多。

（5）监管部门对公司监督的广度和深度将不断拓展。将要求公司电网容量、通道资源、服务质量、调度交易等方面信息更加公开透明。公司开展市场化售电业务，难以避免市场主体对公平竞争的质疑，公司面临监管舆论压力。

21．针对《关于进一步深化电力体制改革的若干意见》（中发〔2015〕9 号文）对公司的影响，公司应如何做好下一步的工作安排？

参考答案：

（1）加强与地方政府的沟通汇报。贯彻落实好中央的改革文件精神和公司工作要求，主动参与地区售电侧改革试点方案制订。

（2）做好营销业务系统调整。进一步完善电费结算、业扩报装等业务规则及相关制度办法，做好营销业务系统调整、岗位权限匹配、跨部门业务协同，以及流程优化。

（3）全面做好报装、抄表、计量、结算、收费、维修等供电服务。做到供电质量不下降、电能计量公平公正、市场交易信息透明、抢修时限等承诺兑现，认真履行保底供电和电力普遍服务义务，满足弱势群体最基本的用电需求。

（4）强化合同管理。强化各级营销人员的合同法律意识，落实保密责任，确保市场化售电信息保密管理到位。

（5）加强业务培训。组织开展覆盖营销全体干部员工的配套政策宣贯与操作实务培训，确保全员全岗掌握售电侧放开后营销业务工作流程、业务模式和管理规则。

22. 某公司迎来首户非扶贫分布式电源项目——"师傅，您好，您说一下基本信息，分布式电源接入申请表，我们来帮您填写。"2016年5月30日上午，某供电公司分布式电源报装人员正在热情帮助××小学分布式光伏发电项目负责人填写报装申请相关资料。收到报装申请后，该公司营销部相关人员履行"一次告知"义务，为客户讲解分布式报装流程及收资种类，并帮助业主填写相关申请资料。当天下午营销部立即组织经研所、供电所相关人员开展现场勘查。为保障客户选择权，最大限度地为客户提供便利，针对客户提出的选址暂不确定问题，业务人员对两处地址均进行了勘查并将分别出具接入系统方案。后期，该公司各相关部门将通力协作，保证客户早日并网。该工程为某供电公司营业区域内第一户非扶贫性质分布式电源项目，标志着该地区分布式电源已由单纯的政府牵头模式开始向群众主动申请的健康模式发展，为以后某地区光能、风能等清洁能源的深度挖掘及分布式"微电网"的大力发展奠定基础。

以上行为是否符合《中共中央国务院关于进一步深化电力体制改革的若干意见》（中发〔2015〕9号文）？请写出具体依据的条款。

参考答案：

符合《中共中央国务院关于进一步深化电力体制改革的若干意见》（中发〔2015〕9号文）第三部分第20条的规定：积极发展分布式电源。分布式电源主要采用"自发自用、余量上网、电网调节"的运营模式，在确保安全的前提下，积极发展融合先进储能技术、信息技术的微电网和智能电网技术，提高系统消纳能力和能源利用效率。

23. 《中共中央国务院关于进一步深化电力体制改革的若干意见》（中发〔2015〕9号文）提到："继续完善主辅分离。"

如何理解"继续完善主辅分离"？

参考答案：

（1）这次电改对电网的经营模式进行了调整，那么原有的非辅业务在本轮电改后，可能会重新进行界定，这还要重点关注未来的配套政策制定。

（2）从现在对电网的定位来看，基本是按照公共事业展开的，该属性决定，从2002年到现在一直在操作的主辅分开，肯定是要继续执行的，而且力度、广度和深度可能还会再加大，在"监管中间"的政策框架下，应当集中力量发展主业，提高企业的核心竞争力。

24．按照《关于进一步深化电力体制改革的若干意见》（中发〔2015〕9 号文），电力改革包含几大方面？

参考答案：

（1）有序推进电价改革，理顺电价形成机制。

（2）推动电力交易体制改革，完善市场化交易机制。

（3）建立相对独立的电力交易机构，形成公平规范的市场交易平台。

（4）推进发用电计划改革，更多发挥市场机制的作用。

（5）稳步推进售电侧改革，有序向社会资本放开配售电业务。

（6）开放电网公平接入，建立分布式电源发展新机制。

（7）加强电力统筹规划和科学监管，提高电力安全可靠水平。

25．某电力交易中心运行一年释放"电改"红利 60 亿元：新华社成都 5 月 12 日电（记者杨迪）。自去年 5 月成立以来，某电力交易中心针对当地电力供求关系失衡等复杂形势，加快推进电力市场化交易，有效释放"电改"红利。据统计，运行一年来，某电力交易中心已释放改革红利约 60 亿元。记者 12 日从某电力交易中心了解到，2016 年某省参与直接电力交易用户数达到 531 家，市场交易规模 452 亿 kWh，占某省内用电量的 21.51%。今年，直接交易用电户数增至 828 家，预成交电量 459 亿 kWh，预计今年省内市场电量将达到 600 亿 kWh。作为某电力体制改革的一项重要内容，某电力交易中心旨在破解某当前电力市场供求关系失衡、电价体系复杂和市场主体成熟度低等突出问题。通过直购电、留存电量和富余电量三大政策，自备替代、丰期增量、市场留存等 10 个交易品种，某电力交易中心满足市场主体多样化交易需求，对龙头骨干企业用电实施精准扶持，有力支持某工业发展。同时，某电力交易中心还充分发挥"北京＋某"两级电力交易平台协同作用，促进清洁水电外送。今年已经落实的外送电计划达到 330 亿 kWh，同比净增约 70 亿 kWh，增幅达到 24.8%。

请根据《中共中央国务院关于进一步深化电力体制改革的若干意见》（中发〔2015〕9 号文）对这则新闻进行分析，写出相关改革红利受益方。

参考答案：

受益方 1：参与直接电力交易的用户。通过直购电、留存电量和富余电量三大政策，自备替代、丰期增量、市场留存等交易品种，市场主体多样化交易获利。受益方 2：水电开发有限公司。充分发挥"北京＋某"两级电力交易平台协同作用，挖掘外送通道能力，促进富余水电消纳。受益方 3：发电公司。通过电力交易中心完成的交易电量在公司年度总销售电量中的占比提升。

26．2002 年 2 月，国务院发布 5 号文，决定对电力工业实施以"厂网分开、竞价上网、打破垄断、引入竞争"为主要内容的电力体制改革。2015 年 3 月 15 日，中共中央、国务院下发了《中共中央国务院关于进一步深化电力体制改革的若干意见》（简称中发 9 号文件），标志着备受社会各界关注的新一轮电力体制改革开启。

9 号文件相比 5 号文件有哪些调整和超越？

参考答案：

（1）核心价值取向的不同。本轮电改的核心价值取向是旨在建立一个绿色低碳、节能减排和更加安全可靠、实现综合资源优化配置的新型电力治理体系，推动我国顺应能源大势的电力生产、消费及技术结构整体转型。而上轮电改的价值取向旨在通过厂网分开，打破垄断，引入竞争，剥离关联交易，加快扩大电力供给规模。

（2）暂时不考虑输配分开和电网调度独立。不同于当年的 5 号文，此次提出：调度独立和输配分开并不是科学合理的选择。

（3）明确提出要加强规划。2002 年后，最大变化就是可再生能源并网的比例越来越大，使发电侧和用电侧具有双侧随机性，电力系统的整体规划必须强化。从这个方面来讲，此次电改绝对不是 5 号文的延续，应当形成一套新的电力体制规划方法体系。

（4）本轮电改的关键不在于电力企业的拆分重组和盈利模式的改变，而在于新型电力治理体系管理框架的顶层设计，其中政府能否在改革的政策激励和法制环境设计上有所作为至关重要。政府在改革的顶层设计阶段对于如何运用市场杠杆，以及如何用"看得见的手"对市场化体制、机制、政策措施、法律法规、监管等方面进行设计、建立和引导，激励改革目标的实现等方面，必须能够发挥主导性甚至决定性作用。

27.《中共中央国务院关于进一步深化电力体制改革的若干意见》（简称中发 9 号文件）提到："有序放开竞争性业务""有序放开输配以外的竞争性环节电价，有序向社会资本开放配售电业务，有序放开公益性和调节性以外的发用电计划"。

如何理解三个"有序放开"？

参考答案：

三个"有序放开"是为了发电侧和售电侧能够建立电力市场而提出的，就是要将发电侧原有的发电计划，发电厂的上网电价放开；售电侧的终端用户电价及用电计划放开。这样利于形成发电用电市场。当然，放开的是可以进入市场的电量和服务，经营性之外的电量和服务不能放开。方案中特意强调了"有序放开"，这意味着这几个方面要循序渐进，分阶段的放开，不能短时间内彻底放开。

28．证券时报网（www.stcn.com）2017 年 03 月 08 日讯据发展改革委消息，2015 年 3 月，中共中央、国务院印发《关于进一步深化电力体制改革的若干意见》。两年来，全国注册成立的售电公司已有约 6400 家，首批 105 个增量配电项目开展改革试点，有效激发市场活力。

如何看待售电侧放开对公司的影响？现有售电公司有几种类型？

参考答案：

（1）售电侧放开受到社会各界的广泛关注，将对电网发展、系统运行和市场格局带来重大影响。

1）公司将面临来自央企、地方国企和其他社会资本的竞争。

2）面临优质客户流失、市场份额下降、营业收入减少、优秀人才流失等风险，现有的经营理念、业务模式和服务意识亟待转变。

（2）售电公司有以下三种类型。

1）电网企业的售电公司。

2）社会资本投资增量配电网，拥有配电网运营权的售电公司。有配电网资产、有固定营业区域，能形成关口计量，采用"关口计量＋市场售电"业务模式，配售一体化。国家发展改革委《售电公司准入与退出管理办法（征求意见稿）》中提出："现有符合条件的高新产业园区、经济技术开发区和地方企业建设、运营的配电网，可自愿转为拥有配电网运营权的售电公司"。

3）独立的售电公司，不拥有配电网运营权，不承担保底供电服务。无配电网资产，无固定营业区域，采用"到户计量＋市场售电"业务模式。

29．"互联网＋"政务服务通过加强基层服务中心建设、推广网上联动办理、推行网上代办等方式打通基层政务服务"最后一公里"。

国家电网公司如何通过"互联网＋"供电服务打通供电服务"最后一公里"？

参考答案：

国家电网公司立足工作实际，始终践行"你用电，我用心"理念，做好用电服务"加减乘除"法，提高办电效率，将服务用户"最后一公里"变为"零距离"。

（1）加快服务布点，方便客户办电。部署自助交费终端设备，提供超市、电话、互联网等25种交费途径，基本实现城市"十分钟交费圈"和农村"村村有交费点"，大力推广"掌上电力"手机APP、微信、95598网站、"电e宝"等互动服务渠道，为客户提供"差异化、互动化、规范化"服务，有效解决了广大客户就近交费和个性化交费需求。

（2）减去办电屏障，提高办电速度。通过简化办电手续，精简客户在业扩报装过程中需提交资料种类及数量。

（3）乘上用心服务，提升客户感知。建成统一95598服务平台，集中受理业务咨询、故障报修、投诉举报、意见建议等客户诉求，着力解决服务流程和服务标准不统一等问题，进一步优化服务资源配置，减少地区服务差异。通过严格落实"首问负责""限时办结""一次告知"等要求，减少客户往返次数。组建专业化抢修队伍，实现故障报修24h全天候响应，就近调配抢修资源，建立高效的抢修复电机制，"让百姓的灯先亮起来"。

（4）除去烦琐流程，构建协同服务机制。推行"内转外不转"，构建"手续最简、流程最优、协同运作、一口对外"的业扩报装协同服务机制，有效提高跨部门协同和业务办理效率。

30．通过"12345"等政务服务热线集中接受社会公众的咨询、求助、意见、建议和投诉，通过信息化手段逐步整合各部门现有的政民互动渠道。及时解决群众反映的热点和难点问题，提供政策法规、办事程序、生活指南及查询有关部门职能范围等咨询服务。推动政务服务热线与互联网政务服务门户和政务服务管理平台集成，实现"一号对外、诉求汇总、分类处置、统一协调、各方联动、限时办理"，服务范围覆盖政府政务服务和公共服务领域。

请介绍一下国家电网公司的"95598"供电服务热线是如何实现为客户提供"优质、方便、规范、真诚"的服务的？

参考答案：

"95598"是全国统一的电力客户服务热线。"95598"通过其过硬的业务素质、规范的服务流程、完善的硬件设备和各单位的密切配合，引领优质服务水平的不断提高，为客户提供"优质、方便、规范、真诚"的服务。

（1）方便：客户只需一个电话"95598"，就能解决所有电力业务问题。

（2）规范："95598"中心统一受理各类业务，并在线监测和全程督办，规范了各单位业务处理流程，责任分明。

（3）高效："95598"在为客户真诚服务的同时，也同时为各单位和部门服务。

（4）精细化："95598"客观、全面地反映全局服务工作情况。管理部门能针对存在的问题快速反应并采取措施。

通过"95598"中心集中受理和100%的回访投诉业务，管理部门可准确掌握全局优质服务工作情况，及时分析存在的问题，并快速反应及时改进。优质服务工作由以前的粗放式管理逐步实现精细化管理。

31. 利用大数据实现智慧治理，推进事前预警、事中监管、事后追责的大数据支撑服务体系。形成基于大数据分析的政务服务知识库，提高决策支持能力和个性化服务能力。

经过多年信息化建设，国家电网公司在营销服务领域积累了海量的"量价费"、用电信息采集和客户行为数据，营销基础数据的进一步丰富，为营销大数据分析应用提供了更广阔的空间，请介绍一下如何应用现有的营销大数据，进一步开展大数据分析应用，开展智能化分析与深度挖掘，支撑公司经营决策，实现与用户的高效互动，提高用户满意度？

参考答案：

（1）构建国家电网公司统一的客户画像，从信用、价值、地域、社会属性、消费行为、渠道偏好等方面挖掘客户标签。

（2）为总部、省公司及系统内金融、地产等板块精准营销、服务质量改善、业务发展提供支撑。

（3）以大数据分析为基础，为企业客户构建节能及电能替代综合解决方案，为高端客户或房地产构建家庭综合能源管理解决方案。

（4）针对目前各类服务渠道，结合渠道资源配置和业务办理情况进行效能分析；获取各类客户行为数据（包括业务办理、交费、诉求等），开展客户行为特征分析；基于渠道特征、服务成本（包括公司服务成本和客户成本）和客户渠道偏好，设计导入服务引导模式，实现资源合理配置和功能优化，提升客户体验。

32．做好《国务院关于印发政务信息资源共享管理暂行办法的通知》（国发〔2016〕51 号）的贯彻落实。以统一网上政务服务平台建设为抓手，建立相应管理制度，规范信息资源共享管理过程，促进政府部门间信息交换和共享服务制度化、规范化。

请介绍一下现有跨专业、部门间信息资源实现互联互通与信息共享的案例及取得的成效。

参考答案：

（1）目前国家电网公司已建立营销资源和电网设备资源的联动机制，实现基础数据"一个源头"、业务流程"一套标准"，基于"营配调一张图"，实现营销业务应用系统与电网 GIS 平台、配电系统之间数据信息共享和营配调一体化应用。

（2）对内实现营配调业务的高度融合。

（3）对外实现客户需求快速响应，服务质量可靠优质，提升客户满意度，进一步提升协同效率和供电服务水平。

33．注重对"互联网＋政务服务"实际应用成效进行评估，以办事对象"获得感"为第一标准，强化办事对象在获取政务服务过程中的便捷度和满意度。

请介绍一下如何通过"互联网＋供电服务"提升客户的"获得感"？

参考答案：

国家电网公司以客户为中心，充分考虑客户个性化、多样化服务需求，重点突破供电服务在客户服务、资源配置、快速响应等方面的发展瓶颈，提供"感知立体化、服务个性化、响应实时化、信息透明化"的"互联网＋"供电服务。一是细分服务触点，并利用大数据技术分析客户在每个触点的感知，和用户保持有温度的接触，实现了从产品供应商到服务供应商的转变。二是打造行业内领先互动服务平台，建成网上营业厅，形成客户主动融入的新型业务模式，给客户提供定制化、个性化的服务。三是整合现有营销服务资源，推动供电服务从线下向线上的全面融合，多措并举拓展电费缴费渠道，切实服务客户购电，实现营销服务人员与客户实时互动。四是强化在线监督管控，全过程全环节信息共享透明。

34．开展市场主体监管风险监测大数据分析。依托政务服务平台和企业信用信息公示系统等相关平台资源，在归集各类企业信用信息的基础上，工商部门、审批部门和行业主管部门要按照法定职责建立监测系统分工协作框架，逐步建设监测数据信息化系统，加强监测数据开发与应用，开展大数据智能关联分析。逐步建立市场主体监管风险动态评估机制，通过整合日常监管、抽查抽检、网络定向监测、违法失信、投诉举报等相关信息，主动发现违法违规线索，分析掌握重点、热点、难点领域违法活动特征，及时根据市场主体监管动态信用风险等级实施有针对性的监管。

请结合本职工作，列举一下利用大数据分析开展营销风险监测的典型案例，监控营销风险点，建立事前预警、事中监管、事后追责的大数据支撑服务体系。

参考答案：

例1：应用大数据分析，精准反窃电。长期以来，由于现场检查阻力大、风险高、不确定因素多，反窃电工作存在较大难度，可以运用大数据分析手段挖掘窃电线索，通过采集系统分析电流、电压、线损、波形等数据变化情况，构建历史数据、同行业数据、用电档案信息等多种比对模型，提高对窃电客户的识别精度，绘制窃电现场画像，使反窃电人员能够足不出户精准抓捕窃电客户。

例2：电费大数据分析，防范电费风险。依托每日用电客户发行数据，对已经形成欠费的用电客户进行全面分析。以欠费用电客户的相关电费数据为分析条件，通过欠费情况进行专项分析，细化账龄，合理划分客户信用情况，对用电量、欠费金额、欠费次数、欠费时间等等进行量化分析，重点分析和跟踪欠费金额较大的用电客户的欠费情况及按照欠费金额大小顺序的排名情况。结合预收余额的数据分析，再结合用户的经营状况分析，进行风险评估，预防风险、积极管控，采取管控措施，发现可能欠费的用电企业，建立预警机制，及时采取有效措施，减少欠费的产生，找出各种明显和潜在的电费回收风险，明确主要风险，密切注意原有风险的变化，通过以上分析更有效的做好因地制宜的催费方案，最大可能防范欠费风险，变事后追缴为事前监控、管理，确保电费颗粒归仓。

35．监督考核是推进"互联网＋政务服务"工作的重要抓手。网上政务服务评估评价要按照"以用户为中心"的原则，从公众体验和信息化支撑的角度，结合对网上政务服务的内容、管理和运维等多方面的考察，建立科学有效的评估指标体系，促进各级政府部门不断提升政务服务供给质量。

请介绍一下对推进"互联网＋供电服务"如何进行监督考核，以促进各级供电单位不断提升供电服务供给质量？

参考答案：

应按照"以客户为中心"的原则，从"公众体验"的角度，基于网上服务平台的数据，结合对网上服务的内容、管理和运维等多方考察，围绕服务方式完备度、服务事项覆盖度、办事指南准确度、在线服务深度、在线服务成效度等方面，建立"互联网＋供电服务"评估指标体系，评价网上服务的供给能力和服务质量。主要从以下两个方面开展监督考核。

（1）内部监督。针对供电服务运行的事前、事中、事后各个环节，从事项公开信息的完整性、事项办理的时效性、流程合法性和内容规范性等方面梳理本单位相应的内部监察规则，确定监察规则的类型、描述等内容，编制监察规则目录，积极利用电子监察手段进行内部监督检查。

（2）第三方评估。第三方评估是指独立于政策运行过程之外的非营利性第三方机构实施的评估，是一种客观的社会监督。第三方评估应通过选择科学的评估标准和评估方法，对网上政务服务的过程进行综合的、全方位的考察、分析并给予评价、判断和总结，其目的是为优化政策措施、提高服务质量、判断未来走势等提供决策参考和依据。

36．"互联网＋政务服务"平台主要实现政务服务统一申请、统一受理、集中办理、统一反馈和全流程监督等功能，逻辑上主要由互联网政务服务门户、政务服务管理平台、业务办理系统和政务服务数据共享平台四部分构成。

互联网政务服务门户是政务服务实施机构为自然人、法人提供互联网政务服务的入口。国家电网公司将哪个平台定位为公司统一对外智能互动服务平台？平台实现了什么？达到什么效果？

参考答案：

（1）95598互动服务网站。

（2）实现电力信息发布。网上业务受理，网上支付，信息自助查询，故障投诉举报，为客户提供信息咨询、沟通交流和智能互动服务平台。

（3）达到效果：拓展营销服务渠道，提升业务宣传能力，提高优质服务水平，增强企业品牌认知，树立企业良好形象，适应客户服务方式多元化发展趋势。

37．2017年底前，各省（区、市）人民政府、国务院有关部门普遍建成网上政务服务平台。2020年底前，建成覆盖全国的整体联动、部门协同、省级统筹、一网办理的"互联网＋政务服务"技术和服务体系，实现政务服务的标准化、精准化、便捷化、平台化、协同化，政务服务流程显著优化，服务形式更加多元，服务渠道更为畅通，群众办事满意度显著提升。

问题：政务服务平台化，其主要一项工作是建成网上统一身份认证体系，即统一登录名和密码，对于接入统一政务服务管理平台的各级政府部门业务办理系统，如果所有政府工作人员用户在省级政务服务管理平台统一管理、统一认证，需采用统一登录名和密码方式接入，并实现单点登录。

请列举国家电网公司的统一身份认证体系在"互联网＋"供电服务应用的典型案例。

参考答案：

（1）目前已在国家电网公司统一账户平台实现"掌上电力"手机APP、国网商城、"电 e 宝"、95598互动服务网站四类渠道的账户贯通，渠道间数据共享和融合应用，为用户带来"一次注册，全渠道应用的便捷体验"。

（2）避免出现了用户需要在各电子服务渠道分别注册、多次登录等用户体验不佳的问题，同时缺乏对多种电子服务渠道统一管理和监控，进一步提升客户体验。

38．根据"互联网＋政务服务"技术体系建设指南要求，具有公共服务职能的企业，要按照本指南要求，组织开展"互联网＋政务服务"技术体系建设，结合实际统筹推动本地区"互联网＋政务服务"平台建设，充分发挥地区特色，开展政务服务相关体制机制和应用服务创新。

国家电网公司作为一个具有公共服务职能的企业，如何创新开展"互联网＋供电服务？

参考答案：

国家电网公司按照《国务院关于积极推进"互联网＋"行动的指导意见》（国发〔2015〕

40号文）的要求，坚持创新、协调、绿色、开放、共享的发展理念，大力推进互联网与传统供电服务的紧密融合，创新开展"互联网＋供电服务"。一是以"互联网＋"为引导，围绕"一口对外"的目标，全方位整合供电服务资源，最大限度优化资源配置，推动供电服务的组织体系向集约化、扁平化变革；二是以融合创新为重点，加快推进现代互联网信息技术与传统电力营销服务技术的深度融合，建立基于大数据、云计算、物联网、移动互联深化应用，高效共享、智能互动、安全有序的新型电力营销服务平台，支撑"互联网＋"供电服务模式的形成；三是以客户和市场为导向，坚持"线上线下"服务融合，通过实施渠道重组、流程再造和业务创新，全面顺应互联网时代客户对现代供电服务便捷普惠的需求，重构供电服务价值链，在不断为客户创造价值的过程中追求各方价值的协调统一。

39．政务服务协同化。运用互联网思维，调动各地区各部门积极性和主动性，在政务服务标准化、精准化、便捷化、平台化过程中，推动政务服务跨地区、跨部门、跨层级业务协作。

请介绍一下国家电网公司如何运用"互联网＋"理念促进业扩报装协同？

参考答案：

（1）国家电网公司运用"互联网＋"理念，积极构建开放友好、互联互动的业扩报装智能服务体系，深化跨专业流程融合和信息共享，推动过程管控与客户服务、市场开拓的有机结合，实现"全流程线上流转、全业务数据量化、全环节时限监控、全过程智能互动"。

（2）依托发展、财务、运检、营销、调控等专业的信息化系统，将业扩各协同环节由线下传递转为线上流转，提升跨专业协同运作效率。

（3）以规范的服务、快速的响应、灵活的策略赢得客户、赢得市场。

（4）实现了"五位一体"机制在业扩全流程环节的深化融合，促进业扩报装协同效率、服务质量及客户感知大幅提升。

40．个人信息大规模共享增加了个人隐私泄露的风险。《"互联网＋政务服务"技术体系建设指南》所要解决的核心问题是通过打通政府部门之间的数据壁垒，让政府各部门、各层级的数据信息互联互通和充分共享，从而真正实现基于互联网的一站式政务服务。在这一过程中，政府内部广泛的信息共享，无疑对解决在政府信息化过程中困扰我国多年的"信息孤岛、数据烟囱"等问题具有十分重要的意义。但另一方面，这些共享的信息主要用于为公众提供各种与个人直接相关的政务服务，这就意味着在政府内部共享的这些信息不可避免地会包含大量与公民个人隐私相关的内容。这种大规模的个人信息共享会从两个方面增加个人隐私泄露的风险。首先，扩大的个人隐私信息使用范围会增大个人隐私泄露的概率。原本只在一个政府部门内部使用的个人信息，现在被扩大到在不同政府部门甚至不同层级的政府之间进行共享使用，这无疑加大了个人隐私信息控制的难度，增大了个人隐私信息被泄露的风险。其次，在大数据分析技术被越来越广泛使用的背景下，原本碎片化和孤立的个人隐私信息，通过大规模的数据共享和大数据分析，能够使这些个人隐私信息的价值大大增加，这无疑对期望精准了解和预测用户个人行为的商家具有极大诱惑力，在无法通过正常渠道获取这些信息的情况下，有些商家就会想方设法通过各种非法手段（如黑客窃取或买通政府内部工作人员私下交易等）获取，从而增加了这些掌握在政府部门手中的公民个人隐私信息被泄露的风险。

"互联网＋政务服务"应如何加大对平台中各类公共信息、个人隐私等重要数据的保障力度？

参考答案：

（1）信息共享是"互联网＋政务服务"技术体系得以发挥作用乃至正常运转的核心能力。任何数据交换和信息共享过程都会对系统的安全性带来影响。应采取有针对性的安全措施，完善开放接口的安全防护能力，对数据交换和信息共享环节给予端到端的全过程监控，及时发现和解决问题隐患，以确保关键业务正常运行。

（2）加强平台中各类公共信息、个人隐私等重要数据的安全防护，建立数据安全规范。在系统后台对每类数据的安全属性进行必要的定义和设置，详细规定数据的开放范围和开放力度，并严格执行相应的权限管理。

41．面对部门各自为政、分散建设、不能互联互通、资源共享程度低、重复建设、统一管理等一系列的问题，"云技术"的出现使××××市政府可建设电子政务云，统一对外（政府之间、政府对企业、政府对公众）提供服务的平台，着力建设服务型的政府信息化。××××电子政务云计算中心建成后，几乎所有的 IT 系统都将集中在××××机房，并且对于很大一部分应用需要提供 7×24h 的业务服务。云的弹性扩展、资源池化、高可靠性等特性具备架构上的先进性的同时，数据的高度集中却带来了信息的高风险，这是云计算中心建成后××××市政府不得不考虑的问题。一旦云计算中心系统瘫痪不能提供业务，甚至造成数据丢失，会给××××市政府带来重大的损失和影响，这是必然不能被允许的。

请分析一下××××市政府应采取什么安全防范技术措施打造安全可靠的政务云平台？

参考答案：

（1）应考虑结合防火墙、防毒墙、身份认证系统、堡垒机、流量控制等安全技术手段，做到防患于未然；结合入侵检测、数据库审计，做到严密地防御和快速地响应报警；结合日志审计系统，通过日志记录对事故进行追根溯源。

（2）为政务云平台设计备份冗余线路和灾难备份手段，对主线路做备份链接和异地灾难备份。保证政务云平台服务的高可用性。

42．用户在互联网政务服务门户办理各种事项涉及缴费时，由政务服务门户生成缴款单，向统一公共支付平台发起缴款请求，由公共支付平台与代收机构平台实施电子支付，并按业务归属地区实时将业务数据归集至相关征收部门收入征管系统。按照约定时间（如每日 24 点前），代收机构将资金清分至相关征收部门指定资金结算账户，公共支付平台与代收机构平台、收款银行系统、相关征收部门收入征管系统进行多方对账，并完成资金结报、清算等业务。用户在互联网政务服务门户办理缴费时涉及的"第三方支付平台"须为依法取得"支付业务许可证"的非银行支付机构。

国家电网公司的一体化缴费接入管理平台同政务服务的统一公共支付平台同为对外提供缴费服务的公共接口，一体化缴费接入管理平台的建设和投入使用具有什么重要意义？

参考答案：

（1）通过采用灵活的构架，使系统平台功能可扩展，满足新型缴费渠道、新型缴费方式扩展的应用需求。扩展性体现在应用功能的可扩展、服务的可扩展，保证扩展的过程平滑升级，避免重复投资。

（2）积极拓展、推广新型缴费方式，提升公司营销系统服务水平、质量，全面提升公司的品牌形象。

（3）加强公司标准化建设，实现多种缴费渠道、缴费方式的统一接入、统一管理。

（4）通过对现有系统缴费渠道集成，形成与营销业务系统的唯一接口，减少营销业务系统对外数据交互压力。

（5）深入强化公司相关系统的安全防护加密机制，确保缴费信息的安全性。

43．中国人口众多的特性注定了中国的打车市场是一块大蛋糕，目前，Uber 搭乘量计算的前十大城市里已有 4 个在中国，Uber 和滴滴的"互联网＋出行"不但颠覆了人们传统的出行方式，也严重威胁了原本相安无事，闷声赚大钱的出租车公司。Uber 和滴滴应市场需求而面世，个性化、多样化的"互联网＋"模式逐渐成为主流。

请分析 Uber 和滴滴是如何运用"互联网＋"来改造自己的产品的

参考答案：

Uber 起家于"互联网＋交通"，所依赖的就是创新性地提出了共享经济，一方面充分利用闲置的车辆资源和驾驶资源，另一方面则充分利用了无车用户对费用敏感的细分市场需求，通过共享来减少上路车辆，并降低社会出行总成本。通过基础设施、运输工具、运行信息等互联网化，推进基于互联网平台的便捷化交通运输服务发展，显著提高交通运输资源利用效率和管理精细化水平，全面提升交通运输行业服务品质和科学治理能力。

（1）提升交通运输服务品质。推动交通运输主管部门和企业将服务性数据资源向社会开放，鼓励互联网平台为社会公众提供实时交通运行状态查询、出行路线规划、网上购票、智能停车等服务，推进基于互联网平台的多种出行方式信息服务对接和一站式服务。加快完善汽车健康档案、维修诊断和服务质量信息服务平台建设。

（2）推进交通运输资源在线集成。利用物联网、移动互联网等技术，进一步加强对公路、铁路、民航、港口等交通运输网络关键设施运行状态与通行信息的采集。推动跨地域、跨类型交通运输信息互联互通，推广船联网、车联网等智能化技术应用，形成更加完善的交通运输感知体系，提高基础设施、运输工具、运行信息等要素资源的在线化水平，全面支撑故障预警、运行维护及调度智能化。

（3）增强交通运输科学治理能力。强化交通运输信息共享，利用大数据平台挖掘分析人口迁徙规律、公众出行需求、枢纽客流规模、车辆船舶行驶特征等，为优化交通运输设施规划与建设、安全运行控制、交通运输管理决策提供支撑。利用互联网加强对交通运输违章违规行为的智能化监管，不断提高交通运输治理能力。

44．摩拜单车成立于 2015 年，2017 年 4 月 13 日晚上 23:52:18，摩拜单车当日第 2000 万个订单诞生。在这一秒钟内，共有北上广深及海外城市新加坡的 31 位用户骑行摩拜单车，共同完成了这一了不起的成就。为了庆祝这一重大时刻，摩拜向所有 31 位幸运用户送出了每人 2000 元红包（或等值礼物）。这一数据的诞生，意味着摩拜进入了"日订单 2000 万"时代，也正式成为全球第一大互联网出行平台。

请分析摩拜单车运用"互联网＋"解决了该行业的哪些痛点及核心优势是什么？

参考答案：

通过基础设施、运输工具、运行信息等互联网化，推进基于互联网平台的便捷化交通运输服务发展，显著提高交通运输资源利用效率和管理精细化水平，全面提升交通运输行业服务品质和科学治理能力。

（1）提升交通运输服务品质。推动交通运输主管部门和企业将服务性数据资源向社会开放，鼓励互联网平台为社会公众提供实时交通运行状态查询、出行路线规划、网上购票、智能停车等服务，推进基于互联网平台的多种出行方式信息服务对接和一站式服务。加快完善汽车健康档案、维修诊断和服务质量信息服务平台建设。

（2）推进交通运输资源在线集成。利用物联网、移动互联网等技术，进一步加强对公路、铁路、民航、港口等交通运输网络关键设施运行状态与通行信息的采集。推动跨地域、跨类型交通运输信息互联互通，推广船联网、车联网等智能化技术应用，形成更加完善的交通运输感知体系，提高基础设施、运输工具、运行信息等要素资源的在线化水平，全面支撑故障预警、运行维护及调度智能化。

（3）增强交通运输科学治理能力。强化交通运输信息共享，利用大数据平台挖掘分析人口迁徙规律、公众出行需求、枢纽客流规模、车辆船舶行驶特征等，为优化交通运输设施规划与建设、安全运行控制、交通运输管理决策提供支撑。利用互联网加强对交通运输违章违规行为的智能化监管，不断提高交通运输治理能力。

1）解决了该行业的痛点：①有效缓解城市交通拥堵。摩拜单车成为短途通勤的第一选择，减少机动车的短途行驶；②实现节能减排，使空气更清洁；③节约城市道路资源与土地资源，共享单车以共享的模式在提高单个自行车使用效率的同时，长远来看还可以节约闲置、废弃私人自行车长期停放占用的城市土地资源；此外，自行车所需的停车位只有机动车的 1/10，以鼓励共享单车发展替代部分小汽车的使用，可以节约城市停车场所占用的空间；④推动自行车道与机动车道、人行道在城市交通体系内的更科学合理规划；⑤解决"最后一公里"，不仅为百姓提供了便宜、便捷、可靠的出行方式，在公共交通基本停止的凌晨仍能为人们提供经济的出行选择，同时客观上打击了城市中仍然存在的非法"黑摩的"和"黑车"，为城市良好秩序助力；⑥倡导一种更为健康、绿色、低碳的生活方式，带动更多人身体力行地参与到美好城市和家乡的建设中，共同建设和谐社区、和谐社会。

2）核心优势：①智能单车：扫码开锁，摩拜单车配有集成 GPS、通信模块和新一代物联网技术的自主研发的智能锁，通过创新科技解决了传统有桩公共自行车的取还对建设停车桩的依赖，使用更便捷；团队潜心设计开发的摩拜单车，主材使用了不会生锈的航空铝、以轴传动和碟刹取代链条——不会掉链子，以实心胎代替充气胎——不会爆胎，从而实现 4 年免维护，车体主结构生命周期可达 8 年；②物联网运营：车辆管理运营精准高效；每台摩拜单车都配有 GPS，发生问题时，可以很容易根据定位找到车辆，并针对实际情况进行高效的管理和维护（若缺乏 GPS 定位，则车辆很容易散落在城市中成为社会负担和垃圾）；通过大数据分析，可为城市规划和交通规划提供有价值的数据参考依据；③信用分＋实名制：出行用车更文明，推动城市文明。摩拜所有用户实名认证，注册时需要填写手机号码和身份证号码。为引导用户使用完成后将单车停放在路边规范停车区域，摩拜首创信用分制度，鼓励用户对违规停进小区、车库，以及不文明停车的用户监督，拍照举报并经核实后可获奖励信用积分，而被举报违停的用户将可能被惩罚以昂贵的单价使用摩拜，通过信用制度和奖惩分明来教育和培养用户文明用车、规范停车习惯。

45. 中农网购（江苏）电子商务有限公司于 2014 年 11 月注册登记，注册资本金 1000 万元。公司运营的蜻蜓农服电子商务平台由蜻蜓农服网、微信和 APP 组成，定位为"产品＋技术＋服务＋互联网"的一站式农业服务平台。以农业规划策划、农资解决方案、农资交易、无人机喷洒农药、农技咨询等服务为主要特色。通过近三年的运营，农业服务企业、农技专家、农业创客快速集聚，初步形成了"载体—平台—应用"的农业服务功能体系。平台提供的农业类服务包括农业文化创意、农业规划、智能喷洒、视频诊断、农业物联网、土壤修复、品牌农资、农产品营销服务等。公司累计投入 1300 余万元，组建团队、建设网上商城、农业大数据管理系统、质量可溯源信息系统，并购置农机、检测等设备，建设蜻蜓农服线下服务中心（站）、示范田和示范大棚。在创建蜻蜓农服智能喷洒服务平台、蜻蜓国际站、蜻蜓作物健康服务中心等基础上，努力打造国际知名、国内一流、富有农业特色的服务电商平台和数据资源聚集地，为农业"互联网＋"探索新路，积极推动由"一锤子"买卖向"产品＋技术＋服务"的一条龙模式的转型。

请分析蜻蜓农服电子商务平台如何将"互联网＋农业"运用到农业经济发展中去。

参考答案：

巩固和增强我国电子商务发展领先优势，大力发展农村电商、行业电商和跨境电商，进一步扩大电子商务发展空间。电子商务与其他产业的融合不断深化，网络化生产、流通、消费更加普及，标准规范、公共服务等支撑环境基本完善。

（1）以互联网化提升实现技术创新。

（2）以利益共享实现商业模式创新。

（3）以融合发展实现服务创新。

（4）以发展平台经济实现机制创新。

46.“基于云计算的智能电网在线分析系统”成果由中国电力科学研究院牵头负责完成，实现了云计算技术与智能电网调度控制技术的集成创新，已应用于福建电网调控云中心和中国电力科学研究院调度自动化云服务中心，支持一省多地调控数据一体化协调管理，提供了可动态扩展、开放、共享的开发、运行和测试环境，实现了软硬件资源的动态回收复用与绿色可持续发展。成果充分体现了“创新、协调、绿色、开放、共享”的发展理念，为“互联网＋”信息化和电力工业化的创新融合发展提供了典范，是电力科技创新前沿领地“互联网＋”行动的典型案例。

请分析如何运用云计算技术开发智能电网在线分析系统？

参考答案：

（1）结合电力系统特点、智能电网在线分析计算的重大需求和云计算最新技术，中国电力科学研究院在 2011 年便将云计算等互联网新兴技术率先引入电力调度领域，牵头研制了基于云计算技术的智能电网在线分析系统，并于 2013 年在国内最先将电网调控云备用系统工程成功落地实施。通过引入云计算技术驱动系统创新升级，智能电网在线分析系统采用“物理分布、逻辑集中”的方法，构建基于云计算和广域调度数据网络的智能电网在线分析框架，设计可按需定制的基础设施、平台和应用三个层次在线云服务，全面提升了面向在线分析计算的一体化协调控制能力、信息化支撑能力及全局资源共享能力，占领了“互联网＋智慧能源”创新制高点，引领了电网调控技术的发展。

（2）成果将云计算、大数据等先进信息技术和理念应用于电力工业，为将来构建电力调控大数据奠定了技术基础，形成“互联网＋智慧能源”的电力发展新模式，为促进能源生产与消费智能化奠定了理论和实践基础，为“互联网＋”和电力工业的创新融合发展提供了全新思路和有益借鉴，提升了我国在智能电网核心技术的竞争力与影响力。

（3）驱动“互联网＋智慧能源”持续发展。“基于云计算的智能电网在线分析系统”通过将云计算、大数据等先进信息技术和智能电网调度控制技术持续融合创新，搭建“物理分布、逻辑统一”的调控云支撑平台，实现对特高压智能混联、多级多区多元能源调度大电网的一体化分析与协调调度控制，支持软硬件资源的动态循环复用与绿色持续发展，基于网络开放架构支持智能电网设备单元、新能源及储能新型单元、数据单元的可信接入，实现软件、硬件、数据、服务的全局共享。中国电科院基于调控云平台搭建大数据中心，通过对调控大数据的在线分析挖掘，持续不断提升数据资源的价值与系统的智能化水平；坚持“创新、协调、绿色、开放、共享”的发展理念，借力“互联网＋智慧能源”，打造智能电网调控大数据平台，有力支撑智能电网调度控制和能源生产消费革命。

（4）运用“互联网＋”思维，将成果运用在中国电科院电力调度自动化实验室，构建集资源、平台、应用、数据、服务于一体的云服务中心，通过虚拟资源弹性管理技术，快速生成和动态分配开发、运行和检测环境，为电力调度自动化技术研究和系统检测提供低成本优质服务。同时，依托实验室提供开放交流环境，该成果可为其他网省公司提供调度自动化应用、科研咨询和检测运维共享服务；通过技术创新带来服务模式的创新，也有力支持后续创新能力的提升，促进自身的转型升级。

47．从第十二届中国国际中小企业博览会新闻发布会上得来的数据显示，截至 2015 年 4 月份，国内小微企业的数量已有 6666 万之多，占企业总数的 99%，但是它们中只有少数能从银行机构贷得了款。小微企业在融资时面临资金供求关系的紧张，这为网络小贷的成功提供了动力。网络小贷是互联网企业通过其控制的小额贷款公司，向旗下电子商务上的平台客户提供小额信用贷款的金融服务。因其贷款额度小、贷款期限灵活、无须抵押担保等特点，成功破解了小微企业贷款难的问题。阿里小贷是国内网络借贷领域的典型。阿里小贷，针对 B2B 平台，为阿里巴巴上的企业客户提供信用贷款。

请分析阿里小贷如何利用互联网金融创新服务模式。

参考答案：

促进互联网金融健康发展，全面提升互联网金融服务能力和普惠水平，鼓励互联网与银行、证券、保险、基金的融合创新，为大众提供丰富、安全、便捷的金融产品和服务，更好满足不同层次实体经济的投融资需求，培育一批具有行业影响力的互联网金融创新型企业（人民银行、银监会、证监会、保监会、发展改革委、工业和信息化部、网信办等负责）。

（1）探索推进互联网金融云服务平台建设。探索互联网企业构建互联网金融云服务平台。在保证技术成熟和业务安全的基础上，支持金融企业与云计算技术提供商合作开展金融公共云服务，提供多样化、个性化、精准化的金融产品。支持银行、证券、保险企业稳妥实施系统架构转型，鼓励探索利用云服务平台开展金融核心业务，提供基于金融云服务平台的信用、认证、接口等公共服务。

（2）鼓励金融机构利用互联网拓宽服务覆盖面。鼓励各金融机构利用云计算、移动互联网、大数据等技术手段，加快金融产品和服务创新，在更广泛地区提供便利的存贷款、支付结算、信用中介平台等金融服务，拓宽普惠金融服务范围，为实体经济发展提供有效支撑。支持金融机构和互联网企业依法合规开展网络借贷、网络证券、网络保险、互联网基金销售等业务。扩大专业互联网保险公司试点，充分发挥保险业在防范互联网金融风险中的作用。推动金融集成电路卡（IC 卡）全面应用，提升电子现金的使用率和便捷性。发挥移动金融安全可信公共服务平台（MTPS）的作用，积极推动商业银行开展移动金融创新应用，促进移动金融在电子商务、公共服务等领域的规模应用。支持银行业金融机构借助互联网技术发展消费信贷业务，支持金融租赁公司利用互联网技术开展金融租赁业务。

（3）积极拓展互联网金融服务创新的深度和广度。鼓励互联网企业依法合规提供创新金融产品和服务，更好满足中小微企业、创新型企业和个人的投融资需求。规范发展网络借贷和互联网消费信贷业务，探索互联网金融服务创新。积极引导风险投资基金、私募股权投资基金和产业投资基金投资于互联网金融企业。利用大数据发展市场化个人征信业务，加快网络征信和信用评价体系建设。加强互联网金融消费权益保护和投资者保护，建立多元化金融消费纠纷解决机制。改进和完善互联网金融监管，提高金融服务安全性，有效防范互联网金融风险及其外溢效应。

48．以互联网为依托的健康教育、医疗信息查询、电子健康档案、电子处方、远程医疗和康复等多种形式的医疗健康服务，正悄然改变着传统医疗服务模式。有数据显示，我国移动医疗市场未来将保持高速发展，至 2017 年市场规模有望达 200 亿元，未来三年年复合增长率超过 80%。2015 年 7 月初，《国务院关于积极推进"互联网＋"行动的指导意见》出台，提出加快发展基于互联网的医疗、健康等新兴服务；鼓励医药行业利用电子商务平台优化采购、分销体系，提升企业经营效率。从 2012 年 7 月开始推行"分时段预约诊疗"、市民卡"诊间结算"到目前，杭州"互联网＋智慧医疗"推进已超过 4 年。通过借助大数据、物联网技术，以及微信、APP、挂号网等载体，形成医疗智慧化建设，打破"信息孤岛"，助推实现医疗信息、资源共享。

请分析我们可以如何运用"互联网＋"元素完成"互联网＋智慧医疗"的谋篇布局？

参考答案：

（1）推广在线医疗卫生新模式。发展基于互联网的医疗卫生服务，支持第三方机构构建医学影像、健康档案、检验报告、电子病历等医疗信息共享服务平台，逐步建立跨医院的医疗数据共享交换标准体系。积极利用移动互联网提供在线预约诊疗、候诊提醒、划价缴费、诊疗报告查询、药品配送等便捷服务。引导医疗机构面向中小城市和农村地区开展基层检查、上级诊断等远程医疗服务。

（2）鼓励互联网企业与医疗机构合作建立医疗网络信息平台，加强区域医疗卫生服务资源整合，充分利用互联网、大数据等手段，提高重大疾病和突发公共卫生事件防控能力。积极探索互联网延伸医嘱、电子处方等网络医疗健康服务应用。鼓励有资质的医学检验机构、医疗服务机构联合互联网企业，发展基因检测、疾病预防等健康服务模式。

（3）建立医院统一 APP，在移动端提供了十多项功能服务：预约挂号、报告及费用查询、医信付、排队叫号、医院导航、门诊排班、医院简介、智慧药房、健康百科、智能分诊、医疗资讯等服务。

（4）建立分级诊疗体系并通过互联网技术打破"信息孤岛"。实现分级诊疗的一个重要条件是患者信息共享，只有让医务人员及时了解患者的健康、诊疗、用药情况，全程跟踪病人的健康信息，为患者提供连续的整合医疗服务，才能实现基层首诊、双向转诊、上下联动的分级诊疗体系，最终实现社会医疗服务效率的提升。

49．租房是大部分离家打拼的年轻人初期都要面临的一个问题，而目前传统的房屋租赁市场状况显然不能令人满意，相信在北京租过房子的人对此都有共鸣。问题越多的传统行业对于"互联网＋"来说越是机会，近来众多长租公寓品牌迭出，已经让传统房屋租赁行业感受到了互联网企业逼近的脚步。

"相寓""途家""青客公寓""魔方公寓""YOU＋"等长租公寓品牌迭出，一时间长租公寓成为房屋中介、业主和租客关注的共同焦点。不过，在"互联网＋"深度变革传统行业的趋势下，仅是推出结合了互联网模式的长租公寓尚不能让传统房地产经纪行业实现彻头彻尾的变革。新兴的长租公寓品牌已经开始考虑彻底解决以往房屋租赁市场顽疾：租客的弱者地位。新型的长租公寓品牌以"租房＋互联网金融""租房＋全方位生活服务"来重新定义高品质租房生活。

请分析"互联网＋租房"如何颠覆传统住房租赁模式？

参考答案：

（1）发展便民服务新业态。发展体验经济，支持实体零售商综合利用网上商店、移动支付、智能试衣等新技术，打造体验式购物模式。发展社区经济，在餐饮、娱乐、家政等领域培育线上线下结合的社区服务新模式。发展共享经济，规范发展网络约租车，积极推广在线租房等新业态，着力破除准入门槛高、服务规范难、个人征信缺失等瓶颈制约。发展基于互联网的文化、媒体和旅游等服务，培育形式多样的新型业态。积极推广基于移动互联网入口的城市服务，开展网上社保办理、个人社保权益查询、跨地区医保结算等互联网应用，让老百姓足不出户享受便捷高效的服务。

（2）在传统的租赁模式中，业主只是定期"收租"，租客则往往被押一付三、押二付三、季付、年付等规则所困扰。而"互联网＋租房"的模式充分利用目前先进的互联网、移动互联网技术、智能科技、金融资本和社交媒体等，意图打造的是一个能够融合更多金融类和生活类资源的房屋资产管理云服务平台，使租客和业主享受增值服务。

（3）"互联网＋租房"产品除了从硬件设施到软件配置，提供舒适的、时尚个性化的、科技智能的、充满人性的居住体验外，还给予租客更大的基于信用的金融支持。对此，很多平台开始和阿里芝麻信用深度合作，推出信用租房，通过租客个人的芝麻信用分而给予租客不同的租房特权服务，帮助信用良好的租客实现押金减免、房租月付、先住后付等特权服务，从而帮助租客减轻付款压力、增长自身信用，享受更多优惠。

（4）带有互联网基因的长租公寓项目大多除提供统一装修、统一配备设备、统一服务外，还针对居住拆分了舒适、安全、智能、个性、绿色、健康等方向。例如，在智能方面体现的互联网元素最为突出，租客可以使用密码开锁、APP开锁、持卡开锁、身份证开锁、远程开锁、钥匙开锁等众多的开锁方式，还有智能灯及其他智能家居产品。从目前互联网长租公寓项目来看，已然不是传统意识里的租房，而是与酒店式公寓管理模式、智能家居、定制化居住、租客社区化和互动化进行了充分的融合。租客在这种融合中享受到个性化、人性化的居住体验。

（5）带有互联网基因的房屋租赁金融服务也立刻显身。例如，互联网金融生活服务平台租霸就是如此。这个平台从资金源头出发，帮助用户解决房租资金来源问题，这些平台具有用户申请方便、放款快等特点。用户可选择按月还款的方式进行偿还，非常贴合年轻态群体的需求现状。从而既解决了用户无资金付房租的问题，又能让用户享受月付的便捷，双重缓解房租压力。

50．2017年，互联网教育市场规模将突破千亿美元，如此庞大的市场蛋糕，不仅吸引了越来越多的资本介入，不少其他行业的从业者也进军或计划进军教育市场。

对于互联网教育从业者来说，如何更好地运用互联网？互联网教育哪些模式是未来发展趋势？

参考答案：

（1）探索新型教育服务供给方式。鼓励互联网企业与社会教育机构根据市场需求开发数字教育资源，提供网络化教育服务。鼓励学校利用数字教育资源及教育服务平台，逐步探索网络化教育新模式，扩大优质教育资源覆盖面，促进教育公平。鼓励学校通过与互联网企业合作等方式，对接线上线下教育资源，探索基础教育、职业教育等教育公共服务提供新方式。推动开展学历教育在线课程资源共享，推广大规模在线开放课程等网络学习模式，探索建立网络学习学分认定与学分转换等制度，加快推动高等教育服务模式变革。互联网教育的发展，打破了传统教育模式对教育的束缚，知识共享、创造知识，优质的教育资源正得到极大程度的充实和丰富，这些资源通过互联网连接在一起，使人们随时随地获取想要的学习资源，知识的获取效率得到了有效的提升，而获取成本却大幅降低。

（2）随着互联网教育的快速发展，适应互联网教育的创新模式层出不穷，就当前的互联网教育来说，大致可分为录播模式、直播模式、线上一对一等，录播模式是最早的互联网教育形态，这种模式的教育企业依托于比较有名的公立或民办的线下教育实体，挑选优秀老师，将他们的课程录制放到网上售卖，如北京四中网校、黄冈网校、新东方在线等。录播模式的最大优势是可以后期制作，使讲授的呈现效果更好或更具特色，如乐学高考、洋葱数学等。缺点是学生没有参与感，也没有任何的课后服务，而教育的本质是沟通，而非灌输，学生体验不好。直播模式是当前"互联网＋教育"的主流在线教育模式，以直播的形式和学生进行交互，学生的情绪会被老师调动，课程结束后，开放的提问环节可针对学生的问题进行集中高效的问答，师生之间互动性强，容易勾起学生的求知欲。进一步细分的话，直播课程可以分为 B2C 模式和 C2C 模式。B2C 模式如新东方在线、学而思网校、海边直播等，一般的线下机构发展在线教育会采用此种模式；C2C 模式如 YY、猿辅导等，一般是纯粹互联网出身的在线教育公司的选择方案。线上一对一模式虽然比线下一对一体验差，但相比直播课程来说，在线一对一的竞争对手档次要低很多。在线一对一能够实现短期工资增长，对于三四线城市来说，在线一对一刚需，还通过低价创造了一个增量的市场，相对于 O2O 家教来说，在线一对一最大的优势是提高了效率，老师或学生不用跑来跑去。缺点是，真正的好老师不会去带一对一，家长为了提高分数报名在线一对一课程。此外，有些平台通过培训、监督等手段来保证平台老师的教学质量，从而收取更高的价格。

（3）从课程形式来看，互联网教育还可以分为 VR 课堂、平板教学等形式，这种新型的课程模式能调动学生学习的积极性，未来，互联网教育不仅是内容形式上的变革，更是传统教育的颠覆，将教育的更多可能带到我们身边。

51．2016 年 7 月 20 日，国务院召开常务会议，提出推进"互联网＋物流"，"既是发展新经济，又能提升传统经济"，因而要适度扩大总需求，推进供给侧结构性改革。随后，国家发展改革委 7 月 29 日也发布了《"互联网＋"高效物流实施意见》，以推动大数据、云计算、物联网等先进信息技术与物流活动的深度融合，提高全社会物流质量、效率和安全水平。中国的经济总量已位居全球第二，但中国的物流业却远落后于全球物流业。以物流成本所占 GDP 的比重来比较，2015 年中国物流成本所占 GDP 的比重高达16.0%，远高于发达国家的 8%，甚至比同样处于发展中国家、交通条件极度落后的印度还高 5 个百分点。由此可见，我国物流综合效率还处于整体低下水平，其中的关键在于物流的网络化、规模化、一体化、协同化、标准化和信息化的缺失。

试分析，我们该如何运用"互联网＋"推进高效物流？

参考答案：

（1）加快建设跨行业、跨区域的物流信息服务平台，提高物流供需信息对接和使用效率。鼓励大数据、云计算在物流领域的应用，建设智能仓储体系，优化物流运作流程，提升物流仓储的自动化、智能化水平和运转效率，降低物流成本（发展改革委、商务部、交通运输部、网信办等负责）。

（2）构建物流信息共享互通体系。发挥互联网信息集聚优势，聚合各类物流信息资源，鼓励骨干物流企业和第三方机构搭建面向社会的物流信息服务平台，整合仓储、运输和配送信息，开展物流全程监测、预警，提高物流安全、环保和诚信水平，统筹优化社会物流资源配置。构建互通省际、下达市县、兼顾乡村的物流信息互联网络，建立各类可开放数据的对接机制，加快完善物流信息交换开放标准体系，在更广范围促进物流信息充分共享与互联互通。

（3）建设深度感知智能仓储系统。在各级仓储单元积极推广应用二维码、无线射频识别等物联网感知技术和大数据技术，实现仓储设施与货物的实时跟踪、网络化管理及库存信息的高度共享，提高货物调度效率。鼓励应用智能化物流装备提升仓储、运输、分拣、包装等作业效率，提高各类复杂订单的出货处理能力，缓解货物囤积停滞瓶颈制约，提升仓储运管水平和效率。

（4）完善智能物流配送调配体系。加快推进货运车联网与物流园区、仓储设施、配送网点等信息互联，促进人员、货源、车源等信息高效匹配，有效降低货车空驶率，提高配送效率。鼓励发展社区自提柜、冷链储藏柜、代收服务点等新型社区化配送模式，结合构建物流信息互联网络，加快推进县到村的物流配送网络和村级配送网点建设，解决物流配送"最后一公里"问题。

52. 中国互联网络信息中心发布的第 39 次《中国互联网络发展状况统计报告》表明，中国"互联网＋"的发展态势令人瞩目。其中，政府应用篇披露的数据表明，国务院倡导的"互联网＋政务服务"得到大力发展。但是，如何让在线政务服务"叫好又叫座"？尽管在线政务服务的供给侧发展迅猛，但是需求端却增长乏力。报告显示，截至2016 年 12 月，全国共有".gov.cn"域名 53 546 个，政务微博 164 522 个，政务头条号34 083 个。在线政务服务的覆盖面、活跃度和影响力都得到了极大释放。中国在线政务服务用户规模达到 2.39 亿，占总体网民的 32.7%。这个人数和比例看似不错，但是占全国总人口的比例仍然很少。

请分析如何让在线政务服务既"叫好"又"叫座"？

参考答案：

（1）要进一步创新在线政务服务，使其更加简便、透明、高效，令民众能用、想用甚至爱不释手。目前特别需要政府部门花大力气解决的问题是许多门户网站、政务微博和微信公众号的更新不够及时，功能不够完善，反响一般。因此需要创新在线政务服务，使其各项功能更贴近用户需求，使民众能够及时便捷地获得需要的信息资源和服务功能。

（2）特别需要加强跨地区、跨部门和跨层级的数据互通和信息互联，使人们"少跑腿"和少费事，并增强公共服务的获得感。目前在线政务服务的发展极不平衡，不同地区、层级、部门和领域之间的差异悬殊，亟待弥合日趋拉大的数字鸿沟。公安、司法、旅游、交通、团委等部门发展较好，而同民众生活最密切的市政、医疗、教育等领域仍需加强。与发展较快的省市级在线政务服务相比，县乡级发展较差。许多政务服务都涉及跨地区、跨部门和跨层级的信息交换，如果不能实现信息互通，就很难令民众满意。

（3）要进一步推动公众参与，并加强政府与社会资本合作。民众是在线政务服务的客户，对其存在的问题和不足最有发言权。应鼓励民众参与在线政务服务的设计和体验，使民众同政府合作完善相关功能。一些互联网企业推出的微博、微信和手机应用端等公众平台，具有很强的衍生性和拓展力。政府部门应"借力"和"嫁接"这些平台，推动政务服务在"两微一端"得到最大程度的应用，大可不必另起炉灶或推倒重来。

（4）亟须加强网络安全，为"互联网＋政务服务"保驾护航。公民在使用在线政务服务时需要披露许多个人隐私，并涉及金融财产安全问题。如果无法为网民提供安全可靠的互联网环境，就很难期望在线政务服务得到更大发展。

53．随着微信、微博、支付宝等平台的政务功能逐步显现，民众生活也正悄然发生着改变。依托政务微博，许多信息可以直达民众，互动沟通不再困难。而交通违法缴罚、缴纳水电费等过去许多需要费尽周折办理的事情，现在通过支付宝就可以轻松解决。支付宝页面中的"城市服务"板块，其中包含了"车主、医疗、政务、交通、综合"5 大类，基本涵盖了生活中的各种问题，精准直击民众生活中的各个"痛点"。

请分析未来"互联网＋政务服务"的发展如何在"广度"和"深度"上同时发力？

参考答案：

（1）优化再造政务服务。

1）规范网上服务事项。各省（区、市）人民政府、国务院各部门要依据法定职能全面梳理行政机关、公共企事业单位直接面向社会公众提供的具体办事服务事项，编制政务服务事项目录，2017 年底前通过本级政府门户网站集中公开发布，并实时更新、动态管理。实行政务服务事项编码管理，规范事项名称、条件、材料、流程、时限等，逐步做到"同一事项、同一标准、同一编码"，为实现信息共享和业务协同，提供无差异、均等化政务服务奠定基础。

2）优化网上服务流程。优化简化服务事项网上申请、受理、审查、决定、送达等流程，缩短办理时限，降低企业和群众办事成本。凡是能通过网络共享复用的材料，不得要求企业和群众重复提交；凡是能通过网络核验的信息，不得要求其他单位重复提供；凡是能实现网上办理的事项，不得要求必须到现场办理。推进办事材料目录化、标准化、电子化，开展在线填报、在线提交和在线审查。建立网上预审机制，及时推送预审结果，对需要补正的材料一次性告知；积极推动电子证照、电子公文、电子签章等在政务服务中的应用，开展网上验证核对，避免重复提交材料和循环证明。涉及多个部门的事项实行一口受理、网上运转、并行办理、限时办结。建立公众参与机制，鼓励引导群众分享办事经验，开展满意度评价，不断研究改进工作。各级政府及其部门都要畅通互联网沟通渠道，充分了解社情民意，针对涉及公共利益等热点问题，积极有效应对，深入解读政策，及时回应关切，提升政府公信力和治理能力。

3）推进服务事项网上办理。凡与企业注册登记、年度报告、变更注销、项目投资、生产经营、商标专利、资质认定、税费办理、安全生产等密切相关的服务事项，以及与居民教育医疗、户籍户政、社会保障、劳动就业、住房保障等密切相关的服务事项，都要推行网上受理、网上办理、网上反馈，做到政务服务事项"应上尽上、全程在线"。

4）创新网上服务模式。加快政务信息资源互认共享，推动服务事项跨地区远程办理、跨层级联动办理、跨部门协同办理，逐步形成全国一体化服务体系。开展政务服务大数据分析，把握和预判公众办事需求，提供智能化、个性化服务，变被动服务为主动服务。引入社会力量，积极利用第三方平台，开展预约查询、证照寄送，以及在线支付等服务；依法有序开放网上政务服务资源和数据，鼓励公众、企业和社会机构开发利用，提供多样化、创新性的便民服务。

5）全面公开服务信息。各地区各部门要在政府门户网站和实体政务大厅，集中全面公开与政务服务事项相关的法律法规、政策文件、通知公告、办事指南、审查细则、常见问题、监督举报方式和网上可办理程度，以及行政审批涉及的中介服务事项清单、机构名录等信息，并实行动态调整，确保线上线下信息内容准确一致。规范和完善办事指南，列明依据条件、流程时限、收费标准、注意事项等；明确需提交材料的名称、依据、格式、份数、签名签章等要求，并提供规范表格、填写说明和示范文本。除办事指南明确的条件外，不得自行增加办事要求。

（2）融合升级平台渠道。

1）规范网上政务服务平台建设。各省（区、市）人民政府、国务院有关部门要依托政府门户网站，整合本地区本部门政务服务资源与数据，加快构建权威、便捷的一体化互联网政务服务平台，提供一站式服务，避免重复分散建设；已经单独建设的，应尽快与政府门户网站前端整合。中央政府门户网站是全国政务服务的总门户，各地区各部门网上政务服务平台要主动做好对接，形成统一的服务入口。推进政府部门各业务系统与政务服务平台的互联互通，加强平台间对接联动，统一身份认证，按需共享数据，做到"单点登录、全网通办"。建立健全政务服务平台电子监察系统，实现全部事项全流程动态监督。利用统一的政务服务资源，积极推进平台服务向移动端、自助终端、热线电话等延伸，为企业和群众提供多样便捷的办事渠道。

2）推进实体政务大厅与网上服务平台融合发展。适应"互联网＋政务服务"发展需要，进一步提升实体政务大厅服务能力，加快与网上服务平台融合，形成线上线下功能互补、相辅相成的政务服务新模式。推进实体政务大厅向网上延伸，整合业务系统，统筹服务资源，统一服务标准，做到无缝衔接、合一通办。完善配套设施，推动政务服务事项和审批办理职权全部进驻实体政务大厅，实行集中办理、一站式办结，切实解决企业和群众办事在政务大厅与部门之间来回跑腿的问题。实体政务大厅管理机构要加强对单位进驻、事项办理、流程优化、网上运行的监督管理，推进政务服务阳光规范运行。

3）推动基层服务网点与网上服务平台无缝对接。乡镇（街道）政务服务中心和村（社区）便民服务点直接服务基层群众，要充分利用共享的网上政务服务资源，贴近需求做好政策咨询和办事服务，重点围绕劳动就业、社会保险、社会救助、扶贫脱贫等领域，开展上门办理、免费代办等，为群众提供便捷的综合服务。加快将网上政务服务向老少边穷岛等边远贫困地区延伸，实现"互联网＋政务服务"基层全覆盖。

（3）夯实支撑基础。

1）推进政务信息共享。国家发展改革委牵头整合构建统一的数据共享交换平台体系，贯彻执行《政务信息资源共享管理暂行办法》，打通数据壁垒，实现各部门、各层级数据信息互联互通、充分共享，尤其要加快推进人口、法人、空间地理、社会信用等基础信息库互联互通，建设电子证照库和统一身份认证体系。国务院各部门要加快整合面向公众服务的业务系统，梳理编制网上政务服务信息共享目录，尽快向各省（区、市）网上政务服务平台按需开放业务系统实时数据接口，支撑政务信息资源跨地区、跨层级、跨部门互认共享。切实抓好信息惠民试点工作，2017年底前，在80个信息惠民国家试点城市间初步实现政务服务"一号申请、一窗受理、一网通办"，形成可复制、可推广的经验，逐步向全国推行。

2）加快新型智慧城市建设。创新应用互联网、物联网、云计算和大数据等技术，加强统筹，注重实效，分级分类推进新型智慧城市建设，打造透明高效的服务型政府。汇聚城市人口、建筑、街道、管网、环境、交通等数据信息，建立大数据辅助决策的城市治理新方式。构建多元普惠的民生信息服务体系，在教育文化、医疗卫生、社会保障等领域，积极发展民生服务智慧应用，向城市居民、农民工及其随迁家属提供更加方便、及时、高效的公共服务。提升电力、燃气、交通、水务、物流等公用基础设施智能化水平，实行精细化运行管理。做好分级分类新型智慧城市试点示范工作，及时评估工作成效，发挥创新引领作用。

3）建立健全制度标准规范。加快清理修订不适应"互联网＋政务服务"的法律法规和有关规定，制定完善相关管理制度和服务规范，明确电子证照、电子公文、电子签章等的法律效力，着力解决"服务流程合法依规、群众办事困难重重"等问题。国务院办公厅组织编制国家"互联网＋政务服务"技术体系建设指南，明确平台架构，以及电子证照、统一身份认证、政务云、大数据应用等标准规范。

4）完善网络基础设施。建设高速畅通、覆盖城乡、质优价廉、服务便捷的网络基础设施。将通信基础设施建设纳入地方城乡规划，实现所有设区城市光纤网络全覆盖，推进农村地区行政村光纤通达和升级改造。提升骨干网络容量和网间互通能力，大幅降低上网资费水平。尽快建成一批光网城市，第四代移动通信（4G）网络全面覆盖城市和乡村，80%以上的行政村实现光纤到村。充分依托现有网络资源，推动政务云集约化建设，为网上政务服务提供支撑和保障。

5）加强网络和信息安全保护。按照国家信息安全等级保护制度要求，加强各级政府网站信息安全建设，健全"互联网＋政务服务"安全保障体系。明确政务服务各平台、各系统的安全责任，开展等级保护定级备案、等级测评等工作，建立各方协同配合的信息安全防范、监测、通报、响应和处置机制。加强对电子证照、统一身份认证、网上支付等重要系统和关键环节的安全监控。提高各平台、各系统的安全防护能力，查补安全漏洞，做好容灾备份。建立健全保密审查制度，加大对涉及国家秘密、商业秘密、个人隐私等重要数据的保护力度，提升信息安全支撑保障水平和风险防范能力。

54．北京邮政通过腾讯的地址解析服务，做到了有效提升邮政服务的地址匹配率，从 90%提升到 96%。6%的效率提升使仅在北京人工干涉的包裹数量，就从每日 5000 单迅速下降到 1000 单。包裹的退转率，也从 8%降到 6%。仅仅是一个地址解析服务，就让北京邮政的工作效率发生这么大变化。

请分析北京邮政如何通过"互联网＋"提高配送效率？

参考答案：

（1）构建物流信息共享互通体系。发挥互联网信息集聚优势，聚合各类物流信息资源，鼓励骨干物流企业和第三方机构搭建面向社会的物流信息服务平台，整合仓储、运输和配送信息，开展物流全程监测、预警，提高物流安全、环保和诚信水平，统筹优化社会物流资源配置。构建互通省际、下达市县、兼顾乡村的物流信息互联网络，建立各类可开放数据的对接机制，加快完善物流信息交换开放标准体系，在更广范围促进物流信息充分共享与互联互通。

（2）建设深度感知智能仓储系统。在各级仓储单元积极推广应用二维码、无线射频识别等物联网感知技术和大数据技术，实现仓储设施与货物的实时跟踪、网络化管理及库存信息的高度共享，提高货物调度效率。鼓励应用智能化物流装备提升仓储、运输、分拣、包装等作业效率，提高各类复杂订单的出货处理能力，缓解货物囤积停滞瓶颈制约，提升仓储运管水平和效率。

（3）完善智能物流配送调配体系。加快推进货运车联网与物流园区、仓储设施、配送网点等信息互联，促进人员、货源、车源等信息高效匹配，有效降低货车空驶率，提高配送效率。鼓励发展社区自提柜、冷链储藏柜、代收服务点等新型社区化配送模式，结合构建物流信息互联网络，加快推进县到村的物流配送网络和村级配送网点建设，解决物流配送"最后一公里"问题。

地址解析服务知识物流系统的一个浅层应用，其实让用户感知最为强烈的是微信下单。目前，包括四通一达在内的大部分物流，都支持客户在微信上直接下单，根本不需要像以前那样打电话下单或找快递员。其实操作很简单，只要关注某个物流公司的微信公号，就可以在主页面选择相应功能进行下单，用户方便物流也省心，这就是"互联网＋"为大家带来的生活服务上的便捷。如果物流企业能够从底层进行彻底的互联网化改造，效率还能大幅提升。

55．三一重工是制造业的典型代表，制造能力非常强，平均每 5min 可以生产下线一台挖掘机。但是，三一重工的商业模式并不是卖完机械就结束了，还需要为客户提供维修、故障响应、备件、库存等很多的售后服务。为了提高服务效率，三一重工与腾讯云共同搭建了一个工业互联网平台。这个平台，把全球超过 30 万台重型机械设备通过互联网连接起来，实时采集超过 1 万个参数。这样做的结果是，机械设备在任何地点任何时间出现故障，平台都能立即感知，实现了服务人员 2h 到现场、20h 解决问题的高效售后服务。

请分析三一重工如何运用"互联网＋"技术将商业模式从纯制造业转变成服务业？

参考答案：

（1）加速制造业服务化转型。鼓励制造企业利用物联网、云计算、大数据等技术，整合产品全生命周期数据，形成面向生产组织全过程的决策服务信息，为产品优化升级提供数据支撑。鼓励企业基于互联网开展故障预警、远程维护、质量诊断、远程过程优化等在线增值服务，拓展产品价值空间，实现从制造向"制造＋服务"的转型升级。

（2）三一重工不只是个生产制造机械设备的企业，商业模式已从纯制造业转变成服务业。初步做自产设备的售后服务，后期的售后服务是完全可以开放给其他商家的，专门承接行业的机械售后服务。甚至，还可以做租赁服务，买不起大型设备的施工单位，可以租赁其设备。如果钱不够但又想购买设备，只需要首付就行，三一重工可以为其提供供应链金融服务。在这样的商业模式中，服务是主体，生产制造反而成了最基础的环节。

56．京东电子发票平台自 2015 上线以来，为京东集团累计开票数亿张。大象慧云承担了该平台的运营及维护任务，为京东集团业务快速发展提供了保障，同时基于京东集团业务模式为京东提供了创新的电子发票交付方式。此举革新了京东集团业务的发票流转方式，为京东集团节省了大量的硬件、耗材成本和快递成本，使业务模式变得更加灵活。目前，消费者在京东购买商品并完成整个交易流程后，即可在京东移动端或 PC端通过点击或扫码方式领取电子发票。

请分析电子发票系统运用"互联网＋"解决了该行业的哪些痛点及核心优势？

参考答案：

（1）行业痛点。

1）信息传递烦琐：需要人工撰写/录入信息，重复劳动，易出错。

2）效率低下：受票人等待时间长，影响开票企业经营效率。

3）交付场景限制：交付受时间、地点限制，索取不便。

4）财务人员：报销单发票审核、查验、查重等一系列重复工作占用大量时间。

5）报销员工：报销单需要人工录入、电子发票需要打印、所有发票需要粘贴，占用时间。

6）税务机关：稽查步骤烦琐。报销的不便对纳税人接受电子发票造成阻碍。

（2）核心优势。

1）运用现在成熟的移动互联网技术优化发票开具时，开票企业和受票人的信息交互的流程和体验。受票人可直接在手机端自助完成发票开具并在移动端获得发票。同时和个人发票管理工具整合，优化整体发票使用体验。

2）根据目前个人在电子发票和纸质发票归集管理的痛点。运用互联网技术，为受票人提供跨平台的电子发票归集管理工具。个人可实现一个账号管理同时在 PC 端，移动端 APP，微信平台实现电子发票和纸质发票的管理。

3）当票据流转到受票企业的报销流程时，在企业原有的报销软件中嵌入报销产品，可以在填写报销单的过程中，通过调用报销产品，拉取需要报销的发票，将查验和查重通过的纸质/电子发票的结构化数据及电子发票的 PDF 文件回传到企业的报销软件中，继续原有报销流程。

57. 某医院在微信服务号上开通预约挂号、全流程缴费、检查预约、报告查询、在线问诊、诊后随访等贯穿就医全流程的便捷就医服务。2016 年 10 月该院取得了"互联网医院"的牌照，作为西南地区首家互联网医院，建立"微信智慧医院"平台、运营及智慧医院的深度创新服务探索。通过"互联网＋智慧医院"提升了医院内部管理效率；弥平医疗资源的鸿沟，有效推进优质医疗资源向基层延伸发展。

简述"互联网＋智慧医院"如何为患者提供优质的医疗服务。

参考答案：

（1）充分运用互联网、大数据、云计算等技术手段，构建"互联网＋智慧医院"平台，整合医院各类服务事项和业务办理等信息。

（2）通过网上大厅、办事窗口、移动客户端、自助终端等多种形式，结合第三方平台，为医患人员提供一站式办理的服务。

（3）实现政务服务的标准化、精准化、便捷化、平台化、协同化，政务服务流程显著优化，服务形式更加多元，服务渠道更为畅通的要求、目标。

（4）在提高医院和群众办事效率的同时，也让群众满意度显著提升。

58. 热播电视剧《人民的名义》中市委书记李达康的妹妹田杏枝从幼儿园老师的岗位上退休，按照政策可以享受事业单位退休的待遇，但是一直没有享受到，多次到信访局上访，但问题始终得不到解决。

请问该如何解决群众反映的办事难问题？

参考答案：

（1）围绕促进简政放权、放管结合、优化服务改革措施落地，针对企业和群众反映的办事难、审批难、跑腿多、证明多等突出问题。

（2）从充分发挥信息化作用的角度提出规范行政权力运行、优化政务服务供给的解决路径和操作方法。

（3）政务服务实施机构通过在互联网政务服务门户公开政务服务事项办事指南，为申请人提供一站式办事服务。

（4）申请人通过互联网政务服务门户或实体大厅递交事项申请，政务服务实施机构通过政务服务管理平台统一受理。

（5）经由业务办理系统对申请事项进行审查并依法做出决定，最后将决定汇总至政务服务管理平台统一告知申请人。

59．近年来，"办证多，办事难，奇葩证明"等问题一直困扰基层群众办事和企业创业创新，成为政务服务的"堵点、痛点、难点"。

请问要如何让企业和群众少跑腿、好办事、不添堵，缩短办理时限，降低企业和群众办事成本，共享"互联网＋政务服务"发展成果？

参考答案：

（1）进一步完善政府部门之间数据共享机制，推动公共数据资源在不同部门及上下级政府之间共享。

（2）开展政务服务事项相关信息的网上验证核对，真正做到凡是能通过网络核验的信息，不得要求其他单位重复提供。

（3）要加快建设基于省级统筹的"政务服务数据资源库"，推动电子证照、电子公文、电子签章等在政务服务中的应用，坚持凡是能通过网络共享复用的材料，不得要求企业和群众重复提交，避免重复提交材料和循环证明。

（4）涉及多个部门的政务服务事项，要以服务对象为中心开展流程再造，优化简化服务事项网上申请、受理、审查、决定、送达等流程，实行一口受理、网上运转、并行办理、限时办结，做到凡是能实现网上办理的事项，不得要求必须到现场办理。

60．政务服务事项在线办理，不仅意味着办事过程透明和权力监督，也意味着公务人员工作习惯和工作方式的变革，甚至涉及政府管理体制和机制的调整。因此，长期以来，对哪些政务服务事项必须网上办理，地方政府和部门缺乏统一认识，所采用的策略大多是"能少上网就少上网，能不上网就不上网"，结果造成了政府"主动上网的服务事项少，被动上网的服务事项多"。这种状况严重不适应"互联网＋政务服务"的发展。

请问如何解决该现象？

参考答案：

（1）要求各级政府依据法定职能全面梳理行政机关、公共企事业单位直接面向社会公众提供的具体办事服务事项，编制统一、规范的政务服务事项目录。

（2）凡与企业注册登记、年度报告、变更注销、项目投资、生产经营、商标专利、资质认定、税费办理、安全生产等密切相关的服务事项，以及与居民教育医疗、户籍户政、社会保障、劳动就业、住房保障等密切相关的服务事项，都要推行网上受理、网上办理、网上反馈。

（3）要在科学分类的基础上，按照"一数一源、一事一码"的原则，对政务服务事项进行统一编码管理，形成"同一事项、同一标准、同一编码"。

（4）同步建设政务服务事项数据库，完善政务服务事项"审核、变更、应用"的体制和机制，保证数据的真实性、鲜活性和权威性。加强数据治理，依据统一代码，对政务服务事项进行精细化、可追溯性管理，运用大数据管理技术，真正实现"把权力关进笼子里"。

61．实体政务大厅服务能力强，网上政务大厅办事能力弱，是我国现阶段"互联网＋政务服务"的短板。请问该如何改变实体政务大厅与网上政务大厅各自为政、线上线下脱节的状况？

参考答案：

（1）推动政务服务事项全部进驻实体政务大厅，按照"接办分离"的要求，进一步完善政务大厅"一次告知、综合受理、分类审批、统一出件"的服务模式，做优、做实、做强实体政务大厅，全面提升实体政务大厅服务能力。

（2）坚持以人民满意为宗旨，以全面提升政务服务供给质量为主线，依托省级统一的政务服务平台，通过网上政务服务流程的优化、再造，将实体服务大厅的服务事项迁移到互联网上，实现线上线下深度融合、合一通办，形成线上线下功能互补、相辅相成的一体化政务服务新模式，全面推进政务服务"一号一窗一网"办理，切实解决企业和群众办事在政务大厅与部门之间来回跑腿的问题。

62．近年来，服务平台分散重复建设，形成了信息孤岛，请问如何解决，从而推进部门业务协同，完善政务服务体制机制，建设权威、便捷的一体化互联网政务服务平台，推动服务事项跨地区远程办理、跨层级联动办理、跨部门协同办理？

参考答案：

（1）建设覆盖全省、标准统一的互联网政务服务平台，有计划、分步骤地将政务服务资源迁移到省级政务服务平台上，实现政务信息资源互认共享。

（2）以政务服务对象的业务需求为导向，进一步规范基于业务流程的政务服务事项协同办理机制，不断推进综合服务事项跨部门协同办理。

（3）整合地方各级政府门户网站和部门网站的政务服务资源，推动政府部门各业务系统与政务服务平台的互联互通，加快形成以省级政府门户网站为依托，地方政府门户网站为支撑，全省统一的互联网政务服务入口。

63. 2012 年年中移动渗透率就已超过 100%的通信发达市场，福建移动一直在通过 10086 客服平台主动为潜在用户提供 4G 终端介绍、购买、使用等服务，促进 2G 用户平滑转网 4G。为进一步提升外呼成功率，从 2014 年初开始，福建移动联合华为公司开展基于大数据的精准营销工作，采用大数据分析的方法选择外呼目标价值用户。基于大数据分析方法和传统外呼方法分别提供 20 万目标客户清单，在前台无感知下进行对比验证，确保对比效果不受人为因素影响，经过外呼验证，基于大数据分析方法较传统方法外呼成功率提升 50%以上，有效支撑了福建移动 4G 用户发展战略。华为基于大数据领域的长期积累，对福建移动外呼系统进行了大数据系统化改造。

请问如何将这些数据转化为有效信息从而指导精确外呼营销？

参考答案：

（1）从各类原始数据，构建"外呼推荐标签""4G 倾向标签"，再通过标签组合支撑从 3000 多万用户中选取 4G 外呼营销目标用户。基于华为大数据分析平台，通过业务建模方法将底层数据转化为具备业务价值的中间层数据，一方面采用了效果接近最好复杂算法的简单算法，高效易并行，并且功能上具有完备性和通用性，易于支撑各类应用场景。针对外呼营销场景构建"外呼推荐模型"反映用户对外呼渠道接受程度。通过调研评估各种特征，选取 100 多个原始用户特征，离散化后形成每个样本具有几万个特征的稀疏特征矩阵,基于稀疏线性预测算法进行模型训练建立一套适合外呼推荐的预测模型。

（2）针对 4G 合约机，构建"潜在 4G 用户标签"，反映用户选择 4G 产品倾向。通过调研评估选取 150 多个特征，用分类分析法"随机森林"建立一套"潜在 4G 用户标签"判断模型。

（3）外呼营销的关键环节是对外呼目标客户的精准选择。传统方法选取外呼目标客户，是根据多年市场营销工作经验，人工手工方式设定目标用户提取规则及相应阈值。这种方式使用的用户特征通常只有 5 个左右，特征太多人脑就无法复杂处理了，如通常根据用户 ARPU 值、用户在网年限等特征筛选目标用户，目标用户筛选粒度粗，外呼营销成功率较低。传统方法是话音经营时代产物，话音时代用户行为特征相对单一。当前流量经营时代用户以使用数据业务为主，用户行为特征复杂，需要采用大数据分析方法才能有效刻画用户行为。大数据分析基于海量数据从上万维度去预测有意愿接受 4G 的目标用户群体，并及时反映趋势的变化，真正做到超细分、微营销。

（4）福建移动选择华为公司进行大数据联合创新，除外呼精准营销之外，还有大数据建模及大数据精准广告等内容，双方一起探讨大数据的应用和价值。最终目标是构建一个数据化运营体系，通过服务用户获得大数据，通过机器学习大数据提升服务能力，形成不断提升的正循环。

64. 为了有效地保护数据，美特斯邦威公司很早就引进了备份管理软件，但由于公司 IT 系统发展迅速，原有的备份系统已无法满足后来不断发展的多平台的数据备份需求。美特斯邦威需要构筑一体化的数据管理平台，通过构建有效的数据管理系统，为公司业务的可持续发展提供坚实的基础。

参考答案：

（1）整合数据资源，夯实数据管理。 美特斯邦威采用 CommVault 一体化信息管理平台 Simpana，并首先部署 Simpana 备份管理软件模块。备份管理服务器实现了自身冗余，使备份可以在异地的数据机房之间灵活切换，从而充分利用了现有的资源，能够对 Oracle 数据库实现表级恢复。

（2）实现全部 GUI 管理，不需要人工编写备份/恢复脚本，为未来的维护工作带来了极大的便利。能对文档系统进行归档和数据块级备份。

（3）对已备份的文件进行内容索引，并进行分类管理，实现快速定位查找，从而大大提高了文档的管理效率——能够对操作员进行权限分级管理确保数据安全。

65. 随着"互联网＋"的风潮来袭，与众多传统企业一样，建材企业也纷纷"触网"，而电商成为深受热捧的其中一种模式。但建材行业的电商之路，也并非坦途。面临如今的市场形势和骑虎难下的困局，请问建材企业该如何找准破解之法？

参考答案：

（1）线上线下兼顾发展。据了解，有些建材企业和卖场纠结的是把发展重心放在线上还是线下的问题，但实际上，线上开发与线下发展并不矛盾。拿目前受到建材市场普遍青睐的筑牛网来说，通过线上消费简化了传统消费的流通环节，一定程度上缓解了建材商家与消费者信息不对称的问题，让行业从封闭转向开放，有助于挖掘消费潜力。通过线上线下的融合，可以有效解决以往交易模式中，中间商环节造成的信息闭塞和渠道限制的问题。

（2）破解物流、服务两个老问题。一直以来，物流和服务问题是阻挡建材电商化的两大顽石。而今，物流发展日新月异，配送速度和服务也不断完善。对建材行业而言，多数企业生产周期长，多采用"以销定产"的模式，很难满足市场需求，同时，产品体积较大，若库存增加，成本就会虚高，对电商企业是极大的挑战。建材行业必须充分考虑上述风险，优化配送环节，提高服务质量。

（3）积极落实互联网口碑营销。小米开发手机时，数十万消费者出谋划策；新品上线时，数百万消费者参与抢购。小米手机做到了消费者与品牌的相互贴近，消费者参与到品牌发展的各个环节。在互联网时代，信息组织结构发生了深刻变化，建材行业应该准确把握这种变化，提高粉丝黏度，促成他们分享传播。

66. "银行如果再不改革，就将成为 21 世纪的恐龙！"比尔·盖茨的这句话给烽火正旺的互联网金融带来了更多的舆论优势，而传统银行业则在危机中反思自身的战略。有人说，大数据和互联网时代的到来，终将会彻底改变银行客户的使用习惯和资金的流转方式，作为传统资金渠道的银行，在互联网金融创新层出不穷的今天，该如何进行反击，守住自身阵地？

参考答案：

（1）银行业并没有外界流传的那样后知后觉，各大银行网上商城、网上银行、手机银行等，都是银行吸取互联网发展趋势而开发出的产品。而其中起步最早，也是最具代表性的范例之一，就是建行"善融商务"。2012 年 6 月 28 日，它的设立上线曾被业界称作"开启电商金融新时代"的标志性事件。

（2）规模的背后，是完善的架构。"善融商务"涵盖企业商城、个人商城、房 e 通三大服务板块，而这一切，依赖于超过三万商户的加盟。与传统电商平台不同的是，"善融商务"更侧重金融服务，以"亦商亦融，买卖轻松"为出发点，面向企业和个人提供专业化的电子商务服务和金融支持服务。

（3）具体来说，就是以电商的方式为价值链的各方提供金融服务，也就是将金融服务渗透到电子商务全流程中去，体现"善融商务"的金融服务优势。

·

67．湖南一位七旬老人被自己退休前的单位要求开"健在证明"，派出所出具证明后批评该单位"对退休职工的生老病死漠不关心"，建议"少要求老人开奇葩证明"。请问该如何解决该现象，让群众不再为这"无厘头"的证明焦头烂额？

参考答案：

（1）为了精简规范办事要求，实现"服务标准化"，2015 年以来，各级公安机关就已公布行政权力清单，规范行政审批内容要素，完善办事指南和业务手册。坚决砍掉各类烦琐的证明和手续，最大限度减少群众重复提交申请和到现场办理的次数，让数据多"跑路"、让群众少"跑腿"，办事更方便，创业更顺畅。

（2）改革与实战的关系，绝不能成为"两张皮"，两者要相互结合，通过公安改革的推进实施，推动完善立体化社会治安防控体系建设，不断提升公安打防管控整体能力。

（3）公安改革工作必须主动适应动态化、信息化社会环境下的新形势、新特点，要充分结合运用大数据、云计算、物联网、"互联网＋"等现代先进技术，推动机制创新和技术创新有机结合，有效提升公安机关对各类风险的预测、预警预防、能力，以及服务群众的水平。

68．浙江省旅游局发布的"浙江旅游网"客户端，其中被用户关注的亮点是每天更新发布全省热门和推荐的旅游线路及景区，让游客在出行前可获取最新的旅游资讯，同时对从业工作者关注的政策法规、旅游文摘、手机报、旅游数据等信息进行及时发布，强化数据和信息的共享，规范行业标准，提高从业人员的竞争力。

简述如何通过移动应用来提升服务品质。

参考答案：

绝大多数的移动应用是以信息为支撑，服务为王的主旨还不够凸显，主要面临的问题是原有业务系统厂商过多，如何有效的整合是现在政府需要面对的主要难题，因此统一用户、统一受理、统一查询是现在整合各类政务服务时需要首先解决的重要工作。个人认为这个可以逐步实现，毕竟这涉及数据标准、资金投入、技术力量等众多方面的因素，但前端的统一展现是可以先行的，提升和优化前端的用户体验是服务提升见效最快的手段之一。

69. 什么是"懒"，《说文解字》里讲"懒，懈也。"懒，懈怠者也，一直被当作一种恶习，被很多人深恶痛绝。其实，非也。尤其是当今日渐兴起的智能家居系统，更是"懒"得名正言顺，海尔公司如何利用互联网技术向广大用户展示"物联网时代的美好住居生活"？

参考答案：

（1）它通过通信网、互联网、广电网、电力网等多网融合的网络平台，把所有设备通过信息传感设备与网络相连，从而实现了"家庭小网""社区中网""世界大网"的物物互联，并通过网络实现了 3C 产品、智能家居系统、安防系统等的智能化识别和管理，以及数字媒体信息的共享。

（2）在海尔智能家居强大的物联作用下，只要手机在手，就能轻松搞定日常生活。通过手机 APP 一键操纵洗衣机、空调等家电的开关、定时，不管在什么地方都能远程操控；有客来访可视对讲让你在床上就能将来人看得一清二楚；用手机控制卧室灯光开关……

70. 兰州市物价局利用全市一体化网上政务服务平台，全面公开政务服务事项，优化服务流程，创新服务形式，畅通服务渠道，真正让企业和群众少跑腿、好办事、不添堵。请分析兰州市物价局要如何实现互联网与政务服务深度融合，以此提升物价政务服务智慧化水平？

参考答案：

（1）针对企业和群众办事过程中"耗时长、盖章多、材料多、中介多"等问题，兰州市物价局将优化政务服务架构，规范网上政务服务事项，规范已发布的行政权力事项清单、公共服务事项清单和便民服务事项清单，形成政务服务事项清单，逐步形成通过"甘肃省行政权力事项管理系统"实时更新、动态调整政务服务事项的工作机制。

（2）同时，充分实现部门审批职能向一个内设审批工作机构集中，内设审批工作机构向政务服务中心集中，审批服务事项向行政审批电子监察系统集中；部门行政审批服务事项进驻政务服务中心落实到位，部门对窗口工作人员授权到位，实时电子监察到位。

（3）逐步将实体政务大厅的政务服务事项全部迁移到政务服务网，积极探索使用电子证照、电子签章开展网上行政审批的方式方法，推进"三集中、三到位"，做好事项"接、放、管"。另外，按照行政审批电子监察系统标准规范，实行全程网上办理。

三、国家电网公司"互联网＋"建设工作重点及要求

1. 某电力公司在安排年度项目计划时，分别从电费专业及业扩报装专业对"电 e 宝""掌上电力"提出了适应性改造的相关要求，但相关要求存在冲突。请按照"互联网＋"相关要求，分析该业务办理过程中存在的问题。

参考答案：

存在问题：该电力公司未按照《加快推进"互联网＋"营销服务应用工作实施方案》

（国家电网营销〔2016〕652 号）中"'互联网＋'营销服务应用工作统筹规划"的相关要求，对相关业务系统仍由各专业单独提出适应性改造需求。

2．某电力公司在收到客户高压用电申请后，次日安排客户经理进行现场勘查，现场勘查时，客户经理规范填写了"现场勘查单"，请按照"互联网＋"相关要求，分析该业务办理过程中存在的问题，并制定整改措施。

参考答案：

存在问题：该电力公司未按照《加快推进"互联网＋"营销服务应用工作实施方案》（国家电网营销〔2016〕652 号）中"推进营销现场作业线上化"的相关要求开展现场作业，现场作业仍使用纸质表单。

整改措施：

（1）完善移动作业终端功能，开发适应现场作业的移动作业应用。

（2）开展全员移动作业应用培训，确保一线营销业务人员均能熟练掌握移动作业应用方法。

（3）完善相应管理、考核体系，提出线上作业"线上化"要求，对违反线上作业要求的予以考核。

3．某电力公司为了方便对各类"互联网＋"线上渠道进行管理，安排人员分别开发了"掌上电力""电 e 宝""车联网"后台管理服务程序，但因接口问题，未能实现相关平台数据交互、共享。请按照"互联网＋"相关要求，分析该业务办理过程中存在的问题，并制定整改措施。

参考答案：

存在问题：该电力公司违反《加快推进"互联网＋"营销服务应用工作实施方案》（国家电网营销〔2016〕652 号）中"全面构建'互联网＋'营销服务渠道，统一建设开放、互动的线上智能服务平台"的相关要求，在开发管理平台时未能统筹考虑，而是进一步加大了系统、平台间的数据隔阂。

整改措施：

（1）停止独立多种后台管理平台的开发、应用。

（2）研究多平台整合、共享方案，打通平台间数据共享、交互接口，实现融合、贯通。

4．某电力公司为了提高供电方案审批效率，为各营销单位及发展、运检、调控等部门统一配备了传真机，利用传真的方式解决了传统供电方案会签周期长的问题。请按照"互联网＋"相关要求，分析该业务办理过程中存在的问题，并制定整改措施。

参考答案：

存在问题：该电力公司未落实《加快推进"互联网＋"营销服务应用工作实施方案》（国家电网营销〔2016〕652 号）中"建设业扩报装全流程管控平台，实现全业务线上办理"的相关要求，未能充分利用"线上会签"功能，而是采用优化线下会签的方式试图提高业务办理效率。

整改措施：

（1）完善业扩报装线上会签流程，为相关单位配置营销系统权限。

（2）组织对业扩报装及相关专业人员开展业扩报装线上流程推进培训。

（3）提出业扩报装供电方案线上会签要求，制定相应考核规定。

5. 某电力公司在业扩报装流程推进过程中，考虑到客户用电需求、容量变化的不确定性，未开通营销系统供电方案答复后与运检部门生产管理系统交互接口。请按照"互联网＋"相关要求，分析该业务办理过程中存在的问题，并制定整改措施。

参考答案：

存在问题：该电力公司未落实《加快推进"互联网＋"营销服务应用工作实施方案》（国家电网营销〔2016〕652 号）中"建设业扩报装全流程管控平台，实现全环节互联互动"的相关要求，未能构建与相关业务系统信息共享、实时互动的接口。

整改措施：完善营销系统供电方案向相关系统同步推送等交互流程的功能接口，确保各系统间能够互联互通互动。

6. 某电力公司 85%以上营业区为山区，采集成功率较低，为了提高抄表实效性，该公司内部通过招聘方式，为相关营销单位补充了 10 名抄表人员，以提高抄表实效性。请按照"互联网＋"相关要求，分析该业务办理过程中存在的问题，并制定整改措施。

参考答案：

存在问题：该电力公司未落实《加快推进"互联网＋"营销服务应用工作实施方案》（国家电网营销〔2016〕652 号）中"推进电费抄核收智能化，实现自动抄表"的相关要求，对于山区采集成功率低的问题，未能通过技术手段解决，而是通过增加抄表人员现场抄表来解决。

整改措施：

（1）调整工作思路，按照利用用电信息采集系统解放抄表人员的思想开展相关工作。

（2）针对山区采集不稳定、成功率低的问题，对应开展技术分析和技术创新，通过技术手段提高采集成功率。

7. 某电力公司为了提高电费核算准确性，要求在电费完成计算后，对大工业用户基本电费进行逐户复核。请按照"互联网＋"相关要求，分析该业务办理过程中存在的问题，并制定整改措施。

参考答案：

存在问题：该电力公司未落实《加快推进"互联网＋"营销服务应用工作实施方案》（国家电网营销〔2016〕652 号）中"推进电费抄核收智能化，实现智能核算"的相关要求，未能充分利用智能核算关于电费复核、筛选的相关功能。

整改措施：

（1）对电费"智能核算"开展试点应用，确认其复核、筛查规则。

（2）全面推广"智能核算"，核算人员仅根据"智能核算"筛查结果，对其提出异常的客户进行人工复核。

8．某市已启动售电业务市场化试点，该市电力公司为了抢占市场化售电业务市场，要求市场化售电客户需自行前往各营业窗口办理相关业务。请按照"互联网＋"相关要求，分析该业务办理过程中存在的问题，并制定整改措施。

参考答案：

存在问题：该电力公司未落实《加快推进"互联网＋"营销服务应用工作实施方案》（国家电网营销〔2016〕652 号）中"全面支撑售电侧放开改革，实现市场化售电业务线上服务"的相关要求，要求市场化售电业务均需现场办理。

整改措施：

（1）完善市场化售电业务线上办理功能。

（2）制定市场化售电业务办理规范，全面开放线上办理。

9．某市电力公司为了抢占市场化售电业务市场，避免其他售电公司抢占用户，将交易电价及相关政策未公开展示。请按照"互联网＋"相关要求，分析该业务办理过程中存在的问题，并制定整改措施。

参考答案：

存在问题：该电力公司未落实《加快推进"互联网＋"营销服务应用工作实施方案》（国家电网营销〔2016〕652 号）中"全面支撑售电侧放开改革，实现市场化售电业务线上服务"的相关要求，要求市场化售电交易公开公平、信息透明。

整改措施：按要求公开交易电价及相关政策。

10．某用户在某市电力公司营业厅办理市场售电业务后，向客服经理投诉，业务烦琐，耽误了用户的大量时间和精力。请按照"互联网＋"相关要求，分析该业务办理过程中存在的问题，并制定整改措施。

参考答案：

存在问题：该电力公司未落实《加快推进"互联网＋"营销服务应用工作实施方案》（国家电网营销〔2016〕652 号）中"全面支撑售电侧放开改革，实现市场化售电业务线上服务"的相关要求，要求办理市场化售电业务服务便捷的工作目标。

整改措施：要求简化办理市场化售电业务流程，减少用户办理业务时间。

11．某市公司在召开"互联网＋营销服务"工作推进会时，要求各县公司低压居民客户线上交费应用率完成 25%。请按照"互联网＋"相关要求，分析该市公司工作中存在问题，并提出措施建议。

参考答案：

存在问题：该市公司未按照《国家电网公司关于2017年推进"互联网＋营销服务"工作的意见》中规定的工作目标：低压居民客户线上交费应用率30%，安排部署工作。

措施建议：明确《国家电网公司关于 2017 年推进"互联网＋营销服务"工作的意见》中的工作目标，严格按照工作目标要求下级单位开展工作。

12．某市公司在召开"互联网＋营销服务"工作推进会时，要求各县公司低压非居民客户业扩线上办电率75%。试分析该市公司存在问题，并提出措施建议。

参考答案：

存在问题：该市公司未按照《国家电网公司关于2017年推进"互联网＋营销服务"工作的意见》中规定的工作目标：低压非居民客户业扩线上办电率80%，安排部署工作。

措施建议：明确《国家电网公司关于 2017 年推进"互联网＋营销服务"工作的意见》中的工作目标，严格按照工作目标要求下级单位开展工作。

13．某市公司在制定"互联网＋营销服务"工作方案时，要求各县公司高压客户业扩线上办电率80%。请按照"互联网＋"相关要求，试分析该市公司存在问题，并提出措施建议。

参考答案：

存在问题：该市公司未按照《国家电网公司关于2017年推进"互联网＋营销服务"工作的意见》中规定的工作目标：高压客户业扩线上办电率90%，安排部署工作。

措施建议：明确《国家电网公司关于 2017 年推进"互联网＋营销服务"工作的意见》中的工作目标，严格按照工作目标要求下级单位开展工作。

14．某省公司在对某市"线上线下流程融合"工作检查时，发现该市公司抢修作业等现场作业表单电子化应用率为70%。请按照"互联网＋"相关要求试分析该市公司工作中存在问题，并提出措施建议。

参考答案：

存在问题：该市公司未按照《国家电网公司关于2017年推进"互联网＋营销服务"工作的意见》中规定"客户服务、抢修作业等现场作业表单电子化率达到80%"的目标开展工作。

措施建议：

（1）明确《国家电网公司关于 2017 年推进"互联网＋营销服务"工作的意见》中的工作目标，严格按照工作目标要求开展工作。

（2）加强对一线工作人员的业务知识培训。

15．某市公司在年初制定的"互联网＋营销服务"工作方案中要求：电子账单覆盖率达到60%。试分析该市公司工作中存在问题，并提出措施建议。

参考答案：

存在问题：该市公司未按照《国家电网公司关于2017年推进"互联网＋营销服务"工作的意见》中"电子账单覆盖率达到70%"的规定部署工作。

措施建议：明确《国家电网公司关于2017年推进"互联网＋营销服务"工作的意见》中的工作规定，严格按照工作目标要求开展工作。

16．某市公司在2017年初制定的"互联网＋营销服务"工作方案中要求：经营区域内客户联络信息准确率达到45%以上。分析该市公司工作中存在问题，并提出措施建议。

参考答案：

存在问题：该市公司未按照《国家电网公司关于2017年推进"互联网＋营销服务"工作的意见》中"经营区域内客户联络信息准确率达到50%以上"的规定部署工作。

措施建议：明确《国家电网公司关于2017年推进"互联网＋营销服务"工作的意见》中的工作规定，严格按照工作目标要求开展工作。

17．某市公司在2017年初制定的"互联网＋营销服务"工作方案中要求：用户信息数据在营配调系统中一致率达到80%以上。分析该市公司工作中存在问题，并提出措施建议。

参考答案：

存在问题：该市公司未按照《国家电网公司关于2017年推进"互联网＋营销服务"工作的意见》中"用户资源一致率达到90%以上"的要求开展工作。

措施建议：明确《国家电网公司关于2017年推进"互联网＋营销服务"工作的意见》中的工作规定，严格按照工作要求开展工作。

18．某省公司为保证"掌上电力"APP与营销系统数据快速传递，要求信通降低数据传输"防火墙"安全等级，使数据库感染"蠕虫病毒"，导致用户信息大量外泄。请按照"互联网＋"相关要求，分析该市公司工作中存在问题，并提出措施建议。

参考答案：

存在问题：该市公司未按照《国家电网公司关于2017年推进"互联网＋营销服务"工作的意见》中"部署信息系统和电子渠道安全监测手段"的规定部署工作。

措施建议：明确《国家电网公司关于2017年推进"互联网＋营销服务"工作的意见》中的工作规定，严格按照工作目标要求开展工作。

19．2017年5月12日，勒索病毒开始肆虐全球，电力行业也未幸免，不少电力部门遭遇攻击，造成一定程度的损失。对于这次病毒攻击，国家电网总公司相关部门紧急召开会议，要求全力做好自救工作，并强调举一反三全面做好网络和信息安全工作。试分析，上述材料与"互联网＋营销服务"工作中的哪些措施有关？

参考答案：

严格落实公司网络信息安全管理要求，优化用电信息采集系统网络安全防护，推广应用主站性能在线监测，实现控制类业务的专区专域部署；优化公司信息内网安全接入平台和信息外网安全交互平台功能和性能，提升移动作业专控终端接入信息内网和移动智能通用终端接入信息外网的安全接入能力，保障"互联网＋"营销服务应用工作安全和用户体验，推进隐私保护条件下的大数据分析应用建设，确保信息通信安全与可靠运行。

20. 某市公司要求下属各县公司年底达到 20 000 户"掌上电力""电 e 宝"用户注册数，并将此作为年底线上服务考核目标。试分析该市公司在此项工作中存在问题，并提出提升措施。

参考答案：

存在问题：该市公司在线上服务渠道推广过程中没有按照工作要求开展工作，没有注重注册用户数的"量"向业务渗透率的"质"转变。

提升措施：各单位在方案制定、工作推进过程中，要强化服务意识和竞争意识，主动服务、善于竞争，优化机构职责、制度标准和业务流程，统筹处理好夯实基础、提升效率、创新转型等工作间的关系，线上服务考核方式由注重注册用户数的"量"向业务渗透率的"质"转变，通过大数据分析，有选择性地开展渠道推广引流活动，由注重功能的"能用""易用"向更注重信息安全的"好用"转变，由注重交费、办电等主要服务向提供全业务便捷民生公共服务转变，通过好的产品和服务吸引客户。

21. 某地市级公司对辖区内部分大客户严格按照用电类别制定了相应的风险预警机制、电费催交方案等，开展客户信用评价和电费风险防范分析，并将电费催收责任落实到个人。请写出上述案例中存在的问题及整改措施。

参考答案：

存在问题：该电力公司未落实《加快推进"互联网＋"营销服务应用工作实施方案》中"构建电费风险评估模型，实现大客户欠费风险"一户一策"的相关要求。

整改措施：

（1）全面筛查该公司辖区内所有大客户中按用电类别制定相应的风险预警机制、电费催交方案的客户。

（2）制定整改措施，严格按照"一户一策"要求来制定大客户风险预警机制、电费催交方案等。

22. 某地市级公司对辖区内低压客户严格按照抄表段制定了相应的风险预警机制、电费催交方案等，开展客户信用评价和电费风险防范分析，构建电费风险评估模型。请写出上述案例中存在问题及整改措施。

参考答案：

存在问题：该电力公司未落实《加快推进"互联网＋"营销服务应用工作实施方案》

中"构建电费风险评估模型，实现低压客户欠费风险'一类一策'"的相关要求。

整改措施：

（1）全面筛查该公司辖区内所有低压客户中按抄表段制定相应的风险预警机制、电费催交方案的客户。

（2）制定整改措施，严格按照"一类一策"要求来制定低压客户风险预警机制、电费催交方案等。

23．某地市级公司近期对辖区内合表小区进行户表改造，安排工作人员对原表进行拆除，拆除后将原表整齐的堆放在表库，按期对客户接入新表并投入使用。请分析上述案例中存在的问题，并制定相应的整改措施。

参考答案：

存在问题：该电力公司未落实《加快推进"互联网＋"营销服务应用工作实施方案》中"实施计量设备在采购到货、设备验收、检定检测、仓储配送、设备安装、设备运行、设备拆除、资产报废8个环节的资产全寿命周期的可视化管理"的相关要求，未及时对拆除的电能计量装置进行资产报废处理。

整改措施：该电力公司应及时对拆除的电能计量装置进行资产报废处理，在营销系统、采集系统等发起相关线上流程，真正做到资产全寿命周期的可视化管理。

24．某地市级公司在95598工单管控系统中接到一现场报修工单，工单称客户刘某家中因熔丝熔断导致停电，抢修人员及时到达现场为客户更换了家中的熔丝，恢复了正常供电，事后电话回访客户家中用电是否正常。请分析上述案例中存在的问题并制定相应的整改措施。

参考答案：

存在问题：该电力公司未落实《加快推进"互联网＋"营销服务应用工作实施方案》中"现场标准化作业、工作质量、客户评价全程在线管控目标"的相关要求，对客户采取电话回访形式而非在95598工单管控系统中线上回访。

整改措施：该电力公司应及时对报修客户刘某进行95598工单管控系统线上回访，让客户对此次报修服务做出客观公正的评价。

25．某地市级公司在95598工单管控系统中接到一投诉工单，工单称该公司工作人员在服务中态度恶劣，推卸责任。该公司优质服务专责接到国网客服中心的工单后，及时打电话将工单详情告知下一级单位进行处理。请分析上述案例中存在的问题并制定相应的整改措施。

参考答案：

存在问题：该电力公司未落实《加快推进"互联网＋"营销服务应用工作实施方案》中"将现场服务环节植入相关业务流程，实现前端与后台一体化，满足客户业务处理智能电子派单"的相关要求，进行电话派单而非在95598工单管控系统中线上派单。

整改措施：该电力公司应及时将 95598 工单进行线上派送，为确保消息的及时性可通过电话通知下一级做及时处理。

26．某地市级公司在进行大客户新装时需确定相应的停电范围、停电地址。该电力公司及时安排工作人员现场人为确认了停电范围并告知客户即将停电。请分析上述案例中存在的问题。

参考答案：

存在问题：

（1）该电力公司未落实《加快推进"互联网＋"营销服务应用工作实施方案》中"深化停电信息报送应用，根据营配调贯通情况，逐步实现停电信息生成自动化、报送智能化、通知主动化"的相关要求，确定停电信息人为化、通知客户被动化。

（2）该电力公司未落实《电力供应与使用条例》规定"因供电设施临时检修需要停止供电时，供电企业应当提前 24h 通知重要客户"，而是临时通知客户，容易引发不必要的投诉。

27．某省地市电力公司在与用户进行业扩合同签订的同时，用户需要选择电网配套工程建设的公司，也可直接委托电网公司，某省地市电力公司工程处通过纸质流程操作给用户提供所需的电网配套建设，请对以上事件存在问题进行分析。

参考答案：

存在问题：《国家电网公司关于 2017 年推进"互联网＋营销服务"工作的意见》中指出，深化业扩全流程信息公开与实时管控平台实用化应用，电网配套工程建设等协同环节由线下传递转为线上流转。该公司存在的问题就是没有按照要求进行业扩报装业务线上办理，线上流转。

措施建议：

（1）认真学习"互联网＋营销服务"工作的意见相关内容。

（2）加强各部门（业扩和工程处）之间的沟通，接受工作任务，落实工作职责。

28．某省电力公司按照电力改革要求，建立市场化售电公司，并实现市场化客户核算电价、客户联络等保密信息独立保存，对以上保障市场化信息安全好处进行分析。

参考答案：

按照《国家电网公司关于 2017 年推进"互联网＋营销服务"工作的意见》的工作任务安排要求，优化市场化售电应用。以"安全、灵活、易用、平稳"原则，落实公司办理市场化售电业务涉密相关技防、人防工作要求，建立使用人员权限管理和授权机制，实现市场化客户核算电价、客户联络等保密信息独立保存，传输时加密处理，展示时脱敏处理，为客户提供信息安全保障。

29．某地市公司按照省公司要求，将电力服务企业加入互联网国网商城时，为了避免"十不准"中工程 3 制定的工作要求而拒绝汇入其他社会电力服务企业商家，入驻单一的电力设计、施工、制造、运维、监理企业，请对以上事件存在问题进行分析。

参考答案：

存在问题：《国家电网公司关于 2017 年推进"互联网＋营销服务"工作的意见》的工作任务安排中指出，拓展社会电力服务企业网上交易，拓展国网商城业扩代办服务，开发业扩信息公开专区，吸引电力设计、施工、制造、运维、监理企业入驻商城。该公司存在问题是入驻单一的电力服务相关企业，不利于客户进行网上筛选，无法拓展国网商城业扩代办服务。

措施建议：

（1）相关部门应认真学习工作指导意见的相关内容，严格按照国家电网公司要求，拓展电力服务企业线上交易。

（2）对于需要入驻的企业需要进行安全性、可靠性核查，若发现违反电力法律法规的企业，应向上级报告，结合国网商城厂家意见进行处理。

（3）与厂家建议，建立电力服务企业多维度评价体系，客户可进行择优选择。

30. 某省公司按照国家电网公司要求，在推崇电动汽车和车联网平台的同时，推进社会充电桩接入，使国家电网公司自建的充电桩与社会充电桩相互竞争，就社会充电桩接入的好处进行分析。

参考答案：

按照《国家电网公司关于 2017 年推进"互联网＋营销服务"工作的意见》的工作任务安排要求，推进车联网平台建设。

（1）推进车联网平台运营监控中心及可视化系统和社会运营商互联互通支撑平台建设，加快市场化商业运作。

（2）推进社会充电桩接入，实现财务收费、客户管理、设施监控、运维检修、充电服务、电动汽车租赁服务等全业务上线运行，拓展车险、网络广告等增值服务功能。

31. 某省公司按照国家电网公司要求推广营销服务电子渠道时，起初每个渠道都有自己的维护平台，但为了整合统一，按照国家电网公司要求将线上电子化服务渠道整合成一个后台平台，就统一后台平台的好处进行分析。

参考答案：

按照《国家电网公司关于 2017 年推进"互联网＋营销服务"工作的意见》的工作任务安排要求，建立全流程服务资源调度机制。

（1）将各种线上电子化服务渠道整合成一个后台平台，构建"小前端、大后台"服务组织模式。

（2）打通各渠道壁垒，统一规划，统一运维管理，加强前端与后端衔接，实现集"服务接入、主动预约、研判分流、协调指挥、跟踪督办、审核反馈、数据校核、信息发布、流程管控、客户回访"为一体的快速响应和服务质量管控机制，提升营销服务效率。

32. 某省公司按照国家电网公司要求，营销部与信通部等共同推进"互联网＋"营销服务统筹相关项目任务，因省公司营销部业务繁忙，交给信通部牵头筹划相关计划，对以上牵头部门进行分析。

参考答案：

存在问题：按照《国家电网公司关于 2017 年推进"互联网＋营销服务"工作的意见》的工作任务安排要求，进一步加强组织协同，由营销部牵头统筹相关项目任务，而不是交给信通部进行处理。发挥"互联网＋"营销服务牵头部门作用，做好跨专业、跨单位组织协调，统筹相关项目任务，重点做好创新业务试点和应用推广，各单位要制订总体建设方案，并按期限报送国网营销部。

措施建议：

（1）认真梳理工作目标、任务要求，统筹方案制定、建设实施、业务培训、风险防控、安全稳定等工作，做到目标逐层分解，措施具体明确，责任落实到位。

（2）加强营销业务人员相关知识技术培训，提高相关人员业务能力。

（3）加强相关人员跨专业、跨单位组织协调能力。

（4）加强业务质量考核，提高相关人员责任心。

33. 某客户在北京时间 22:30，在"掌上电力"手机 APP 上进行用电业务线上报装时，发现平台无法受理相关业务，故该客户拨打了 95598 客服电话。请按照"互联网＋"相关要求，分析该业务办理过程中存在的问题，并制定整改措施。

参考答案：

存在问题：该地区电力公司未按照《加快推进"互联网＋"营销服务应用工作实施方案》（国家电网营销〔2016〕652 号）中"推行'线上全天候受理，线下一站式服务'业扩报装服务模式"的相关要求，对相关业务办理平台系统仍要求每天 22:00～24:00 之间进行后台数据同步，导致期间平台无法正常使用。

整改措施：

（1）一体化平台可集中在周末晚 24:00 以后，进行统一维护。

（2）组织相关业务办理平台进行系统的优化升级，以便更好地服务客户。

34. 某客户在某电力营业厅递交了高压用电申请后，客户经理又联系客户要求提供相关资料，并让客户联系相关专业人员咨询。请按照"互联网＋"相关要求，分析该业务办理过程中存在的问题，并制定整改措施。

参考答案：

存在问题：该地区电力公司未按照《加快推进"互联网＋"营销服务应用工作实施方案》（国家电网营销〔2016〕652 号）中"推行'线上全天候受理，线下一站式服务'业扩报装服务模式"的相关要求，未认真执行"一站式服务"业扩报装服务模式，导致客户数次往返，增大了投诉风险。

整改措施：

（1）客户经理应认真执行"一站式服务"业扩报装服务模式，对相关人员进行定期业务培训。

（2）完善相应管理、考核体系，对违反"一站式服务"相关要求的人员予以考核。

35．某地市公司，在推广使用"掌上电力"手机 APP 进行用电业务线上报装时，为了提高推广效率，先由客户填写并提供相关资料，然后由客户经理统一在手机上发起业扩流程。请按照"互联网＋"相关要求，分析该业务办理过程中存在的问题，并制定整改措施。

参考答案：

存在问题：该地区电力公司未按照《加快推进"互联网＋"营销服务应用工作实施方案》（国家电网营销〔2016〕652 号）中"基于'掌上电力'手机 APP、95598 网站开通客户线上办理业扩申请服务"的相关要求，未向客户推广电子服务渠道，也未实现客户注册数量的提高。

整改措施：

（1）进一步扩大电子服务渠道影响力，提升电力客户服务体验，构建起"上下联动、传播高效"的常态化电子服务渠道推广模式。

（2）按照"线下为主、线上为辅、渠道协同、全面推进"的工作思路，线下结合日常工作与现场活动，吸引客户主动加入与使用，提高平台应用率；线上充分挖掘客户的需求与兴趣，完善渠道功能、开展各类互动活动，提高客户黏性与传播。

36．某电力公司为了防止业务办理时间超过要求时限，引发客户投诉，故联系"掌上电力"手机 APP、95598 网站等后台工作人员关闭平台"进度查询"功能。请按照"互联网＋"相关要求，分析该业务办理过程中存在的问题，并制定整改措施。

参考答案：

存在问题：该电力公司未按照《加快推进"互联网＋"营销服务应用工作实施方案》（国家电网营销〔2016〕652 号）中"基于'掌上电力'手机 APP、95598 网站开通客户进度查询服务"的相关要求，联系"掌上电力"手机 APP、95598 网站等后台工作人员关闭平台"进度查询"功能，导致客户未能完全享受方便、快捷、互动的线上服务，降低了客户黏性。

整改措施：

（1）线上服务功能应该完全向客户开放，不得随意关闭任意功能。

（2）线上充分挖掘客户的需求与兴趣，完善渠道功能、开展各类互动活动，提高客户黏性与传播。

37．某电力公司为了防止业务办理时间超过要求时限，引发客户投诉，故联系"掌上电力"手机 APP、95598 网站等后台工作人员关闭平台"监督评价"功能。请按照"互联网＋"相关要求，分析该业务办理过程中存在的问题，并制定整改措施。

参考答案：

存在问题：该电力公司未按照《加快推进"互联网＋"营销服务应用工作实施方案》（国家电网营销〔2016〕652 号）中"基于'掌上电力'手机 APP、95598 网站开通客户监督评价服务"的相关要求，联系"掌上电力"手机 APP、95598 网站等后台工作人员关闭平台"监督评价"功能，导致客户未能完全享受方便、快捷、互动的线上服务，降低了客户黏性。

整改措施：

（1）线上服务功能应该完全向客户开放，不得随意关闭任意功能。

（2）线上充分挖掘客户的需求与兴趣，完善渠道功能、开展各类互动活动，提高客户黏性与传播。

38. 某电力公司业在收到客户高压用电申请后，在进行现场勘查、装表接电等过程中，现场作业人员规范填写了纸制工单，然后在电脑上将相关信息录入营销系统。请按照"互联网＋"相关要求，分析该业务办理过程中存在的问题，并制定整改措施。

参考答案：

存在问题：该电力公司未按照《加快推进"互联网＋"营销服务应用工作实施方案》（国家电网营销〔2016〕652 号）中"实现各类工单无纸化"的相关要求开展现场作业，现场作业仍使用纸质表单。

整改措施：

（1）完善移动作业终端功能，开发适应现场作业的移动作业应用。

（2）开展全员移动作业应用培训，确保一线营销业务人员均能熟练掌握移动作业应用方法。

（3）完善相应管理、考核体系，提出线上作业"线上化"要求，对违反线上作业要求的予以考核。

39. A 市张先生在 B 市旅游，得知家中欠费停电，需要进行购电，但通过手机客户端、网站均无法实现在线异地购电交费，到营业厅咨询，得知该电力公司因数据不互通，关闭了在线异地购电交费功能，张先生表示很不方便。分析该事件过程中存在的问题，并制定整改措施。

参考答案：

存在问题：该电力公司未落实《加快推进"互联网＋"营销服务应用工作实施方案》中"全面实现在线异地购电交费"的相关要求，该公司未解决数据不互通问题，而是直接关闭在线异地购电交费功能，造成客户不便。

整改措施：按照《加快推进"互联网＋"营销服务应用工作实施方案》的要求，尽快解决数据不互通，开通在线异地购电交费功能，全面实现在线异地购电交费，为客户提供方便快捷的服务。

40．某公司为了解公司用电情况，需要查询连续十天的电量电费情况，发现手机客户端、网站、营业厅均无法查询。经询问，该电力公司表示目前无法进行定制查询，只能按月查询。分析该事件过程中存在的问题，并制定整改措施。

参考答案：

存在问题：该电力公司未落实《加快推进"互联网＋"营销服务应用工作实施方案》中"实现电量电费定制查询"的相关要求，仍只能按月查询，不能按照客户要求实现定制查询。

整改措施：

（1）全面推进抄核收智能化，进一步梳理适应用电信息自动采集和"互联网＋"的电费抄核收业务流程和工作标准，实现精确到日的电量电费结算和查询。

（2）实现用电信息采集系统、营销业务应用系统、手机客户端和网站的信息互通互联，让客户可以通过多种渠道进行定制查询。

41．某地市公司为广泛应用"互联网＋"，结合本地区特点，自行建立了自有电力缴费查询平台，并且没有统一电子渠道服务标准。试分析存在的问题，并制定整改措施。

参考答案：

存在问题：该电力公司未落实《加快推进"互联网＋"营销服务应用工作实施方案》中"建设总部、26省（市）公司两级部署的电子渠道协同管理应用平台，统一电子渠道服务标准"的相关要求，未应用统一电子渠道，而是自行建立了自有电力缴费查询平台。

整改措施：

（1）停用自有平台，全部换为统一电子渠道，并向客户耐心解释，避免服务风险。

（2）优化整合电子渠道，建设总部、省（市）公司两级部署的电子渠道协同管理应用平台，统一电子渠道服务标准，实现多种电子渠道的线上线下渠道统一接入、统一认证、统一服务、统一监控、统一分析。

42．某公司营业厅人员在向客户推广"互联网＋"电子渠道时，让客户下载客户端，但营业厅WIFI信号弱，未能覆盖到业务办理区，如用流量下载，客户表示不愿意而拒绝。试分析存在的问题，并制定整改措施。

参考答案：

存在问题：该电力公司未落实《加快推进"互联网＋"营销服务应用工作实施方案》中"推行营业厅WIFI全覆盖"的相关要求，营业厅未全覆盖WIFI，阻碍了电子渠道的推广，同时造成客户不便。

整改措施：

（1）联系信通部门多设置无线路由器，实现营业厅WIFI全覆盖，且信号良好可用。

（2）制定巡视、维护计划，定期巡视、维护WIFI设施，保证网络的正常使用。

43．某公司为客户办理用电业务时，只为客户建立了纸质档案，未建立电子档案，导致后期无法进行档案的电子查询管理等。试分析存在的问题，并制定整改措施。

参考答案：

存在问题：该电力公司未落实《加快推进"互联网＋"营销服务应用工作实施方案》中"加快营销档案电子化应用"的相关要求。

整改措施：

（1）加快营销档案电子化应用，以用电客户的交互界面为基准，制定营销档案电子化的收集、管理及应用等标准和规范，完成营销电子化档案配套功能开发。

（2）在业务受理时直接建立客户电子档案，为后期加快营销档案电子化应用提供保障。

44．为深化大数据分析应用，请简述应从几个方面开展大数据分析？

参考答案：

深化大数据分析应用，强化数据共享和信息支撑，建设电力客户标签库，构建分析模型，从服务优化、降本增效、市场拓展、数据增值四个方面开展大数据分析，为电网规划、安全生产提供数据支持，深挖数据价值，持续提升运营效益。

45．当前，电力改革加快推进，互联网技术飞速发展，市场主体和客户对公司营销服务提出了更新的要求，因此公司该如何加快推进"互联网＋"营销服务应用建设？

参考答案：

（1）坚持以市场和客户为导向，适应电力改革要求，加强"互联网＋"营销服务应用工作统筹规划，结合公司信息通信新技术创新发展行动计划。

（2）利用"互联网＋"思维和技术改造传统营销服务手段和方式，健全服务渠道、再造服务流程、创新业务体系、拓展新业务应用，更加注重贴近现场和成果应用，解决实际问题。

（3）强化"三全"质量管控，提升现场服务质量，提高市场响应速度，进一步推进营销管理信息化、自动化，现场作业线上化、标准化，客户服务互动化、跨界化，为公司发展做出积极贡献。

46．当前，电力改革加快推进，互联网技术飞速发展，市场主体和客户对公司营销服务提出了更新的要求，为更好地适应国家社会的政治和经济政策，更加全面深化"互联网＋营销服务"应用，请你结合公司发展现状及特点，根据文件要求，简要说明公司在2017年该如何推进"互联网＋营销服务"应用建设？

参考答案：

（1）积极主动适应售电侧改革和"互联网＋"技术发展新形势，以市场为导向、客户体验为中心，以标准化、数字化、智能化、互动化为手段，构建全渠道运营体系。

（2）整合"掌上电力"手机 APP、"电 e 宝"、95598 网站及在线客服资源，优化线上线下一体化流程，深化营配调信息系统贯通和数据共享，打造前端触角敏锐、后端高度协同的 O2O 线上线下闭环服务链。

（3）实现营销服务线上化、数字化、互动化，树立国家电网公司"办电更简捷、用电更智慧、服务更贴心"的服务形象。

47. 某供电公司员工小张，最近接到一个客户报修工单，每天都奔波在客户现场与单位之间，一方面要随时跟客户解释，避免投诉；另一方面还要联系抢修人员，询问进度情况。因此，这几天心情特别不好，小李知道后，告诉小张："公司今年计划开展可视化报修服务应用了，你以后就不会这么累啦！"可是小张却疑惑地看着小李，并询问什么意思。如果你是小李，你该如何向小张解释可视化报修服务应用？

参考答案：

（1）公司全面推广"掌上电力"APP 电力报修服务，会同运检部门，完成配电网抢修移动应用部署，做好抢修人员实名注册、权限分配、信息导入和 APP 使用培训工作，开展报修工单智能化自动派工。

（2）公司全面深化试点"掌上电力"手机 APP 可视化报修服务，通过进一步优化系统架构，精简抢修流程，实现低压抢修和采集运维在线申请，抢修人员实时定位，抢修路径实时查询，抢修进度实时互动。

（3）加强可视化报修数据分析，基本实现"五个一"抢修服务。

48. 某供电公司员工小张，作为一名营销计量资产管理员，每个月都会按时核查库房的计量装置情况，可是时间久了，难免会有一些疏忽，两块刚买的电表不见了，这可把小张急坏了。小李知道后，告诉小张："现在互联网技术这么发达，计量资产或许以后都不需要人去管理了，公司目前正在强化营销资产在线管控，已经聘请了技术专家，你可以去学学呀！"你认为公司应该从哪些方面强化营销资产在线管控的水平？

参考答案：

（1）应用物联网技术提升计量资产全寿命周期管理水平，研发 RFID 技术应用，实施计量设备在采购到货、设备验收、检定检测、仓储配送、设备安装、设备运行、设备拆除、资产报废 8 个环节的资产全寿命周期的可视化管理。

（2）全面推广计量装置在线监测与智能诊断应用，实现计量装置运行工况的实时分析和运行状态的准确评价，构建计量装置的多维度评价体系，实现计量装置的状态检测和采集系统的智能、精准运维，提升业务运营质量和效率。

49. 某市的王先生，居住在当地唯一的"多表合一"小区，水电气热表计可以实现集中采集，王先生说道："不再有抄表员敲门入户抄表，还有一个最大的便利就是水电费可以实现一次性网上缴费，比起以前还需要分头多次缴费，现在方便多了。但现在气、热还需单独交费，如果以后能实现水电气热一张账单、一次交费就好了，那就应该算得上是智慧生活了吧。"请简述如何推进"多表合一"的信息采集建设？

参考答案：

（1）全面排查智能水气热使用情况，将"多表合一"信息采集建设与新建居住区业扩流程紧密衔接。

（2）积极拓展代抄代收业务规模，构建支撑电水气热用能费用代收业务的服务平台，对接主流商业银行和第三方支付渠道，拓展"电 e 宝"水气热等交费服务功能，引导客户线上交费，积极打造服务平台。

（3）加快实现档案管理和联合抄表功能系统应用，为客户提供方便、灵活的用能费用交付结算服务，拓展损耗分析、用能分析、客户行为分析、客户信用分析等增值服务。

50．公司为大力拓展"互联网＋"营销服务应用工作的广度和深度，有效提升公司整体服务水平、提高服务效率、降本增效，按照"脚踏实地、精益求精、扎实推进，坚决杜绝形式主义"的要求。请简述公司应从哪些方面全面推进"互联网＋"营销服务应用工作？

参考答案：

（1）加强组织领导。成立公司"互联网＋"营销服务工作领导小组和工作小组，系统推进"互联网＋"营销服务应用工作和成果落地，确保工作有序开展、取得实效。

（2）强化顶层设计。坚持统一架构设计，统一平台支撑，强化跨专业数据信息共享、系统集成和流程衔接，以提高效益效率为目标，严格落实"互联网＋"营销服务应用工作方案，逐步完善、分步实施。

（3）完善配套机制。强化"五位一体"机制建设，共同推进"互联网＋"营销服务渠道构建、流程再造、运营管控等配套机制建设。建立"互联网＋"营销服务运行监控和持续改进机制，不断提升客户体验和服务感知度，为广大电力客户带来更便捷、更优质、更智慧的服务。

（4）加大成果宣传。以开放、共享、共赢、跨界的"互联网＋"思维，创新理念，统一思想，提高新型业务理念的认同感和参与度。加强各类新闻媒体宣传力度，展示公司良好企业形象，不断提升客户对公司服务品牌的认知度和认同感，积极营造市场竞争和服务创新的良好外部环境。

（5）加强队伍建设。充分发挥公司科研、产业与运行单位在技术研发、设备研制、信息运维等方面的整体优势，培养优秀的专业人才梯队，组建一支懂营销、精数据、会技术的优秀复合型人才组成的专家团队，提升"互联网＋"营销服务模式下的综合服务水平。

51．新华网××频道 2015 年 7 月 17 日电 "你们办事效率真是高！"7 月 16 日，家住××区民主路的某村民来到国网××供电公司××营业厅提交新增用电需求申请，从受理用电申请、现场查勘、装表接电，工作不到两天时间顺利完成，得到客户一致好评。这是该公司通过实施低压报装查勘装表"一岗制"提高业拓报装效率的具体体现。请结合实际工作，谈谈你对查勘装表"一岗制"制度的理解。

参考答案：

（1）为进一步提高办电效率，让客户享受舒心、便捷的报装服务，供电公司应该就业扩报装工作实施精益化过程管控。

（2）针对低压客户用电，推出查勘装表"一岗制"制度，在受理客户用电申请后，用电检查人员随同装表接电工作人员立即到现场查勘确定供电方案，当场装表接电具备条件的客户，进一步转变低压客户服务理念，提升用户体验水平。

52. 近年来，国家电网公司努力构建以客户和市场为导向的业扩报装服务新模式，提升业扩报装服务水平。全面推广业扩全流程信息公开与实时管控平台，集成营销、运检 PMS、ERP、调控等业务系统，将电网资源信息公开、供电方案备案会签、接入电网受限整改、电网配套工程建设、停（送）电计划安排等协同环节由线下传递转为线上流转，实现业扩报装"全流程线上流转、全业务数据量化、全环节时限监控、全过程智能互动"。请谈谈为何要集成营销、运检 PMS、ERP、调控等业务系统？

参考答案：

（1）供电公司打通了业扩报装跨部门、跨专业之间的流程信息通道，构建了开放友好、互联互动的"互联网＋业扩服务"智能体系，为客户提供了公开实时的办电信息和全程参与办电过程的便捷渠道，实现了电网负面清单、办电进程、服务责任单位等信息的公开透明，保障了客户的知情权，进一步提升了客户体验。

（2）大幅提升供电公司业扩办电效率和服务质量，其中低压居民业扩、低压非居民业扩及高压业扩全环节均显著缩短时限。

53. 某公司以营销大数据多维度全过程预警为核心，建立地（市）、县、所、员工四级运行监控体系，支撑工单流转及业务管控，增强运维能力。因某月该公司的用电信息采集成功率突降为 97.8%，导致大量电量数据无法自动采集，安排某工作人员去现场抄表，而后通过后台主站手动将抄表数据推送至营销业务应用系统，故该月没能实现用电信息采集系统抄表数据自动推送。通过以上案例，简述你对"抄表数据自动推送"的理解。

参考答案：

（1）落实《国家电网公司加快推进"互联网＋"营销服务应用工作》方案，推广费控业务和数据中心建设，利用"互联网＋"，强化"全员、全过程、全业务"质量管控，推进营销管理信息化、自动化、智能化，实现营销业务转型升级。

（2）供电公司全部安装智能电能表，实现用户"全覆盖、全采集、全费控、全预警"，构建"集中远程抄表、集中智能核算、集中统一收费、集中专业运维"抄核收工作模式。

（3）完成电费"四自"测试上线，实现抄表数据自动推送、电费核算系统自动完成、电费结果自动审核和发行。

（4）通过整合现场工作业务，将用检现场巡视和采集信息核对周期一致，撤销抄表班，将现场核抄、维护等职能调整到采集维护班，实现专业人员现场一次性完成消缺、补抄等工作，提高工作效率和服务质量。

54．随着国家电网公司"全采集、全覆盖、全费控"的电力客户用电信息采集系统并喷式发展，以智能化、信息化、数字化、自动化和互动化为基础的现代电力"大营销"管理模式初步形成。但因阶梯电价实施与现有电能表冻结功能矛盾，电能表远程缺抄、漏抄，远抄停、复电与营销服务压力的矛盾及大量智能电能表与采集终端的安装调试和现场消缺手段缺失等因素影响，迫切需要一种经济、方便、实用的现场工作设备来管理现场的电能计量工作。结合实际工作，请谈谈现场补抄由移动平台进行的意义。

参考答案：

（1）手持抄表终端通过无缝自动抄表能减少抄表环节的错抄、漏抄和估抄等营销差错，满足阶梯电价的时效性和准确性，为客户和供电公司的利益提供一个有力保障，提高计量服务水平和质量。

（2）手持抄表终端的扩展应用成为用电信息采集系统和营销业务应用系统的重要组成部分。通过 USB 和 GPRS 无线接口直接与用电信息采集系统、智能停送电系统及配电网指挥调度平台等系统或系统中间数据库的交互，获取抄表计划、停送电计划和故障排查等工作任务，在现场通过红外、电力线载波及 USB 等接口与智能电表和集中器现场设备进行通信，直接将信息数据和工作完成情况上传到各系统，形成一个无缝结合式的闭环管理。

55．某供电公司首只欠费用户远程停电成功，实现了电能表远程停复电测试成功，并编制《远程停复电指南》，标志着用电信息采集系统实用化又迈上新的台阶。下一步，公司将采用以点带面，选择 6～8 个试点台区，逐步推广并深化采集系统应用，确保建成一片、应用一片。请简述你对用电信息采集系统中远程停复电操作准确传达、自动下发的看法。

参考答案：

（1）公司坚持以市场和客户为导向，积极探索供电服务新模式，扎实开展"互联网＋"营销服务应用工作，全力打造线上线下全电子化服务体系，实现用电申请、电量查询、电费交纳等用电业务在线办理。

（2）用电信息采集系统是电力系统中最核心的系统之一，采集系统设备规模庞大，涵盖超大量的计量、采集设备。建立一套用电信息采集运维系统，结合实用高效的采集故障发现及分析方法，加强采集运维工作，强化采集数据监控，提高故障处理效率，丰富采集运维手段，创新运维质量评价体系，稳步提高采集数据指标。

（3）推广电费抄核收一体化全自动作业模式，实施采集、核算、发行、通知、收费、账务一体化全自动处理，实现抄表数据自动推送，电费核算发行自动完成，停复电操作准确传达、自动下发。

56．随着营销业务的不断发展，国家电网公司对营销自动化水平、安全防护水平的要求越来越高。国家电网公司在《"十二五"电力营销发展规划》中提出构建"大营销"体系，全面提高营销业务应用的质量和效率，实施营销自动化提升工程、推进智能用电服务建设，全面保障电费回收。费控系统的推广是其主要内容之一。结合实际工作，谈谈你对远程费控系统建设应用的理解。

参考答案：

（1）远程费控系统以电力营销应用系统和用电信息采集系统为依托，以智能电表的费控业务应用为起点，实现实时、全自动、智能化电力营销工作方式，减少大量抄表、催费工作量，当居民用电余额低于一定数值时，系统会自动发出提醒短信，通知及时缴费，避免不必要的违约停电。员工可集中更多精力和时间为客户服务，改善服务质量，降低电费回收风险。

（2）远程费控系统是应用无线、宽带通信和网络应用技术，与现场安装的各采集终端进行指令下发和数据传输，它主要是以用电信息采集系统和营销业务应用系统两个独立服务器为核心。智能电能表和采集终端通过 RS-485 通信缆进行数据的转发。智能电能表将指令执行结果和数据参数，通过 RS-485 通信反馈给采集终端。采集终端继续转发指令和数据，上传至营销业务应用系统和用电信息采集系统。反过来，智能电能表接收到指令和数据后也会进行相应的动作。

57．2017 年 6 月 1 日，《中华人民共和国网络安全法》正式施行，高度重视网络安全工作，强化关键信息基础设施安全，强化企业网络安全责任，强化互联网意识形态安全至关重要，必须把公司网络安全和各项工作，按照法律要求抓紧、抓实。请结合工作实际，说明如何深化营销网络与信息安全管控。

参考答案：

（1）建立健全重大网络安全事件的应急处置机制，构建坚强的网络安全保障体系和防御体系，确保不出现网络安全事件。

（2）全面落实《中华人民共和国网络安全法》，做好相关宣传普法工作，确保电网工控系统安全，完善安全防护措施，完善网络安全监测体系，提升攻击检测、监控的能力，常态开展监测预警、安全分析、性能评价工作。

（3）围绕当前的突出问题，明确管理职责，配齐网络安全专业人员，完善系统的安全防护措施，具备持续防御外部网络攻击的能力。确保不发生客户信息大规模泄漏事件。

58．2015 年是我国"一带一路"战略全面实施的重要的一年，也是我国首次提出"互联网＋"行动计划的一年。公司顺应趋势，转变传统业态模式，实施"互联网＋电力营销服务"转型，同时，成本高、效率低的传统电力营销方式亟须改变。"互联网＋全天候智能营业厅""互联网＋全新办电体验服务""互联网＋新型电力服务平台"是未来"互联网＋电力营销服务"的发展方向。目前，公司遵循以市场和客户为导向的服务战略，注重提升客户体验，多维度建设电子服务渠道，推出 95598 互动服务网站、微信公众号、"掌上电力"手机 APP、"电 e 宝"智能应用、"e 充电"等多种在线服务方式。适应售电市场放开，加快客户接电，基于"掌上电力"手机 APP、95598 网站开通客户线上办理业扩申请、进度查询、自助交费、监督评价等服务。

请结合工作实际，说明如何全面实施业务流程优化和在线办理。

参考答案：

（1）加快线上渠道推广应用，有效利用"电e宝"电费小红包、交费盈、电力积分等营销产品，开展渠道推广引流和精准营销活动。

（2）大力推广线上办理新装、增容和业务变更业务，优化高压 8 类常用业务（高压暂停、暂停恢复、改类-基本电价计费方式变更、改类-调整需量值、高压增容、减容、减容恢复、高压更名）和低压全业务（新装、增容、更名过户、销户、居民峰谷电价变更、表计申校、计量装置故障等）线上业务办理流程。

（3）完善电费电子账单、电子发票、用能分析、停电到户通知等在线服务功能，拓展"电e宝"扫码支付、代扣代充、企业用户"电e宝"线上交费功能。

59．开展可视化报修服务应用，深化试点"掌上电力"手机 APP 可视化报修服务，进一步优化系统架构，精简抢修流程，实现低压抢修和采集运维在线申请，抢修人员实时定位，抢修路径实时查询，抢修进度实时互动，对提升抢修服务效率具有重要意义。请举例说明，如果居民用户家中用电发生故障，通过"掌上电力"手机 APP 故障报修及现场抢修的全流程。

参考答案：

如果居民家中用电发生故障，可登录"掌上电力"APP，进入"服务"菜单，选择"我要报修"，输入联系人、联系电话、点选故障地点和故障现象进行报修，还可以上传现场图片，方便电力抢修人员提前了解故障现场情况，更精准地进行抢修。接到该报修信息后，通过监控系统智能分派工单，抢修人员接单后，可远程查看故障信息、现场照片，通过系统导航快速到达现场，及时处理故障。

60．开展电子渠道"统一消息"管理，通过 APP、微信、网站和短信等电子化服务渠道，实现业务办理信息、量价费信息、交费信息、电网计划停电等消息的点对点精准推送，降低信息公开服务成本，减少 95598 服务热线的咨询话务量。请举例说明实际工作中如何进行点对点精准推送（请至少举出两例）？

参考答案：

举例 1：停电信息提前获知，微信公众号。"掌上电力"APP 等电子渠道提供最近 7 天的区域停电信息查询。停电信息主要包括计划停电、故障停电、临时停电，只要选择所在区域范围，就可以提前了解到停电信息。

举例 2：电量电费点对点推送，登录"掌上电力"APP，点击首页"电量电费"，即可查询本月产生电量电费信息，点击"历史用电"，可以查询近三年的电量电费信息。

61．2017 年 5 月 12 日 20 时左右起，勒索病毒开始肆虐全球，100 多个国家和地区的数万台电脑遭该勒索病毒感染，国内有 2.9 万多个 IP 地址感染勒索病毒，电力行业也未幸免，不少电力部门遭遇攻击，造成一定程度的损失。对于这次病毒攻击，中国工信、公安、教育、网信等多部门紧急响应，国家电网总公司相关部门紧急召开会议，要求全力做好自救工作，并强调举一反三，全面做好网络和信息安全工作。请根据上述案例分析如何确保网络与信息安全？

参考答案：

（1）按照总部统一部署，组织营销系统员工，认真学习国家网络安全法等法律法规，加大信息管控，强化各专业安全管理与监测，严防发生失泄密事件。

（2）积极应用网络安全防护新技术，打通各渠道壁垒，统一运维管理，组织实施数据库级别的数据信息脱敏工作，细化各业务岗位数据访问权限和范围，加强对运维操作账号、密码、运指令的可追溯审计，定期组织进行数据核对，同时加强责任追究力度，限制非法操作，发现问题立即整改。

62．国家电网公司经营区域覆盖 88% 的国土面积，是一张为 11 亿人供电的大网。现在，国家电网公司正编织第二张网——车联网。未来，车联网不仅会带动出行方式的变革，更有利于构建绿色低碳交通、缓解大气污染。2017 年，车联网建设将全面提速，国家电网第二张网前景可期。请根据上述材料分析如何推进车联网平台建设？

参考答案：

推进车联网平台运营监控中心及可视化系统和社会运营商互联互通支撑平台建设，加快市场化商业运作，推进社会充电桩接入，实现财务收费、客户管理、设施监控、运维检修、充电服务、电动汽车租赁服务等全业务上线运行，拓展车险、网络广告等增值服务功能。

63．用户在注册"电 e 宝"账号后，也可通过该账号登录"掌上电力"APP，试分析渠道互联互通的方式有哪些？

参考答案：

（1）开展"电 e 宝"实名认证服务，加快推动电费充值、充电支付、电商购物"一卡通"应用。

（2）推进公司"掌上电力"手机 APP、"电 e 宝"、95598 网站、国网商城、微信和车联网等线上渠道的账户统一，实现客户"一次注册，多渠道应用"。

（3）通过 H5 方式实现"掌上电力"与"电 e 宝"之间全功能互相融合，具备客户通过登录"掌上电力"与"电 e 宝"其中一个客户端即可实现全功能应用。

64．将电费业务的抄核收和账务全流程业务链条进行大贯通，实现电费智能抄核收账务流程自动一体化系统，电费一体化系统实现了自动生成抄表计划、自动采集抄表、自动算费、自动发行应收、自动结转实收、自动传输到营财平台、自动生成财务账套。电费业务流程全封闭式自动化处理使至少 99% 的流程衔接操作人力解放出来，让员工有更多精力处理异常工单，更彻底堵塞了电费管理漏洞，保证电费收入颗粒归仓。此外，该系统强约束电费管理使各环节操作更加客观严肃，规避了以往的人工干预风险。请根据上述材料简述推广电费抄核收一体化作业的主要工作内容。

参考答案：

（1）全面推进抄核收智能化。

（2）全面深化远程费控系统建设应用。

（3）大力推广"掌上电力"手机 APP、"电 e 宝"功能应用。

（4）加快电费电子化账单和电子发票推广。

65．随着越来越多的消费者通过网络购买东西，国家电网公司也推出让用户直接在网上购电的国家电网网上营业厅。通过网络，用户可以在任何时候享受交纳电费、查询电费、故障保修及在线投诉等服务。国家电网网上营业厅的开通，为电力公司开辟了一条新型的销售模式，也为广大电力用户提供了更为方便优质的服务。请根据材料简述建设全天候网上营业厅的任务内容。

参考答案：

完善"掌上电力"手机 APP、95598 网站、"电 e 宝"、车联网、"e 充电"等电子渠道，实现在线业务受理、电量查询、电费查询、电费充值、交费、电子客服等应用。

66．信息可视化是一门将信息和数据转换为人们可以直观、形象理解的图形或图像表达方式的技术。从而可以为管理人员提供更为快捷、有效的服务。可视化技术为解释现象、揭示机理、发现规律、预测结果提供了独到的方法。随着电网装备水平明显提高，电网运行性能指标向国际水平靠拢。如何利用先进科学技术，提高电网生产经营的科学管理水平。根据国内外的应用经验来看，信息可视化是解决电网运行管理需要使用的关键信息技术。开展可视化报修服务应用，请根据材料分析供电服务指挥平台建设试点如何实施？

参考答案：

推广"掌上电力"APP 电力报修服务，做好抢修人员实名注册、权限分配、信息导入和 APP 使用培训工作，开展报修工单智能化自动派工，加强可视化报修数据分析，基本实现"五个一"抢修服务。

67．近年来，在公司党组的坚强领导下，公司积极开展"互联网＋"营销服务应用工作，并取得阶段性成果，有关项目成功入选国家发展改革委评选的中国"互联网＋"行动百佳实践案例。公司拓展电子渠道，建成"掌上电力"手机 APP、95598 网站、"电 e 宝"、车联网等线上服务渠道，注册客户数累计达 5148.71 万户，已覆盖 26 个省（市）公司；推广现场移动作业，建设营销服务移动业务应用平台，配置移动作业终端 5.7 万台，现场服务效率和客户感知度大幅提升；开展营销大数据分析，有效支撑公司提质增效和服务提升；开展业扩全流程管控，试点建设业扩全流程信息公开与实时管控平台，促进业扩提质增效；支撑新型业务开展，累计接入"多表合一"采集用户 41.95 万户，2.6 万个充电桩接入车联网，积极培育公司新的效益增长点。当前，电力改革加快推进，互联网技术飞速发展，售电侧改革对营销服务提出新的要求。公司党组高度重视"互联网＋"营销服务应用工作，进行专题研究，提出具体要求。下一步，公司将大力拓展"互联网＋"营销服务应用工作的广度和深度，全面提升公司服务水平和服务效率。

请根据上述材料简述公司《加快推进"互联网＋"营销服务应用工作实施方案》的重点任务包括几个方面？

参考答案：

（1）实施业扩报装全流程管控。

（2）推广电费抄核收一体化作业。

（3）加快构建电子化渠道。

（4）深化大数据分析应用。

（5）强化营销资产在线管控应用。

（6）实施现场移动作业应用。

（7）拓展跨界公共服务应用。

68．营销移动作业终端完善地理信息定位、电网资源搜索、可开放容量查询、方案辅助设计等功能，为客户经理提供信息支撑权限。现场勘查时，终端根据 GPS 定位功能确认客户报装位置，自动搜索 500m 范围内符合要求的变电站、线路等电源。请结合工作实际，阐述如何推动营销移动作业实用化？

参考答案：

（1）建设基于移动作业平台的营销微应用群，完善客户服务、电费催收、业扩报装、用电检查、计量装拆等现场作业功能，基本取消纸质工单流转，提高现场综合服务能力和效率。

（2）建立移动作业平台使用规范，编制移动作业指导书手册、平台操作手册、应用管理等制度标准；推进班组作业方式、管理模式提升，实现业务处理智能电子派单、现场标准化作业、工作质量、客户评价全程在线管控。

69．2017 年，公司积极适应售电侧改革和"互联网＋"技术发展新形势，优化完善渠道推广策略，在渠道建设应用上，请结合工作实际，说明如何加强电子渠道运营管理？

参考答案：

（1）进一步明确自有电子渠道功能定位，完善电子渠道运营管理制度规范，在国网、省、市（县）三级建立统一服务资源调度和分级运营机制，构建全渠道运维体系。

（2）建设全渠道统一服务平台，整合"掌上电力"APP、"电 e 宝"、95598 网站及在线客服资源，实现"互联网＋"营销服务电子渠道数据统一在线监测、分析和展示，提高移动服务便捷性、可靠性。

70. 根据目前国家发展改革委调研情况分析，未来几年内，纯电动汽车所亟须的技术都会得到突破，10 年后，国内销售的增量新车中，将没有内燃机作为动力的传统汽车，取而代之的则是以纯电为动力的新能源汽车。近年来，国家电网公司建设充电设施数量快速增长，运维压力持续加大，为统一充电设施运维标准，强化车联网平台监测管控能力，不断提升充电服务水平，国网营销部组织各省公司、国网电动汽车公司和国网客服中心，编制了《电动汽车充电网络及车联网平台运维管理工作指南》。

（1）请问该指南在哪些方面给予指导，适用于哪些领域？

（2）如何做好 95598 充电服务？

（3）怎样规范充电卡管理？

参考答案：

（1）本指南在充电设施现场、车联网平台、95598 客户服务三个方面，给予指导。适用于公司投资建设的充电设施现场巡视及检修、车联网平台实时监控、车联网平台运维、充电营业业务、95598 客户服务等领域。

（2）分级做好 95598 咨询答复；认真收集分析 95598 建议；严格按时限处理 95598 报修；着力解决 95598 投诉问题；持续完善充电网络知识库与服务话术。

（3）充电卡实行发行、回收、销毁的全过程管理。国网电动汽车公司负责统一公开发行充电卡，建立充电卡采购、制作、领用、保管机制，合理制定充电卡采购计划，督促制卡单位按期完成充电卡供货。省公司应组织地市公司充电卡管理员每月 25 日前从车联网平台报送用卡需求，国网电动汽车公司车联网运营负责人 2 个工作日内完成审批，并委托制卡单位于 20 日内将充电卡邮寄至地市公司充电卡管理员。充电卡管理员收到充电卡后 1 个工作日内通过车联网平台确认。按照"谁领用、谁负责"的原则，各级运维单位开展充电卡回收、销毁等管理工作。

71. 为了顺应历史潮流，简化缴费程序，便利用户生活，为此国家电网公司近期推出了一款新产品"电 e 宝"。请问"电 e 宝"是什么？它的出现有什么意义？

参考答案：

"电 e 宝"是国家电网公司自有全网通互联网交费平台，为广大用电客户提供安全可靠、优质高效的支付服务；是国家电网公司互联网线上供电服务的主营载体之一，集支付结算和金融服务为一体，为国家电网公司"掌上电力"、国网商城、互联网金融、光伏云网等平台提供便捷、高效的支付结算服务，为公司"互联网＋营销服务"发展提供有力支撑。

72. "电 e 宝"作为一个为广大用电客户提供安全可靠、优质高效的支付服务的全网通互联网交费平台，其软件的主界面也秉承着以用户为中心的原则，以亲民、生活为主基调，致力于打造"便利生活，乐享财富"优质服务平台。请问其主界面被分为了哪些功能区域？

参考答案：

广告推广区、活动推广区、综合应用区、延伸应用区、个人功能区。

73．科技快速发展进步的当今世界，便捷的移动支付方式已经成为人们生活必不可少的一部分。国家电网公司由此应运而生的"电 e 宝"缴费软件也登上各大应用市场供下载使用。请问手机用户该怎样安装"电 e 宝"APP 呢？

参考答案：

（1）扫码下载。

（2）搜索下载。

1）IOS：通过 AppStore 搜索"电 e 宝"。

2）安卓：通过应用市场搜索"电 e 宝"。

74．科技快速发展进步的当今世界，便捷的移动支付方式已经成为人们生活必不可少的一部分。国家电网公司由此应运而生的"电 e 宝"缴费软件也登上各大应用市场供下载使用。请问成功安装"电 e 宝"APP 后该如何注册一个账号呢？

参考答案：

（1）用户下载"电 e 宝"APP 进行基本信息注册。

（2）在"电 e 宝"APP 端的登录页面，点击立即注册。

（3）输入您的手机号，点击"获取验证码"，输入校验码，设置登录密码，确认登录密码，勾选"电 e 宝"用户服务协议。

（4）"电 e 宝"对用户填写的基本信息是否已经存在进行判断，并对注册信息的基本信息合法性进行校验。

（5）点击"注册"，成功进入"电 e 宝"登录界面。

75．科技快速发展进步的当今世界，便捷的移动支付方式已经成为人们生活必不可少的一部分。国家电网公司由此应运而生的"电 e 宝"缴费软件也登上各大应用市场供下载使用。请问成功安装"电 e 宝"APP 并且已注册账号后如何登录该软件呢？有几种方式？每种方式具体如何操作？

参考答案：

登录方式包括：①普通登录；②户号登录。

（1）首页点击"普通登录"，输入手机号和登录密码，点击"登录"。

（2）首页点击"户号登录"，选择地区，输入户号和查询密码，点击"登录"。

（3）首次使用户号登录会进入关联手机号页面，输入手机号，获取并输入验证码，点击确定，进入"电 e 宝"主界面。

76．科技快速发展进步的当今世界，便捷的移动支付方式已经成为人们生活必不可少的一部分。国家电网公司由此应运而生的"电 e 宝"缴费软件也登上各大应用市场供下载使用。在使用"电 e 宝"APP 的过程中，经常会有用户出现忘记密码的现象，请问出现忘记密码的情况该如何解决？

参考答案：

（1）进入"电 e 宝"登录界面后，点击"忘记密码"。

（2）输入手机号，点击"获取验证码"，输入验证码。

（3）点击"下一步"，跳转至登录密码找回界面，输入新的密码，点击"确定"。

（4）重置密码成功，点击"完成"，跳转到登录界面。

77．科技快速发展进步的当今世界，便捷的移动支付方式已经成为人们生活必不可少的一部分。国家电网公司由此应运而生的"电 e 宝"缴费软件也登上各大应用市场供下载使用。在使用"电 e 宝"APP 缴费前，首先要绑定银行卡，才能有支付的渠道。请问绑定银行卡这一步骤如何具体操作？

参考答案：

（1）"电 e 宝"首页中点击最下方"钱包"选项，找到"银行卡"。

（2）点击"快捷支付银行卡"。

（3）点击"添加快捷银行卡"。

（4）选择绑卡种类储蓄卡或信用卡。

（5）填写银行卡及校验码信息后点击提交，完成。

78．科技快速发展进步的当今世界，便捷的移动支付方式已经成为人们生活必不可少的一部分。国家电网公司由此应运而生的"电 e 宝"缴费软件也登上各大应用市场供下载使用。在使用"电 e 宝"APP 时，用户可以直接从银行卡上扣费缴纳电费，也可以通过充值功能充值一部分钱到 APP 上购买电费小红包、缴纳电费等。请问如何通过充值功能进行充值？

参考答案：

（1）"电 e 宝"首页中，点击左下角的"钱包"。

（2）点击"充值"。

（3）输入充值的金额，点击"确认充值"。

（4）输入"电 e 宝支付密码"和"短信验证码"，点击"确定"，完成充值。

79．科技快速发展进步的当今世界，便捷的移动支付方式已经成为人们生活必不可少的一部分。国家电网公司由此应运而生的"电 e 宝"缴费软件也登上各大应用市场供下载使用。在使用"电 e 宝"APP 时，用户也可以通过"提现"功能将充值到 APP 里的钱转出到自己的银行卡上。请问提现的功能是如何实现的？

参考答案：

（1）"电 e 宝"首页中，点击左下角的"钱包"选项。

（2）点击"提现"。

（3）输入想要提取的金额（不得大于剩余余额），点"提交"。

（4）输入正确的支付密码和收到的短信校验码，点击"确定"完成操作。

80. 科技快速发展进步的当今世界，便捷的移动支付方式已经成为人们生活必不可少的一部分。国家电网公司由此应运而生的"电e宝"缴费软件也登上各大应用市场供下载使用。在使用"电e宝"APP缴费前，首先要绑定银行卡，并且进行实名认证后才能正常缴费。请问如何进行实名认证？具体如何操作？

参考答案：

实名认证分为两种，一是银行卡认证，二是身份证认证，二者区别在于风控限额大小。具体操作步骤为：

（1）点击首页右下方"我的"。

（2）点击"实名认证"。

（3）可选择"银行卡认证"和"身份证认证"两种方式。

1）银行卡认证的操作步骤为：

a. 点击"银行卡认证"。

b. 选择所要使用的储蓄卡或信用卡。

c. 输入相关个人信息，并点击"提交"。

2）身份证认证的操作步骤为：

a. "身份证认证"与公安系统对接。

b. 输入自己的相关身份信息，上传身份证正反面及本人近照，点击"提交认证"。

81. 安装"电e宝"APP并做好前期的注册、登录、绑定银行卡、实名认证等一系列准备工作后，具体该如何交纳电费？

参考答案：

通过"电e宝"，用户可以获得便捷的电力交费体验，能够方便地查询电费余额，可以使用银行卡、"电e宝"账户余额和电费小红包等多种支付方式完成电费的充值和交纳。交纳电费的具体流程如下。

（1）进入生活交费，选择缴费类型。

（2）选择交费地区，填写客户编号。

（3）选择支付方式。

（4）输入支付密码，点击"确定"。

（5）交费成功。

82. 用户除了可以在手机上使用"电e宝"APP缴费，国家电网公司也为使用电脑网页版的用户提供了平台。请问使用电脑网页版的用户该如何操作缴费？

参考答案：

电费网银：该功能为"电e宝"为用户提供的网银缴纳电费的平台，用户可以通过登录国网商城（http://emall.esgcc.com.cn），进行选择网银支付工具进行购电。具体操作步骤如下。

（1）用户登录国网商城网站选择电费网银进入购电界面。

（2）用户输入用电户号进入下一步。

（3）输入支付金额，并选择支付类别。

（4）选择银行，并跳转至网银支付界面。

83．供电公司在催费时，偶尔会碰到孤寡或生活不便的独居老人，尤其农村地区较多。国家电网公司专为这类用户开发了"电费代收"的功能模块，以便于能更好地为用户服务。请问电费代收具体指的是什么？如何操作？

参考答案：

电费代收（农电代收）：代收人员可以使用"电 e 宝"平台注册的专用交电账户进行"电 e 宝"委托收款，收费完成后，通过配备的蓝牙打印机及时向用户提供交费小票。具体操作步骤如下。

（1）找到首页右下方的"我的"并点击。

（2）在"设置"页面点击电费代收。

（3）在"农电工收费"页面输入客户用电户号。

（4）在下方输入购电金额，点确认支付。

（5）选择支付方式。

（6）确认购电金额。

（7）购电成功，点击打印票据功能。

84．供电公司提供了多样化的缴费方式，如银行卡代扣、支付宝、微信、现金等，最新推出的"电 e 宝"不仅实现了网上缴费，也可以提供代扣服务。请问电费代扣功能具体如何实现？

参考答案：

（1）首页进入生活交费，点击右上角电费代扣；或者在"我的"中选择电费代扣。

（2）添加电费代扣用户编号。

（3）添加新的户号或选择已绑定的用户编号。

（4）核对用户信息，选择付款方式，点击立即开通即可。

85．如今科技发达，许多事情都可以不用人工到现场进行操作，远程停复电不是梦想。国家电网公司开发的"电 e 宝"也考虑了这一点，新增了自助复电的功能，让用户自己在家动动手指就能实现复电。请问如何通过"电 e 宝"实现自助复电？

参考答案：

（1）从首页进入智能电费模块，点击自助复电。

（2）输入用电户号、查询密码及短信验证码，点击自助复电。

（3）核对客户编号、客户名称、用电地址，点击确认。

（4）自助复电申请成功，系统提示将会在 24h 内自助复电。

86．国家电网公司开发的"电e宝"缴费软件将理财与交费结合起来，开发了交费盈这个功能，不仅为用户提供了便利，也为用户争取了利益最大化。请问交费盈具体如何操作？

参考答案：

（1）"电e宝"主页面点击交费盈，进入交费盈页面，点击"我要开通"。

（2）选取一张已绑定的银行卡，输入所投金额数，点击"确认转入"。

（3）输入支付密码和校验码，点击确认，完成转入。

（4）点击"开通自动交费"。

（5）输入交费地区和客户编号，点击"立即开通"，个人信息自动生成，选金额设置自动交费，点击"立即开通"。

87．"电e宝"缴费软件的推广使用，不仅使交费变得便捷、高效，也使用户享受到了优惠与福利。请问国家电网公司以"电e宝"为平台为用户提供了什么优惠？

参考答案：

电费小红包是由"电e宝"发行，具备国家电网公司特色的，以电力消费为特性的互联网支付红包，是"电e宝"提升服务品质及影响力的重要手段，可通过购买、预存电费、注册新用户及抽奖等活动获取。小红包可赠送给微信朋友及通讯录朋友，支持交纳电费，但不可提现。

88．继推出并稳定推广使用低压版"电e宝"后，国家电网公司又推出"电e宝"企业版缴费功能。请问"电e宝"企业版缴费功能的推出具有什么现实意义？

参考答案：

目前企业用户缴费以银行转账形式为主，其缴费笔数和金额的规模远超电子托收等缴费方式，带来了繁重的对账和销账工作量，为此"电e宝"在其网页版上开发了企业用户缴费功能，客户可以通过输入户号缴费，满足营销系统实时对账销账需求，减轻账务人员的工作量。

89．继推出并稳定推广使用低压版"电e宝"后，国家电网公司又推出"电e宝"企业版缴费功能。但"电e宝"企业版对企业用户的硬件、软件设施有一定的要求。请问要使用"电e宝"网页版给企业缴费有什么先决条件？

参考答案：

（1）用户交费方式不是卡表购电和特约委托。

（2）用户已开通网银支付功能。

（3）网银银行为工商银行、农业银行、中国银行、建设银行、交通银行、中信银行、光大银行、华夏银行、民生银行、广发银行、深圳发展银行、招商银行、兴业银行、浦发银行之一。

90．继推出并稳定推广使用低压版"电 e 宝"后，国家电网公司又推出"电 e 宝"企业版缴费功能。请问企业用户使用"电 e 宝"网页版给企业缴费，具体的操作步骤是什么？

参考答案：

第一步：输入网址 http：//www.esgcc.com.cn/，打开国网商城网页。

第二步：选择右上角"电费网银"。

第三步：输入登录账号（国网商城或"电 e 宝"的登录账号都可登录）、登录密码进行登录。

第四步：选择交费省份，并输入客户编号，并勾选"电 e 宝自助缴费协议"，点击"确认交费"。

第五步：输入购电金额，选择"企业支付"，生成订单（需要插入经办人 U 盾，且购电金额必须不小于应交金额）。

第六步：选择银行，选择"去网上银行付款"。

第七步：跳转至银行完成付款。

第八步：网银审批，点击电子商务中的批准指令，查询已生成的待支付订单，点击审批完成支付（需插入复核人 U 盾）。

91．某供电公司员工小王把"电 e 宝"APP 推荐给了自己的朋友小李。有一天，小王接到了小李的求助电话，说自己的"电 e 宝"账户登录不进去，显示被锁定，请问有可能是什么原因，该如何解决？

参考答案：

小李可拨打"电 e 宝"客服电话 4007095598，提供自己的账号，请客服在后台查询其账户状态。

情况一：某些行为被风控系统默认为异常操作，登录账户被锁定。

处理方式：建议小李 24h 后登录"电 e 宝"网页版（www.95598pay.com），登录后在账户管理—客户信息中点击实名认证，进行网页端的实名认证来解除支付账户的锁定。

情况二：登录时输入密码错误超过十次，账户密码被锁定。

处理方式：6h 后会自动解锁，建议小李 6h 后再次登录，若忘记密码应先进行找回密码的操作。

92．小张常年在外工作，家里的父母年纪都大了，经常忘了交电费。听说"电 e 宝"可以在线缴费，还经常有一些优惠活动，试了一下果然好用。今年端午节回家的时候，小张给父亲带回了一个新的智能手机，并帮父亲下载安装了"电 e 宝"APP，注册了一个新账户。完成信息设置后，在绑定银行卡时，小张却发现用自己的银行卡怎么也绑定不了，请问这是什么原因？

参考答案：

"电 e 宝"绑定的银行卡需要与"电 e 宝"账户注册时设置个人信息中的真实姓名一

致，建议绑定本人的银行卡。

93．小李发现自己的"电 e 宝"账户余额已经所剩无几，赶紧充值了 1000 元。很快，手机上就收到了银行的扣款短信，但是到"电 e 宝"里一看，余额并没有增加。这是怎么回事？

参考答案：

这种情况可能是由于网络原因导致的，建议客户刷新重试，如仍有问题，客户可以联系网页或电话客服帮助记录反馈。

94．某供电公司营业厅人员接到客户反映，自己在"电 e 宝"账户中申请提现 2000 元失败，非常担心。请问营业厅人员该怎么解答？

参考答案：

请问您是否进行了实名认证，目前为了保证您的资金安全，提现前需要您先进行实名认证。

实名认证分为手机端及网页端两种，手机端请登录手机"电 e 宝"APP 后，点击设置—头像及用户名—实名认证—快速认证，网页端登录后点击账户管理—客户信息—实名认证。

如您已经进行过实名认证，请您联系"电 e 宝"客服，提供提现失败的错误提示信息、提现流水号和您的联系方式、姓名，客服将反馈至相关部门处理，进行核实，有进展会及时通知您。

95．小张听别人推荐，新注册了一个"电 e 宝"账户。在开通快捷支付时，软件提示需要填写预留信息。小张怎么也想不起来，试了好几次都无法完成。请问他该怎么办？

参考答案：

建议小张核实开通快捷支付预留信息与银行预留是否一致，或者拨打绑定银行卡的发卡行电话进行核实。

96．某客户咨询社区经理"掌上电力"绑定方法，请分别简述"掌上电力"低压版、企业版户号绑定业务规则，并简述高压版自动授权功能。

参考答案：

低压版户号绑定业务逻辑：一个户号只能被一个手机号绑定，一个手机号最多可以绑定 5 个低压户号。绑定时需要输入查询密码，一般初始查询密码为 123456，如非初始密码或密码为空无法绑定，在营销系统"客户密码重置"模块重置密码即可。

企业版户号绑定业务逻辑：一个户号只能被一个手机号绑定，一个手机号可以绑定多个户号（高压无限制），只有在营销系统档案中的法人、账务或电气联系人才能进行绑定。绑定时需要输入查询密码，一般初始查询密码为 123456，如非初始密码或密码为空无法绑定，在营销系统"客户密码重置"模块重置密码即可。

自动授权功能：一般情况下，"掌上电力"高压版户号绑定后可以授权给他人（最多只能授权三个），被授权人拥有与绑定人相同的查询与业务办理权限，但被授权人无法再次授权给第三人。但在无法查明已绑定户头情况下，只要客户联系信息与营销系统"法人联系人、电气联系人、账务联系人"三种联系人任一人相同，即可获得系统自动授权，完成户号绑定，自动获取的授权无法授权给其他人。

97．某户预使用企业版"掌上电力"申请暂停变压器一台，如何操作？

参考答案：

（1）通过"掌上电力"服务—用电申请—暂停，阅读"暂停业务办理须知"后，进入暂停申请页面。

（2）确认暂停具体业务，包括选择暂停申请用电户号、选择计划停用日期、选择计划停用设备，并选择设备计划恢复日期，如果是需量用户，暂停设备后运行容量仍大于 315kVA，需量值应在变更后运行容量的 40%～100%，如果需要同时办理容量需量变更，应在"是否办理容需量变更"按钮中做选择。

（3）依次填写申请人信息，包括姓名、手机号码、验证码等，勾选"阅读并确认《暂停业务办理须知》"，确认无误后提交。

（4）在后台预审通过后，下载申请确认表单，加盖与电表户名一致的公章，拍照后在"业务记录"中上传申请单。

98．某户使用企业版"掌上电力"提交了掌上电力暂停业务，在线坐席人员如何完成全部操作？

参考答案：

（1）在线坐席人员登录营销业务系统，在待办事宜中找到相对应的"用户申请确认"流程，审核客户办电需求。

（2）若工作人员审核不通过，应电话告知客户在线申请不通过原因，并指导客户重新提交。若工作人员预审通过，点击营销系统"推送反馈结果"按钮，将审核信息反馈给客户"掌上电力"APP 服务端，"掌上电力"APP 服务端根据反馈结果，生成申请信息确认表单。

（3）客户已上传申请单的"用户申请确认"流程，在营销系统待办事宜中整条记录将"置顶"成红色，提醒工作人员尽快处理。工作人员再次审核用户表单信息，包括"公章是否与电表户名一致"等信息，如确认无误，完成申请确认，正式受理用户办电申请。

99．某户咨询社区经理，目前国家电网"线上办电"可以办理哪些业务，如果你是该社区经理，如何作答？

参考答案：

（1）新装办电（高压、低压非居、居民），不含增容。

（2）分时变更（居民）。

（3）更名过户（同一入口、只限居民）。

（4）自助复电（江苏部分地区）。

（5）新户通电（江苏部分地区）。

（6）暂停/暂停恢复（只限高压）。

（7）需量值调整（只限高压）。

（8）计费方式调整（只限高压）。

100．某用电检查员在推介一高压用户绑定"掌上电力"时，"掌上电力"提示户号已被他人绑定，无法完成绑定操作，请问该用电检查员在现场如何处理？

参考答案：

方法 1：可通过营销系统—客户档案管理—客户统一视图，查询"掌上电力"绑定手机号。确认原绑定的手机号码错误，可通过营销系统—客户档案管理—解绑用户手机号"进行解绑，然后重新绑定正确的手机号。也可通知错绑人员在手机端，我的一用电户号—查看所有，从已绑定的户号中选择需解绑的户号点击进入"解除用电户号绑定"。

方法 2：若确认客户为"法人联系人、账务联系人、电气联系人"三者之一，可修改系统联系方式为客户手机号码，客户绑定操作时可自动获取授权。

101．某客户来供电营业厅办理更名过户，营业厅业务人员指导其使用"掌上电力"完成业务申请，但在"掌上电力"业务申请完成后，仍要求客户签订供用电合同并填写业务申请表单，客户对此表示不满。请问该业务人员违反了哪些业务规定？

参考答案：

"互联网＋"线上办电宗旨是高效便捷，根据线上办电相关规定，居民更名过户可不需要签订供用电合同，客户绑定"掌上电力"且上传产权证明材料，即确认客户户主主体。

102．某客户自家居民住宅出售，计划将用电户头过户给房屋购买人，客户房屋产权证明齐全，已完成了产权过户，在社区宣传栏看到"掌上电力"业务办理推介告示，下载了"掌上电力"，且已完成户号绑定。现咨询用电社区用电经理，如何办理过户手续，如果你是该客户社区经理，如何指导客户快速高效完成过户手续？

参考答案：

（1）确认客户办电需求，即"是产权更名还是产权过户"，如果是过户，还应向客户告知阶梯清算政策内容，避免引发后续电费纠纷，并由客户自主选择是否阶梯清算。

（2）进入线上办电业务入口。点击服务—办电申请—更名过户，进入"更名过户"页面，点击右上角"＋"进入更名过户申请页面，选择需办理业务的用电户号，勾选"已阅读并确认《更名过户业务须知》"，依次填写产权人信息，包括姓名（新户名）、身份证号码，上传身份证正反面照片、产权证明照片，填写手机号码，获取验证码并填写，选择是否需要阶梯电费清算，勾选"已阅读并确认《供用电条款》"，确认无误后点击"提交申请"按钮，提交预申请信息。

（3）告知客户可在服务—办电申请—更名过户，开展业务进度查询页面，查看工单全流程状态。

（4）可协助客户催办在线坐席人员，完成工单审核和传票流转。如客户选择阶梯清算，且有纸质电费发票需求，可协助客户至供电营业窗口补打发票，并交客户。

103．某居民客户新买居民住宅，跟原户主已在供电公司完成过户手续，客户第二个月发现电费发票户名虽已变更，但月电价为 8 毛多一度电，客户对此表示疑惑，致电供电公司咨询，请问如何处理？

参考答案：

（1）应告知客户其电费为 8 毛钱一度是因为电价已进入阶梯第三档，原户主在线上更名过户过程中，并未选择阶梯清算。

（2）向客户详细解释阶梯电价政策，做好客户安抚工作。

104．某在线坐席人员在审核客户分时开通过程中，需要重点审核哪些内容？

参考答案：

在线坐席在分时变更业务审核时，重点审核内容包括：

（1）客户所拍摄的身份证是否为原件。

（2）客户上传的图片资料是否清晰可辨。

（3）身份证姓名与电表户名是否一致。

（4）身份证号码与所输入的身份证号码是否一致。

（5）若客户同时上传了房产证，核对房产证信息。

105．某客户开了一家超市，通过"掌上电力"APP 申请办理低压动力电安装，供电公司正常受理，并在期限内派勘察人员到达现场，提供了供电方案，在规定时限内完成施工并验收合格。验收合格后 18 天，客户通过"掌上电力"查询到仍没有安排装表，并在 APP 中进行了投诉。后来经调查，由于装表接电人员家中老人突然发病住院，没有把此工单移交他人，造成 18 天没有装表接电，因为冷饮属于季节性用电，没有及时装表接电，给客户造成了很大的经济损失。

问题：

（1）该事件中供电公司存在哪些违规行为？

（2）工作人员的行为违反了哪些规定？

参考答案：

（1）工作人员责任意识薄弱。由于装表接电人员家庭问题，没能及时交接工作任务，而其他装表接电人员也没能及时主动交接任务，造成工单延误。

（2）反引出企业内部管理制度还不够细化，执行存在漏洞，工作交接制度不完善，一人因其他事务离开岗位时，应有完善的工作交接制度，确保业务处理不受影响。

（3）工单督察跟踪制度没有得到落实，装表接电期限按照《供电服务"十项承诺"

要求，非居民客户 5 个工作日内送电，但案例中 18 天还没有供电，说明工单督办、资料归档业务流程没有得到严格落实。

（4）违反了国家电网公司《供电服务"十项承诺"》装表接电期限：受电工程检验合格并办理相关手续后，居民客户 3 个工作日内送电，非居民客户 5 个工作日内送电。

106. 某工厂通过"掌上电力"企业版申请用电，经确认为一级重要电力客户。由于受供电网络条件限制，当地供电公司回复的供电方案为单电源双回路供电，且在答复供电方案时，并未提醒客户应配备足够的自备应急电源及应急措施。

经过 5 个月的试运行，该用户认为单电源双回路供电，同时未配备自备应急电源及应急措施，仅靠 50kVA 的 UPS 电源起不到避险作用，存在较大安全隐患，随即向供电公司反馈。

通过以上案例，请分析：

（1）该案例暴露出供电企业存在哪些问题？

（2）有哪些意见和建议？

参考答案：

存在问题：

（1）供电服务人员业务素质不过硬，对客户的负荷性质认识不到位，未充分掌握一级重要电力客户对供电可靠性的要求。

（2）未履行对重要客户应配备足够的自备应急电源及应急措施的告知义务。

（3）在业扩审查等环节也未能及时对双电源配备方面存在的安全隐患做出提醒。

（4）未认真履行重要客户供电方案会签审核制度。

措施建议：

（1）加强业务培训和学习，提高工作人员的业务水平。

（2）认真履行重要客户供电方案会签审核制度，严格执行规章制度，严把业务审核关，对工作差错严肃考核。

（3）告知用户增加应急措施。

（4）加快电网规划、建设。

107. 4 月 22 日，某纺织厂通过"掌上电力"查询到，供电公司安排 4 月 29 日上午 9：00 停电对所在供电线路进行计划检修，下午 12：00 送电，停电 3h。该厂重新调整了生产计划，并做好了停电准备工作。在距离计划检修停电还有 3 天时，由于系统原因，本次计划检修发生变更，计划检修时间向后延时 1 天，并要求供电公司做好相应通知客户工作。该供电公司立即安排布置，将停电事宜再次通知相关客户，但由于工作人员疏忽，未重新发布该停电信息。4 月 29 日，该厂全厂放假休息。由于在通知停电的时间一直没有停电，该厂觉得奇怪，通过电话询问，工作人员才发现停电变更一事没有通知该客户。该厂对此非常不满，并向有关部门进行了投诉。

该事件供电公司违反了什么规定？

参考答案：

本事件违反《电力供应与使用条例》第二十八条："因故需要中止供电时，供电企业应按下列要求事先通知用户或进行公告：①因供电设施计划检修需要停电时，应提前七天通知用户或进行公告；②因供电设施临时检修需要停止供电时，应当提前24h通知重要客户或进行公告；③因发电、供电系统发生故障需要停电、限电或者计划限停电时，供电企业应按确定的限电序位进行停电或限电。但限电序位应事前公告用户。"

108．2017年4月18日，客户杨先生通过"掌上电力"APP向供电公司申请低压商业用电。直到4月27日，供电公司才安排工作人员胡某到现场勘查，并确定了供电方案。客户对此非常不满，拨打95598进行投诉。

通过以上案例，请分析：

（1）该案例违反了哪些规定？

（2）该案例暴露出供电企业存在哪些问题？

参考答案：

（1）本事件违反了《国家电网公司供电服务质量标准》第6.1条，供电方案答复期限：居民客户不超过3个工作日，其他低压电力客户不超过7个工作日，高压单电源客户不超过15个工作日，高压双电源客户不超过30个工作日。

（2）该案例暴露出供电企业存在的问题如下。

1）业扩报装流程各环节时限监控不到位。

2）业务受理人员工作责任心不强，服务意识淡薄，未能按承诺时限安排人员勘查。

109．某化工厂客户，运行容量10 000kVA，客户通过"掌上电力"企业版提出了需量调整申请，在阅读完需量值调整办理须知后，客户根据系统提示填写需量调整值，依次填写申请人信息，包括姓名、手机号码、验证码，提交了申请信息。

请分析：

（1）客户填写需量调整值应在什么范围？

（2）提交申请后客户应进行什么操作？

参考答案：

（1）客户填写的需量值应为运行容量的40%～100%，范围在4000～10 000kVA之间。

（2）提交成功后，客户应在一个工作日内下载表单，可以点击"立即下载"下载申请单，也可以在"业务记录"中执行下载申请单操作，下载的申请单保存至手机相册，确认无误后打印，加盖与电表户名一致的公章，并拍照后在"业务记录"中上传申请单。上传完后可到业务记录中查看申请单，当前状态变为"审核中"。

110．某客户购置他人住房一套，欲将其改为宠物店，在"掌上电力"咨询办理流程。作为后台工作人员，应如何答复客户？

参考答案：

依据《供电营业规则》有关规定，工作人员答复主要内容如下。

（1）告知客户应办理更名（过户）和改类手续。

（2）查验客户是否欠费、窃电及违约行为未处理，如有，则应告知处理完毕后方可受理。若无以上情况，客户应持有关证明向供电企业办理更名（过户）和改类手续。

（3）办理用电手续时，应告知客户以下注意事项。

1）不申请办理过户手续而私自过户者，新用户应承担原用户所负债务。经供电公司检查发现用户私自过户时，供电公司应通知该户补办手续，必要时可中止供电。

2）擅自改变用电类别的，应按实际使用日期补交其差额电费，并承担二倍差额电费的违约使用电费。使用起讫日期难以确定的，实际使用时间按三个月计算。

111．供电公司工作人员李某登录营销业务系统，在待办事宜中查看到某电子加工厂客户的需量值调整申请。李某通过"申请原因""系统备注"信息，查看客户的基本信息及办电需求，查看客户上传的表单，对客户基本信息及客户资料进行初步审核。

请分析：

（1）李某需审核哪些内容？

（2）在资料审核后李某需进行什么操作？

参考答案：

（1）此环节工作人员需审核：

1）客户填写的需量核定值是否在允许的上下限范围内。

2）客户上传图片是否为盖公章的申请表单，公章是否清楚。

3）表单上的公章是否与电表户名一致。

（2）工作人员审核通过后，选择"可受理"点击"保存"，传递流程后将发起"改类→调核定值"流程；如审核未通过，则选择"不可受理"并填写不能受理原因，"掌上电力"客户端将会推送消息告知客户。

112．某客户主要从事电子设备制造。用电容量为160kVA。2016年6月20日通过"掌上电力"客户端申请增容至400kVA，在收到供电方案后，客户得知功率因数考核标准定为0.90。该客户对比前期发票并经过咨询，发现前期功率因数考核标准也为0.90。客户认为多收了电费，对此表示非常不满，进行了投诉。请对上述业务进行分析。

（1）该事件暴露了什么问题？

（2）该事件应采取哪些整改措施？

参考答案：

（1）根据《关于颁发<功率因数调整电费办法>的通知》（〔83〕水电财字第215号），功率因数标准0.90，适用于160kVA以上高压供电工业用户，此条规定中并不包括160kVA变压器，所以该工业用户增容前功率因数标准应执行0.85。

暴露了业务人员对《功率因数调整电费办法》相关内容不熟悉，供电方案审核不规范，电费发票审核不到位的问题。

（2）措施建议。

1）加强业务人员对营销业务知识的学习。

2）利用电量电费退补流程完成相应电费的退补工作。

113．2017年3月新装客户林德材料生产公司，报装容量2×630kVA，一台主用，一台冷备用。2017年5月20日和21日，线路故障停电两天。客户查询"掌上电力"企业版，发现供电公司在5月12日发布了计划停电信息。客户认为是因为供电公司原因造成停电事故，要求给予减免两天基本容量费，供电公司未予理会。另外，客户还通过"掌上电力"查询电费账单得知每月基本电费计费容量为1260kVA。客户表示不满，进行了投诉。请对以上业务事件中不妥的地方进行分析。

（1）该事件违反了哪些规定，暴露了什么问题？

（2）该事件应采取哪些整改措施？

参考答案：

（1）该事件中供电公司工作人员违反了下列规定：

1）该客户冷备用的630kVA不应该收取基本容量费。《供电营业规则》第八十五条：以变压器容量计算基本电费的用户，其备用的变压器（含高压电动机），属冷备用状态并"经供电企业加封的，不收基本电费；属热备用状态的或未经加封的，不论使用与否都计收基本电费"。

2）对于客户的咨询没有按照规定进行合理的宣传和解释，造成客户投诉。《供电营业规则》第八十四条："事故停电、检修停电、计划限电不扣减基本电费"。

（2）暴露了下列问题：

1）业务受理人员业务知识不全面。

2）电价政策执行不到位。

3）工作人员的优质服务意识不强。

（3）应采取下列措施：

1）加强工作人员专业技能培训。

2）加强工作人员的电价政策培训和解读。

3）加强人员的思想教育，健全考核制度，提高优质服务意识和服务水平。

114．2017年5月7日，某互联网企业申请用电增容业务，供电公司客户经理李某通过移动作业终端接受勘查任务，请问李某需如何完成现场勘查？

参考答案：

根据派工结果或事先确定的工作分配原则接收勘查任务，通过移动作业终端下载现场勘查工单，与客户沟通确认现场勘查时间，携带移动作业终端前往勘查，核实用电容量、用电类别等客户申请信息，根据客户的用电类别、用电规模及现场供电条件，对供电可能性和合理性进行调查，初步提出供电、计费和计量方案。

四、国家电网公司"互联网＋"相关平台及产品功能应用

1．某公司有一台移动终端一直正常使用，在一次现场勘查工作中不慎摔落在地上，屏幕开裂了，无法正常使用。该公司还有一台移动终端设备 SIM 卡欠费无法使用。于是现场工作人员将两台设备关机后互换 SIM 卡和 TF 卡。开机后却发现终端显示 VPN 无法登录。

请分析为什么会出现 VPN 无法登录的情况？

参考答案：

根据营销移动作业应用管理规范（试行）有关设备管理的规定，第十九条 移动作业终端、SIM 卡、TF 安全接入卡在移动作业平台进行统一绑定，绑定关系通过验证后才能正常使用。如需变更，应在移动作业平台做解绑和重新绑定操作。所以，终端设备中的 TF 卡和 SIM 卡不可交换使用，一旦互换造成卡状态锁死。VPN 无法登录。

2．某公司营销移动作业终端使用联通 3G SIM 卡，某市公司业扩人员在高压双电源用户现场勘查工作中，因数据量较大，数据上传时间比较长。该工作人员将终端关机，换入自己的联通 4G 卡。开机后却发现终端显示 VPN 无法登录。

请分析为什么会出现 VPN 无法登录的情况。

参考答案：

根据营销移动作业应用管理规范（试行）有关设备管理的规定，第十九条 移动作业终端、SIM 卡、TF 安全接入卡在移动作业平台进行统一绑定，绑定关系通过验证后才能正常使用。如需变更，应在移动作业平台做解绑和重新绑定操作。所以，终端设备中的 SIM 卡不可更换，一旦互换造成卡状态锁死。VPN 无法登录。

3．某公司移动作业终端管理员当月手机流量超出套餐限额，于是该管理员将移动作业终端 SIM 卡取出，安装到自己的手机中，却发现手机无法连入移动互联网。

请分析为什么会出现手机无法连入移动互联网的情况。

参考答案：

根据营销移动作业应用管理规范（试行）有关设备管理的规定，第十九条 移动作业终端、SIM 卡、TF 安全接入卡在移动作业平台进行统一绑定，绑定关系通过验证后才能正常使用。如需变更，应在移动作业平台做解绑和重新绑定操作。所以，终端设备中的 SIM 卡不可以安装到其他设备使用。

4．某公司业扩人员携带移动作业终端到用户现场开展现场勘查工作，工作完成后，用户要求提供纸质的现场勘查单，双方签字认可。因移动作业终端无法提供纸质现场勘查单，该工作人员回到办公室重新填写勘查方案后提交下一环节。

请分析该工作人员的处理方法是否正确。

参考答案：

根据营销移动作业应用管理规范（试行）有关设备管理的规定，通过移动作业终端

现场开展勘查业务，须根据终端提示，确认现场工作危险点和安全措施；现场核查客户申请信息，确定是否符合新装（增容）或变更用电条件；确定并录入用电方案生成勘查工作单，客户审核后完成电子签字确认工作。对必须手工签字或盖章的，可在完成签字和盖章工作后拍照上传。

5. 某公司装表人员携带移动作业终端到现场开展换表工作，抄录拆表示数时，该工作人员使用移动作业终端红外接口现场抄录电表示数，经作业人员和客户电子签字确认后返回公司。

请分析该工作人员的处理方法是否正确。

参考答案：

根据《营销移动作业应用管理规范（试行）》有关设备管理的规定，通过移动作业终端现场开展装（拆）表业务，须根据终端提示，确认现场危险点和安全措施；现场核对待计量装置和采集装置信息完成计量装置的装（拆）工作；现场抄录电表示数等装（拆）信息并拍照留证。该工作人员使用红外接口抄录电表示数后应拍照留证。

6. 某市公司新入职大学生小王，是某 985 大学的高才生，信息技术专业，尤其擅长 IPAD、智能手机等设备的操作。小王实习期满后，经双向选择被公司分配到营销部大客户经理班做客户经理。

一天，小王随师傅到用户处开展现场勘查工作，工作过程中，移动作业终端电池没电了。随身携带的手机充电线的插头因终端外壳的阻碍，与终端充电插座不吻合，不能给移动终端充电。若返回公司充电或更换终端一方面耽误时间，一方面会引起用户投诉。于是，小王灵机一动，将移动终端外壳打开，这样手机充电线的插头正好与终端的充电插座吻合，顺利地给终端充上了电，也顺利地完成现场勘查工作。

应如何评价小王的这种行为。

参考答案：

小王这种行为违反了《营销移动作业应用管理规范（试行）》第五章第十六条"严禁私自拆卸设备"的规定，应受到批评。

7. 小刘是供电公司一名现场业扩人员，拿到移动终端后，他非常兴奋，刚好接到一个业扩现场勘查的任务，小刘二话不说拿起终端就到现场勘查了。可是到现场后，终端打开并没有找到相关业务，终端业扩栏目上赫然写着一个"0"，小刘只好悻悻而归。

移动作业终端现场勘查前应该做哪些准备工作？现场勘查中又应该如何录入信息？

参考答案：

移动作业终端使用前，先要检查终端的网络是否通畅，并设置好终端时间；注册账号，并绑定 SG186 账号；SG186 业扩流程环节的上一步必须发送到指定业扩人员，或者发送流程后签收，移动作业终端才能看到流程。现场业扩处理中，通过移动作业终端下载现场勘查、中间检查、竣工验收等环节工单，前往客户现场进行现场勘查、中间检查、竣工验收及组织送电等操作，完成现场工作后，工作人员可以通过在线方式将现场作业信息上传到营销系统。

8. 小张是供电公司的一名抄表人员，上班闲暇之余，下班后喜欢玩小游戏，这天拿到了移动作业终端，小张一看是安卓系统，觉得可以下游戏玩，可是在经过多番尝试后，终端没法装游戏，而且被班长发现后严厉的教育了。

移动作业终端为什么不能够安装游戏，小张的班长为什么批评小张？

参考答案：

根据移动作业终端系统安全和应用安全相关要求。

（1）系统安全。

1）操作系统安全：移动终端自身的操作系统应满足等级保护的相关要求，并制定严格的安全加固措施。

2）移动数据库安全：在移动终端中采用移动数据库技术时，应支持安全的移动数据库管理功能，保证用户数据的安全可靠。

3）安全域隔离：移动终端应对系统资源和各类数据进行安全域隔离，安全域隔离分为物理隔离和逻辑隔离。其中物理隔离是指对移动终端中的物理存储空间进行划分，不同的存储空间用于存储不用的数据或代码，逻辑隔离主要包括进程隔离、数据的分类存储。

4）接入点安全：禁止 WIFI，使用固定的接入点，无法更改为 cmnet 或 cmwap 及其他公网接入点（厂商定制）。

（2）应用安全。

1）应用软件安全：在移动终端应用软件的开发过程中，应保证多种移动业务软件自身的安全，例如，程序启动时对自身程序 hash 值进行校验，防篡改；对核心代码封装于动态库，并采用非托管方式编译，反混淆。

2）工具软件安全：移动终端必须进行严格的自身安全防护，禁止安装来历不明的、不能判断安全性的第三方软件，对移动终端应定期进行人工或系统自动安全检测，对采用的工具软件进行充分的评测。

3）应用数据保护：移动终端应根据数据分类定义对存储的应用数据设计相应的安全级别，可考虑将移动终端中的数据分为敏感数据、私有数据、普通数据等，敏感数据及私有数据无论在本机目录或本地数据库中都采用加密存储，应用中诸如电费信息、登录信息、个人联系方式、客户信息等数据在本地数据库中存储时，先加密然后插入到数据库的表中。

4）安全审计：系统应支持对移动终端操作进行细粒度的安全审计，移动终端日志系统记录用户操作及应用场景交互的相关记录，通过日志系统分析疑似可疑数据，并通过接口上报疑似可疑数据。

5）接口报文传输安全：接口报文采用对称算法加密，并对加密数据进行压缩，避免明文传输。

9. 小王是营销系统管理员，今年移动作业终端上线了，小王想给相关工作人员做个培训，但是也不是很清楚这个终端到底能做什么用。于是小王查阅移动终端相关资料，咨询省公司移动终端主管及厂家运维人员。

如果小王找到了你，你会建议小王从哪些方面给现场工作人员开展培训工作？

参考答案：

营销移动业务应用，业务功能总共有 13 个业务类：现场业扩，新装、增容及变更用电；现场用检，用电检查管理；现场抄催，电费收缴及账务管理；现场计量，计量点管理；现场客服，新装、增容及变更用电；智能抢修，95598 业务处理；现场采集，用电信息采集；营销稽查监控，营销稽查监控；现场工作监控，营销稽查监控；标准化现场工作分析，营销辅助决策与分析；市场管理，市场管理；能效管理，能效管理；电动汽车，电动汽车充换电管理。

10. 根据《国家电网公司信息系统安全管理办法》，加强和规范国家电网公司信息系统安全工作，提高公司信息系统整体安全防护水平，确保信息系统持续、稳定、可靠运行，防止因信息系统本身故障导致信息系统不能正常使用和系统崩溃，抵御黑客、病毒、恶意代码对信息系统的共计破坏，防止信息内容及数据丢失和失密，防止公司对外服务中断和由此造成的电力系统运行事故。

移动作业终端是如何保证应用服务和业务信息的安全？

参考答案：

（1）基于公司统一门户目录权限平台（ISC）进行用户身份管理和认证。

（2）基于统一门户目录权限平台进行授权和访问控制。

（3）设置保护内部输入、输出和存储期间的用户数据，以及和用户直接相关的安全属性。对于输入框的长度类型做限制。

（4）对配置文件的修改、删除和访问等权限的变更用户授权等配置管理功能只允许管理员角色操作，并详细记录。

（5）用户鉴别信息存储及传输加密由统一门户目录权限平台管理。

（6）使用安全可靠的用户检查方法，确保用户没有通过操作参数而绕过检查，防止最终用户可以通过浏览器地址文本框操作 URL 参数。

（7）对用户登录、退出、业务操作、涉及敏感数据的批量查询和数据导出及重要业务操作行为进行日志记录，记录信息系统操作全过程，确保操作行为可追溯。

（8）移动终端在接入时，首先会通过接入设备的 IMEI 是否在服务端已登记，其次通过设备接入用户信息展开二次验证。

11. 电力企业的核心工作纪实电力营销工作，而电力营销工作中最受重视的是电费回收工作，在传统的催缴电费模式中，首先电力企业工作人员将用户的电费拖欠通知单及停电通知单送至用户手中，然后由电力公司工作人员进行用电限制操作，最后直至用电客户补缴拖欠电费后，才可继续进行送电。此模式无形中增加了电力企业营销部门工作人员的工作负担和工作量，电费催缴过程中有可能因为催缴电费的时期过长影响整体供电效果。

移动作业终端在现场催费、停电通知及欠费停复电工作中的具体流程。

参考答案：

（1）接收催费任务或现场发起催费流程开展催费工作时，催费人员须实时查询客户欠费信息开展催费工作。对于欠费用户实施现场催费并拍照留证，现场催费工作须在计划日期当天完成。

（2）现场发送停电通知、停电执行前，工作人员应查询用户实时缴费情况，如果停电原因已消除，应任务中止并记录中止原因。

（3）现场执行各类通知书的送达及停复电时，应及时在移动作业终端做好相关记录，必要时拍照或录音留证。

（4）现场执行欠费复电时，可通过移动作业终端核实复电信息和欠费信息，并按时完成现场复电工作。

（5）现场由终端发起远程复电流程时，应及时跟踪复电结果，对反馈复电失败或未按时反馈复电结果，应及时实施现场复电。

12．客户张先生因店面开业在即，急需正式用电，联系供电企业大客户经理班长申请低压非居民新装并要求立即开展业扩勘查，班长当即在移动终端上进行任务派工，要求在附近工作的李某、王某与客户联系上门受理。李某二人根据移动作业终端提示到达现场后，利用移动作业终端迅速完成了张先生的业务受理，并生成了低压供电方案答复单交予张先生。整个过程快速高效，客户张先生非常满意。

根据上述内容，还原李某、王某使用移动作业终端开展工作的过程。

参考答案：

（1）李某二人根据客户预约上门受理申请，现场收集或调取已收集的材料，现场与客户进行信息核对，存在与事实不符的，进行修改。如资料不全，按照"一证受理"要求办理，客户签署"承诺书"后发起正式流程。

（2）按照业务类型设置生成信息模板。根据申请资料录入信息，包括客户用电地址、用电容量、行业类别、联系方式等信息。对客户提供的资料审核并拍照上传。

（3）通过电网 GIS 获取周边电源点位置、资源占用（依赖 GIS 信息）等电网资源信息，利用典型供电方案模板，确定受电点方案、供电电源方案、计费方案、计量方案、采集方案等。

（4）根据录入的勘查信息自动生成"低压现场勘查单"，勘查人员电子签字。如需答复客户供电方案，则自动生成"低压供电方案答复单"，现场打印或通过线上渠道等途径传递给客户，由客户签字后，将表单及照片上传到营销业务应用系统。

13．某供电企业用电检查班班长李某接到高压用户王某的电话，得知客户王某因工期紧张，希望能尽快对受电工程进行中间检查。班长当即在移动终端上进行任务派工，通知在附近进行高压日常普查的刘某等二人联系用户，前往进行中间检查。刘某等二人来到现场根据移动作业终端提示对检查项目逐一检查，检查完毕后自动生成"客户受电工程中间检查意见单"，交予用户进行整改，为用户王某节省了宝贵的时间，用户表示非常感谢。

根据上述内容，还原刘某等二人使用移动作业终端开展中间检查工作的过程。

参考答案：

（1）刘某二人与客户沟通确认中间检查时间，在移动作业终端下载检查任务。

（2）根据移动作业终端提示进行现场安全注意事项确认。

（3）调阅客户缺件记录，资料缺失的，进行缺件提醒，并对缺少的资料进行补充收集和拍照。

（4）调取供电方案，并核对客户现场信息是否和供电方案一致。按照移动作业终端列出的 8 大类项目（变电站建筑物、测试报告及施工记录、管沟支架、基础槽钢、接地装置、进户电缆、通风设施、现场资料核对）进行逐项检查，并逐项对 8 大类项目的缺陷内容拍照。

（5）根据录入的 8 大类检查结果信息自动生成"客户受电工程中间检查意见单"，验收人员和客户电子签字。将检查结果、相关表单及现场图片上传营销业务应用系统。

14．2017 年 4 月，××供电公司装表接电班李××见移动作业终端与手机功能类似，便私自更换移动作业终端 SIM 卡，企图将移动作业终端当成私人手机使用，李××不仅更换了 SIM 卡，为了娱乐方便，私自下载 QQ、微信、腾讯视频等应用软件。

试分析李××的违规行为，违反了哪些移动作业终端管理规定？

参考答案：

李××的行为严重违反了《营销移动作业终端管理办法（试行）》的相关规定。

（1）违反了移动作业终端使用要求中关于"移动作业终端只能连接电力内网，禁止连接外网。不得与接入内网的计算机相连，不得私自更换 SIM 卡"的规定。

（2）移动作业终端不得私自更换和安装软件，除营销移动应用外，不得作为他用。公司将依据相关规定，追究其相关责任。

15．2017 年 5 月，××供电公司业务班王××遗失了移动作业终端充电器，为能正常使用移动作业终端，王××采用了其他类型充电器对移动作业终端进行充电，后不小心将水杯弄倒在移动作业终端上，导致移动作业终端烧毁，无法开机，为躲避责任，王××将移动作业终端私藏，后被相关部门发现，严肃处理。

试分析王××的违规行为。

参考答案：

王××的行为严重违反了《营销移动作业终端管理办法（试行）》的相关规定。

（1）移动作业终端发生丢失或损毁应及时向公司报告，并采取必要措施进行应急处理，而王××为逃避责任，隐瞒不报。

（2）为了延长移动作业终端使用寿命，充电时必须使用标配充电器。

（3）避免移动作业终端及其配件淋水，如遇此情况，请立即关闭电源，使移动作业终端断电，并使其干燥。

16．2017 年 6 月，××供电公司电费班张××利用移动作业终端进入 SG186 系统，偷偷获取辖区内企业和居民用电信息和数据，并在某宝上私自出售，导致大量用户数据泄露，给公司造成了重大经济和名誉损失。

试分析张××的违规行为。

参考答案：

张××的行为严重违反了《营销移动作业终端管理办法（试行）》的相关规定：移动作业终端使用者应高度重视对移动作业涉密数据的防护，未经许可，不得将涉及公司经营管理的数据向外泄露，否则公司将按照有关规定追究相应的法律责任，造成严重后果的将按照国家相关法律法规进行处置；张××以商业利益为目的，违规泄密，严重违反规定。

17．2017 年 4 月，××供电公司电费班汪××为移动作业终端保管人，汪××为使用方便，长期将移动作业终端账号密码设置为 123456，并且在使用期间，经常开机用潮湿抹布清洁显示屏。

试分析汪××在移动作业终端保管中的违规行为。

参考答案：

汪××的行为严重违反了《营销移动作业终端管理办法（试行）》的相关规定。

（1）终端使用人应定期更改注册账号密码，密码强度符合数字与字母组合且不小于 8 位。

（2）切勿用硬物触碰或按压移动作业终端显示屏，在进行移动作业终端及相关外设清洁前需先关机。

18．2017 年 2 月，××供电公司业务班赵××和吴××、江××一同前往××企业开展高压新装业务竣工验收，期间赵××私自一人独自对××企业开关柜内接线进行检查，并未按照移动作业终端引导开展验收工作，由于该企业前期为解决电源问题，私自拉了临时线路，赵××以为设备不带电，未与设备保持安全距离，导致触电。

试分析赵××应如何利用移动作业终端保证安全？

参考答案：

赵××的行为严重违反了《营销移动作业应用安全管理要求（试行）》及安规的相关规定。

（1）现场业扩作业人员进入带电设备区现场勘查工作至少两人共同进行，实行现场监护，应掌握带电设备的位置，与带电设备保持足够的安全距离（执行安规标准）。

（2）中间检查、竣工验收工作至少两人共同进行。要求客户方或施工方进行现场安全交底，做好相关安全技术措施，确认工作范围内的设备已停电、安全措施符合现场工作需要，明确设备带电与不带电部位、施工电源供电区域，不得随意触碰、操作现场设备，防止触电伤害，作业人员应依据营销移动作业终端的引导完成现场工作。

19．2017年6月8日，张三在186系统内发起周期检查月计划管理流程。计划开展10kV专用变压器用户安全用电检查，共关联专用变压器用户1000户。审批后，张三作为检查小组长安排派工，共生成5个子流程。经186系统查询，5个流程均在现场处理环节。张三随即在终端内点击"用电检查"，共出现5条数据。张三签收3条工单，另外2条未签收。终端内3条工单现场处理完成后，到186系统内走下一步流程。186流程归档后，在终端内查询显示3条工单已完成，出现2条异常工单。

请分析终端内为什么会形成异常工单？怎样有效解决，确保不再出现？

参考答案：

原因：经查询，是因为张三派工的2条工单派工后未在终端内签收。等那2条流程在营销系统PC端内走完流程后，在终端内形成了异常工单。

措施：

（1）营销系统PC端内周期检查流程在现场处理环节时务必用终端签收、处理，否则终端内无法显示。

（2）终端现场处理后，营销186系统正常走下一步系统流程，直至归档，不影响营销系统PC端内流程办理。

20．2017年5月2日，国网××县供电公司用电检查班班员李四发起一条申请编号为170571433906使用移动终端开展现场用电检查的工单任务，工单中共包含200条数据。使用手持终端逐步完成这200条数据现场检查工作任务后，上传数据时出现"异常"，200条数据仅有128条上传成功。

为什么会出现部分数据上传不成功情况？在以后操作中怎样避免上传数据出现"异常"工单？

参考答案：

原因：经请教，李四在完成现场检查工作任务后，在使用移动终端上传数据时未对一个工单中所有数据进行勾选，直接点击"上传"按钮，致使终端只默认部分待上传数据上传，造成出现"异常"工单。

措施：一个工单包含多条数据，在上传数据时对多条数据进行"全选"后点击"上传"按钮能避免出现部分数据不能成功上传情况。

21．2017年5月20日，国网××市××县供电公司抄表员小张进行每月抄表任务，由于当天信道问题，××抄表段共计6户用户未采集到电表数据，小张在营销系统PC端内未对此抄表段进行任何操作，就携带移动作业终端至现场进行补抄。到现场后，小张发现移动作业终端内无此抄表段数据，随即使用手工对此6户用户表计数据进行拍照，回办公室后，手工录入，结束了本次抄表任务。

本次补抄任务小张使用移动作业终端的方法正确吗？具体使用流程是什么？

参考答案：

不正确，具体操作流程如下。

（1）营销系统 PC 端内流程发起抄表流程至抄表数据准备，点击移动作业终端现场抄表模块，出现现场抄表任务列表。

（2）点击任务列表进入现场抄表任务。

（3）点击现场抄表任务界面的列表进入任务详细信息。

（4）使用移动作业终端进行拍照，查看照片及获取位置信息。

（5）通过红外或手工获取电表的读数。

（6）保存、上传数据、照片。

（7）进入 SG186 系统内，完成抄表数据审核等流程。

22．2017 年 6 月 1 日，国网××县供电公司计量班王某使用移动作业终端处理业扩高压增容流程的装表环节，在进行申请信息核对时，发现系统内互感器方案和纸质装拆单不一致，遂按照系统互感器变比进行配置，流程闭环后发现现场实际互感器变比和装拆单一致，分析原因是供电方案制定时出现差错。

在此案例中王某的做法存在哪些问题？正确的装拆流程应该遵循哪些主要步骤？

参考答案：

（1）王某在核对申请信息时，不经现场核实就进行配置的做法是错误的，应该认真核对系统内申请信息和现场实际情况，当发现不一致时，应找出差异原因，正确进行流程。

（2）正确的装拆流程应遵循以下步骤。

1）在移动中签收装拆表流程，出现装拆表管理任务列表。

2）点击任务列表，进入任务管理。

3）认真阅读安全注意事项，核对现场信息和系统申请信息是否一致（包含核实受电点方案、供电电源方案和计量点方案信息）。

4）填写用户名称，装拆人员，装拆原因等信息。

5）根据实际情况填报计量装（拆）信息，点击保存。

6）结果确认，提交发送至下一环节。

23．2017 年 6 月 13 日，国网××市供电公司大客户经理班小赵受理 3 户高压新装用户竣工验收申请，在营销系统中 PC 端走完高压新装竣工验收申请流程后，小赵牵头其他作业部门人员，并携带移动作业终端至客户工程现场，对线路、受电变压器、计量装置等进行了检查。作业过程中发现只有 2 户流程在移动作业终端有待办任务，小赵只好将这两户验收检查情况录入了移动作业终端，经现场作业人员签字后提交工单传递信息结束了本次竣工验收任务。

本次竣工验收作业，小赵使用移动作业终端方法正确吗？有什么地方需要改进？

参考答案：

不正确。

（1）在营销 PC 端系统中完成竣工验收申请后发送至下一环节处理人，经过一段延时才在移动作业终端中显示待办工单。

（2）进入移动作业终端竣工验收任务信息时，应按检查项目详细录入检查情况。

（3）检查完成后应将检查情况对客户进行告知，并要求客户签字确认。

（4）作业完成后在移动作业终端中提交业务数据，在营销系统 PC 端中完成提交竣工验收工单信息传递。

24．2017 年 5 月 20 日，国网××市××县供电公司用电检查员小王进行用电检查任务，由于当天小王自己的终端设备电量不足，随即向隔壁的小李借了一台终端设备，并在营销系统 PC 端中发起用电检查流程，并由班长审批后随即带队赶往客户现场，在现场检查过程中发现自己的账号无法登录，在某一专用变压器用户的配电房内发现电气柜外壳未可靠接地，遂口头上督促客户尽快落实整改后便继续开展下一户的检查。

小王的应对措施正确吗？你认为正确的应对措施是什么？

参考答案：

不正确。

（1）小王应事前为自己的终端设备进行充电，因为每台设备绑定一个固定营销账号，使用别人的设备在解绑前无法登录自己的账号。

（2）班长在流程审批完成后应派工给小王等人，否则小王等在现场也无法用移动终端接收任务工单。

（3）在用电检查现场发现隐患应让客户签字确认，并督促尽快落实整改，重大隐患还应及时上报主管部门进行备案。

25．某公司有一台移动终端一直正常使用，在一次现场勘查工作中不慎摔落在地上，屏幕开裂了，无法正常使用。该公司还有一台移动终端设备 SIM 卡欠费无法使用。于是现场工作人员将两台设备关机后互换 SIM 卡和 TF 卡。开机后却发现终端显示 VPN 无法登录。

请分析为什么会出现 VPN 无法登录的情况？

参考答案：

根据《营销移动作业应用管理规范（试行）》有关设备管理的规定，第十九条 移动作业终端、SIM 卡、TF 安全接入卡在移动作业平台进行统一绑定，绑定关系通过验证后才能正常使用。如需变更，应在移动作业平台做解绑和重新绑定操作。所以，终端设备中的 TF 卡和 SIM 卡不可交换使用，一旦互换造成卡状态锁死。VPN 无法登录。

26．某公司营销移动作业终端使用联通 3G SIM 卡，某市公司业扩人员在高压双电源用户现场勘查工作中，因数据量较大，数据上传时间比较长。该工作人员将终端关机，换入自己的联通 4G 卡。开机后却发现终端显示 VPN 无法登录。

请分析为什么会出现 VPN 无法登录的情况。

参考答案：

根据《营销移动作业应用管理规范（试行）》有关设备管理的规定，第十九条 移动作业终端、SIM 卡、TF 安全接入卡在移动作业平台进行统一绑定，绑定关系通过验证后才能正常使用。如需变更，应在移动作业平台做解绑和重新绑定操作。所以，终端设备中的 SIM 卡不可更换，一旦互换造成卡状态锁死。VPN 无法登录。

27．某公司移动作业终端管理员当月手机流量超出套餐限额，于是该管理员将移动作业终端 SIM 卡取出，安装到自己的手机中，却发现手机无法连入移动互联网。

请分析为什么会出现手机无法连入移动互联网的情况。

参考答案：

根据《营销移动作业应用管理规范（试行）》有关设备管理的规定，第十九条 移动作业终端、SIM 卡、TF 安全接入卡在移动作业平台进行统一绑定，绑定关系通过验证后才能正常使用。如需变更，应在移动作业平台做解绑和重新绑定操作。所以，终端设备中的 SIM 卡不可以安装到其他设备使用。

28．某公司业扩人员携带移动作业终端到用户现场开展现场勘查工作，工作完成后，用户要求提供纸质的现场勘查单，双方签字认可。因移动作业终端无法提供纸质现场勘查单，该工作人员回到办公室重新填写勘查方案后提交下一环节。

请分析该工作人员的处理方法是否正确。

参考答案：

根据《营销移动作业应用管理规范（试行）》有关设备管理的规定，通过移动作业终端现场开展勘查业务，须根据终端提示，确认现场工作危险点和安全措施；现场核查客户申请信息，确定是否符合新装（增容）或变更用电条件；确定并录入用电方案生成勘查工作单，客户审核后完成电子签字确认工作。对必须手工签字或盖章的，可在完成签字和盖章工作后拍照上传。

29．某公司装表人员携带移动作业终端到现场开展换表工作，抄录拆表示数时，该工作人员使用移动作业终端红外接口现场抄录电表示数，经作业人员和客户电子签字确认后返回公司。

参考答案：

根据《营销移动作业应用管理规范（试行）》有关设备管理的规定，通过移动作业终端现场开展装（拆）表业务，须根据终端提示，确认现场危险点和安全措施；现场核对待计量装置和采集装置信息完成计量装置的装（拆）工作；现场抄录电表示数等装（拆）信息并拍照留存。该工作人员使用红外接口抄录电表示数后应拍照留证。

30．2017 年 3 月 14 日，国网××县供电公司业务班小陈受理 3 户高压增容，在营销业务系统中走完高压新装竣工验收申请流程后，小陈牵头其他作业部门人员，并携带移动作业终端至客户工程现场，对线路、受电变压器、计量装置等进行了检查。作业过程中发现只有 2 户流程在移动作业终端有待办任务，小陈只好将这两户验收检查情况录入了移动作业终端，经现场作业人员签字后提交工单传递信息结束了本次竣工验收任务。

请问本次竣工验收作业小陈使用移动作业终端方法正确吗？有什么地方需要改进？

参考答案：

不正确。

（1）在营销业务系统中完成竣工验收申请发送至下一环节处理后，才能在移动作业终端中显示待办工单。

（2）进入移动作业终端竣工验收任务信息时，应按检查项目详细录入检查情况。

（3）检查完成后应将检查情况对客户进行告知，并要求客户签字确认。

（4）作业完成后在移动作业终端中提交业务数据，在营销业务系统中完成提交竣工验收工单信息传递。

31．2017 年 5 月 15 日，国网××县供电公司用电检查员小饶进行高危及重要客户用电检查任务，在未检查营销业务系统和移动终端前提下就带上单据到客户现场检查，在检查过程中发现了用户存在电缆沟封堵不严、消防配置不足等，准备点开移动终端完成检查任务时，发现营销业务系统未发起周期检查流程，只能检查完毕后将用电检查单据填写后由客户签章后带回。

请问小饶的应对措施正确吗？你认为正确的应对措施是什么？

参考答案：

不正确。

（1）小饶首先应在营销业务系统内发起用电检查流程，然后查看移动终端是否同步。

（2）确认移动作业终端设备电量是否充足。

（3）应将高危客户隐患拍照留存，并在现场完成移动作业终端内部操作流程。

32．2017 年 4 月 20 日，国网××县供电公司计量班李某使用移动作业终端处理业扩高压换表流程的装表环节，在进行申请信息核对时，发现系统内电能表方案和纸质装拆单不一致，遂按照系统互感器变比进行配置，流程闭环后发现现场实际电能表和装拆单一致，分析原因是供电方案制定时出现差错。

在此案例中王某的做法存在哪些问题？正确的装拆流程应该遵循哪些主要步骤？

参考答案：

（1）李某在核对申请信息时，不经现场核实就进行配置的做法是错误的，应该认真核对系统内申请信息和现场实际情况，当发现不一致时，应找出差异原因，正确进行流程。

（2）正确的装拆流程应遵循以下步骤。

1）在移动中签收装拆表流程，出现装拆表管理任务列表。

2）点击任务列表，进入任务管理。

3）认真阅读安全注意事项，核对现场信息和系统申请信息是否一致（包含核实受电点方案、供电电源方案和计量点方案信息）。

4）填写用户名称，装拆人员，装拆原因等信息。

5）根据实际情况填报计量装（拆）信息，点击保存。

6）结果确认，提交发送至下一环节。

33．小王是现场检查班成员，这天拿到新发的移动作业终端下场检查。可是到了现场后，终端任务没有下载成功，小王只好又回到班组，在电脑上完成了流程。

请问，在下场检查工作中，应该如何使用终端？

参考答案：

根据周期检查月计划，通过移动作业终端下载检查工单，携带移动作业终端前往客户现场进行现场检查，根据国家有关电力供应与使用的法规、方针、政策和电力行业标准，按照检查计划，对客户用电安全及电力使用情况进行检查服务。检查内容主要包括计量装置运行情况，客户的基本情况，设备安全运行情况，供用电合同及有关协议的履行情况，是否存在违约用电及窃电行为。

34．小王是抄表催费班成员，这天拿到新发的移动作业终端到现场催费。可是到了现场后，终端任务没有下载成功，小王只好又回到班组，在电脑上完成了流程。

请问，在现场催费工作中，应该如何使用终端？

参考答案：

营销业务应用系统将催费任务及相关档案信息发送至移动作业平台。催费人员在移动作业终端上下载，并签收催费任务。查看任务中相应的欠费用户信息。催费人员选择欠费用户进行现场催费，可提前打印交费提醒函，现场录入催费结果信息。催费人员完成催费任务后，将催费结果信息上传至营销业务应用系统。

35．在营销移动作业应用系统的安全开发与建设上，在初始阶段即明确了平台安全开发的工作机制，组织对项目组有关成员进行安全开发培训。从平台的需求设计、安全设计、开发、测试、系统上线直至运行维护的全生命周期全过程中，该平台应遵循公司有关规定，严格执行公司等级保护定级、安全需求分析、安全编码要求、上线安全测评等关键环节的安全管理策略。

营销移动作业应用系统中涉及的移动终端为商业或定制平板设备，为保证移动终端上安装的业务应用客户端正常运行，并避免由于移动终端导致营销移动作业应用系统出现安全问题，应在哪些方面加强管控？

参考答案：

（1）移动终端采用终端集成安全模块，安全模块提供 PKI 技术、数据加密等需要的密码算法。

（2）移动终端使用集成的安全芯片，对通信关键数据进行加密传输。

（3）部署安全接入平台，保证移动终端的数据传输安全。

（4）安装公司安全专控软件，对操作系统进行安全加固，禁用移动设备的蓝牙、WIFI热点等功能，防止其接入互联网。

（5）使用数字证书进行身份认证。

（6）使用绑定无线虚拟专网的 SIM 卡。

（7）设备加装经国家密码管理局认证的支持 SM1、SM2 算法的工业级安全加密 TF 卡。

36．某市公司开展营销移动作业终端应用推广工作后，获得现场使用人员一致好评，营销工作人员纷纷要求每次现场工作时都能使用营销移动作业终端。于是，该公司自筹资金，按每个营销班组 3 台的标准购买了一批营销移动作业终端。

应如何评价该公司的行为？

参考答案：

根据《营销移动作业应用管理规范（试行）》第二章职责分工的规定，公司营销部（农电工作部）负责审核各单位营销移动终端购置需求，组织招标采购工作。省（自治区、直辖市）公司营销部（农电工作部）负责本单位移动作业终端的设备管理及营销移动终端购置需求汇总，并上报。所以，该公司不应自行采购营销移动作业终端。

37．某市公司营销科技创新团队成员多具有博士及硕士学历，擅长营销、通信、信息等多个专业，且该创新团队与公司外的高校、科研院所保持着长期合作关系。

由于营销移动作业终端使用过程中新增、变更业务需求需要经由省公司审定及上报，耗时相对较长。于是，该公司营销科技创新团队自行开发建设了营销移动作业平台，原营销移动作业终端转到该公司自建的平台上使用。

如何评价该公司自建营销移动作业平台的行为？

参考答案：

根据《营销移动作业应用管理规范（试行）》第二章职责分工的规定，省（自治区、直辖市）公司营销部（农电工作部）负责本单位营销移动作业平台的建设、推广和运行管理，公司营销部（农电工作部）负责组织编制和修订营销移动作业平台相关管理制度和标准规范，负责营销移动作业平台业务的统一规划、设计与完善工作。所以该公司不应自建营销移动作业平台。

38．为适应电力改革和互联网技术发展新形势，公司营销部开展营销移动作业应用建设，实现了公司营销业务自动化系统向现场作业的有效延伸，极大提高了现场作业人员工作效率。在开展营销活动作业业务的过程中，如何防范发生信息安全风险成为不可忽视的问题，尤其是现在网络技术十分发达的今天，各种不安全的因素都是时刻存在的。作为一名营销工作人员如何保证信息安全成了亟待思考的问题。

根据以上材料试回答：应该做好哪些方面的安全管理工作？

参考答案：

（1）客户信息安全管理：客户信息采集，客户信息变更，重要客户信息管理，客户敏感信息操作管理。

（2）现场业扩安全管理。

（3）现场计量安全管理。

（4）现场催费及停复电安全管理。

（5）现场用检安全管理。

（6）营销移动作业数据安全管理，数据传输管理，终端数据存储管理，数据防外泄管理，核心业务数据日志与审计管理。

（7）移动作业终端安全管理。

39．某供电所员工张某在操作移动作业终端时，不慎将终端摔到地上，导致屏幕碎裂无法正常操作，为了避免问责，张某想到仓库中有台刚报废的移动作业终端，遂取出拿到街上维修店中，将两个屏幕调换后，继续使用。

试分析张某的行为违反了什么规定？如果你是张某，应该如何做才正确？

参考答案：

（1）终端设备实行使用人负责制，使用人对终端负有保管责任，保证设备的合理使用，提高设备使用效率。张某私自取出报废设备，将两台设备送到维修店中进行调换屏幕的行为违反了移动作业终端的入库、检验、退货、配送、维修、挂失等流程均应在营销移动作业后台管控平台中进行相关操作后方可进行的规定，违反了：①严禁私自拆卸设备，调换配件；②严禁将终端设备接入不安全的网络环境；③严禁终端使用人将终端设备或账号信息转借给未经授权的他人使用的规定。

（2）如果我是张某：①当终端出现故障时，应提交设备维护申请表，全面清理送修终端的业务数据，交由设备管理部门进行故障排除和登记；②当终端丢失，应及时上报，安全接入平台维护人员应及时进行终端注销、权限注销等操作，防止非法人员使用。

40．某乡镇供电所为了提升营销服务能力、提高工作效率，通过移动化方式实现业扩、用检、抄催等业务现场作业与后台工作一体化应用，新申请到一批移动终端设备，由于所里人员杂乱，流动性大。假如你是该供电所所长，为防止设备流失，应该如何对这批移动终端设备进行管理？

参考答案：

（1）根据"谁使用谁负责"的原则确定终端归口管理部门，对每台终端设备应建立资产档案，进行安全检查确认，统一编号并粘贴设备标签，进行统一管理。

（2）开展终端全寿命周期管理，对终端采购、入库、登记、领用、回收、故障、报废进行全过程跟踪，及时更新台账，定期清查终端设备，避免设备流失。

（3）制定终端定期维护计划，对其进行定期维护和检查，发现问题及时处理。

41．2016 年 12 月，××供电公司电费班李××在使用移动作业终端过程中，遗失充电器，为继续使用终端，使用电流过小的充电器，导致移动作业终端充电缓慢，久而久之，无法充电，试分析李××的违规行为。

参考答案：

李××的行为严重违反了《营销移动作业终端管理办法（试行）》的相关规定：为了延长移动作业终端使用寿命，充电时必须使用标配充电器，注意充电时间，过度充、放电会减损电池的寿命。

42．2017 年 5 月，××供电公司业务班叶××在使用移动作业终端过程中，发现移动作业终端出现故障，便找了附近手机修理店李师傅帮忙修理终端，后由于终端属于专业设备，李师傅无法修理，叶××便将设备丢在家里，不再过问。试分析叶××的违规行为。

参考答案：

叶××的行为违反了《营销移动作业终端管理办法（试行）》的相关规定。

（1）使用人员应用过程遇到的问题，应及时找寻本单位资产管理员或联系技术支持人员帮助，不得私自隐瞒或调试。

（2）移动作业终端出现故障应及时维修，因无法维修或达到使用年限的设备，应履行报废手续。

（3）移动作业终端发生丢失或损毁应及时向公司报告，并采取必要措施进行应急处理。

43．某省公司营销部在营销移动作业平台建设、推广和运行过程中，多次组织市县公司召开会议，讨论终端的建设、推广、运行方案，征求完善终端运行的相关需求。经该省公司营销部相关处室讨论通过后，交建设厂商直接更改，测试合格后发布实施。

应如何评价该省公司营销部的这种行为？

参考答案：

根据《营销移动作业应用管理规范（试行）》第二章职责分工的规定，公司营销部（农电工作部）负责营销移动作业平台业务的统一规划、设计与完善工作，省（自治区、直辖市）公司营销部（农电工作部）负责本单位营销移动作业平台新增、变更业务需求审定与上报工作。该省公司营销部应该将相关需求报公司营销部，由公司营销部负责平台的完善工作。

五、相关法律法规及制度规范

1．2001 年初，宝洁公司和联合利华公司之间爆发了情报纠纷事件。2001 年 4 月，面对主要竞争对手联合利华的强烈质疑，宝洁公司公开承认，该公司员工通过一些不太正大光明的途径获取了联合利华的产品资料。而在这 80 多份重要的机密文件中，居然有相当高比例的文件是宝洁的情报人员从联合利华扔出的"垃圾"里找到的。

这一案例给我们什么警示？

参考答案：

违反了涉密载体销毁的相关规定。

（1）涉密载体除正在使用或按照有关规定留存、存档外，应及时予以销毁。涉密载体的销毁工作，要严格按照国家和公司相关规定执行。销毁复制件，应按正式涉密载体的方式处理。

（2）国家秘密载体销毁要履行清点、登记手续，报本单位主管保密工作领导审核批准后，由本单位负责文件销毁的部门派专人送交保密行政管理部门指定的销毁工作机构或承销单位销毁。单位自行销毁的，应严格执行国家有关保密规定和标准。暂时不能销毁的涉密载体要存放在符合安全保密要求的专门场所。

（3）企业秘密载体销毁工作参照国家秘密载体销毁要求进行。

（4）禁止任何单位和个人未经批准私自销毁涉密载体；禁止非法捐赠或转送涉密载体；禁止将涉密载体作为废品出售；禁止将涉密载体送交未经保密行政管理部门指定的单位销毁。

2．2012 年 5 月，某单位舒某在文件印制过程中，因疏忽大意，未标注文件密级，致使该文件以无密级的形式印发。其下属单位接到文件后，在互联网站上发布，造成泄密。

请分析舒某违反了哪些规定？

参考答案：

违反了涉密载体制作的相关规定。

（1）制作涉密载体，应当标明密级和保密期限，注明发放范围、制作数量，并编排顺序号。

（2）制作涉密载体应当在本单位内部或保密行政管理部门审查批准的定点单位进行。制作涉密载体的场所须符合保密要求。

（3）制作光介质、电磁介质涉密载体，应加强介质采购和介质标识的保密管理。

（4）制作涉密载体过程中形成的不需归档的材料，应当及时销毁。

3．某公司组织学习会议精神，工作人员王某接到周某发来的聊天微信。周某问王某在干什么，王某答复在阅读会议重要文件并透露了文件名称。周某勾起了兴趣，就文件涉及的某部分内容要求王某提供具体阐述内容。王某虽然意识到文件是需要保密的，但因周某是其同事平时关系又好，就将文件拍照传给了周某。周某感到文件内容很有用，就将部分照片在微信朋友圈进行了分享。经层层转发，致使信息在较大范围内传播扩散，产生不良影响。

请分析我们在使用手机时应做到哪些？

参考答案：

加强对手机使用的管理，公司员工使用手机时应做到：

（1）不得在手机通话中涉及国家秘密。

（2）不得使用手机存储、处理、传输国家秘密。

（3）不得在手机中存储核心涉密人员的工作单位、职务等敏感信息。

（4）不得在申请办理有关业务时填写涉密单位名称和地址等信息。

（5）不得携带未取出电池或未采取屏蔽措施的手机进入涉密场所。

（6）不得在涉密场所使用手机录音、照相、摄像、视频通话和上网。

（7）不得携带手机参加涉及国家秘密事项的会议。

4．2014年3月，某单位办公室机要室需要邮寄一份秘密级机要文件，该机要室工作人员李某交给了机要通讯员张某。后发现该文件未成功送达接受单位，有关部门联系张某时，张某否认曾传送过此文件。事件发生后，司法机关判处机要室李某犯有过失泄露国家秘密罪。

李某违反了哪些规定？

参考答案：

违反了涉密载体收发和传递的相关规定。

（1）涉密载体必须通过安全可靠途径，按密级、分渠道传递。要切实按照国家有关法律法规和公司规定要求，严格控制涉密载体传递范围和渠道，组织管理好传递工作。

（2）收发涉密载体，应当由专人负责并认真履行清点、登记、编号、签收等手续。

（3）涉密载体在收发和传递时，须履行机要登记手续。

（4）传递涉密载体，应当通过机要交通或机要邮局；指派专人传递的，应选择安全的交通工具和交通线路。传递涉密载体时，封装涉密载体的信封上应标明密级、编号和收、发件单位名称。

5．2013年7月，某单位李某在工作中无意间将秘密级文件在连接互联网的多功能一体机上进行复印，导致该秘密级文件泄密。

李某违反了哪些规定？

参考答案：

违反了涉密载体收发和传递的规定。

（1）涉密载体必须通过安全可靠途径，按密级、分渠道传递。要切实按照国家有关法律法规和公司规定要求，严格控制涉密载体传递范围和渠道，组织管理好传递工作。

（2）禁止在普通传真机上发送涉密文件。绝密级文件只能通过国家专用密码设备传递；机密级及其以下涉密文件可通过经国家有关机构批准由公司统一配置安装的普通密码传真设备传递。

6．2014年4月，有关部门检查发现，某单位网站上有多份商业秘密文件，且未进行标密，工作人员胡某在未经审批的情况下，擅自将其发布在网站上，造成泄密。

胡某违反了哪些规定？

参考答案：

违反了涉密载体的使用规定。

（1）对接收到的涉密载体，应按照制发单位的要求，确定知悉人员范围。任何单位和个人不得擅自扩大涉密事项的知悉范围。

（2）阅读和使用涉密载体，应当办理登记、签收手续，在符合保密要求的办公场所进行。

（3）借阅涉密载体应履行审批手续。所借阅涉密载体必须按期归还，到期仍需使用的应办理续借手续；涉密载体管理部门对逾期不还的涉密载体，应及时催退。

7. 2011 年 11 月，某局办公室被盗，室内存放的两台笔记本电脑遗失。经核实，其中一台为涉密笔记本电脑，存放有多份涉密资料。该办公室人员忘记将涉密笔记本电脑存放在密码保险柜内导致涉密信息丢失。

该办公室人员违反了哪些保密规定？

参考答案：

违反了涉密载体保存的有关规定。

（1）涉密载体应当存放在密码文件柜中。绝密级载体应当存放在密码保险柜中，由专人管理。

（2）工作人员离开办公场所，应将涉密载体存放在保密设备中。

（3）要定期对涉密载体进行清查、核对和登记，需归档的要及时归档保存，需清退的应及时如数清退，任何单位和个人不得自行留存。检查中发现问题要及时向有关部门报告。

（4）国家秘密载体的归档，按照国家有关档案管理规定执行。

8. 2014 年 6 月，某单位涉密人员李某计算机出现问题，由于本单位技术人员无法排除故障，李某便私自将其内网计算机送到当地电脑城维修，导致多份内部资料失窃。

李某违反了哪些规定？

参考答案：

涉密计算机更换或维修，应当在本单位进行，并有专人监督。

所更换的设备或配件，未采取专门脱密技术处理的，严禁挪为他用。

9. 2013 年 4 月，有关部门在保密检查中发现，某单位退休专家周某的个人计算机受到境外机构的网络攻击，致使国家级秘密资料被窃取。经查，周某退休时非法留存和拷贝涉密技术资料，并保存在个人计算机中，最终导致泄密。

周某违反了哪些规定？

参考答案：

（1）涉密人员离岗（退休、调离、辞职、辞退）前，必须主动清退保管和使用的全部涉密载体，办理移交手续，并与本单位保密委员会签订"涉密人员离岗保密承诺书"。

（2）涉密人员离岗（退休、调离、辞职、辞退）实行脱密期管理，脱密期限由涉密人员所在部门和单位根据其涉密程度确定。一般情况下，核心涉密人员为 3 年至 5 年，重要涉密人员为 2 年至 3 年，一般涉密人员为 1 年至 2 年。法律法规或国家有关主管部门有特殊规定的按规定办理。

10. 区区打印机致使伊拉克防空体系瘫痪。

在第一次海湾战争爆发之前，伊拉克军方转道约旦，从西方进口了一起先进的打印设备，这个信息被美军迅速截获。美军随即派遣间谍潜入约旦，并更换了打印机芯片。随后，这批打印机被运进了伊拉克，被毫无防备的伊拉克军方连接到了电脑上。开战前，美军激活了打印机芯片，致使芯片中的电脑病毒在伊拉克军方网络内传播，致使所有防空体系的电脑设备停止运行，防空体系全部瘫痪，对美军大规模空袭毫无办法。

这一案例给我们哪些启示？

参考答案：

公司保密工作管理目标：实行保密工作责任制，健全保密管理制度，完善保密防护措施，开展保密宣传教育，加强保密监督检查，严格依法管理，确保国家秘密和企业秘密安全。

（1）计算机信息系统使用的安全保密防范措施或设备，应当符合国家相关要求并经认证许可的产品。

（2）加强对办公计算机的保密管理，不得在没有相应保密措施的计算机信息系统中处理、存储和传输国家秘密、企业秘密。

（3）严禁通过互联网传输涉密信息。公司信息内网不得传输国家秘密事项，公司信息外网不得传输国家秘密事项、企业秘密事项。

（4）涉及国家秘密事项的移动存储介质要统一购置、统一标识、严格登记、集中管理，禁止在非涉密计算机上使用，禁止在涉密与非涉密信息系统间交叉使用。

11. 2013 年 9 月，某单位在宾馆召开涉密会议，由于会场审查不严，某信息公司工作人员王某趁机混入会场，并窃取机密级会议文件数份。

该单位应如何加强涉密会议管理？

参考答案：

（1）涉密活动必须选择符合保密要求的场所，保管好活动区域内的各种涉密载体，认真核对参加活动的人员，严格执行各项保密纪律。涉密活动结束后要对活动场地进行全面检查，废弃的资料要及时回收，并按相关规定销毁。

（2）涉及国家秘密事项的会议应采取必要的保密技术保障措施。涉密会议文件、资料应进行编号登记，与会人员不得擅自将涉密文件、资料带离会场，会后及时清理收回。确需随身携带的，须经主办单位批准，并采取安全保密措施。绝密级载体不得随身携带。会议记录应使用专用的保密记录本。会议结束后应对会议驻地进行全面检查。

（3）涉密活动、涉密会议禁止使用电视监控、手机、无线话筒和其他无保密措施的通信工具，未经批准，不得擅自拍照、摄像和录音。

（4）举办重要涉外活动，主办单位应预先拟定接待方案，包括接待日程、规格、活动场所、行动路线、涉及区域等，报保密办备案。涉及区域要保管好各种秘密载体，境外人员未经允许不得使用公司办公计算机、复印机、传真机等设备。

12．力拓集团涉密案的启示。

2009 年，澳大利亚力拓集团上海办事处 4 名员工因涉嫌窃取国家机密被拘捕。据上海市国安局称，4 人在中外出口铁矿石谈判期间，采取不正当手段，通过拉拢和收买中国钢铁生产单位内部人员，窃取涉密信息，对中国国家经济安全和利益造成重大损害。2010 年 3 月 29 日下午，上海市第一中级人民法院对 4 人分别以非国家工作人员受贿罪、侵犯商业秘密罪，数罪并罚判处被告有期徒刑 10 年，并没收财产和罚金人民币 100 万元。

随着全球能源互联网的推进，电力企业的涉外活动越来越多，我们应该遵守哪些保密要求？

参考答案：

（1）举办重要涉外活动，主办单位应预先拟定接待方案，包括接待日程、规格、活动场所、行动路线、涉及区域等，报保密办备案。涉及区域要保管好各种秘密载体，境外人员未经允许不得使用公司办公计算机、复印机、传真机等设备。

（2）出国（境）访问期间，严禁在无保密条件的场合谈论、处理国家秘密和企业秘密。因工作需要确需携带涉密载体出国的，必须履行相关手续，并采取严格的保密措施。

（3）在对外交流、合作、咨询、谈判等活动中，任何组织和个人不得擅自提供涉及国家秘密与企业秘密的信息或与活动无关的内容。确需对外提供时，应确定范围，进行保密审查并做必要的技术处理，报有审批权限的部门批准。

（4）公司在对外交往与合作中需要提供涉密事项或任用、聘用的境外人员因工作原因需要知悉涉密事项的，其中涉及国家秘密事项的应当报经有关主管部门批准，并与对方签订保密协议。任何组织和个人不得擅自对外提供国家秘密和企业秘密，如需提供，必须严格履行审批程序。严禁对外提供绝密级国家秘密。

13．2014 年 1 月，某海关在出入境检查时发现，某单位高某准备携带出境的公文包内有秘密级文件。经查高某受单位委派担任境外国家项目考察人员，因工作需要携带涉密文件出境，但未办理批准手续。

员工在出境时要遵守哪些保密规定？

参考答案：

（1）出国（境）访问期间，严禁在无保密条件的场合谈论、处理国家秘密和企业秘密。因工作需要确需携带涉密载体出国的，必须履行相关手续，并采取严格的保密措施。

（2）在对外交流、合作、咨询、谈判等活动中，任何组织和个人不得擅自提供涉及国家秘密与企业秘密的信息或与活动无关的内容。确需对外提供时，应确定范围，进行保密审查并做必要的技术处理，报有审批权限的部门批准。

（3）携带秘密级载体外出由部门领导批准；携带机密级载体外出由单位分管领导批准；携带绝密级载体外出由单位主管保密工作领导批准，并有二人以上同行。

14."压接管压接深度不合格，请重新压接……"检修分公司安全管控微信平台上发布了一条500kV蒲梨2号线停电作业的工作视频。通过视频，专业技术人员对现场作业情况一目了然，及时向作业人员提出了整改意见。

检修分公司充分应用"互联网＋"技术手段，巧借"微信群"的及时、直观、互动和资源共享性等优点，搭建起安全管控微信平台，将所有参与现场工作的班组和施工负责人统一集中到微信群进行管理。每个施工队伍需把工程施工许可、每日开收工会和安全措施落实等情况，及时以图片、视频等形式上传到微信平台。一方面使管理人员第一时间掌握现场作业情况，实现现场违章全过程管控，杜绝习惯性违章和安全措施不到位现象；另一方面，群成员通过图片、视频对现场作业点进行互动交流和学习，提高危险点辨识能力及全员参与安全管理的积极性和主动性。

安全管控微信平台作为该公司目前新的教育及管控手段，改变了以往单纯的安全教育培训方式，打破了时间、场地、人员等限制，为一线员工提供了一个便利的学习交流平台，更为安全生产管理再添新保障。

请分析该公司采用微信群方式加强现场作业管控，需要注意哪些保密工作要点？

参考答案：

（1）不得在通话中涉及国家秘密。

（2）不得使用手机存储、处理、传输国家秘密。

（3）不得在手机中存储核心涉密人员的工作单位、职务等敏感信息。

（4）不得在申请办理有关业务时填写涉密单位名称和地址等信息。

（5）不得携带未取出电池或未采取屏蔽措施的手机进入涉密场所。

（6）不得在涉密场所使用手机录音、照相、摄像、视频通话和上网。

（7）不得携带手机参加涉及国家秘密事项的会议。

15．某涉密单位工作的张某，看到单位汽车频繁进出，猜测单位有重要情况，在他软磨硬泡下，同学兼同事李某将重要秘密项目信息告知了张某。张某在看望退休老领导时将项目信息和盘托出，被其儿子周某听到，周某将消息发到网上，造成秘密项目信息泄露。

李某违反了哪些规定？

参考答案：

李某违反了保密工作职责，公司各级保密工作机构应当履行下列职责。

（1）及时传达贯彻党和国家保密工作方针政策、法律法规和工作部署，贯彻落实公司各项保密规章制度和工作要求，制定年度保密工作计划，并认真组织实施。

（2）开展保密要害部门、部位确定工作。组织制定具体工作要求和防范措施。依法进行定密工作和信息公开保密审查工作。

（3）对信息设备和信息系统采取保密技术防范措施，开展保密技术检查。

（4）对涉密人员进行保密审查，教育、培训和监督管理。

（5）对承办的重要涉密会议（活动）制定保密工作方案，落实保密管理措施。

（6）加强对重点工程、重大事项、重要谈判的管理，实行保密工作先期介入机制。

16．有关部门在保密检查中发现，某部门废弃的个人计算机中存在涉密技术资料。该部门违反了哪些规定？

参考答案：

对需报废的涉密办公设备或配件，应当登记造册，由使用部门申请，经本单位保密办批准后，交由国家保密行政管理部门指定的涉密载体销毁中心统一销毁，并保留销毁凭据。

任何单位和个人严禁擅自销毁涉密办公设备。

17．某单位工作人员赵某为加班起草涉密文件，擅自将涉密文稿带回家，被小孩撕下两页玩纸飞机。经多方寻找，只找到一页文稿。

赵某违反了哪些规定。

参考答案：

违反了涉密载体的保存规定。

（1）涉密载体应当存放在密码文件柜中。绝密级载体应当存放在密码保险柜中，由专人管理。

（2）工作人员离开办公场所，应将涉密载体存放在保密设备中。

18．某单位何某因疏忽大意，将保密文件与废报纸混在一起，并丢入垃圾桶。后经多方查找，未能找回。

请分析何某违反了哪些规定？

参考答案：

违反了涉密载体管理的相关规定。

处理废旧报纸、杂志及可对外公开的废旧资料时，要认真清理，防止夹带涉密载体。

19．某单位为召开涉密会议，委托广告公司制作了一批涉及商业秘密信息的会议资料，广告公司员工小李因此通宵加班，小李通过微信朋友圈吐槽加班事宜，并上传了加班现场图片，其中包含涉密资料的核心内容，经过多次转发，造成不良影响。

该单位违反了哪些规定？

参考答案：

违反了涉密载体制作的规定。

（1）制作涉密载体，应当标明密级和保密期限，注明发放范围、制作数量，并编排顺序号。

（2）制作涉密载体应当在本单位内部或保密行政管理部门审查批准的定点单位进行。制作涉密载体的场所须符合保密要求。

（3）制作光介质、电磁介质涉密载体，应加强介质采购和介质标识的保密管理。

（4）制作涉密载体过程中形成的不需归档的材料，应当及时销毁。

20．2015 年 1 月，某单位在保密检查中发现，某部门工作人员小余垫在电脑显示器下方的资料是 2008 年奥运会安全服务方案。

请问该部门违反了哪些保密规定？

参考答案：

违反了涉密载体销毁的相关规定。

（1）涉密载体除正在使用或按照有关规定留存、存档外，应及时予以销毁。涉密载体的销毁工作，要严格按照国家和公司相关规定执行。销毁复制件，应按正式涉密载体的方式处理。

（2）国家秘密载体销毁要履行清点、登记手续，报本单位主管保密工作领导审核批准后，由本单位负责文件销毁的部门派专人送交保密行政管理部门指定的销毁工作机构或承销单位销毁。单位自行销毁的，应严格执行国家有关保密规定和标准。暂时不能销毁的涉密载体要存放在符合安全保密要求的专门场所。

（3）企业秘密载体销毁工作参照国家秘密载体销毁要求进行。

（4）禁止任何单位和个人未经批准私自销毁涉密载体；禁止非法捐赠或转送涉密载体；禁止将涉密载体作为废品出售；禁止将涉密载体送交未经保密行政管理部门指定的单位销毁。

21．2015 年 3 月，某单位需要将一份秘密级机要文件送交省政府办公厅，工作人员李某临时有事，便将资料通过快递送达。后发现该文件未成功送达省政府。

李某违反了哪些规定？

参考答案：

违反了涉密载体收发和传递的相关规定。

（1）涉密载体必须通过安全可靠途径，按密级、分渠道传递。要切实按照国家有关法律法规和公司规定要求，严格控制涉密载体传递范围和渠道，组织管理好传递工作。

（2）收发涉密载体，应当由专人负责并认真履行清点、登记、编号、签收等手续。

（3）涉密载体在收发和传递时，须履行机要登记手续。

（4）传递涉密载体，应当通过机要交通或机要邮局；指派专人传递的，应选择安全的交通工具和交通线路。传递涉密载体时，封装涉密载体的信封上应标明密级、编号和收、发件单位名称。

22．某海关在出入境检查时发现，某单位袁某独自携带绝密级文件出境。经查袁某受单位委派担任公司境外项目负责人，因工作需要携带涉密文件出境。

袁某违反了哪些保密规定？

参考答案：

（1）出国（境）访问期间，严禁在无保密条件的场合谈论、处理国家秘密和企业秘密。因工作需要确需携带涉密载体出国的，必须履行相关手续，并采取严格的保密措施。

（2）在对外交流、合作、咨询、谈判等活动中，任何组织和个人不得擅自提供涉及国家秘密与企业秘密的信息或与活动无关的内容。确需对外提供时，应确定范围，进行保密审查并做必要的技术处理，报有审批权限的部门批准。

（3）携带秘密级载体外出由部门领导批准；携带机密级载体外出由单位分管领导批准；携带绝密级载体外出由单位主管保密工作领导批准，并有二人以上同行。

23．小周到同学小李的办公室看望小李，看到其桌上有份保密文件，小周对文件内容很感兴趣，小李便随手复印了一份给小周，并告知小周不得外传。

小李违反了哪些保密规定？

参考答案：

涉密载体原则上不允许复制。确因工作需要复制，应履行审批手续。

（1）复制绝密级载体，应当经密级确定单位或上级单位批准。

（2）复制机密级载体，应当经本单位主管保密工作领导批准。

（3）复制秘密级载体，应当经本单位分管领导批准。

（4）复制核心商业秘密载体，应当经本单位分管领导批准。

（5）复制普通商业秘密和工作秘密载体，应当经本部门领导批准。

24．有关部门检查发现，百度文库上有某单位多份商业秘密文件，经查实，工作人员赵某擅自将其发布在网站上，造成泄密。

赵某违反了哪些规定？

参考答案：

违反了涉密载体的使用规定。

（1）对接收到的涉密载体，应按照制发单位的要求，确定知悉人员范围。任何单位和个人不得擅自扩大涉密事项的知悉范围。

（2）阅读和使用涉密载体，应当办理登记、签收手续，在符合保密要求的办公场所进行。

（3）借阅涉密载体应履行审批手续。所借阅涉密载体必须按期归还，到期仍需使用的应办理续借手续；涉密载体管理部门对逾期不还的涉密载体，应及时催退。

25．某单位在宾馆召开涉密会议，由李某负责，会议结束后，李某急于回家，将若干份涉密资料遗失在会场上，被会场服务人员拍照后上传到微博，导致泄密。

该单位应如何加强涉密会议管理？

参考答案：

（1）涉密活动必须选择符合保密要求的场所，保管好活动区域内的各种涉密载体，认真核对参加活动的人员，严格执行各项保密纪律。涉密活动结束后要对活动场地进行全面检查，废弃的资料要及时回收，并按相关规定销毁。

（2）涉及国家秘密事项的会议应采取必要的保密技术保障措施。涉密会议文件、资料应进行编号登记，与会人员不得擅自将涉密文件、资料带离会场，会后及时清理收回。确需随身携带，须经主办单位批准，并采取安全保密措施。绝密级载体不得随身携带。会议记录应使用专用的保密记录本。会议结束后应对会议驻地进行全面检查。

（3）涉密活动、涉密会议禁止使用电视监控、手机、无线话筒和其他无保密措施的通信工具，未经批准，不得擅自拍照、摄像和录音。

（4）举办重要涉外活动，主办单位应预先拟定接待方案，包括接待日程、规格、活动场所、行动路线、涉及区域等，报保密办备案。涉及区域要保管好各种秘密载体，境外人员未经允许不得使用公司办公计算机、复印机、传真机等设备。

26. 某公司组织涉密会议，工作人员王某通过 QQ 将会议资料发送给其领导，但误发到 QQ 群中，被群里网名"小糊涂仙"的网友转发到微博上经层层转发，致使信息在较大范围内传播扩散，产生不良影响。

王某违反了哪些规定？

参考答案：

违反了手机使用的管理规定。

（1）不得在手机通话中涉及国家秘密。

（2）不得使用手机存储、处理、传输国家秘密。

（3）不得在手机中存储核心涉密人员的工作单位、职务等敏感信息。

（4）不得在涉密场所使用手机录音、照相、摄像、视频通话和上网。

27. 2015 年 3 月，某单位需要将一份国家级秘密文件发送到国家电网公司，工作人员李某通过内网邮箱发送文件。

李某违反了哪些规定？

参考答案：

公司信息内网不得传输国家秘密事项。

（1）涉密载体必须通过安全可靠途径，按密级、分渠道传递。要切实按照国家有关法律法规和公司规定要求，严格控制涉密载体传递范围和渠道，组织管理好传递工作。

（2）收发涉密载体，应当由专人负责，并认真履行清点、登记、编号、签收等手续。

（3）涉密载体在收发和传递时，须履行机要登记手续。

（4）传递涉密载体，应当通过机要交通或机要邮局；指派专人传递的，应选择安全的交通工具和交通线路。传递涉密载体时，封装涉密载体的信封上应标明密级、编号和收、发件单位名称。

28. 某单位工作人员王某通过公司外网将外国元首的安全服务方案发送给单位同事。

王某违反了哪些规定？

参考答案：

严禁通过互联网传输涉密信息。公司信息内网不得传输国家秘密事项，公司信息外网不得传输国家秘密事项、企业秘密事项。

（1）涉密载体必须通过安全可靠途径，按密级、分渠道传递。要切实按照国家有关法律法规和公司规定要求，严格控制涉密载体传递范围和渠道，组织管理好传递工作。

（2）收发涉密载体，应当由专人负责，并认真履行清点、登记、编号、签收等手续。

（3）涉密载体在收发和传递时，须履行机要登记手续。

（4）传递涉密载体，应当通过机要交通或机要邮局；指派专人传递的，应选择安全的交通工具和交通线路。传递涉密载体时，封装涉密载体的信封上应标明密级、编号和收、发件单位名称。

29．某单位为确保重要安全服务工作任务的到点到位，委托广告公司制作了安全服务路线图，广告公司未经该单位允许，将该图放在其宣传视频中，导致泄密。

该单位违反了哪些规定？

参考答案：

违反了涉密载体制作的规定。

（1）制作涉密载体，应当标明密级和保密期限，注明发放范围、制作数量，并编排顺序号。

（2）制作涉密载体应当在本单位内部或保密行政管理部门审查批准的定点单位进行。制作涉密载体的场所须符合保密要求。

（3）制作光介质、电磁介质涉密载体，应加强介质采购和介质标识的保密管理。

（4）制作涉密载体过程中形成的不需归档的材料，应当及时销毁。

30．工作人员小周到办公室加盖公章，看到工作人员小蒋有份保密文件，因对其内容感兴趣，小李便用手机将文件拍下，并发送到其微信群中。

小周违反了哪些保密规定？

参考答案：

涉密载体原则上不允许复制。确因工作需要复制，应履行审批手续。

（1）复制绝密级载体，应当经密级确定单位或上级单位批准。

（2）复制机密级载体，应当经本单位主管保密工作领导批准。

（3）复制秘密级载体，应当经本单位分管领导批准。

（4）复制核心商业秘密载体，应当经本单位分管领导批准。

（5）复制普通商业秘密和工作秘密载体，应当经本部门领导批准。

31．某供电企业工作人员胡某离职，任职新成立的售电公司，其所在的新公司领导授意，"想参考"一下他以前所在企业的一些客户数据。正所谓"近水楼台先得月"，胡某以"回娘家"的名义回原公司，趁其他人员不注意，用自己账号，通报保密 U 盘复制了新装用户申请信息，导致供电企业部分客户流失。

该供电企业违反了哪些管理规定？

参考答案：

（1）涉密人员离岗（退休、调离、辞职、辞退）前，必须主动清退保管和使用的全部涉密载体，办理移交手续，并与本单位保密委员会签订"涉密人员离岗保密承诺书"。

（2）涉密人员离岗（退休、调离、辞职、辞退）实行脱密期管理，脱密期限由涉密人员所在部门和单位根据其涉密程度确定。一般情况下，核心涉密人员为3年至5年，重要涉密人员为2年至3年，一般涉密人员为1年至2年。法律法规或国家有关主管部门有特殊规定的按规定办理。

32．2008年9月，国家某机关处长B违规将涉密硬盘接入办公室连接互联网的计算机，由于该计算机已被境外情报机构植入木马程序，移动硬盘上大量资料被窃取，其中部分涉及重要国家机密，给国家安全造成了严重损害。

若B是国家电网公司员工，他违反了哪些管理规定？

参考答案：

第六十七条　加强对办公计算机的保密管理，不得在没有相应保密措施的计算机信息系统中处理、存储和传输国家秘密、企业秘密。

第七十二条　涉及国家秘密事项的移动存储介质要统一购置、统一标识、严格登记、集中管理，禁止在非涉密计算机上使用，禁止在涉密与非涉密信息系统间交叉使用。

33．2008年10月，国家有关部门在对某涉密单位进行保密技术检查时，利用专用检查设备截获到该单位重要涉密信息。通过排查发现，工作人员张某违规将无线键盘用于涉密计算机，造成键盘录入的涉密信息发送出去。

若张某是国家电网公司员工，他违反了哪些管理规定？

参考答案：

（1）涉密计算机不得直接或间接与国际互联网、公共信息网相连接，必须实行物理隔离；非涉密计算机信息系统不得采集、存储、处理、传输国家秘密信息。

（2）涉密计算机更换或维修，应当在本单位进行，并有专人监督。所更换的设备或配件，未采取专门脱密技术处理的，严禁挪为他用。

（3）公司信息内网的计算机设备上不得使用具备无线联网功能的网络设备、计算机和外围设备（无线AP、鼠标、键盘、手机等）。

34．2009年12月，国家相关部门通报某单位员工使用的计算机中涉及办公资料泄露。经查实，该员工将办公资料存入非公司专配存储介质中，并带回家，利用连接互联网的计算机对该存储介质进行操作，由于其家用计算机未安装安全补丁，感染了特洛伊木马，使存于介质上的文件信息泄露。

若该员工是国家电网公司员工，他违反了哪些管理规定？

参考答案：

（1）计算机信息系统使用的安全保密防范措施或设备，应当符合国家相关要求，并经认证许可的产品。

（2）加强对办公计算机的保密管理，不得在没有相应保密措施的计算机信息系统中处理、存储和传输国家秘密、企业秘密。

（3）严禁通过互联网传输涉密信息。公司信息内网不得传输国家秘密事项，公司信息外网不得传输国家秘密事项、企业秘密事项。

（4）涉及国家秘密事项的移动存储介质要统一购置、统一标识、严格登记、集中管理，禁止在非涉密计算机上使用，禁止在涉密与非涉密信息系统间交叉使用。

35．2006年5月，国企某单位员工私自在涉密计算机上安装无线上网卡接入互联网，同时接入内网，导致内网计算机感染木马，该单位重要资料被盗取。

若该员工是国家电网公司员工，他违反了哪些管理规定？

参考答案：

（1）涉密计算机不得直接或间接与国际互联网、公共信息网相连接，必须实行物理隔离；非涉密计算机信息系统不得采集、存储、处理、传输国家秘密信息。

（2）涉密计算机更换或维修，应当在本单位进行，并有专人监督。所更换的设备或配件，未采取专门脱密技术处理的，严禁挪为他用。

（3）公司信息内网的计算机设备上不得使用具备无线联网功能的网络设备、计算机和外围设备（无线AP、鼠标、键盘、手机等）。

36．2002年9月6日，国家某部委涉密人员张某，携带涉密笔记本电脑开车外出。当他把车放在学校门前接孩子时，存有国家秘密信息的笔记本被盗。

若该员工是国家电网公司员工，他违反了哪些管理规定？

参考答案：

违反了涉密载体保存的有关规定。

（1）涉密载体应当存放在密码文件柜中。绝密级载体应当存放在密码保险柜中，由专人管理。

（2）工作人员离开办公场所，应将涉密载体存放在保密设备中。

（3）要定期对涉密载体进行清查、核对和登记，需归档的要及时归档保存，需清退的应及时如数清退，任何单位和个人不得自行留存。检查中发现问题要及时向有关部门报告。

（4）国家秘密载体的归档，按照国家有关档案管理规定执行。

37．某单位工作人员蒋某通过微信网页版将重要用户名单发送给单位同事。

蒋某违反了哪些规定？

参考答案：

严禁通过互联网传输涉密信息。公司信息内网不得传输国家秘密事项，公司信息外网不得传输国家秘密事项、企业秘密事项。

（1）涉密载体必须通过安全可靠途径，按密级、分渠道传递。要切实按照国家有关法律法规和公司规定要求，严格控制涉密载体传递范围和渠道，组织管理好传递工作。

（2）收发涉密载体，应当由专人负责，并认真履行清点、登记、编号、签收等手续。

（3）涉密载体在收发和传递时，须履行机要登记手续。

（4）传递涉密载体，应当通过机要交通或机要邮局；指派专人传递的，应选择安全的交通工具和交通线路。传递涉密载体时，封装涉密载体的信封上应标明密级、编号和收、发件单位名称。

38．某单位员工将办公资料存入非保密U盘，并带回家中，利用连接互联网的计算机对该U盘进行操作，由于其家用计算机未安装安全补丁，感染了木马，使信息泄露。

该员工违反了哪些管理规定？

参考答案：

（1）计算机信息系统使用的安全保密防范措施或设备，应当符合国家相关要求，并经认证许可的产品。

（2）加强对办公计算机的保密管理，不得在没有相应保密措施的计算机信息系统中处理、存储和传输国家秘密、企业秘密。

（3）严禁通过互联网传输涉密信息。公司信息内网不得传输国家秘密事项，公司信息外网不得传输国家秘密事项、企业秘密事项。

（4）涉及国家秘密事项的移动存储介质要统一购置、统一标识、严格登记、集中管理，禁止在非涉密计算机上使用，禁止在涉密与非涉密信息系统间交叉使用。

39．国家有关部门在对某涉密单位进行保密技术检查时，利用专用检查设备截获到该单位重要涉密信息。通过排查发现，该单位涉密会议室使用电视监控和无线话筒，导致信息外泄。

该单位违反了哪些管理规定？

参考答案：

（1）涉密活动必须选择符合保密要求的场所，保管好活动区域内的各种涉密载体，认真核对参加活动的人员，严格执行各项保密纪律。涉密活动结束后要对活动场地进行全面检查，废弃的资料要及时回收，并按相关规定销毁。

（2）涉及国家秘密事项的会议应采取必要的保密技术保障措施。涉密会议文件、资料应进行编号登记，与会人员不得擅自将涉密文件、资料带离会场，会后及时清理收回。确需随身携带，须经主办单位批准，并采取安全保密措施。绝密级载体不得随身携带。会议记录应使用专用的保密记录本。会议结束后应对会议驻地进行全面检查。

（3）涉密活动、涉密会议禁止使用电视监控、手机、无线话筒和其他无保密措施的通信工具，未经批准，不得擅自拍照、摄像和录音。

40．2009 年，公司接到国家安全管理部门通报，发现某单位涉及重大活动的敏感资料和信息泄露。经过核实，该事件是由该单位个别员工误将标密文件在外网邮件系统违规存储和处理，并转发至社会邮箱所致。

该单位员工违反了哪些管理规定？

参考答案：

严禁通过互联网传输涉密信息。公司信息内网不得传输国家秘密事项，公司信息外网不得传输国家秘密事项、企业秘密事项。

（1）涉密载体必须通过安全可靠途径，按密级、分渠道传递。要切实按照国家有关法律法规和公司规定要求，严格控制涉密载体传递范围和渠道，组织管理好传递工作。

（2）收发涉密载体，应当由专人负责，并认真履行清点、登记、编号、签收等手续。

（3）涉密载体在收发和传递时，须履行机要登记手续。

（4）传递涉密载体，应当通过机要交通或机要邮局；指派专人传递的，应选择安全的交通工具和交通线路。传递涉密载体时，封装涉密载体的信封上应标明密级、编号和收、发件单位名称。

41．某单位制作了重要安全服务路线图，工作人员邵某因工作疏忽，未标注保密级别，并将路线图张贴在非涉密场所中，导致信息泄露。

邵某违反了哪些规定？

参考答案：

违反了涉密载体制作的规定。

（1）制作涉密载体，应当标明密级和保密期限，注明发放范围、制作数量，并编排顺序号。

（2）制作涉密载体应当在本单位内部或保密行政管理部门审查批准的定点单位进行。制作涉密载体的场所须符合保密要求。

（3）制作光介质、电磁介质涉密载体，应加强介质采购和介质标识的保密管理。

（4）制作涉密载体过程中形成的不需归档的材料，应当及时销毁。

42．2008 年 9 月，某涉密单位工作人员刘某，赴外地参加涉密会议，其行李箱在宾馆遗失，内有一台涉密笔记本电脑，存放有多份涉及国家级机密的资料。

刘某违反了哪些保密规定？

参考答案：

违反了涉密载体保存的有关规定。

（1）涉密载体应当存放在密码文件柜中。绝密级载体应当存放在密码保险柜中，由专人管理。

（2）工作人员离开办公场所，应将涉密载体存放在保密设备中。

（3）要定期对涉密载体进行清查、核对和登记，需归档的要及时归档保存，需清退的应及时如数清退，任何单位和个人不得自行留存。检查中发现问题要及时向有关部门报告。

（4）国家秘密载体的归档，按照国家有关档案管理规定执行。

43．工作人员小李微信朋友圈发送自拍照片时，误将电脑屏幕上显示的涉密资料的核心内容摄入照片，经过多次转发，造成不良影响。

小李违反了哪些规定？

参考答案：

违反了手机使用的管理规定。

（1）不得使用手机存储、处理、传输国家秘密。

（2）不得在涉密场所使用手机录音、照相、摄像、视频通话和上网。

44．某公司举行网络产品发布会，公司负责人A在发布会开始前发现产品内存在安全漏洞，但因不想搞砸发布会则选择继续原计划，之后再处理安全漏洞。但在发布会过程中，公司员工乙通过安全漏洞窃取到来宾的重要个人信息。

公司负责人A在该事件中处理得有何不妥？

参考答案：

网络产品、服务应当符合相关国家标准的强制性要求。网络产品、服务的提供者不得设置恶意程序；发现其网络产品、服务存在安全缺陷、漏洞等风险时，应当立即采取补救措施，按照规定及时告知用户，并向有关主管部门报告。

45．A为某网络直播间网红，其在网络上散布黄色视频等法律禁止散布的信息。事后A态度消极，拒不改正。

A违反了哪些规定？有关主管部门应如何处罚？

参考答案：

对法律、行政法规禁止发布或传输的信息未停止传输、采取消除等处置措施、保存有关记录的，由有关主管部门责令改正，给予警告，没收违法所得；拒不改正或情节严重的，处十万元以上五十万元以下罚款，并可以责令暂停相关业务、停业整顿、关闭网站、吊销相关业务许可证或吊销营业执照，对直接负责的主管人员和其他直接责任人员处一万元以上十万元以下罚款。

46．A公司在全国很多城市都建立办事处或分支机构，这些机构与总公司的信息数据协同办公。公司关键信息基础设施的运维负责人A向境外提供网络数据，有关部门没收A违法所得，处以5日拘留。

A公司违反了什么规定？有关部门处罚有何不当？

参考答案：

关键信息基础设施的运营者违反《中华人民共和国网络安全法》第三十七条规定，在境外存储网络数据，或者向境外提供网络数据的，由有关主管部门责令改正，给予警告，没收违法所得，处五万元以上五十万元以下罚款，并可以责令暂停相关业务、停业整顿、关闭网站、吊销相关业务许可证或吊销营业执照；对直接负责的主管人员和其他直接责任人员处一万元以上十万元以下罚款。

47．某网络公司为提高注册用户数量，对未提供真实身份信息的用户提供相关服务，某相关部门经查对其进行处罚 4 万元人民币并令其停业整顿。

该公司违反了哪些规定？事件中相关部门有何处置不当？

参考答案：

网络运营者违反《中华人民共和国网络安全法》第二十四条第一款规定，未要求用户提供真实身份信息，或者对不提供真实身份信息的用户提供相关服务的，由有关主管部门责令改正；拒不改正或情节严重的，处五万元以上五十万元以下罚款，并可以由有关主管部门责令暂停相关业务、停业整顿、关闭网站、吊销相关业务许可证或吊销营业执照，对直接负责的主管人员和其他直接责任人员处一万元以上十万元以下罚款。

48．某单位发布了计算机病毒，经查给社会带来严重经济损失，有关部门令其停业整顿，吊销其相关业务许可证，并处以 10 万元人民币罚款。

事件中有关部门有何处置不当？

参考答案：

开展网络安全认证、检测、风险评估等活动，或者向社会发布系统漏洞、计算机病毒、网络攻击、网络侵入等网络安全信息的，由有关主管部门责令改正，给予警告；拒不改正或情节严重的，处一万元以上十万元以下罚款，并可以由有关主管部门责令暂停相关业务、停业整顿、关闭网站、吊销相关业务许可证或吊销营业执照，对直接负责的主管人员和其他直接责任人员处五千元以上五万元以下罚款。

49．用户 A 在 B 公司办理网络接入服务，B 公司业务人员在办理过程中发现用户 A 提供的身份信息不是本人的，并要求用户 A 提供真实信息，但被用户 A 拒绝，A 用户催促 B 公司业务人员尽快完成服务。

B 公司业务人员是否提供服务，有何依据？

参考答案：

网络运营者为用户办理网络接入、域名注册服务，办理固定电话、移动电话等入网手续，或者为用户提供信息发布、即时通信等服务，在与用户签订协议或确认提供服务时，应当要求用户提供真实身份信息。用户不提供真实身份信息的，网络运营者不得为其提供相关服务。

50．2017 年 5 月，某供电公司员工通过网络大学方式学习《中华人民共和国网络安全法》教学视频，全面提升了员工的网络与信息安全意识。这是该公司通过"三个全覆盖"掀起"学法律、懂规范、保安全"宣贯热潮的一个缩影。

（1）宣传教育全覆盖。该公司将网络安全贯穿全年工作，邀请市网警支队有关人员为全体干部职工讲解《中华人民共和国网络安全法》。

（2）等保测评全覆盖。该公司现有信息系统50套，其中三级系统10套，二级系统40套。2016年该公司完成了10套三级信息系统等保测评，2017年该公司将继续开展剩余40套二级系统的等保测评工作。

（3）落实责任全覆盖。该公司与机关部门和基层单位分管负责人签订"网络安全责任书"，组织全员签订"网络安全承诺书"，截至目前，该公司共签订"网络安全责任书"43份，"网络安全承诺书"2922份。

请分析该公司落实《中华人民共和国网络安全法》存在哪点不足？

参考答案：

国家实行网络安全等级保护制度。网络运营者应当按照网络安全等级保护制度的要求，履行下列安全保护义务，保障网络免受干扰、破坏或未经授权的访问，防止网络数据泄露或被窃取、篡改。

（1）制定内部安全管理制度和操作规程，确定网络安全负责人，落实网络安全保护责任。

（2）采取防范计算机病毒和网络攻击、网络侵入等危害网络安全行为的技术措施。

（3）采取监测、记录网络运行状态、网络安全事件的技术措施，并按照规定留存相关的网络日志不少于六个月。

（4）采取数据分类、重要数据备份和加密等措施。

（5）法律、行政法规规定的其他义务。

根据信息安全等级保护管理办法，第三级信息系统应当每年至少进行一次等级测评。因此，该公司2017年应对全部50套信息系统开展等保测评工作。

51. 5月12日20时左右，全球爆发大规模"勒索"病毒感染事件，我国大量行业企业内网大规模感染，国家电网公司发布比特币勒索病毒风险预警。某公司于5月15日（周一）上班伊始立即启动网络与信息安全防护预案，与该省网警总队建立工作联系，组织全省信息通信技术人员迅速到达现场，联合调度、营销、运检等专业全面展开反"勒索"行动。经过该公司各部门、各单位256人连续50余小时的紧张工作，从信息的网络层、主机层、终端层，通信的传输、交换、动环分级设防，调整网络、安全设备100台、安全策略200余条，有效降低病毒入侵与扩散的可能；在内外网桌面系统和准入系统中开启补丁升级策略和端口核查策略，搭建多维反"勒索"防线，有效抵御病毒入侵，排查内外网服务器终端500台，桌面终端12 000台。截至5月17日，比特币勒索病毒未对该公司网络与信息通信系统造成任何影响，行动初战告捷。

请分析该公司在应对勒索病毒时存在哪点不足？

参考答案：

《中华人民共和国网络安全法》规定，网络运营者应当制定网络安全事件应急预案，及时处置系统漏洞、计算机病毒、网络攻击、网络侵入等安全风险；在发生危害网络安全的事件时，立即启动应急预案，采取相应的补救措施，并按照规定向有关主管部门报告。12 日爆发病毒感染事件后，该公司 15 日才启动应急预案，响应速度不及时。

52. 为进一步加强营业窗口管理和监督，某供电公司创新服务方式，推出"互助、互查"加"点评"的"2＋1"管理 APP，着重提高窗口营业人员服务素质，提升服务质量和水平。"互助"。该公司通过在 APP 内采用"以一带面"的互助模式，让一批业务精、素质高的员工成为培训师，在线实时对一些业务较弱、服务意识不强的员工进行帮扶、指导，增强营业人员的主动服务能力。"互查"。该公司定期对窗口单位服务情况、吃拿卡要等情况进行监督检查，对出现的服务态度差、服务效率低、服务投诉情况的发生进行严查严督，一经发现违规违纪行为严惩不贷。"点评"。该公司充分利用"外脑"，邀请政府部门工作人员、行风监督员、部分电力客户等定期对供电服务工作进行在线点评，对服务中存在的问题和不足指出来、挑出来，用旁观者的身份找出问题，促进提升。下一步，该公司将开展"2＋1"管理 APP 的等保定级、备案工作，并开展第三方测评，为进一步向全省推广奠定坚实基础。

请分析该公司通过移动 APP 提升窗口服务质量的做法存在哪些不足？应如何整改？

参考答案：

管理信息系统安全防护坚持"双网双机、分区分域、安全接入、动态感知、全面防护、准入备案"的总体安全策略，执行信息安全等级保护制度。该公司"2＋1"管理 APP未定级备案测评即上线，不符合网络与信息系统安全管理工作机制。该公司应立即将该APP 下线，并开展等保定级备案和第三方测评等工作。

53. "现如今，'掌上电力''电 e 宝'、微信、支付宝等越来越多的手机软件，都支持电费缴费，可网络缴费方式的利用率离理想状态还差得很远。为了让这些便民缴费方式得到广泛普及，咱们的姐妹们可以说是绞尽了脑汁，目前的推广工作也收到了明显的效果，'离柜率'越来越高了！"某供电公司营业一班班长王小兰欣喜地介绍说。营业一班的姐妹们创新举措，打破营业厅单一的"点对点"宣传方式，联手制作宣传文章，利用朋友圈、微信群、电网头条等多种传播平台展开"地毯式"的宣传推广工作。一个文章在数日的转发次数就可达到一千余条，比传统的定点宣传效果好得多。广泛的传播，使客户真正领悟到"互联网＋"的魅力，得到了快捷便利的缴费新体验。为了更好地服务客户，该公司还特地申请了一路电信光纤，在营业厅搭建了无线网络，方便客户安装"掌上电力""电 e 宝"，以主动、热情、周到的服务，让电力客户感受到供电企业真诚无私、放心满意的优质服务。

请分析该公司的做法存在哪些错误？

参考答案：

外网接入互联网应使用公司总部或各分部、省（自治区、直辖市）电力公司的统一出口，禁止任何单位和个人私自建立外网出口或直接连接互联网。

该单位自行设立互联网，不符合《国家电网公司网络与信息系统安全管理办法》。

54．甲在国内运营一家公司，曾与乙合作多年。后乙被境外公司挖走。不久前，甲的公司关键信息基础设施故障，因业务需要，向境外的乙寻求帮助，并提供重要数据。

运营者甲在事件中关于关键信息基础设施产生的重要数据有何处理不当？

参考答案：

关键信息基础设施的运营者在中华人民共和国境内运营中收集和产生的个人信息和重要数据应当在境内存储。因业务需要，确需向境外提供的，应当按照国家网信部门会同国务院有关部门制定的办法进行安全评估；法律、行政法规另有规定的，依照其规定。

55．关键信息基础设施的运营者甲因试图节省费用，将每年 2 次委托网络安全服务机构对其网络安全性的风险测评改成每 2 年 1 次，并与网络安全服务机构停止合作，自行进行网络安全评估。

运营者甲在事件中处理得有何不妥？

参考答案：

关键信息基础设施的运营者应当自行或委托网络安全服务机构对其网络的安全性和可能存在的风险每年至少进行一次检测评估，并将检测评估情况和改进措施报送相关负责关键信息基础设施安全保护工作的部门。

56．某公司网络运营者甲与员工乙发生争吵。因为公司在某不必要文件中使用员工乙的个人信息。员工乙要求甲删除其个人信息。

员工乙是否有权这么做？有什么依据？

参考答案：

《中华人民共和国网络安全法》第四十三条规定：个人发现网络运营者违反法律、行政法规的规定或双方的约定收集、使用其个人信息的，有权要求网络运营者删除其个人信息；发现网络运营者收集、存储的其个人信息有错误的，有权要求网络运营者予以更正。网络运营者应当采取措施予以删除或更正。

57．网络公司 A 通过其收集的用户信息与其他行业公司达成交易，并从中获利颇丰。

网络公司 A 的做法有何不妥，有何依据？

参考答案：

网络运营者应当对其收集的用户信息严格保密，并建立健全用户信息保护制度。

58．某网络公司经理 A 因与发小 B 关系很好，在某次聚会中聊起了公司某位客户的个人信息及相关合作秘密。B 因一次机会，见财起意，出售了那位客户的信息与合作秘密。

事件中经理 A 犯了哪些错误？

参考答案：

依法负有网络安全监督管理职责的部门及其工作人员，必须对在履行职责中知悉的个人信息、隐私和商业秘密严格保密，不得泄露、出售或者非法向他人提供。

59．某网络公司最近因产品问题遭到客户投诉，可客户多次投诉并没有得到反馈，公司方面一拖再拖，最终客户报警。

网络公司的做法有什么问题？有何依据？

参考答案：

网络运营者应当建立网络信息安全投诉、举报制度，公布投诉、举报方式等信息，及时受理并处理有关网络信息安全的投诉和举报。

60．某网络公司对未提供真实身份信息的用户提供相关服务，某相关部门经查对其进行处罚 4 万元人民币并令其停业整顿。

事件中相关部门处置有何不当？

参考答案：

网络运营者违反《中华人民共和国网络安全法》第二十四条第一款规定，未要求用户提供真实身份信息，或者对不提供真实身份信息的用户提供相关服务的，由有关主管部门责令改正；拒不改正或情节严重的，处五万元以上五十万元以下罚款，并可以由有关主管部门责令暂停相关业务、停业整顿、关闭网站、吊销相关业务许可证或吊销营业执照，对直接负责的主管人员和其他直接责任人员处一万元以上十万元以下罚款。

61．某单位向社会发布系统漏洞，经查给社会带来严重经济损失，有关部门令其停业整顿，吊销其相关业务许可证并处以 10 万元人民币罚款。

事件中有关部门处置有何不当？

参考答案：

开展网络安全认证、检测、风险评估等活动，或者向社会发布系统漏洞、计算机病毒、网络攻击、网络侵入等网络安全信息的，由有关主管部门责令改正，给予警告；拒不改正或情节严重的，处一万元以上十万元以下罚款，并可以由有关主管部门责令暂停相关业务、停业整顿、关闭网站、吊销相关业务许可证或吊销营业执照，对直接负责的主管人员和其他直接责任人员处五千元以上五万元以下罚款。

62．A 提供 B 危害网络安全活动的程序，B 从中获利巨额财富。公安机关依法逮捕A 与 B，没收其违法所得。罚处 B 3 日拘留，并处以 200 万元罚款。

公安机关对 B 的处罚有何不当？

参考答案：

从事危害网络安全的活动，或者提供专门用于从事危害网络安全活动的程序、工具，或者为他人从事危害网络安全的活动提供技术支持、广告推广、支付结算等帮助，尚不构成犯罪的，由公安机关没收违法所得，处五日以下拘留，可以并处五万元以上五十万元以下罚款；情节较重的，处五日以上十五日以下拘留，可以并处十万元以上一百万元以下罚款。

63．某公司关键信息基础设施的运维者 A 使用未经安全审查的网络产品，有关部门经查对直接负责的主管人员处以 20 万元罚款。

有关部门处罚有何不当？

参考答案：

关键信息基础设施的运营者违反《中华人民共和国网络安全法》第三十五条规定，使用未经安全审查或安全审查未通过的网络产品或服务的，由有关主管部门责令停止使用，处采购金额一倍以上十倍以下罚款；对直接负责的主管人员和其他直接责任人员处一万元以上十万元以下罚款。

64．某公司关键信息基础设施的运维负责人 A 向境外提供网络数据，有关部门没收 A 违法所得，处以 5 日拘留。

有关部门处罚有何不当？

参考答案：

关键信息基础设施的运营者违反《中华人民共和国网络安全法》第三十七条规定，在境外存储网络数据，或者向境外提供网络数据的，由有关主管部门责令改正，给予警告，没收违法所得，处五万元以上五十万元以下罚款，并可以责令暂停相关业务、停业整顿、关闭网站、吊销相关业务许可证或吊销营业执照；对直接负责的主管人员和其他直接责任人员处一万元以上十万元以下罚款。

65．甲利用网络发布涉及实施违法犯罪活动的信息，未造成严重后果，行为未构成犯罪。公安机关处以 10 日拘留及罚款 5 万元。

公安机关处罚有何不当？

参考答案：

设立用于实施违法犯罪活动的网站、通信群组，或者利用网络发布涉及实施违法犯罪活动的信息，尚不构成犯罪的，由公安机关处五日以下拘留，可以并处一万元以上十万元以下罚款；情节较重的，处五日以上十五日以下拘留，可以并处五万元以上五十万元以下罚款。关闭用于实施违法犯罪活动的网站、通信群组。

66．甲在网络上散布法律禁止散布的信息。事后甲态度消极，拒不改正。有关主管部门处以 8 万元罚款。

有关主管部门处罚有何不当？

参考答案：

对法律、行政法规禁止发布或传输的信息未停止传输、采取消除等处置措施、保存有关记录的，由有关主管部门责令改正，给予警告，没收违法所得；拒不改正或情节严重的，处十万元以上五十万元以下罚款，并可以责令暂停相关业务、停业整顿、关闭网站、吊销相关业务许可证或吊销营业执照，对直接负责的主管人员和其他直接责任人员处一万元以上十万元以下罚款。

67．某网络公司拒绝、阻碍有关部门依法实施的监督检查，有关部门对其主管人员处以 15 万元罚款。

有关部门处罚有何不当？

参考答案：

由有关主管部门责令改正；拒不改正或情节严重的，处五万元以上五十万元以下罚款，对直接负责的主管人员和其他直接责任人员，处一万元以上十万元以下罚款。

参 考 文 献

[1] 刘铜锁. 电力营销业务技能与服务规范问答. 北京：中国电力出版社，2015.

[2] 刘铜锁. 供电服务知识与技能题解. 北京：中国电力出版社，2016.

[3] 林子雨. 大数据技术原理与应用. 北京：人民邮电出版社，2015.

[4] 杨正洪. 智慧城市——大数据、物联网和云计算之应用. 北京：清华大学出版社，2014.

[5] 彭力. 物联网应用基础. 北京：冶金工业出版社，2011.

[6] 刘海涛. 物联网应用与技术. 北京：机械工业出版社，2011.

[7] 刘鹏. 云计算. 3 版. 北京：电子工业出版社，2015.

[8] 王辉. 智慧城市. 2 版. 北京：清华大学出版社，2010.